HISTOIRE
DES
INSTITUTIONS POLITIQUES
DE L'ANCIENNE FRANCE

PAR

FUSTEL DE COULANGES

Membre de l'Institut (Académie des sciences morales)
Ancien professeur d'histoire à la Sorbonne.

L'ALLEU ET LE DOMAINE RURAL
PENDANT L'ÉPOQUE MÉROVINGIENNE

DEUXIÈME ÉDITION

PARIS
LIBRAIRIE HACHETTE ET Cie
79, BOULEVARD SAINT-GERMAIN, 79

1914

HISTOIRE
DES
INSTITUTIONS POLITIQUES
DE L'ANCIENNE FRANCE

L'ALLEU ET LE DOMAINE RURAL
PENDANT L'ÉPOQUE MÉROVINGIENNE

OUVRAGES DE M. FUSTEL DE COULANGES

PUBLIÉS PAR LA LIBRAIRIE HACHETTE ET Cie

La Cité antique; 21e édition. 1 vol. in-16 broché. . . . . 3 fr. 50
Ouvrage couronné par l'Académie française.

Histoire des Institutions politiques de l'ancienne France.
Nouvelle édition revue par M. CAMILLE JULLIAN, professeur
au Collège de France. 6 vol. in-8 brochés. . . . . . . 45 fr. »

La Gaule romaine. 1 vol. . . . . 7 fr. 50
L'Invasion germanique. 1 vol. . . . . 7 fr. 50
La Monarchie franque. 1 vol. . . . . 7 fr. 50
L'Alleu et le domaine rural pendant l'époque mérovingienne. 7 fr. 50
*Les Origines du système féodal : le Bénéfice et le Patronat
pendant l'époque mérovingienne.* . . . . 7 fr. 50
Les Transformations de la royauté pendant l'époque carolingienne. 1 vol. 7 fr. 50

Recherches sur quelques problèmes d'histoire. 1 vol. 10 fr. »
Nouvelles recherches sur quelques problèmes d'histoire.
1 vol. grand in-8, broché. . . . . 10 fr. »
Questions historiques. 1 vol. in-8, broché. . . . . . . 10 fr. »

GUIRAUD (P.), ancien professeur à la Faculté des lettres de
Paris : *Fustel de Coulanges.* 1 vol. in-16 broché. . . . 3 fr. 50
Ouvrage couronné par l'Académie française.

OUVRAGES DE M. CAMILLE JULLIAN

Gallia. Tableau sommaire de la Gaule sous la domination romaine; 1 vol.
in-16, avec grav. cart. toile. . . . . 3 fr.
Vercingétorix. 1 vol. in-16, broché. . . . . 3 fr. 50
Ouvrages couronnés par l'Académie française.

Histoire de la Gaule. 6 vol. in-8 brochés.
 I. *Les invasions gauloises et la colonisation grecque (800-150 av. J.-C.).*
  Un vol. . . . . 10 fr.
 II. *La Gaule indépendante.* Un vol. . . . . 10 fr.
 III. *La conquête romaine.* Un vol. . . . . 10 fr.
 IV. *Le gouvernement de Rome.* Un vol. . . . . 10 fr.
 V. *La Civilisation gallo-romaine.* Un vol. . . . . . . »
 VI. *Le Bas-empire.* Un vol. . . . . »

Extraits des Historiens français du XIXe siècle (*Chateaubriand,
Augustin Thierry, Guizot, Thiers, Mignet, Michelet, Tocqueville, Quinet,
Duruy, Renan, Taine, Fustel de Coulanges*), publiés avec une introduction, des notices et des notes. 1 vol. petit in-16, cart. . . . . 3 fr. 50

Montesquieu. *Considérations sur les causes de la grandeur des Romains
et de leur décadence*; édition publiée avec introduction, variantes, commentaires et tables, par M. C. JULLIAN. 1 vol. petit in-16, cart. . 1 fr. 80

— *Extraits de l'Esprit des lois et des Œuvres diverses*, publiés avec une
introduction, des notices et des notes, par M. C. JULLIAN. 1 vol. petit
in-16, cart. . . . . 2 fr.

1892-13. — Coulommiers. Imp. PAUL BRODARD. — Pl-14.

HISTOIRE
DES
INSTITUTIONS POLITIQUES
DE L'ANCIENNE FRANCE

PAR

FUSTEL DE COULANGES

Membre de l'Institut (Académie des sciences morales)
Ancien professeur d'histoire à la Sorbonne.

L'ALLEU ET LE DOMAINE RURAL
PENDANT L'ÉPOQUE MÉROVINGIENNE

DEUXIÈME ÉDITION

PARIS
LIBRAIRIE HACHETTE ET Cie
79, BOULEVARD SAINT-GERMAIN, 79

1914

La mort est venue frapper M. Fustel de Coulanges au mois de septembre dernier, au moment où il commençait à mettre en œuvre les immenses matériaux qu'il réunissait depuis plus de vingt ans pour son *Histoire des Institutions politiques de l'ancienne France*. Il avait dans ses cartons tout ce qu'il lui fallait pour conduire son travail jusqu'au règne de Charles le Chauve ; il ne lui a malheureusement pas été concédé le temps nécessaire pour mener cette œuvre à bonne fin. De nombreux jalons sont posés, il est vrai ; ils pourront permettre aux élèves de M. Fustel de Coulanges de continuer pieusement son œuvre inachevée, de publier comme il le comprenait les deux volumes qu'il voulait consacrer à l'*Empire romain* et aux *Invasions*, celui dans lequel il comptait étudier le *Bénéfice*, peut-être même son travail sur les *Institutions carolingiennes*.

Aucun de ces livres n'est complètement terminé ; il n'en est pas de même du volume sur l'*Alleu et le Domaine rural pendant l'époque mérovingienne*. M. Fustel de Coulanges en avait achevé le manuscrit, il en a pu suivre l'impression presque jusqu'aux dernières feuilles, et dictait encore huit jours avant sa mort une ou deux notes qu'il voulait ajouter à l'un de ses derniers chapitres. La lecture de ce beau travail ne pourra qu'augmenter les regrets des admirateurs de M. Fustel de Coulanges : ils y retrouveront la méthode du maître, sa sincérité, sa précision et sa clarté habituelles, sa langue ferme et vigoureuse; ils y verront qu'il est resté fidèle jusqu'à la fin à la devise qu'il avait choisie, et qui peut résumer sa vie scientifique tout entière : *Quæro*.

INTRODUCTION

Nous avons étudié jusqu'ici les institutions politiques de la Gaule sous l'empire romain et sous les rois Francs. La suite des temps ne tardera pas à nous montrer le régime féodal. Mais pour comprendre les institutions de ce régime, et pour savoir comment elles se sont formées, il est nécessaire de porter d'abord notre étude sur l'état de la propriété foncière. En tout temps et en tout pays, la manière dont le sol était possédé a été l'un des principaux éléments de l'organisme social et politique. Cette vérité frappe moins les esprits d'aujourd'hui, parce que depuis quatre siècles nos sociétés sont devenues plus complexes. L'historien à venir qui, dans quelques siècles d'ici, voudra connaître nos institutions actuelles, devra étudier beaucoup d'autres choses que notre propriété rurale. Il devra se rendre compte de ce qu'était chez nous une usine, et de la population qui y travaillait. Il s'efforcera de comprendre notre Bourse, nos compagnies financières, notre journalisme et tous ses dessous. Il lui faudra suivre l'histoire de l'argent autant que celle de la terre, celle des machines autant que celle des hommes. L'histoire de la science et de toutes les professions qui s'y rattachent aura pour lui une importance considérable. Nos opinions vraies ou fausses et toutes nos agitations d'esprit auront pour lui une grande valeur. Pour comprendre nos mouvements politiques, il n'aura pas à s'occuper seulement de la classe qui possède le sol, il faudra qu'il regarde les deux classes qui ne possèdent pas, l'une qui est la catégorie des professions dites libérales, l'autre qui est la classe ouvrière, et il cherchera à mesurer l'influence de l'une et de l'autre sur les affaires publiques.

Rien de semblable dans les anciennes sociétés. Pour les peuples qui ont vécu avant le quinzième siècle, le domaine rural a été l'organe, sinon unique, au moins le plus puissant, de la vie sociale. Presque tout venait de la terre; presque tout se rapportait à elle. C'est là que s'exécutait presque tout le travail social; là s'élaboraient la richesse et la force; là tendaient les convoitises, et de là venait la force. C'est dans l'intérieur de ce domaine rural que se rencontraient les diverses classes des hommes. C'est pour la terre et à cause d'elle que surgissaient les grandes inégalités.

Nous allons donc chercher quel fut l'état du sol dans les premiers siècles du moyen âge; comment et à quel titre il était possédé; quelle idée les hommes se faisaient de la propriété, et quels droits ils y attachaient; par qui il était possédé; si c'étaient les mêmes hommes qui possédaient et qui cultivaient; ce qu'étaient les tenanciers, et quels droits le propriétaire avait sur eux. La nature de la propriété, les divers modes de tenure, les relations entre cette propriété et ces tenures, voilà ce que nous avons besoin de connaître pour comprendre la vie de ces générations, et pour comprendre même leurs institutions politiques.

Ce n'est donc pas ici un objet de pure curiosité. Aussi puis-je dire que ceux qui confondent la curiosité avec l'histoire se font de l'histoire une idée bien fausse. L'histoire n'est pas l'accumulation des évènements de toute nature qui se sont produits dans le passé. Elle est la science des sociétés humaines. Son objet est de savoir comment ces sociétés ont été constituées. Elle cherche par quelles forces elles ont été gouvernées, c'est-à-dire quelles forces ont maintenu la cohésion et l'unité de chacune d'elles. Elle étudie les organes dont elles ont vécu, c'est-à-dire leur droit, leur économie publique, leurs habitudes d'esprit, leurs habitudes matérielles, toute leur conception de l'existence. Chacune de ces sociétés fut un être vivant; l'historien doit en décrire la vie. On a inventé depuis quelques années le mot « sociologie ». Le mot « histoire » avait le même sens

INTRODUCTION.

et disait la même chose, du moins pour ceux qui l'entendaient bien. L'histoire est la science des faits sociaux, c'est-à-dire la sociologie même.

Voici les principaux documents où nous pouvons trouver les vérités que nous cherchons :

Lex Salica, éditions Pardessus, 1843 ; Behrend, 1874 ; Holder, 1879-1880 ; Hessels, 1880.

Lex Ripuaria, édition Sohm, 1883.

Lex Burgundionum, édition Bluhme, dans les *Monumenta Germaniæ, Leges*, t. III, ou édition Binding dans les *Fontes rerum Bernensium*, t. I, 1880.

Lex Romana Wisigothorum, édition Hænel, in-folio, 1849.

Lex Romana Burgundionum, édition Bluhme, édit. Binding.

Lex Wisigothorum, dans le recueil de Canciani, t. IV ; dans le recueil de Walter, t. Ier.

Lex Alamannorum, dans le recueil de Pertz, t. III des *Leges*; édition Lehmann, 1888.

Lex Baiuwariorum, dans le recueil de Pertz, t. III des *Leges*. — Ces deux derniers codes, rédigés sous l'influence des rois Francs et de l'Église, représentent plutôt les usages de l'époque mérovingienne que ceux de l'ancienne Germanie.

Capitularia regum Francorum, édition Borétius, 1881-1883, in-4°.

Acta Conciliorum, édition Sirmond pour la Gaule, collections Labbe et Mansi pour toute l'Église.

Diplomata, chartæ, aliaque instrumenta ad res gallo-francicas spectantia, édition Pardessus, 2 vol. in-fol., 1842-1849. — Le recueil de *Diplomata* de Pertz ne contient que les actes royaux ; celui de Pardessus contient environ 250 chartes écrites par des particuliers, ventes, donations, testaments, toutes relatives à la propriété foncière.

INTRODUCTION.

Archives nationales, Monuments historiques, Cartons des rois, édition Tardif, 1866, in-4°.

Formulæ merovingici ævi. Nous avons les formulaires ou modèles d'actes pour la vente, la donation, l'échange, le testament, l'affranchissement, des pays d'Anjou, d'Auvergne, de Bourges, de Sens, celui qui a été rédigé par Marculfe au septième siècle et qui paraît être le formulaire de Paris, enfin les recueils dits de Bignon, de Merkel, de Lindenbrog. Un peu postérieures, mais encore utiles à consulter, sont les *Formulæ imperiales*, les formules de Strasbourg, de Reichenau et de Saint-Gall. — Deux collections complètes ont été publiées par E. de Rozière, 3 vol. in-8°, 1859-1871, et par Zeumer, 1 vol. in-4°, 1882.

Polyptyque de l'abbaye de Saint-Germain-des-Prés. C'est le registre des domaines de l'abbaye, avec l'indication de chaque manse, le nom et la famille du tenancier, le chiffre des redevances. A la suite sont des fragments des polyptyques de Saint-Maur et de Saint-Bertin. — Deux éditions ont été publiées par Guérard, avec de savants prolégomènes, 1844, 2 vol. in-4°, et par Longnon, 1886.

Polyptyque de l'abbaye de Saint-Remi de Reims, publié par Guérard, 1853. — Ces polyptyques n'ont été écrits qu'au neuvième siècle; mais on voit bien en les lisant qu'ils ne sont que la constatation d'un état de choses ancien.

Polyptyque de Saint-Victor de Marseille. Il donne l'indication des domaines, des tenures, de l'état des personnes, et des redevances. Il a été rédigé en 814. — On le trouvera à la suite du *Cartulaire de Saint-Victor*, édition Guérard, 1857, t. II, p. 633 et suiv.

Registre de l'abbaye de Prum. Il donne l'indication des domaines et des redevances. — On le trouvera dans Beyer, *Urkundenbuch zur Geschichte der... mittelrheinischen Territorien*, 1860, pages 135-200.

Pérard, *Pièces curieuses servant à l'histoire de Bourgogne*, in-fol., 1664.

Traditiones possessionesque Wizenburgenses, publié par Zeuss, 1842. Ce sont 279 actes de vente ou de donation de terre en faveur du monastère de Wissembourg, entre les années 692 et 861. Suit un polyptyque d'époque postérieure.

Codex Laureshamensis abbatiæ diplomaticus, 2 vol. in-4°, 1768, recueil des actes de vente, de donation, d'échange faits en faveur du monastère de Lorsh.

Codex traditionum Corbeiensium, recueil des chartes de cession de terres (*traditiones*) faites à l'abbaye, publié par Falke, 1752, in-folio.

Prodromus Historiæ Trevirensis diplomatica et pragmatica, par Hontheim, 1757, 2 vol. in-fol.

Historia Frisingensis, par Meichelbeck, 4 vol. in-fol., dont deux de pièces justificatives, 1724-1729.

Monumenta Boica, 37 vol. in-8°, à partir de 1769.

Neugart, *Codex diplomaticus Alemanniæ et Burgundiæ transjuranæ,* 2 vol. in-4°, 1791.

Schœpflin, *Alsatia diplomatica,* 2 vol. in-fol., 1772-1775.

Lacomblet, *Urkundenbuch für die Geschichte des Niederrheins,* in-4°, 1840.

Codex diplomaticus Fuldensis, par Dronke, 1850.

Urkundenbuch zur Geschichte der mittelrheinischen Territorien, publié par Beyer, 1860, recueil de pièces dont plusieurs remontent aux temps mérovingiens, entre autres le testament d'Adalgésile.

Urkundenbuch der Abtei S. Gallen, 2 vol. in-4°, publié par Wartmann, 1863.

L'ALLEU ET LE DOMAINE RURAL

PENDANT L'ÉPOQUE MÉROVINGIENNE

CHAPITRE PREMIER

La villa gallo-romaine.

Il nous est impossible d'expliquer le régime rural du moyen âge sans présenter d'abord celui qui était en vigueur à la fin de l'empire romain. Il se peut que cela surprenne ceux qui aiment à se figurer le moyen âge comme naissant tout à coup et tout d'une pièce. Cela n'étonnera pas ceux qui sont arrivés par une observation plus complète et plus juste des faits à concevoir la règle de la continuité historique.

D'ailleurs, l'historien doit se demander jusqu'à quel point la propriété franque a différé de la propriété romaine ou lui a ressemblé, et il n'y a que les faits mis en parallèle qui puissent résoudre la question.

Notre point de départ est le quatrième siècle. Nous nous plaçons vers l'année 350. La Gaule fait encore partie de la société romaine; mais elle est à la veille d'être envahie par les barbares. Il faut constater l'état du sol et la nature de la propriété foncière avant ces invasions.

1° LE DROIT DE PROPRIÉTÉ DANS LA SOCIÉTÉ ROMAINE.

Le droit romain reconnaissait la propriété privée et individuelle du sol. Il est vrai que dans le droit antique cette pleine propriété avait été le privilège du citoyen romain, *dominium ex jure Quiritium*; mais à la date où nous nous plaçons, il y avait longtemps que tous les Gaulois étaient citoyens romains. Pendant deux siècles les jurisconsultes avaient enseigné que la terre provinciale n'était pas objet de pleine propriété. Ils avaient dit que sur ce sol le *dominium* appartenait, en vertu du droit de conquête, à l'État romain, et que les particuliers n'en pouvaient avoir que « la possession et l'usufruit ». Mais l'ensemble des faits donne à penser qu'il y avait là une simple théorie de juriste, une fiction légale, plutôt qu'une réalité[1]. En tout cas, cette distinction du sol provincial et du sol italique avait disparu au quatrième siècle[2]. Cela se voit dans les Codes eux-mêmes, qui appliquent le terme de *dominium* aux propriétés provinciales[3].

Il est important pour nos études ultérieures d'observer les termes par lesquels la langue de ce temps dési-

---

[1] Gaius, *Instit.*, II, 7 : *In provinciali solo dominium populi romani est vel Cæsaris; nos autem possessionem tantum vel usumfructum habere videmur.* — Remarquez dans ce texte l'expression *habere videmur*, et non pas *habemus*. Remarquez aussi le contexte ; Gaius ne présente pas cela comme une règle de pratique. Il n'en parle qu'incidemment. Ayant à dire que le sol provincial n'est pas apte à devenir *religiosum*, il cherche l'explication de cela, et il la trouve ou croit la trouver dans cette théorie que le *dominium* sur le sol n'appartient pas aux particuliers. La phrase de Gaius est donc seulement une explication théorique, rien de plus.

[2] Les deux termes subsistaient encore ; des lois de 316 et même de 530 contiennent encore les termes de *fundi italici, fundi provinciales* ou *stipendiarii*; mais ces mêmes lois ont pour objet de faire disparaître toute distinction de fait entre les deux catégories de terres. Voyez Code Théodosien, VIII, 12, 2 ; Code Justinien, V, 13, 15 et VII, 31.

[3] Voyez, par exemple, une loi de 239 au Code Justinien, VIII, 13, 9, où une question de *dominium* est jugée par le *præses provinciæ*. Voyez encore une loi de 331, au Code Justinien, III, 19, 2, où le propriétaire d'un *prædium in provincia* est qualifié *dominus*. Voyez surtout une constitution de 342, au Code Théodosien, XII, 1, 33, où il est parlé des curiales *qui privato dominio possident*.

gnait le droit de propriété. Les mots *dominium* et *dominus* restaient usités comme au temps où ils s'étaient appliqués spécialement à la propriété quiritaire[1] ; le mot *dominatio* se trouve déjà dans le Digeste avec le sens de droit de propriété[2]. On employait également les termes *proprietas* et *proprietarius*[3]. Il faut surtout noter que les mots *possessio* et *possessor* n'avaient plus le sens étroit qu'ils avaient eu dans le droit ancien[4]. La langue usuelle et même la langue des lois appliquaient au mot *possessio* le sens de pleine propriété, au mot *possessor* le sens de propriétaire[5]. L'idée de propriété s'exprimait aussi par le mot *potestas*[6], et le jurisconsulte définissait la pleine propriété par l'expression *plena in*

---

[1] Code Justinien, VII, 25 : *Nullam esse differentiam patimur inter dominos.... Sit plenissimus et legitimus quisque dominus.*

[2] Digeste, XXIX, 2, 78 : *Frater qui superest, cavere debet ne qua in re plus sua parte dominationem interponeret.*

[3] Avec cette nuance que *proprietas* s'opposait d'ordinaire à *usus fructus*. Digeste, VII, 1, 25 et 72; Gaius, II, 30-33; Code Justinien, IV, 19, 4, loi de 222.

[4] *Possessio est, ut definit Ælius Gallus, usus quidem agri, non ipse fundus aut ager.* Festus, édit. Muller, p. 233. Cf. Digeste, L, 16, 115.

[5] Voyez Macer, au Digeste, II, 8, 15. — Callistrate, au Digeste, XLVII, 9, 7 : *A domino possessionis*. — Pline le Jeune, sur le point d'acheter une propriété, appelle *possessor* celui qui la lui vend. (*Lettres*, III, 19.) — Voyez une loi de 391, au Code Théodosien, XI, 3, 5, où le même homme *qui dominium consequitur* est appelé ensuite *possessor*. — Le mot *possessio* est surtout employé pour désigner le fonds de terre ou le domaine qui est objet de propriété privée. Exemples : Jules Capitolin, *Pertinax*, 9 : *Omnibus possessiones suas reddidit.* — Digeste, II, 8, 15, § 7 : *Qui possessionem vendidit*; XXXIII, 7, 27 : *Coloni ejusdem possessionis.* — Code Théodosien, II, 31, 1 : *Dominos possessionum*; VI, 3, 1 : *Senatoriæ possessiones*, expression synonyme de *senatorii fundi* qui se trouve au paragraphe suivant; X, 8, 1, loi de 313 : *Possessionem donatam cum adjacentibus et mancipiis et pecoribus et fructibus et omni jure suo.* — Code Justinien, XI, 48, 23 : *Possessionum domini.* — Fragmenta Vaticana, 24 : *Possessionem venditam esse.* — Corpus inscr. lat., III, n° 3026 : *Quæ ara posita est in possessione Velliani.*

[6] Digeste, L, 17, 59 : *Heredem quidem potestatis jurisque esse cujus fuit defunctus, constat.*

re potestas[1]. Tous ces termes, *dominium, dominatio, proprietas, possessio, potestas* se retrouveront au moyen âge.

La propriété foncière au quatrième siècle n'avait plus le caractère religieux qu'elle avait eu dans les vieux âges. On n'adorait plus le dieu Terme. Mais l'usage des termes subsistait. Chaque propriété était bornée par une ligne de limites[2]. La loi permettait encore au propriétaire de contraindre son voisin au bornage, et cette opération appartenait encore aux *agrimensores*, qui n'étaient plus des prêtres, mais qui étaient en beaucoup de cas des juges[3]. Les limites ainsi tracées étaient inviolables ; si la violation n'était plus réputée sacrilège et punie de mort, elle était réputée délit et punie par la loi.

Ce droit de propriété ne s'appliquait pas seulement aux terres cultivées, mais à toute espèce de terres. Si les modernes font volontiers dériver la propriété du travail, et s'ils aiment à justifier l'appropriation du sol par la fiction d'une longue accumulation de labeurs mis dans ce sol, les jurisconsultes romains n'ont pas eu recours à cette théorie. Pour eux, la propriété était un droit antique et indiscutable qui n'avait pas besoin d'être justifié. Aussi s'appliquait-elle aux terres incultes aussi complètement qu'aux terres cultivées. Les forêts et les pâquis étaient des objets de propriété privée[4].

---

[1] Institutes de Justinien, II, 4, 1, § 4.

[2] Gaius, IV, 42. Ulpien, XIX, 16. Digeste, XLII, 8, 21 ; XVIII, 1, 18. Code Théodosien, II, 26. Code Justinien, III, 39, 5.

[3] Sur l'*actio finium regundorum*, Digeste, X, 1 ; Code Théodosien, II, 26 ; Code Justinien, III, 39. — Sur les *agrimensores*, Digeste, II, 6, 1-5 ; Code Théodosien, II, 26, 1 ; *Gromatici veteres*, édit. Lachmann, p. 10, 24, etc.

[4] Les textes abondent ; voyez, par exemple, Paul au Digeste, XIII, 7, 18 ; Ulpien au Digeste, L, 15, 4 ; Code Théodosien, IX, 42, 7.

Elle s'appliquait même aux eaux courantes. Ulpien dit expressément qu'il y a des rivières qui sont du domaine public, et d'autres qui n'en sont pas ; il ajoute que les règles qui régissent la propriété des eaux courantes sont les mêmes qui régissent les fonds de terre[1].

Le droit de propriété ne s'exerçait pas seulement sur la surface du sol. On peut voir dans les Codes romains qu'il s'exerçait sur les carrières, sur les salines, sur les mines. En fait, la plupart des mines appartenaient à l'État ; mais il y en avait quelques-unes dans les mains des particuliers, et le Droit reconnaissait expressément cette sorte de propriété[2]. Le maître du sol était légalement le maître de tout ce qui était sous le sol. C'est en vertu de ce principe que les trésors trouvés appartenaient au propriétaire, intégralement s'ils avaient été trouvés par lui-même, par moitié s'ils avaient été trouvés par un autre[3]. Ainsi les Romains comprenaient la propriété comme un droit essentiellement foncier, par lequel le pouvoir de la personne s'implantait dans le sol aussi avant que le besoin et l'intérêt pouvaient aller.

[1] Ulpien, au Digeste, XLIII, 12, 1 : *Flumina quædam publica sunt, quædam non.* — Ibidem : *Si flumen privatum est.* — Ibidem : *Nihil differt a ceteris locis privatis flumen privatum*

[2] Ulpien, parlant de l'enfant en tutelle, dit qu'il peut avoir dans ses biens *lapidicinas vel quæ alia metalla, cretifodinas, argentifodinas* (Digeste, XXVII, 9, 3). Ailleurs, parlant de l'usufruitier d'un domaine, il dit qu'il peut exploiter des carrières, des mines d'or, d'argent, de soufre, comme ferait le propriétaire (Digeste, VII, 1, 13, § 5). Voyez encore Digeste, XXIV, 3, 7, § 13-14. — Tacite, *Ann.*, VI, 19 (25) parle d'un Espagnol qui était propriétaire de mines d'or. Cf. *Corpus inscriptionum latinarum*, II, n° 3280 a.

[3] Code Justinien, X, 15, 1. Code Théodosien, X, 18, 2 et 3 ; la loi première du même titre nous paraît s'appliquer au cas où le trésor a été trouvé dans une terre du fisc, auquel cas l'État a droit à la moitié comme propriétaire ; voyez une constitution d'Hadrien au Digeste, XLIX, 14, 3, § 10. Cf. Digeste, XLI, 1, 31 et 63 ; *Institutes*, II, 1, 39 ; Spartien, *Hadrianus*, 18.

De ce droit de propriété on pouvait détacher quelques attributs. Par exemple, le propriétaire pouvait se dessaisir de l'usufruit et de la jouissance. Il pouvait se dessaisir de la superficie et donner à un tiers, même à perpétuité, la possession superficiaire. Cela ne l'empêchait pas de rester le maître du fonds, *dominus fundi*.

La construction d'une maison n'entraînait pas un droit sur le sol où elle posait. C'était au contraire le propriétaire du sol qui devenait en droit le propriétaire de la maison bâtie par un autre. Ainsi la propriété du fonds entraînait celle de la surface; *superficies solo cedit*, dit le jurisconsulte[1]. Toutes ces règles sont significatives; on y voit la conception que les Romains se faisaient du droit de propriété foncière et l'extrême puissance qu'ils attachaient à ce droit.

Cette propriété, ou cette attache du sol à la personne humaine, n'avait pas de limites de temps. Elle n'était ni temporaire ni viagère, elle était perpétuelle. L'homme mourait, mais son fils ou son plus proche parent continuait sa personne et par cela seul succédait à la propriété, *succedit in dominium*[2].

Tous les enfants étant regardés comme ayant droit égal, la terre était également partagée entre eux. On peut saisir dans le plus ancien droit romain la trace d'une règle qui excluait les filles de la succession paternelle. Cette règle était venue d'une conception d'esprit qui attribuait la propriété plutôt à la famille qu'à l'individu, et qui ne permettait pas que la fille en se mariant portât la terre à une autre famille. Mais à l'époque dont

---

[1] Gaius, II, 73 : *Id quod in solo nostro ab aliquo ædificatum est, jure naturali nostrum fit, quia superficies solo cedit.* — Digeste, XLIII, 18, 2 : *Superficiarias ædes appellamus quæ in conducto solo positæ sunt; quarum proprietas et naturali et civili jure ejus est cujus est solum.*

[2] Paul, au Digeste, L, 16, 70.

nous nous occupons ici, il y avait longtemps que cette règle avait disparu. Au quatrième siècle on ne voyait aucun motif pour que la femme ne fût pas aussi pleinement propriétaire que l'homme.

La terre pouvait aussi se transmettre par testament. Le droit du propriétaire sur elle allait jusqu'à disposer d'elle pour le temps même qui suivait sa mort. Le testament, dégagé des règles antiques, était devenu simple et facile. On pouvait le faire de vive voix devant témoins, ou par écrit, *per tabulas*. L'autorité publique ne demandait pas autre chose au testateur que de faire connaître clairement sa volonté.

Le propriétaire pouvait aussi, de son vivant, aliéner sa terre. La vente n'était plus soumise, comme aux temps anciens, aux formalités de la *mancipatio*. La simple tradition, avec la constatation de la volonté de livrer la chose, suffisait[1]. La donation se faisait de la même manière. La terre pouvait aussi être mise en gage et hypothéquée pour garantir le payement d'une dette. En un mot, toutes les façons de disposer du sol étaient permises au propriétaire[2].

Toutes les terres n'appartenaient pas à des particuliers. Les corporations pouvaient posséder le sol. Les temples étaient propriétaires de terres nombreuses[3]. Les villes avaient chacune un domaine[4]. Il y avait

---

[1] Institutes, II, 1, 40.: *Nihil tam conveniens est naturali æquitati quam voluntatem domini, volentis rem suam in alium transferre, ratam haberi, et ideo.... prædia quæ in provinciis sunt, ita alienantur.*

[2] Code Justinien, IV, 24; cf. Gaius, au Digeste, XX, 1, 4; Scævola, au Digeste, XVIII, 1, 81.

[3] Sur les propriétés des temples, voir Ulpien, XXII, 6 : *Deos heredes instituere*, etc. Digeste, XXXII, 38, § 6; XXXIII, 1, 20; Code Justinien, XI, 70, *De prædiis urbanis et rusticis templorum. Gromatici veteres*, édit. Lachmann, p. 117.

[4] *Lex Malacitana*, 63 et 64. *Lex de controversia inter Genuates et*

enfin le domaine de l'État ou du Prince. Ce qu'il importe de noter, c'est que, pour ces communautés ou pour ces puissances, le droit de propriété ne différait pas essentiellement de ce qu'il était pour les particuliers. L'État, les villes, les temples, les corporations jouissaient ou disposaient de leurs terres suivant toutes les règles qui régissaient la propriété privée. La vente, la donation, la location s'opéraient sur ces terres comme sur toutes les autres[1]. L'État et le simple citoyen étaient propriétaires de la même façon.

Était-il dans les pratiques et dans le droit des Romains qu'il y eût des terres communes à tous[2]? Il est certain que les textes signalent des terres qui sont dites *ager communis, communia, communiones, pro indiviso, compascua*[2]. Si l'on observe ces textes, on voit qu'ils se rapportent tous à trois cas. 1° Il s'agit d'une terre qui est commune à des cohéritiers ou à des associés[3]. 2° Il s'agit d'une forêt ou d'un pâquis que plusieurs propriétaires voisins ont acheté à frais communs pour faire paître leurs troupeaux et qu'ils laissent dans l'indivision[4]. 3° Enfin, il se peut agir de terres vagues qui, au moment de la fondation d'une colonie, ne sont pas entrées dans le partage des terres en propre et ont été données indivisément aux propriétaires de

---

Viturios au *Corpus inscr. lat.*, V, n° 7749; Wilmans, n° 872. Code Justinien, XI, 74 : *De locatione prædiorum civilium.* Ulpien, XXIV, 28. Code Théodosien, X, 3, 1 ; XV, 1, 8. Ammien Marcellin, XXV, 4. *Gromatici veteres*, p. 55-56.

[1] Il était fait quelques réserves pour le droit d'aliéner.

[2] Frontin, *De controversiis agrorum*, édit. Lachmann, p. 15 : *Ea compascua multis in locis in Italia communia appellantur, quibusdam provinciis pro indiviso.*

[3] Digeste, X, 3, *De communi dividundo.* Code Justinien, III, 37.

[4] Scævola, au Digeste, VIII, 5, 20 : *Plures ex municipibus qui diversa prædia possidebant, saltum communem, ut jus compascendi haberent, mercati sunt; idque etiam a successoribus eorum observatum est.*

cette colonie[1]. Dans ces trois cas également, les terres dites communes sont en réalité la propriété de quelques personnes déterminées[2]; dans aucun cas, les terres ne sont communes à tous. L'idée de communisme agraire était absente de l'esprit romain, et rien de pareil ne se voit dans la pratique romaine.

Ici se pose une question que je ne puis pas laisser de côté. On a soutenu que la propriété foncière chez les Romains avait été une pure concession de l'État, une émanation de la propriété publique, et qu'en conséquence l'État s'était réservé toujours une sorte de domaine éminent sur le sol. Les particuliers n'en auraient été propriétaires que sous la réserve des intérêts et des droits de la communauté. « Au pouvoir souverain seul, a-t-on dit, appartenait le vrai domaine du sol[3]. » « La propriété n'était qu'une concession de l'État, dit encore M. Accarias, et l'État retenait le *dominium*[4]. » Que la propriété foncière ait été, à l'origine première, une concession de l'État, c'est une

---

[1] Frontin, *De controv.*, p. 15 : *Est et pascuorum proprietas pertinens ad fundos, sed in commune.* — Siculus Flaccus, *De conditionibus agrorum*, p. 157 : *Inscribuntur et compascua quod genus est quasi subsecivorum, sive loca quæ proximi quique vicini....* — Hygin, *De limitibus constituendis*, p. 201 : *Proximis possessoribus datum est in commune, nomine compascuorum.* — Hygin, *De condit. agrorum*, p. 117 : *Compascua, quæ pertinerent ad proximos quosque possessores.*

[2] Frontin, p. 48 : *Certis personis data sunt depascenda.* — Aggenus Urbicus, p. 15 : *Pascua certis personis data sunt depascenda.*

[3] Giraud, *Recherches sur le droit de propriété chez les Romains*, p. 235, 237, 252; *Histoire du droit français*, t. I, p. 151 : « La propriété territoriale n'était chez les anciens qu'une concession du pouvoir, auquel seul appartenait le vrai domaine du sol. »

[4] Accarias, *Précis du droit romain*, 3ᵉ édit., t. I, p. 483 et 494; 4ᵉ édit., p. 516 et 527. L'auteur appuie sa théorie sur un texte mal interprété de Varron, et sur la fiction juridique de l'*ager provincialis*. Quant au *dominium*, loin que l'État l'ait retenu pour lui, il est trop visible par tout le droit romain qu'il appartenait aux particuliers.

assertion qui n'a jamais été prouvée historiquement; mais je ne la discuterai pas ici, parce qu'elle ne touche pas à mon sujet. Mais que l'État ait conservé jusqu'au bout un droit supérieur sur les terres des particuliers, qu'il y ait eu ainsi sur le même sol, au-dessus de la propriété de l'individu, la propriété de l'État ou du Prince, c'est ce qu'il importe d'examiner. Car si cela était vrai, il serait possible que la distinction que le moyen âge a faite entre les deux domaines, domaine éminent et domaine utile[1], eût son origine dans les conceptions d'esprit et dans le droit de la société romaine.

Constatons tout d'abord que cette idée n'est jamais exprimée dans les documents anciens. Prenez les ouvrages de Cicéron ou ceux des agronomes, ou encore ceux des *agrimensores*, vous n'y voyez jamais que la terre possédée en propre, *ager privatus*, fût soumise à un domaine supérieur de l'État. La théorie de Gaius sur le *dominium* de l'État ne s'appliquait qu'au sol provincial et n'a jamais eu d'effet pratique. Dans les codes qui renferment les lois du IIIe, du IVe, du Ve siècle, il n'y a pas une seule ligne qui implique que, sur les terres autres que celles qui étaient la propriété de l'État ou du Prince, l'État ou le Prince s'attribuât une sorte de propriété supérieure. L'expression de cette théorie ne se rencontre dans aucun des monuments du droit romain.

On a cherché des preuves indirectes. On a allégué l'usage et même l'abus des confiscations sous l'empire. Mais la confiscation était une peine; elle était prononcée par des juges en vertu de lois déterminées; elle faisait

---

[1] Nous employons provisoirement ces deux expressions parce qu'elles sont dans la langue ordinaire : la suite de nos études montrera qu'elles ne sont pas tout à fait exactes.

partie du droit criminel. Commune à tous les peuples anciens, elle n'impliquait nullement que la propriété privée fût subordonnée à celle de l'État.

On a allégué les nombreuses lois agraires de la république et de l'empire. Mais, si l'on regarde de près ce qu'était une loi agraire, on verra que c'était un acte législatif par lequel l'État, précédemment propriétaire de certaines terres, faisait cession de ces terres-là à des particuliers, c'est-à-dire les transformait de propriété de l'État en propriété privée. Or nous avons sur cette sorte d'opération des textes assez longs et assez précis pour être certains qu'en faisant cession de ces terres l'État ne se réservait aucun droit sur elles. Il y fondait, au contraire, la propriété pleine et complète de l'individu sans rien garder pour lui-même.

L'État n'avait jamais le droit de reprendre ces terres. Cherchez dans les codes romains un droit de retrait en faveur de l'État, vous ne le trouverez pas. Vous ne trouverez pas davantage un droit de préemption. Même l'expropriation pour cause d'utilité publique ne fut jamais inscrite dans le Droit. Ce n'est pas qu'elle n'ait été admise en pratique; mais, à regarder le droit strict, l'État n'avait pas la faculté de déposséder un propriétaire de son champ, fût-ce dans l'intérêt supérieur du public. Un écrivain qui était contemporain de Trajan et qui connaissait bien les lois sur la matière, puisqu'il était directeur des aqueducs, *curator aquarum*, Julius Frontinus, affirme que « l'État n'a pas le droit de déposséder un particulier même pour le profit commun ». Il ajoute que tous les terrains nécessaires pour l'établissement des aqueducs furent achetés; et il donne même ce détail que, « si le propriétaire se refusait à vendre la petite bande de terre qu'on lui demandait, l'État était forcé d'acheter le domaine entier[1] ». Il ne dit pas si le propriétaire était tenu de vendre, et ce point de droit ne fut jamais éclairci. Tite-Live rapporte que, les censeurs ayant voulu établir un aqueduc, ils ne le purent pas, par cette seule raison qu'un particulier refusa de laisser passer l'aqueduc sur sa propriété[2]. Nous devons tenir pour constant que ce droit rigoureux du propriétaire ne fut pas toujours respecté. Mais ce qui est digne d'attention, c'est que cette expropriation ne fut jamais formellement écrite dans le Droit[3]. On ne voit pas que le législateur ait jamais dit que l'État pût déposséder un propriétaire en vertu d'un domaine éminent qu'il aurait exercé sur le sol.

Qu'un propriétaire meure, son fils ou son héritier prend sa terre sans avoir rien à demander à l'État. Il est propriétaire à son tour, non par une concession, mais de son plein droit. Je voudrais montrer l'idée qui s'attachait à l'hérédité, et j'en trouve l'expression dans Pline le Jeune. Il montre que l'État avait essayé d'établir un impôt sur les successions, mais qu'il n'avait pas pu soumettre à cet impôt les successions en ligne directe, « parce que les héritiers n'auraient pas toléré qu'on

---

[1] Frontin, *De aquæductibus*, c. 6 : *Majores nostri, admirabili æquitate, ne ea quidem eripuere privatis quæ ad modum publicum pertinebant. Sed cum aquas perducerent, si difficilior possessor in parte vendenda fuerat, pro toto agro pecuniam intulerunt, et post determinata necessaria loca eum agrum vendiderunt.*

[2] Tite-Live, XL, 51 : *Impedimento operi fuit Licinius Crassus qui per fundum suum duci non est passus.* Deux faits analogues sont signalés par Cicéron, *De lege agraria*, II, 30, et par Suétone, *Augustus*, 56. Ajoutez un texte d'Ulpien relatif aux carrières (Digeste, VIII, 4, 13) : *Si constat in tuo agro lapidicinas esse, invito te, nec privato nec publico nomine quisquam lapidem cædere potest.*

[3] Les textes que cite M. Accarias, Code Théodosien, XV, 1, 50 et 53, Frontin, *De aquæd.*, 6, ne marquent nullement que le propriétaire pût être exproprié sans son consentement. La question reste donc douteuse.

entamât des biens auxquels les liens du sang et du culte domestique leur donnaient un droit absolu, des biens qui, même avant le décès du père, leur appartenaient déjà, et dont ils étaient comme en possession dès leur entrée dans la vie[1] ». Et il ajoute « qu'il eût été monstrueux et impie de placer un impôt entre un père et son fils, et que cette intervention d'un percepteur de l'État était une sorte de sacrilège qui rompait les liens les plus sacrés[2] ». Ainsi l'esprit d'un Romain avait de la peine à admettre que l'État pût frapper une succession d'un impôt, loin qu'il admît que l'État eût quelque droit sur cette succession. Nul n'avait besoin du consentement de l'État pour hériter.

Le testament était absolument libre, et aucune autorité publique ne se plaçait à côté de la volonté du testateur. Si les actes de vente et de donation, ainsi que les testaments, étaient d'ordinaire présentés aux magistrats municipaux et inscrits sur les registres des curies, cela n'impliquait pas que l'autorité municipale eût le droit d'autoriser ou de rejeter l'acte; cette pratique n'avait d'autre objet que de constater publiquement la volonté du propriétaire et d'en garantir l'exécution pour l'avenir.

Nous pouvons donc tenir pour certain qu'il n'existait pas au temps de l'empire un domaine éminent exercé

---

[1] Pline, *Panégyrique de Trajan*, 37, édit. Keil, p. 346 : *Vicesima (hereditatium) reperta est, tributum tolerabile heredibus duntaxat extraneis, domesticis grave... Non laturi homines essent destringi aliquid et abradi bonis quæ sanguine, gentilitate, sacrorum societate meruissent, quæque non ut aliena, sed ut sua semperque possessa cepissent.*

[2] Ibidem : *Improbe et insolenter ac pæne impie his nominibus* (le nom du père et celui du fils) *inseri publicanum nec sine piaculo quodam sanctissimas necessitudines intercedente vicesima scindi.* — Nous n'avons pas pu rendre dans notre traduction toute l'énergie de ce style; cette énergie, qui n'est pas habituelle chez Pline, marque quelle était encore la puissance de ces idées dans l'esprit des hommes de son temps.

par l'État ou par le Prince sur les terres des particuliers. L'impôt et le service militaire étaient des charges publiques; ils étaient répartis proportionnellement à la fortune de chacun; mais ils n'étaient pas des charges essentiellement issues de la propriété; moins encore étaient-ils, comme on l'a dit, la condition de jouissance et comme la rente de cette propriété[1]. La terre en propre, *ager privatus*, n'était assujettie ni à des redevances ni à des services ayant le caractère d'une rente foncière.

Cet ensemble de règles juridiques et de conceptions d'esprit paraît être, à première vue, tout l'opposé des institutions qui régneront au moyen âge et semble n'avoir aucun rapport avec elles. Et pourtant, si l'on observe les faits avec attention, si l'on ne se borne pas à regarder la surface des choses, on reconnaîtra que cette conception romaine de la propriété foncière n'a pas disparu. Elle se retrouvera vivante encore et vigoureuse sous les dehors des institutions féodales.

[1] Cette théorie est encore soutenue par M. Accarias, § 208; mais les textes sur lesquels le savant auteur l'appuie ne sont pas exacts. La phrase qu'il attribue à Aggenus Urbicus ne se trouve pas chez cet écrivain. Hygin parle plusieurs fois d'*agri vectigales*, mais il ne dit pas que toutes les terres fussent de cette condition. Il est clair qu'il y avait beaucoup de terres dont la propriété appartenait à l'État ou aux villes et dont les détenteurs payaient la rente. On peut alléguer aussi un texte de Cicéron, *in Verrem*, III, 6, où l'on voit que sous la république l'État, souvent propriétaire du sol des vaincus, en faisait payer le *vectigal*. Mais il n'en est pas moins vrai que de tout temps, et surtout sous l'empire, il a existé un grand nombre de terres privées, *agri privati*, dont les propriétaires ne payaient pas le *vectigal*. Il y avait même une sorte d'incompatibilité entre *ager privatus* et *ager vectigalis*, ainsi que le montre la loi relative aux *Genuates* et aux *Viturii*: *Qui ager privatus Vituriorum est, quem agrum eos vendere heredemque sequi licet, is ager vectigalis ne siet* (*Corpus inscr. lat.*, V, 7749; Wilmans, 872.)

2° LE DOMAINE RURAL.

Après avoir constaté le droit de propriété sur la terre, il faut voir comment ce droit s'exerçait. Il faut chercher ce qu'était le domaine rural chez les Romains, en quoi il consistait, comment il était cultivé, quelle population y vivait.

La première chose à observer, ce sont les termes de la langue. Le mot propre pour désigner un domaine était *fundus*, terme qui contenait en soi l'idée de pleine et absolue propriété. On employait de la même façon le mot *prædium*. Un bien foncier se désignait aussi par le mot *ager*; ce terme, qui avait plusieurs significations assez distinctes, était appliqué le plus souvent à l'ensemble d'une exploitation rurale. Caton appelle *ager* une propriété de 100, 200, 240 arpents[1]. Varron et Columelle emploient le mot dans le même sens. Pline appelle ses grands domaines des *agri*[2]. Dans le langage du droit, *ager* est un domaine[3]. Un *ager* ne comprenait pas seulement des champs; Caton parle d'*agri* qui sont en vignes, en oliviers, en herbages, en forêts. Ulpien nous dit que sur les registres du cadastre chaque *ager* était décrit, c'est-à-dire que l'on y marquait ce qui était en vignes, ce qui était en céréales, ce qui était en forêts ou

---

[1] Caton, *De re rustica*, 1 et 10.
[2] Pline, *Lettres*, III, 19; X, 9, édit. Keil. — De même Cicéron parle d'un *ager* qui est si étendu, qu'on l'a divisé en centuries; *pro Tullio*, 3 : *Est in eo agro centuria quæ Populonia nominatur.*
[3] Paul, au Digeste, XVIII, 1, 40, emploie dans le même article les mots *ager* et *fundus* pour désigner un même domaine. — Au Digeste, *De significatione verborum*, L, 16, 211, il est dit expressément qu'on désigne par le mot *ager* toutes les terres d'un domaine. *Ager* est synonyme de *fundus* au Digeste, XVIII, 1, 40, et de *prædium* au Code Justinien, VI, 24, 3, loi de 222.

en prairies[1]. L'*agellus* d'Ausone, l'*ager* de Sidoine comprennent des vignes, des prairies, des forêts. Il faut donc nous déshabituer de traduire *ager* par un champ, bien qu'on rencontre quelquefois cette signification ; le plus souvent, c'est un domaine. Quant au terme *villa*, il ne s'appliqua d'abord qu'à la maison qui s'élevait sur le domaine et où le maître habitait ; mais d'assez bonne heure il s'étendit au domaine tout entier[2]. Il en fut de même du mot *cortis*, qui n'avait d'abord désigné qu'une cour de ferme et qui au cinquième siècle désigna un domaine. Nous voyons un personnage de ce temps-là qui possède « plusieurs *cortes* très riches et de bon produit, contenant bois, eaux et cours d'eau, moulins, pêcheries, chacune cultivée par quelques centaines d'esclaves »[3]. *Fundus, prædium, ager, villa, cortis*, ces termes étaient synonymes, et c'est une chose que nous devons noter pour la suite de nos études.

Un usage essentiellement romain était que chaque domaine rural eût un nom propre. Regardez le titre du Digeste qui est relatif à l'impôt foncier, vous y lirez que sur les registres du cadastre chaque propriété était

---

[1] Ulpien, au Digeste, L, 15, 4 : *Forma censuali cavetur ut agri sic in censum referantur : arvum quot jugerum sit... vinea... pratum... pascua... silvæ.*

[2] *Villa* est employé dans le sens ancien par Caton, Varron, Columelle ; par Ulpien, Digeste, VII, 4, 8 : *Villa fundi accessio est* ; par Pline le Jeune, III, 19. — Mais on le trouve aussi employé dans le sens plus général de domaine. Tacite, *Annales*, III, 53 : *Villarum infinita spatia.* — Pline, *Hist. nat.*, XXXII, 25, 42 : *Villas ac suburbana.* — Digeste, L, 16, 198 : *Prædia quæ sunt in villis.* — *Corpus inscr. lat.*, X, 1748 : *Villa Lucullana.* — Stace, *Silvæ*, II : *Villa Surrentina.* — Sidoine, *Lettres*, I, 6. édit. Luetjohann, p. 9 : *Excolere villam.*

[3] Ainsi un certain Tertullus possédait 18 *cortes* en Sicile (*Vita Placidi*, 16-18, dans Mabillon, *Acta Sanctorum*, I, 52-53). L'écrivain nomme la *cortis Mirazanus*, la *cortis Plazanus*, la *cortis Calderaria*, la *cortis Petrosa*, etc. — Ibidem : *Dedit... cortes bonas valde et magnas cum portubus suis, silvis, aquis, piscariis, molendinis... cum servis septem millibus.*

inscrite « par son nom » et non pas seulement par le nom du propriétaire[1]. Regardez le titre qui traite du legs et où les jurisconsultes citent quelques clauses testamentaires, vous remarquez qu'un testateur écrivait rarement : « la propriété que j'ai en tel lieu » ; il écrivait plutôt : « ma propriété qui porte tel nom[2] ». D'où l'on peut conclure que l'usage le plus habituel était de désigner un domaine, non par la localité où il était situé, mais par le nom qu'il portait. Il est visible aussi que ce nom lui était attaché d'une manière assez constante pour suffire à le désigner clairement.

Les inscriptions donnent lieu à la même remarque. Dans l'une d'elles, qui est du temps de Domitien, un homme fait donation de quatre propriétés ; il les appelle par leur nom : Junianus, Lollianus, Percennianus, Statuleianus[3]. Dans une autre, un personnage parlant d'un aqueduc qu'il a fait construire pour amener de l'eau à sa villa Carvisiana, énumère toutes les propriétés que cet aqueduc traverse : l'Antonianus, le Balbianus, le Phelinianus, le Petronianus, le Volsonianus, le Serranus, le Fundanianus, le Capitonianus, le Scirpi-

---

[1] Digeste, L, 15, 4 : *Forma censuali cavetur ut agri sic in censum referantur : nomen fundi cujusque*, etc.

[2] Digeste, XXXII, 35 : *Fundum Trebatianum... Fundum Satrianum dari volo.* — Ibidem, 38 : *Fundum Cornelianum... Fundum Titianum.* — Ibidem, 41 : *Fundum Gargilianum legavit.* — Ibidem, 78 : *Fundo Semproniano cum suis inhabitantibus.... Peto ut fundum meum Campanianum Genesiæ adscribatis.* — Ibidem, 91 : *Prædia Seiana, prædia Gabiniana do, lego.* — XXXIII, 1, 19 : *Ex reditu fundi Speratiani.* — Ibidem, 52 : *Usumfructum fundi Vestigiani lego.* — Ibidem, 38 : *Fundi Æbutiani reditus dari volo.* — XXXIII, 4, 9 : *Uxori meæ fundum Cornelianum.* — Ibidem, 18 : *Mævio fundum Seianum ;* 19 : *Pamphilæ fundum Titianum... Tyrannæ fundum meum Græcianum ;* 27 : *Fundum Cornelianum Titio dari volo... Sempronio fundum Cassianum.*

[3] Wilmans, *Exempla inscr. latin.*, n° 95 ; Henzen, n° 6085 : *Domitius... fundum Junianum, et Lollianum et Percennianum et Statuleianum suos cum suis villis finibusque attribuit.*

nianus[1]. D'autres inscriptions encore nous donnent des listes de propriétés rurales. L'une d'elles présente la longue nomenclature de plus de trois cents immeubles de la petite cité de Véléia en Cisalpine; chacun d'eux a son nom[2]. Une autre nous donne cinquante-deux noms de terres pour une petite ville de Campanie, et la liste est fort incomplète[3]. Une inscription de Vulceii énumère par leurs noms soixante-deux propriétés rurales[4]. Notons que, parmi ces propriétés, il en est de très petites. On en voit dont la valeur, marquée par l'inscription, ne dépasse pas 15,000, 8,000 sesterces. Elles ont pourtant leur nom propre comme les autres.

Ces noms de terres ne sont presque jamais des noms géographiques. Jamais ils ne sont empruntés à une rivière, à une montagne, à un accident du terrain[5]. Ces noms ne sont même pas pris à l'agriculture; jamais ils ne sont tirés d'arbres, de plantes, d'animaux. Ils sont toujours, à très peu d'exceptions près, formés par un radical qui est un nom d'homme, auquel on ajoute la désinence d'adjectif qui marque la possession. Par exemple, ces domaines s'appellent Manlianus, Cornelianus, Terentianus, Sempronianus, Postumianensis, Junianus, Lollianus, Clodianus, Propertianus, villa Surdiniana, villa Lucullana, prædium Herennianum[6].

[1] *Corpus inscriptionum latinarum*, t. XI, n° 3003. Orelli-Henzen, n° 6634.
[2] On la trouvera dans le recueil de Wilmans, n° 2845, dans le *Bulletin de l'Institut archéologique de Rome*, 1841, et dans l'ouvrage d'Ern. Desjardins sur les *Tables alimentaires*.
[3] *Tabula Ligurum Bæbianorum*, dans Mommsen, *Inscr. Neap*, n° 1354; Wilmans, n° 2844; *Corpus inscr. lat.*, IX, n° 1455.
[4] *Corpus inscriptionum latinarum*, X, n° 407.
[5] Il y a quelques noms tirés de noms de peuples, comme le Laurentianus et le Tuscus de Pline; mais le cas est rare.
[6] *Corpus inscriptionum latinarum*, IX, n°ˢ 1455, 5843; X, n°ˢ 407, 444, 1748, 4734, etc.

Il est visible d'ailleurs, dans les inscriptions où ils sont cités, que ces noms ne sont pas ceux des propriétaires actuels. Car, à côté du nom de chaque terre, l'inscription porte le nom de celui qui la possède, et les deux noms sont toujours différents[1]. C'est que le nom de la terre vient de plus loin. Il est le nom d'un propriétaire primitif. Il a été donné au domaine par celui qui a constitué ce domaine le premier, par celui qui y a fait les plantations et constructions utiles, par celui qui en a tracé et consacré les limites. Il y a eu comme une sorte de fondation, et, dans les idées anciennes, ce premier propriétaire ressemble quelque peu à un fondateur de ville. Aussi son nom reste-t-il attaché à cette terre. Ce nom subsiste, même quand la terre a passé à une autre famille. Nos inscriptions laissent voir que le propriétaire actuel est rarement le descendant de celui qui a donné le nom. La famille de l'ancien propriétaire n'est plus là, mais son nom est resté. Ce n'est pas qu'aucune loi interdît à un nouveau propriétaire de changer le nom du domaine[2]; et l'on trouve quelques exemples de cela; mais ces exemples sont rares; la persistance du nom ancien est la règle ordinaire.

Cet usage des noms de terre, qui paraît avoir été fort ancien dans la société romaine, s'est conservé pendant les cinq siècles qu'a duré l'empire. On le retrouve encore au moment où cet empire finit. Les lettres de Symmaque montrent qu'au cinquième siècle chaque domaine a

[1] Par exemple, dans l'inscription de Henzen 6634, la villa Calvisiana appartient à Mummius Niger, l'Antonianus à Varron, le Balbianus à Ulceus Commodus, le Volconianus à Herennius Polybius, etc. Voyez de même les inscriptions de Véléia et des Bæbiani. Dans le n° 95 de Wilmans, un certain Domitius fait don de quatre *fundi* dont aucun ne porte son nom.

[2] Le jurisconsulte Pomponius dit formellement que le nom du domaine dépend de la volonté du propriétaire : *Nostra destinatione fundorum nomina, non natura, constituuntur*, Digeste, XXX, 24, § 3.

encore un nom propre. Plus tard, on retrouve la même chose dans les lettres de Grégoire le Grand, dans les chartes de l'église de Ravenne, dans le *Liber pontificalis* de l'église de Rome. Nous devons faire grande attention à cette habitude qu'avait la société romaine d'attacher à chaque propriété rurale un nom propre. Ce nom donna au domaine une sorte de personnalité. Il en fit un corps bien complet en soi, bien distinct de ce qui n'était pas lui, bien individuel. Nous verrons plus tard les conséquences.

Sous ce nom persistant, l'unité du *fundus* se maintenait à travers les générations. Le changement de fortune du propriétaire n'y changeait presque rien. S'enrichissait-il par l'acquisition du domaine voisin, son domaine ne s'étendait pas pour cela; l'homme devenait propriétaire de deux domaines, qui restaient distincts. L'inscription de Véléia jette une vive lumière sur ce côté des usages ruraux. Nous y voyons plusieurs propriétaires qui ont groupé deux, trois, quatre et jusqu'à sept *fundi*; ces propriétés ne se confondent pourtant pas en un seul domaine: chacune d'elles conserve son nom distinct, ses limites, et pour ainsi dire sa vie propre[1].

Un autre cas se présente. Il peut arriver qu'un propriétaire vende une partie de sa terre[2]. Il peut arriver aussi qu'une succession fasse échoir une terre à plusieurs cohéritiers[3]. Que se passe-t-il alors? Le domaine sera-t-il brisé et morcelé? D'une part, le droit romain autorise ce morcellement. Le droit ne contient aucune

---

[1] Toutefois le droit permet d'agrandir un domaine par l'adjonction de nouveaux champs (Digeste, XXXI, 10).

[2] Digeste, XXX, 1, 8 : *Si ex toto fundo legato testator partem alienasset, reliquam duntaxat partem deberi.*

[3] Digeste, XXX, 54, 6, 15 : *Si quis ita leget : Titio fundum do lego ut*

règle qui oblige à maintenir l'unité du domaine rural ; il permet à l'acheteur de le couper en deux ; il n'oblige jamais les cohéritiers à rester dans l'indivision. Nous ne pouvons donc pas douter que le partage du domaine ancien en deux ou trois domaines nouveaux ne fût possible en droit. Mais, sur ce point, les usages ruraux étaient assez différents du droit, et cette sorte de division paraît avoir été assez rare. Le plus souvent le domaine gardait son nom unique et son unité, tout en appartenant à plusieurs copropriétaires. Il se formait ainsi, non pas de nouveaux domaines, mais ce qu'on appelait des parts, *portiones*. Cette dénomination de « part » restait attachée à la petite propriété qui s'était formée dans la grande. On devenait à tout jamais propriétaire d'une « part »; on léguait, on vendait, on louait « sa part ». Ces expressions, déjà visibles dans quelques inscriptions de l'époque impériale[1], deviennent surtout fréquentes dans les chartes du sixième et du septième siècle; on les trouve à tout moment dans les actes de l'église de Ravenne[2]; nous les verrons aussi dans les actes mérovingiens.

Ainsi se maintenait l'intégrité du domaine. Le nouveau propriétaire l'était pour « une moitié », pour « un tiers », pour « un quart ». L'usage s'établit en Italie de compter par douzièmes. Nous savons que cette ma-

---

eum pro parte habeat. XXX, 116 : *Si fundus legatus sit heredi et duobus extraneis.* Cf. XXXI, 41.

[1] Wilmans, n° 696 : *Partem fundi Pompeiani.* — Inscription de Véléia, *ibid.*, n° 1845 : *Fundum Licinium pro parte dimidia... coloniam Vettianam pro parte quarta.... Quæ pars fuit Atti Nepotis.* — Cf. Code Justinien, IV, 52, 3.

[2] Fantuzzi, *Monumenti Ravennati*, p. 4 : *Portio in fundo Ariniano.* Ibidem, p. 2, 44, 64, etc. — Grégoire le Grand, *Lettres*, IX, 57 : *De portionibus tibi competentibus in Massalena et Samanteria*; XIII, 5 : *Portiones tuas in fundo Fulloniaco.*

nière de diviser les unités était familière aux Romains. Le douzième s'appelait une once, *uncia*. De même que l'as qui était l'unité de poids, et le pied qui était l'unité de mesure, se partageaient en *unciæ*, ainsi se partageait le *fundus*, qui était l'unité de propriété foncière. Dans les testaments, dans les ventes, dans les baux, nous voyons qu'on cédait une *uncia*, cinq *unciæ*, dix *unciæ* d'un *fundus*. Ces usages et ces expressions ne sont pas dans les lois; mais ils faisaient partie de la coutume rurale et de la langue vulgaire[1]. On les trouve mentionnés dans la correspondance épistolaire des hommes du cinquième siècle. On les trouve encore dans les chartes et les actes de location du sixième[2]. Or ces chartes et ces baux reproduisent manifestement les formules d'une pratique plus ancienne et toute romaine.

Nous voudrions savoir quelle était l'étendue ordinaire et moyenne du domaine rural des Romains. Cela revient à nous demander si c'était la petite ou la grande propriété qui régnait. Il y a sur ce sujet quelques citations qui sont toujours répétées; nous commencerons par les rappeler. Tout le monde connaît le passage où Columelle parle de « ces grands propriétaires qui possèdent le territoire de tout un peuple et qui ne pourraient pas

---

[1] Voyez sur ce point un article de Mommsen, *Die italische Bodentheilung*, dans l'*Hermes*, 1884; et une étude de M. Ch. Lécrivain sur *le partage oncial du fundus romain*, dans les *Mélanges de l'École de Rome*, 1885.

[2] Marini, *Papiri diplomatici*, n° 89 : *Dono quatuor uncias trium fundorum*. — Fantuzzi, *Monumenti Ravennati*, p. 4 : *De sex unciis fundi*; p. 5 : *Sex unciæ fundi*; p. 64 : *De duobus unciis et scripulis quatuor in fundo Cassiano*; p. 78 : *Donatio quam fecit Valeria, id est sex uncias in domibus, mancipiis, montibus, silvis, parcuis, omnibusque quæ ad prædictas sex uncias pertinent*. — Grégoire le Grand, *Dialogi*, III, 24 : *Pater nihil aliud ei nisi sex uncias unius possessiunculæ largitus est*.

faire en un jour, même à cheval, le tour de leurs domaines ». Tout le monde cite aussi le mot de Pline sur les *latifundia* « qui ont ruiné l'Italie ». Il y a encore dans Tacite un mot sur « les *villæ* qui s'étendent à l'infini », et Sénèque affecte de plaindre ces hommes opulents « qui ont des domaines aussi vastes que des provinces ».

Nous avouerons franchement que ces phrases font peu d'impression sur notre esprit. Celle de Columelle, pour être comprise avec exactitude, doit être replacée au milieu de son contexte. L'écrivain ne se plaint pas du grand nombre des *latifundia* et ne pense pas à faire une satire contre les grands propriétaires. Il donne à ses lecteurs un conseil pratique, qui est de n'avoir pas de domaines trop étendus; et la raison de cela est qu'il y faut trop de bras et qu'on risque de s'y ruiner. C'est alors qu'il dit : « N'imitez pas ceux qui ont des domaines si vastes qu'ils ne peuvent pas en faire le tour; ils sont réduits à en laisser une moitié absolument inculte, et encore ne peuvent-ils mettre sur l'autre moitié qu'un mauvais personnel [1]. » On se méprend sur la pensée de l'auteur quand on se sert de sa phrase pour prétendre que la grande propriété régnait en Italie de son temps. Les faits auxquels il fait allusion ne sont visiblement que des exceptions, et il se borne à marquer, en sage agronome, les inconvénients qu'il y aurait s'ils se multipliaient.

Quant à Pline, il est bien vrai qu'il dit que les *latifundia* ont ruiné l'agriculture italienne [2]; mais ce qui diminue la portée de cette affirmation, c'est qu'il

---

[1] Columelle, I, 3.
[2] Pline, *Hist. nat.*, XVIII, 6, 35 : *Latifundia perdidere Italiam, jam vero et provincias*.

dit ailleurs que cette même agriculture italienne est très florissante ; il assure même que l'Italie tient le premier rang dans le monde par ses céréales comme par ses vignobles[1]. A peine est-il besoin de dire que la phrase déclamatoire de Sénèque ne doit pas plus être prise au sérieux que les plaisanteries de Pétrone sur les domaines de Trimalcion[2]. Au passage de Tacite[3] nous opposerons un autre passage de Tacite lui-même qui, deux chapitres plus loin, vante la diminution des grandes fortunes, « la sagesse de son temps », le retour « à la frugalité et à la simplicité antiques[4] ». Il est d'une mauvaise méthode en histoire de se décider sur quelques phrases isolées. Il faut tout lire, et établir une proportion exacte entre les affirmations contradictoires. A côté des brillants écrivains comme Tacite et Sénèque, consultons les modestes auteurs des traités d'arpentage, Siculus Flaccus, Frontin, Hygin. Ils nous diront que le sol de l'Italie est couvert d'une population serrée de petits propriétaires, *densitas possessorum*[5].

Quelques chiffres précis nous éclaireraient mieux que ces assertions en sens divers. On sait que l'empire romain possédait un cadastre fort complet de la propriété foncière. Il existait dans les archives des villes, et

---

[1] Pline, *Hist. nat.*, III, 5, 41 : *In Italia.... tam fertiles campi.... tanta frugum vitiumque et olearum fertilitas, tam nobilia pecudi vellera....* — Ibidem, XXXVII, 77, 201-202 : *Principatum naturæ obtinet Italia.... soli fertilitate, pabuli ubertate ; quidquit est quo carere vita non debeat nusquam est præstantius : fruges, vinum, oleum, vellera, lina.* — Voyez pour le détail de l'agriculture italienne les livres XIII, XIV, XVI, XVII.
[2] Sénèque, *De beneficiis*, VII, 50. Pétrone, *Satyricon*, 53.
[3] Tacite, *Annales*, III, 53 : *Villarum infinita spatia.*
[4] Tacite, III, 55.
[5] Frontin, dans les *Gromatici*, édit. Lachmann, p. 56. Voyez aussi sur les « parcelles » en Italie, Siculus Flaccus, *De conditione agrorum*, ibidem, p. 154 et 155.

dans les bureaux du palais impérial un nombre incalculable de plaques de bronze sur lesquelles était gravé le tableau de toutes les propriétés, avec l'étendue, le plan, les limites de chacune d'elles[1]. Il existait aussi des registres du cens où chaque domaine était inscrit par son nom, avec le nombre d'arpents, la nature du terrain, les variétés de culture, le nombre des cultivateurs qui y étaient employés[2]. Les éléments d'une statistique sérieuse ne manquaient donc pas. Par malheur, tous ces documents ont péri, et il n'en est rien venu jusqu'à nous. Pour trouver quelques chiffres, il faut les chercher à grand'peine chez les écrivains et dans trois ou quatre inscriptions.

Caton et Varron, parlant des domaines ruraux d'une manière générale, donnent des chiffres de 100, 200, 300 arpents. C'est la moyenne propriété. Les mêmes auteurs donnent indirectement la mesure la plus ordinaire du domaine rural, lorsqu'ils disent qu'il faut de douze à dix-huit esclaves pour le cultiver[3]. Nous pouvons juger approximativement l'étendue de la propriété d'Horace, qu'il appelle une petite propriété, *agellus*; car nous savons que pour la mettre en valeur

---

[1] *Gromatici veteres*, édit. Lachmann, p. 45, 46, 47, 48, 51. Frontin, p. 48 : *Formæ antiquæ*. — Aggenus Urbicus, p. 88 : *In tabulariis formæ plurimæ exstant*. — Hygin, p. 111, 117, 121 : *In ære, id est in formis*. — Siculus Flaccus, p. 154 : *Fides videatur quæ æreis tabulis manifestata est; quod si quis contradicat, ad sanctuarium Cæsaris respici solet; omnium enim agrorum formas et divisionem et commentarios Principatus in sanctuario habet*. Dans la langue du temps *sanctuarium Cæsaris* est ce que nous appellerions les bureaux de l'administration centrale. — Cf Digeste, XLVIII, 13, 8 : *Qui tabulam æream formam agrorum continentem refixerit vel quid inde immutaverit*.

[2] Ulpien, au Digeste, L. 15, 4 : *Forma censuali cavetur ut agri sic in censum referantur : nomen fundi cujusque, et quos duos vicinos proximos habeat, et arvum quot jugerum sit, vinea quot vites habeat, oliva quot jugerum*, etc.

[3] Caton, *De re rustica*, 1, 10, 11 ; Varron, *De re rust.*, I, 19.

il lui fallait un *villicus*, cinq métayers et huit esclaves, en tout quatorze paires de bras[1].

Dans une inscription qui a été trouvée sur le territoire de Viterbe, et qui date du règne de Trajan, nous voyons qu'un aqueduc de 5 950 pas romains traversait onze propriétés. Si nous essayons un calcul sur ces données fort incomplètes, nous penserons que la longueur moyenne de chacune de ces propriétés était d'environ 800 mètres, et nous conjecturerons qu'elles avaient l'une dans l'autre une superficie d'une soixantaine d'hectares[2]. Les inscriptions de Véléia et des Bœbiani ne signalent aucun domaine dont la valeur dépasse 210 000 sesterces, ce qui suppose 150 ou 200 arpents[3]; et elles en mentionnent de beaucoup plus petits.

Il existait certainement des domaines plus considérables. Pline le Jeune, dans une de ses lettres, écrit qu'il est sur le point d'acheter une terre et qu'il la payera 3 millions de sesterces[4]. D'après des calculs que je ne puis donner que comme approximatifs, ce prix de vente me fait supposer une terre de 1500 arpents. Ailleurs, le même écrivain dit qu'il a fait donation à sa

---

[1] Horace, *Satires*, II, 7, 118.
[2] *Corpus inscriptionum latinarum*, t. XI, n° 3003. Henzen, n° 6634. Le chiffre indiquant la longueur de l'aqueduc est V̄DCCCCL *passus*, ce qui ne peut signifier que 5 950 pas romains. Je n'ai pas compris pourquoi M. Garsonnet, dans son *Histoire des locations perpétuelles*, p. 126, allègue cette inscription comme une preuve de l'existence des *latifundia*. Il est vrai que dans l'intérêt de sa thèse il change le chiffre de 5 950 pas en celui de 60 000, arbitrairement.
[3] Varron et Columelle évaluent le revenu annuel d'un arpent en labour à 150 sesterces et d'un arpent en pré à 100. Si nous multiplions ce revenu suivant le taux ordinaire de l'intérêt chez les Romains, lequel variait entre 6 et 8 pour 100, nous penserons que la valeur moyenne d'un arpent pouvait être de 2 000 sesterces.
[4] Pline, *Lettres*, III. 19.

ville natale d'une terre que cette même ville afferme 30 000 sesterces. Il ne dit pas quelle est l'étendue de son beau domaine qu'il appelle *Tusci*; mais suivez la description qu'il fait des bois giboyeux et des forêts que ce domaine renferme, de sa plaine et de ses collines, de ses champs de blé, de son vignoble, de ses prairies, et vous aurez certainement l'idée d'une grande propriété [1].

Ainsi l'étendue du *fundus* ou du domaine variait à l'infini. Il y avait alors, comme de nos jours, de petites, de moyennes, de grandes propriétés. Une loi de 385 distingue trois catégories d'hommes : en premier lieu les grands propriétaires, qu'elle appelle *potentiores possessores*; en second lieu ceux qu'elle désigne par le nom de *curiales*; et enfin les petits propriétaires, *minores possessores* [2].

On ne peut pourtant méconnaître qu'il y eut dans la société romaine une tendance continue vers la grande propriété. Reprenons, comme exemple, l'inscription de Véléia; nous y remarquons que, si le nombre des *fundi* est encore très grand, celui des propriétaires l'est beaucoup moins. Pour 300 propriétés nous ne comptons que 51 propriétaires. Le même homme en a jusqu'à 10 ou 12 dans les mains. Trois d'entre eux possèdent chacun pour plus d'un million de sesterces. Il est donc arrivé, et cela dans l'espace de moins de cent ans, que les cinq sixièmes des petits propriétaires ont disparu; ils ont vendu ou abandonné leur terre. Quelques-uns sont restés, s'enrichissant de la ruine des autres. Encore entrevoit-on que parmi ces 51 propriétaires il en est quelques-uns, et des plus riches, qui sont des étrangers venus depuis peu. Ils sont des spéculateurs

[1] Pline, *Lettres*, V, 6.
[2] Code Théodosien, XI, 7, 12.

qui ont pris la place des colons du siècle précédent. Nulle société, on le sait, ne spécula autant sur les terres que la société romaine.

Nous observons dans ces mêmes inscriptions que le plus souvent les petits domaines d'un même propriétaire sont situés en divers lieux; il est peu probable qu'ils doivent jamais se rejoindre. Il arrive pourtant plusieurs fois que les quatre ou cinq *fundi* d'un même homme sont contigus. En ce cas l'inscription les groupe en une sorte de faisceau, c'est-à-dire que, tout en laissant à chacun d'eux son nom propre, elle fait pourtant de ces quatre ou cinq petits domaines un même corps et ne donne qu'un seul chiffre d'estimation pour l'ensemble. Ce petit détail est significatif. C'est le commencement et l'annonce du moment où ces quatre ou cinq petites propriétés se fondront en une grande. Un siècle après notre inscription de Véléia, le jurisconsulte Papinien signale, comme chose assez fréquente, que plusieurs *fundi* soient réunis en une seule propriété[1]; et l'on observe qu'en ce cas chacun d'eux garde son ancien nom, mais tous se subordonnent au plus important d'entre eux. Le même usage se retrouvera plus tard.

Avançons d'un siècle encore, et nous voyons qu'en Italie la grande propriété a fait un nouveau progrès. Un terme nouveau apparaît dans la langue de la vie agricole, le mot *massa*. Il signifie un groupe de plusieurs domaines; chacun d'eux a conservé son nom individuel, mais l'ensemble a pris un nom unique, et constitue une nouvelle unité rurale. La *massa* est le très grand domaine formé de plusieurs domaines moyens[2].

---

[1] Papinien, au Digeste, XXXIV, 5, 1.
[2] *Corpus inscriptionum latinarum*, X, 8076: *Conductrix massæ Tra-*

Ces observations donnent à penser que c'est par le groupement insensible et lent des propriétés petites et moyennes que la grande propriété s'est constituée. Elle est venue aussi d'une autre source. On sait qu'au début de la période impériale il se trouvait dans toutes les provinces et même en Italie de grands espaces de terre boisés ou montueux dont le sol était d'une culture difficile. On les appelait des *saltus*. Ils n'avaient à l'origine presque aucune valeur. Mais cette société romaine était laborieuse; elle se mit à les cultiver. L'État en garda pour lui un certain nombre et y plaça des colons. Les villes en prirent à leur compte et les affermèrent. Les particuliers en occupèrent et les mirent en valeur. L'inscription de Véléia mentionne treize *saltus*, qui sont devenus propriétés privées, sans compter ceux qui appartiennent à la ville. Les chiffres d'estimation que l'inscription place à côté de chacun d'eux permet de croire qu'ils sont cultivés. Quatre d'entre eux sont évalués plus de 300 000 sesterces chacun. Or, comme il s'agit ici de mauvaises terres à peine défrichées et qui étaient naguère de nulle valeur, ces chiffres donnent à penser que les quatre *saltus* étaient fort étendus. Nous ne nous tromperons guère en les comptant comme de

peianæ. — Novelles d'Anthémius, tit. III, Hænel, p. 349 : *Cæsiana massa Domninæ illustri feminæ restituatur.* — Marini, *Papiri diplomatici*, n° 82, diplôme de 489 : *Certos fundos ex corpore massæ Pyramitanæ*; n° 86, dipl. de 553 : *Massa Firmidiana.* — Symmaque, X, 44 (28), édit. Seeck, p. 302 : *Massa Cæsariana.* — Cassiodore, *Variarum*, V, 12 : *Palentianam massam*; XII, 5 : *Conductores massarum.* — Grégoire le Grand, *Lettres*, I, 41; V, 44; IX, 30; XIV, 14 : *Massam quæ Aquæ Salviæ nuncupatur, cum omnibus fundis suis, id est, Cella Vinaria, Antoniano, villa Pertusa, Cassiano, Corneliano, Thesselata, cum omni jure suo et omnibus ad eam pertinentibus.* — *Liber pontificalis*, in S. Silvestro, édit. Duchesne : *Massam Garilianam, præstantem singulis annis solidos quadringentos.* — Fantuzzi, *Monumenti Ravennati*, n° 116, p. 59 : *De medietate de massa Ausimana... cum medietate pertinentiis ipsius massæ.*

grandes propriétés, dont la valeur ira croissant avec le temps. Nous pensons que, parmi les grands domaines de l'époque impériale, il en est beaucoup qui se sont formés de cette façon. C'est le défrichement qui en a été l'origine. Qu'on relise le passage où Columelle parlait de ces vastes espaces dont le propriétaire ne pouvait pas faire le tour à cheval, on verra d'après sa phrase même qu'il veut parler de *saltus* et que ces *saltus* sont encore à moitié en friche. Les propriétaires dont il parle ici sont de grands entrepreneurs de défrichements. Columelle donne à entendre que leur spéculation n'est pas toujours heureuse. Beaucoup se ruinent visiblement, parce qu'ils n'ont pas assez de bras à mettre sur ces grands espaces, et l'agronome prudent conseille de ne pas les imiter[1]. Mais ceux qui réussissaient pouvaient arriver, avec le temps et à force de travail, à constituer d'immenses et magnifiques propriétés. Tel est le *saltus* qui est décrit par Julius Frontin : « Il appartient à un seul propriétaire, et il est pourtant aussi vaste que le territoire d'une ville; vers le milieu du terrain s'élève la demeure du maître; à distance et tout autour s'étend une ceinture de petits villages où habite tout un peuple de paysans et qui appartiennent au même maître[2]. » Frontin ajoute que les domaines de cette nature se rencontrent assez fréquemment en Italie, plus souvent dans les provinces.

La grande propriété, constituée sous l'empire, a survécu à cet empire. Les lettres de Cassiodore écrites sous la domination des Ostrogoths, les lettres du pape Grégoire le Grand et les actes de l'église de Ravenne écrits au temps de la domination des Lombards, nous mon-

[1] Columelle, I, 3.
[2] Frontin, dans les *Gromatici veteres*, édit. Lachmann, p. 53.

trent que cette grande propriété s'est continuée. Les Germains ne l'ont pas fait disparaître. Au sixième et au septième siècle, nous trouvons encore dans toute l'Italie le domaine rural sous les noms de *fundus*, *villa*, ou *cortis*.

5° LE DOMAINE RURAL EN GAULE.

Les Gaulois, avant la conquête romaine, n'ignoraient pas la propriété foncière. César, dans les chapitres où il annonce qu'il dira toutes les particularités de la vie gauloise et tous les traits par lesquels ils se distinguent des peuples qu'il connaît, ne signale pas l'absence de propriété, ce qui serait certainement le trait qui l'aurait le plus frappé[1]. Un peu plus loin il dit en quoi les Germains diffèrent des Gaulois[2], et il signale que les Germains ne pratiquent pas la propriété; cela implique visiblement que les Gaulois la pratiquent[3]. Il y a enfin un passage où l'historien fait observer que les juges gaulois avaient à vider des procès « sur les héritages ou sur les limites »; voilà des procès qui n'existent que dans une société de propriétaires[4]. Il n'est donc pas douteux que le domaine rural ou *fundus* ne fût déjà dans les habitudes gauloises.[5] Nous ignorons d'ailleurs

---

[1] César, *De bello gallico*, VI, 18. Remarquez qu'il commence par dire : *In reliquis vitæ institutis hoc fere ab reliquis differunt quod....* Puis il mentionne certaines institutions de droit privé, et ne dit pas que la propriété fût inconnue.

[2] *Ibidem*, VI, 11 : *Quo differant inter se hæ nationes....* VI, 22 : *Germani multum ab hac consuetudine differunt.*

[3] *Nec quisquam* (apud Germanos) *agri modum certum aut fines habet proprios.*

[4] *Ibidem*, VI, 13 : *Druides... fere de omnibus controversiis constituunt, et, si quod est admissum facinus, si cædes facta, si de hereditate si de finibus controversia est, iidem decernunt.*

[5] Nous avons traité ce point plus amplement dans la *Revue des ques-*

si la propriété était constituée comme en Italie, si elle y était garantie par une législation aussi claire que le droit romain, si les règles de la succession, du testament, de la vente, y étaient les mêmes que dans la société romaine. César ajoute quelques traits caractéristiques : d'une part est la classe des chevaliers, puissants et riches, et qui visiblement sont riches en terre; ils entretiennent de nombreux clients, et il est clair qu'ils ne peuvent les entretenir que sur de vastes domaines[1]; d'autre part est la plèbe, qui est née libre, mais qui, faute de rien posséder, est presque réduite à la condition d'esclave et souvent même se met réellement en servitude dans les mains des riches[2]; et c'est justement dans les campagnes qu'il y a le plus d'indigents[3]. De pareils traits impliquent que la propriété a encore un caractère aristocratique, qu'elle est dans un petit nombre de mains. On peut conjecturer avec vraisemblance que le régime dominant était celui de la grande propriété. Les Romains n'eurent donc à introduire en Gaule ni le droit de propriété ni le système des grands domaines cultivés par une population servile[4].

Aussi trouvons-nous dans la Gaule du temps de l'em-

---

tions historiques, avril 1889. Voyez aussi, dans le même sens que nous, une étude de M. Ch. Lécrivain, dans les *Annales de la Faculté des lettres de Bordeaux*, 1889.

[1] Voyez les nombreux clients de l'Helvète Orgétorix (I, 4); Indutiomare peut lever une petite armée parmi ses hommes à lui (V, 3); Ambiorix, dans sa vaste demeure entourée de forêts, a assez de serviteurs et de commensaux pour arrêter un moment la cavalerie romaine (VI, 50); l'Arverne Vercingétorix trouve assez de clients pour s'en faire une armée.

[2] Ibidem, VI, 13 : *Plebs pæne servorum habetur loco.., plerique quum aut ære alieno aut magnitudine tributorum aut injuria potentiorum premuntur, sese in servitutem dicant nobilibus.*

[3] Ibidem, VII, 4 : *In agris egentes.*

[4] Nous avons montré ailleurs que les Romains n'avaient pas enlevé leurs terres aux Gaulois; la prise de possession par l'État n'avait été qu'une fiction juridique, que la Gaule n'avait peut-être pas même connue.

pire les mêmes habitudes rurales qu'en Italie. Tacite parle d'un domaine du Gaulois Cruptorix, et il l'appelle du terme de *villa*. Il signale ailleurs les propriétés et les *villæ* du Gaulois Civilis[1]. Ce qui fut peut-être le plus nouveau, c'est que chaque villa prit un nom propre, suivant l'usage romain. Conformément à ce même usage, les noms des domaines furent tirés la plupart du temps de noms d'hommes. Ausone cite la villa Pauliacus et la villa Lucaniacus[2]. Sidoine Apollinaire, dans ses lettres, a souvent l'occasion de mentionner ses propriétés ou celles de ses amis. Il en possède une qui s'appelle Avitacus. Un domaine de la famille Syagria s'appelle Taionnacus; celui de Consentius, ami de Sidoine, s'appelle *ager* Octavianus; celui de son parent Apollinaris a nom Voroangus, et celui de son ami Ferréolus s'appelle Prusianus[3]. Dans un testament du cinquième siècle, un personnage lègue la villa Saponaria et la villa Bertiniacus[4]. Plus tard, les chartes écrites en Gaule nous montreront une série de domaines qui ont tous un nom propre; ils s'appellent, par exemple, Albiniacus, Solemniacensis, Floriacus, Bertiniacus, Latiniacus, Victoriacus, Pauliacus, Juliacus, Attiniacus, Cassiacus, Gaviniacus, Clipiacus; il y en a plusieurs centaines de cette sorte[5]. Ces noms, que nous trouvons dans des chartes du septième siècle, viennent certainement d'une

---

[1] Tacite, *Annales*, IV, 73; *Histoires*, V, 23.

[2] Ausone, *Lettres*, V, vers 16 et 36, édit. Schenkl, p. 163.

[3] Sidoine Apollinaire, *Lettres*, II, 9 (édit. Baret, II, 7): *Voroangus, hoc prædio nomen est... Prusianus, sic fundus alter nuncupatur.* — Ibidem, II, 2 (II, 11): *Avitaci sumus, nomen hoc prædio.* — Cf. VIII, 4 et VIII, 8 (VIII, 11 et VIII, 14). — Avitus possédait un domaine appelé *Cuticiacus* ou *prædium Cuticiacense* (ibid., III, 1).

[4] Testamentum Perpetui, *Diplomata*, t. I, p. 24.

[5] On note que les Gaulois adoptèrent volontiers le suffixe *acus* au lieu du suffixe *anus* usité en Italie.

époque antérieure. C'est sous la domination romaine que les domaines les ont reçus. Ils sont latins, et viennent pour la plupart de noms de famille qui sont romains. Cela ne signifie pas que des familles italiennes soient venues s'emparer du sol. Les Gaulois en devenant romains avaient pris pour eux-mêmes des noms latins, et avaient appliqué leurs nouveaux noms à leurs terres. Quelques-uns avaient conservé un nom gaulois en le latinisant; aussi trouvons-nous quelques noms de domaines qui ont un radical gaulois sous une forme latine. Dans la suite, tous ces noms de propriétés sont devenus les noms de nos villages de France. On aperçoit aisément la filiation. Les propriétaires primitifs s'étaient appelés Albinus, Solemnis, Florus, Bertinus, Latinus ou Latinius, Victorius, Paulus, Julius, Atinius, Cassius, Gabinius, Clipius; et c'est pour cela que nos villages s'appellent Aubigny, Solignac, Fleury, Bertignole, Lagny, Vitry, Pouilly, Juilly, Attigny, Chancy, Gagny, Clichy.

Il est difficile de dire quelle était en Gaule l'étendue ordinaire d'un domaine rural. Il faut d'abord mettre à part la Narbonnaise, qui avait été couverte de colonies romaines et où le sol avait été distribué par petits lots. On doit mettre à part aussi quelques territoires du nord-est, voisins de la frontière et où furent fondées des colonies militaires de vétérans ou des colonies de Germains; ici encore c'est la petite ou la moyenne propriété qui fut constituée, et il n'y a pas apparence qu'elle se soit beaucoup modifiée. Il en fut autrement dans le reste de la Gaule. Ici nulle colonie, nulle constitution factice de propriété. Ou bien les domaines restèrent aux mains de l'ancienne aristocratie devenue romaine, ou bien ils passèrent aux mains d'hommes enrichis. Dans l'un et l'autre cas, on ne voit pas que la terre ait pu être beaucoup morcelée. Il est très vraisemblable qu'il y eût un certain nombre de très petites propriétés ; mais ce qui prévalut, ce fut le grand domaine. La petite propriété fut répandue çà et là sur le sol gaulois, mais n'en occupa qu'une faible partie; la moyenne et la grande couvrirent presque tout.

Quelques exemples nous sont fournis par la littérature du quatrième et du cinquième siècle. Le poète Ausone décrit une propriété patrimoniale qu'il possède dans le pays de Bazas. Elle est à ses yeux fort petite ; il l'appelle une *villula*, un *herediolum*, et il faut « toute la modestie de ses goûts » pour qu'il s'en contente[1]. Encore voyons-nous qu'il y compte 200 arpents de terre en labour, 100 arpents de vigne, 50 de prés, et 700 de bois[2]. Voilà donc un domaine qui est réputé petit et qui comprend 1050 arpents ; or s'il est réputé petit, c'est qu'il l'est par comparaison avec beaucoup d'autres. On croirait volontiers qu'une propriété d'un millier d'arpents n'était aux yeux de ces hommes que de la petite propriété.

Les domaines que Sidoine Apollinaire décrit, sans en donner la mesure, paraissent être plus grands. Le Taionnacus comprend « des prés, des vignobles, des terres en labour[3] ». L'Octavianus renferme « des champs, des vignobles, des bois d'oliviers, une plaine, une colline[4] ». L'Avitacus « s'étend en bois et en prai-

---

[1] Ausone, *Idyllia*, III : *Ausonii villula. Salve herediolum, Majorum regna meorum, Quod proavus, quod avus, quod pater incoluit.... Parvum herediolum, fateor, sed nulla fuit res Parva unquam æquanimis.*

[2] *Agri bis centum colo jugera; vinea centum jugeribus colitur, prataque dimidium; Silva supra duplum quam prata et vinea et arvum.*

[3] Sidoine Apollinaire, *Lettres*, VIII, 8 (VIII, 14).

[4] Sidoine, *Lettres*, VIII, 4 (VIII, 11) : *Agris aquisque, vinetis atque*

ries, et ses herbages nourrissent force troupeaux[1] ». L'écrivain ne nous dit pas quelle est l'étendue du Voroangus et du Prusianus ; mais nous remarquons dans sa description que, les deux domaines étant contigus, la distance qui sépare les deux maisons de maître est trop grande pour qu'on la parcoure à pied ; « c'est une courte promenade à cheval ». Cela donne l'idée de deux grands domaines[2]. Quelques années plus tard, nous voyons la villa Sparnacus être vendue au prix de 5 000 livres pesant d'argent; cette somme énorme, surtout en un temps de crise et dans les circonstances où nous voyons qu'elle fut vendue, suppose que cette terre était très vaste[3].

Encore faut-il se garder de l'exagération. Se figurer d'immenses *latifundia* serait une grande erreur. Qu'une région ou un canton entier appartienne à un seul propriétaire, c'est ce dont on ne trouve d'exemple ni en Gaule, ni en Italie, ni en Espagne. Rien de semblable

---

olivetis, vestibulo, campo, colle amænissimus. — Le mot *vestibulum* désigne l'espace qui, à partir de la voie publique, donne accès à la maison.

[1] Sidoine, *Lettres*, II, 2 (II, 1), *in fine* : *Ager ipse diffusus in silvis, pictus in pratis, pecorosus in pascuis, in pastoribus peculiosus.* Plus loin, Sidoine dit que c'est une *grandis villa*.

[2] Sidoine, *Lettres*, II, 9 (II, 7) : *Inter agros amænissimos, apud humanissimos dominos Ferreolum et Apollinarem, tempus voluptuosissimum exegi. Prædiorum iis jura contermina, domicilia vicina, quibus interjecta gestatio lassat peditem nec sufficit equituro. Colles ædibus superiores exercentur vinitori et olivitori.*

[3] *Testamentum Remigii*, dans les *Diplomata* de Pardessus, I, 85 *Sparnacus villa quam, datis quinque millibus argenti libris, ab Eulogio comparavi.* Ce testament nous a été fourni par Flodoard, lequel vivait au dixième siècle, mais avait en mains les archives encore complètes de l'église de Reims. Cf. Flodoard, *Hist. Remensis ecclesiæ*, I, 14, *in fine* : *De thesauris ecclesiasticis pretium, quinque millia scilicet argenti libras, Eulogio fertur dedisse ipsamque villam in Ecclesiæ possessionem comparasse.* Cet Eulogius, propriétaire de cette villa, était menacé de confiscation et de mort par Clovis pour crime « de lèse-majesté ».

n'est signalé ni par Sidoine, ni par Salvien, ni par nos chartes. Notre impression générale, à défaut d'affirmation, est que les grands domaines de l'époque romaine ne dépassent guère l'étendue qu'occupe aujourd'hui le territoire d'un village. Beaucoup n'ont que celle de nos petits hameaux. Et au-dessous de ceux-ci il existe encore un bon nombre de propriétés plus petites. Il est aussi une remarque qu'on doit faire. Nous savons par les écrivains du quatrième siècle qu'il s'est formé à cette époque une classe de très riches propriétaires fonciers. C'est un des faits les plus importants et les mieux avérés de cette partie de l'histoire. Or, ces grandes fortunes, sur lesquelles nous avons quelques renseignements, ne se sont pas formées par l'extension à l'infini d'un même domaine. C'est par l'acquisition de nombreux domaines fort éloignés les uns des autres qu'elles se sont constituées. Les plus opulentes familles de cette époque ne possèdent pas un canton entier ou une province ; mais elles possèdent vingt, trente, quarante domaines épars dans plusieurs provinces, quelquefois dans toutes les provinces de l'empire. Ce sont là les *patrimonia sparsa per orbem* dont parle Ammien Marcellin. Telle est la nature de la fortune terrienne des Anicius, des Symmaque, des Tertullus[1], des Grégorius en Italie[2] ; des Syagrius, des Paulinus, des Ecdicius, des Ferréolus en Gaule[3].

---

[1] Ce Tertullus fit donation à saint Benoît de 34 *fundi* ou *villæ* situées en Apulie, en Campanie, en Ligurie et près de l'Adriatique ; il donna en outre 18 *curtes* situées en Sicile (*Vita Placidi*, 16-18, dans Mabillon, *Acta SS.* I, 52-53).

[2] Grégoire le Grand, *editus spectabili senatorum prosapia*, hérita de domaines si nombreux, qu'il commença par fonder et doter plusieurs monastères avec une partie de ses biens (Mabillon, *Acta SS.*, I, 387).

[3] Sur la fortune de Paulin de Nole, voyez Ausone, *Lettres*, XXIII ; comme

Ici se pose une question : à côté des domaines existait-il des villages, et quel était le rapport entre les deux choses? Les hommes de nos jours sont habitués à voir le sol rural découpé en villages, et non pas en domaines. Ce que nous appelons un village aujourd'hui est une agglomération d'une cinquantaine ou d'une centaine de familles, non seulement libres, mais propriétaires du sol; et, s'il s'y rencontre un domaine, il est compris et comme confondu dans l'ensemble. En était-il de même à l'époque où se place notre présente étude?

Observons d'abord si les Romains se faisaient la même idée que nous du village. Sur ce point, la langue latine, que la Gaule parlait comme l'Italie au temps de l'empire, fournit un renseignement qui n'est pas à négliger. On y peut remarquer qu'elle ne contient pas un seul terme qui réponde exactement à l'idée que le mot *village* représente aujourd'hui. Le terme *pagus* désignait une circonscription, une région plus ou moins étendue, mais il ne s'appliquait pas à un corps d'habitations comme sont nos villages. Le terme *vicus*, à l'opposé, contenait en soi l'idée de constructions agglomérées, mais non pas spécialement celle d'habitations rurales; car il s'appliquait tout autant à un quartier d'une ville, à une rue, à un carrefour. Il est singulier que la langue latine, qui possédait plusieurs termes pour rendre avec précision l'idée de domaine, n'en ait possédé aucun qui exprimât nettement celle de village. Cela étonnera moins si l'on songe que, même en français, le mot *village*, avec la signification qui s'y attache

---

Paulin a annoncé le désir de se défaire de toutes ses propriétés pour entrer dans l'Église, Ausone lui écrit :

Ne sparsam raptamque domum laceratamque centum
Per dominos veteris Paulini regna fleamus.

aujourd'hui, ne date que de cinq ou six siècles. Il y a eu, on le devine bien, de très graves raisons pour que le langage humain se passât si longtemps de ce terme ou de tout autre terme équivalent.

Le village ne fut jamais dans l'antiquité romaine un groupement officiel et légal. Nous ne voyons pas que l'*ager romanus* ait été partagé en villages. Caton, Varron, Columelle, dans leurs traités d'agriculture, mentionnent parfois des bourgs qui sont des rendez-vous pour les échanges ou pour les plaisirs, mais ils ne montrent jamais que le domaine rural qu'ils décrivent fasse partie intégrante d'un village ou d'un bourg. Dans l'inscription de Véléia, les trois cents propriétés rurales sont réparties en quatre régions, mais non pas en villages, et elles font toutes partie du territoire de la cité. L'*agellus* d'Horace paraît dépendre de la petite ville de Varia, mais n'a aucun rapport avec un village. On observe avec quelque surprise dans les livres des arpenteurs romains, ou *agrimensores*, que ces hommes qui par profession ne s'occupent que de choses rurales, ne décrivent jamais de villages. Pour eux il n'existe que des villes, des cités, des municipes. Lorsque l'État donnait des terres à ses légionnaires et les transformait en paysans, il ne les établissait pourtant pas dans des villages; il fondait une ville pour eux, et il distribuait à ces colons le territoire de la ville nouvelle; en sorte que ces paysans n'étaient pas des villageois, mais des citadins. Ils n'étaient pas membres d'une petite commune rurale, mais citoyens d'une ville. L'absence de villages là où il nous semblerait le plus naturel d'en trouver, est significatif.

Ce n'est pas à dire qu'il n'existât assez souvent des groupes d'habitations rurales qui pouvaient ressembler matériellement à nos villages. On les appelait *vici*. Le mot revient fréquemment chez les écrivains et dans les lois. Mais il faut faire attention que ce terme s'applique, suivant les cas, à deux choses fort différentes.

D'une part, quand nous lisons dans Cicéron que sa fille Térentia va vendre un *vicus* qui lui appartient, il faut bien entendre que cette sorte de village est une propriété particulière[1]. Ailleurs, nous voyons un *vicus* appartenir à une femme qui en est qualifiée propriétaire[2]. C'est que les riches propriétaires qui avaient sur leurs domaines quelques centaines d'esclaves, construisaient pour eux des villages. Julius Frontin décrit un grand domaine, et il y montre plusieurs villages formant une sorte de ceinture autour de la maison du maître; il est clair que tous sont peuplés de ses esclaves ou de ses colons; cabanes et hommes appartiennent au maître[3]. Ce ne sont pas des communes rurales; ce sont des agglomérations de serfs. De tels villages sont comme les membres inférieurs du domaine. Au lieu que le domaine fasse partie de la commune rurale, comme de nos jours, c'est le village qui fait partie du domaine et qui lui est subordonné.

D'autre part, il a existé aussi des villages d'hommes libres. On ne voit pas que l'État en ait jamais fondé; mais il a pu arriver souvent que plusieurs petits propriétaires aient rapproché leurs demeures et formé un groupe. Les inscriptions montrent des *vici* qui sont de petites associations; les membres sont *vicani* entre

[1] Cicéron, *Ad familiares*, XIV, 1 : *Ad me scribis, mea Terentia, te vicum vendituram.*
[2] *Vita Basilisci*, c. 8, Bollandistes, Mars, I, 237 : *Domina vici illius, nomine Trajana.* — On voit ailleurs un *vicus Zatidis* (*Corpus inscr. lat.*, V, 898).
[3] Julius Frontin, *De conditione agrorum*, p. 53.

eux ; ils peuvent s'entendre pour des travaux d'utilité générale, avoir une caisse commune, élire une sorte de magistrat entre eux[1]. Mais la loi ne reconnaissait pas à ces groupes une véritable individualité. Le groupe rural était toujours partie intégrante de la cité : « Si vous êtes né dans un *vicus*, dit le jurisconsulte, vous êtes réputé natif de la ville dont ce *vicus* fait partie[2]. » Ainsi ce village fait partie de la cité, et il en est de même du domaine ; mais le domaine ne fait pas partie du village. Il est à côté, et indépendant. Le propriétaire du domaine est un citoyen de la ville ; c'est à la ville qu'il paye ses contributions ; c'est dans la ville qu'il exerce les fonctions municipales.

Il existait donc des villages en Gaule ; mais en quel nombre, c'est ce qu'on ne saurait dire. Nous connaissons par leurs noms des milliers de domaines ; nous ne connaissons qu'une soixantaine de villages[3]. Les villages semblent avoir été disséminés au milieu des domaines ; les uns étaient des groupes de petits propriétaires ; les autres, situés sur des routes fréquentées, étaient plutôt des groupes de petits marchands ou d'artisans[4]. Mais les domaines couvraient la plus grande partie du sol. Le village dépendait souvent du domaine ; le domaine ne

---

[1] Wilmans, n° 2117 : *Vicani vici Aventini patrono suo.* — 2247 : *Pro salute Augustorum P. Clod. Corn. Primus curator vikanorum Lousonnentium.* — 2282 : *Vicani Belginates posuerunt, curante G. Velorio Sacrillo quæstore.* — *Inscriptiones Helvetiæ*, n°ˢ 149 et 241 : *Decreto vicanorum.* — *Corpus inscr. lat.*, X, 4830, 4831 : *Rufiani vicani quorum ædificia sunt.* — V, 5504 et 5505 : *Vicanis et habitantibus ba neum dederunt.* — V, 4488 : *Tabernæ cum cenaculis quæ sunt in vico Herculis.* — Code Théodosien, VII, 18, 13 : *Primates urbium, vicorum, castellorum.*

[2] Ulpien, au Digeste, L, 1, 30.

[3] Grégoire de Tours en cite une cinquantaine ; mais on n'est pas bien sûr qu'ils fussent tous des villages de propriétaires libres ; nous reviendrons sur ce point.

[4] Plusieurs de ces bourgs, comme Amboise, Loches, Brioude, sont devenus des villes.

dépendait jamais du village. La suite de nos études montrera que nos villages modernes sont issus, pour les neuf dixièmes, non d'anciens villages gaulois ou romains, mais d'anciens domaines romains.

4° DE LA CULTURE DU DOMAINE CHEZ LES ROMAINS.

Le domaine était en général trop grand pour être cultivé par les mains de son propriétaire; il l'était par des esclaves ou serfs, *servi*. Le maître était propriétaire de ses esclaves comme de sa terre; il employait les uns à cultiver l'autre. La troupe d'esclaves qui occupait un domaine s'appelait *familia*. Ne croyons pas que l'emploi de ce mot impliquât quelque pensée ou morale ou charitable; ce serait une erreur : le terme *familia*, dans l'ancienne langue latine, signifiait un objet possédé, un corps de biens, un ensemble de meubles ou d'immeubles, où l'esclave avait naturellement sa place.

Cette troupe se divisait en deux parties bien distinctes, que la langue appelait *familia urbana* et *familia rustica*[1]. La première de ces expressions s'appliquait, non pas à des esclaves vivant dans la ville, mais à ceux des esclaves du domaine qui étaient occupés au service personnel du maître[2]. Ainsi, la maison de campagne pouvait contenir des valets de chambre, des cuisiniers, des cochers, des chasseurs et veneurs comme ceux dont

---

[1] Digeste, XXXI, 65 : *Familiam urbanam aut rusticam.* Columelle, I, 8 : *Servi rustici... servi urbani.*

[2] Digeste, L, 16, 166 : *Urbana familia et rustica non loco, sed genere distinguitur.* — Ibidem, XXXII, 99 : *Servi, licet in prædiis rusticis sint, tamen si opus rusticum non faciunt, urbani videntur.* — Ibidem, XXXIII, 9, 4, § 5 : *Urbica ministeria dicimus et quæ extra urbem nobis ministrare consueverunt.* — Paul, au Digeste, XXXIII, 7, 18, § 13 : *Villam meam cum mancipiis quæ ibi deputabuntur urbanis et rusticis.* — On disait aussi *villa urbana* (Digeste, XIX, 2, 11, § 4).

parle Pline, des courriers, des secrétaires, des copistes; tout cela formait, même à la campagne, la *familia urbana*[1]. La *familia rustica* comprenait tous ceux qui étaient occupés à la culture.

Déjà le vieux Caton avait fait le calcul du nombre d'esclaves qui étaient nécessaires à une exploitation rurale. Pour 240 arpents d'oliviers, il avait compté qu'il n'en fallait que treize. Il en voulait seize pour 100 arpents de vigne[2]. Quant aux terres en labour, un autre agronome, Saserna, comptait douze hommes pour 100 arpents[3]. Ces chiffres sont dignes d'attention. Nous ne pensons pas que la culture libre de nos jours emploie autant d'hommes sur la même étendue. Saserna compte quatre jours de travail d'esclave pour labourer un arpent d'environ 28 ares. L'esclave ne fournissait donc pas un travail très intense. Ajoutez à cela que, suivant le même écrivain, il fallait lui accorder treize jours de repos sur quarante-cinq. Quoi qu'il en soit, nous voyons que l'usage ordinaire était que chaque esclave eût à cultiver 6 arpents en vigne ou 8 arpents en labour. Retenons ces chiffres; nous les retrouverons à une autre époque.

Une expression nous frappe dans les textes anciens. Les esclaves qui cultivent un domaine sont appelés *instrumentum fundi*. On a traduit cette expression comme si Varron et Columelle voulaient dire que l'esclave

---

[1] Digeste, L, 16, 203 : *Qui ad ejus corpus tuendum atque ad ipsius cultum destinati sunt, quo in genere junctores, cubicularii, coci, ministratores, atque alii.* — Pline, *Lettres*, III, 19: *Atrienses, topiarii, fabri atque venatorium instrumentum.* — Il y avait indécision à l'égard des veneurs ; tantôt on les comptait parmi les *ministeria urbana* (Paul, *Sent.*, III, 6, § 74); tantôt dans la *familia rustica* (Digeste, XXXIII, 7, 12, § 12).

[2] Caton, *De re rustica*, 10 et 11; Varron, *De re rustico*, I, 18.

[3] Saserna, dans Varron, *De re rustica*, I, 19.

fût « un instrument » dans le sens moderne du mot, c'est-à-dire une sorte d'outil matériel et inanimé. Comment auraient-ils cette pensée, eux qui dans leurs écrits recommandent de traiter l'esclave en homme, d'avoir pour lui, non seulement des ménagements et de la pitié, mais « des égards, de la familiarité », et même « d'écouter ses avis au sujet de la culture[1] »; eux enfin qui sur quarante-cinq jours lui en laissent treize? C'est que dans leur langue le mot *instrumentum* ne signifie pas instrument; il désigne « ce qui garnit » le domaine. L'esclave figure naturellement dans « la garniture du fonds », puisque sans lui le fonds ne serait pas cultivé. Varron écrit : « La garniture d'un domaine est de trois sortes; elle comprend les outils, les animaux, les esclaves[2]. » Les jurisconsultes disent la même chose en d'autres termes. Lorsqu'un testateur léguait un domaine, il pouvait à son choix le léguer garni ou non garni, *instructum* ou *non instructum*; et sans doute il en était de même dans la vente. Lorsqu'un domaine était vendu ou légué « garni », les esclaves y étaient nécessairement compris; ils passaient donc avec la terre au nouveau maître[3].

Au début de la période impériale, nous trouvons dans Columelle une description assez nette de la *familia rustica*. Elle forme un groupe où personne ne travaille

---

[1] Columelle, I, 8 : *In servis hæc præcepta servanda sunt quæ me custodisse non pœnitet, ut rusticos familiarius alloquerer, et cum comitate domini levari perpetuum laborem eorum intelligerem, nonnunquam etiam jocarer et plus ipsis jocari permitterem.* — Varron, I, 17 : *Servi... honore aliquo habendi sunt... Minus se putent despici, atque aliquo numero haberi a domino. Studiosiores fieri liberalius tractando*, etc.

[2] Varron, *De re rustica*, I, 17 : *Quibus rebus agri colantur, tres partes instrumenti, genus vocale, et semivocale, et mutum.*

[3] Digeste, XXXIII, 7 : *De instructo sive instrumento legato.*

isolément ni librement[1]. On la partage, suivant la nature des travaux, en plusieurs offices ou emplois, qu'on appelle *officia* ou *ministeria*[2]. Les uns sont laboureurs, les autres vignerons, les autres bergers[3]. Si le domaine est très grand et les esclaves très nombreux, on les répartit dix par dix, et l'on a ainsi des « décuries » de laboureurs, des décuries de bergers, des décuries de vignerons. Chaque décurie laboure, moissonne ou vendange en commun[4].

Dans cette troupe d'esclaves ruraux on compte des ouvriers. Il y a, en effet, des charrues et des voitures à construire ou à réparer. Il y a sans cesse quelques travaux à faire aux bâtiments et aux toitures. Il y a le blé à moudre, le pain à cuire, les vêtements à tisser et à coudre. Le domaine doit avoir en soi tout ce qui est nécessaire à la vie. Il doit autant que possible ne rien acheter au dehors et ne pas appeler d'étrangers. Il est à lui seul un petit monde et doit se suffire à lui-même. Aussi y trouvons-nous des meuniers, des boulangers, des charrons, des maçons, des charpentiers, des forgerons, même des barbiers pour raser les esclaves[5].

---

[1] Columelle, I, 9 : *Ne singuli neque bini sint, quoniam dispersi non facile custodiuntur.*

[2] Digeste, XXXI, 65 : *Si postea servorum officia vel ministeria mutaverit.* — C'est en ce sens que le mot *ministeria* est employé par Tacite, lorsqu'il dit que chez les Romains la *familia* se partage en *ministeria* et qu'il n'en est pas de même chez les Germains, *in nostrum morem descriptis per familiam ministeriis* (Germanie, 25).

[3] Columelle, ibidem : *Illud censeo ne confundantur opera familiæ sic ut omnes omnia exsequantur... Separandi sunt aratores a vinitoribus.* — Paul, au Digeste, XXXIII, 7, 18, distingue les *bubulci*, les *pastores*, les *putatores*, les *fossores*. — Ajoutez les *saltuarii*, et les jardiniers appelés *topiarii*.

[4] Columelle, ibidem : *Classes non majores quam denûm hominum faciendæ, quas decurias appellaverunt antiqui et maxime probaverunt quod is numeri modus in opere commodissime custodiretur.*

[5] Ulpien, au Digeste, XXXIII, 7, 12 : *Et pistorem et tonsorem qui*

Il existe aussi dans le grand domaine un atelier de femmes, *gyænceum*; on y tisse les vêtements nécessaires à tout le personnel[1]. Puisque le village libre, ainsi que nous l'avons dit, n'existe pas ou est rare, il faut bien que tous les éléments de population qui vivraient dans un village de nos jours, existent à l'intérieur du domaine rural de l'époque romaine. Mais ces hommes sont de condition servile, et ils appartiennent au propriétaire du sol.

Pour gouverner tout ce monde il faut des chefs. Chaque décurie de laboureurs ou de bergers a son surveillant ou son instructeur, *monitor*. Les divers métiers ont leurs chefs de travaux, *magistri operum*[2]. Quelques hommes ont des emplois de confiance. L'un est sommelier, *cellarius*[3]; il distribue les vivres et le vin. L'autre est l'économe; il tient les registres de compte; on l'appelle *dispensator*[4]. Tous ces noms resteront; dans les domaines monastiques du moyen âge nous retrouverons le cellerier et le dépensier. Tous ces chefs sont des esclaves.

familiæ rusticæ causa parati sunt, contineri (in instrumento fundi); item fabrum qui villæ reficiendæ causa paratus sit, et mulieres quæ panem coquant; item molitores si ad usum rusticum parati sint... et tonsores et fullones. — Digeste, L, 16, 203 : *Textores, operarii rustici, junctores.* — Palladius, *De re rustica*, I, 6 : *Ferrarii, lignarii, doliorum cuparumque factores necessario habendi sunt.*

[1] Ulpien, au Digeste, XXXIII, 7, 12 : *Item lanificas quæ familiam rusticam vestiunt.* Cf. sur le *gynæceum*, Code Théodosien, XVI, 8, 6 ; Code Justinien, IX, 27, 5 ; XI, 7, 5 ; Isidore, *Origines*, VI, 3, 15.

[2] Columelle, XI, 1 : *Magistri singulorum officiorum.* — Idem, I, 8 : *Operum magistri.* — Idem, I, 9 : *Magistros operibus oportet præponere sedulos.*

[3] Ulpien, au Digeste, XXXIII, 7, 12, § 9 : *Cellarium quoque, id est ideo præpositum ut rationes salvæ sint.* — Columelle, XI : *Ut cibus et potio sine fraude a cellariis præbeantur.*

[4] Digeste, XI, 3, 16 : *Dominus servum dispensatorem manumisit, postea rationes ab eo accepit.* — Gaius, III, 160. — Digeste, XLVI, 3, 51 ; L, 16, 166 ; L, 16, 203. — *Corpus inscriptionum latinarum*, X, 237, 1752, 1919, 1921, 4594, 8059 ; V, 91, 1034, 2883.

Au-dessus d'eux est le *villicus*. On se trompe fort quand on traduit ce mot par fermier. Il n'y a ici rien qui ressemble au fermage. Le *villicus* n'a aucun contrat et ne peut pas en avoir; car il est toujours un esclave[1]. Il ne travaille que pour le maître à qui il doit compte de la vente des récoltes et de tous les profits. Le maître l'a choisi pour commander à ses compagnons d'esclavage, pour diriger leurs travaux, pour les punir en cas de négligence. Il est le bras et l'œil du maître[2]. A côté de lui se trouvent, si le domaine est de grande valeur, deux autres personnages, qu'on appelle l'*actor* et le *procurator*[3]. Le premier est ordinairement un régisseur qui gouverne disciplinairement tout ce qui vit dans l'intérieur du domaine. Le second semble être plutôt

---

[1] Que le *villicus* fût toujours un esclave, c'est ce qui ressort des textes suivants : Caton, *De re rustica*, 5 et 142; Columelle, I, 8 : *De iis præficiatur qui servitutem laboriosam toleraverunt;* Idem, XI, 1 : *Villicus ad ministeria sua conservos non adhibeat.* — Digeste, XXXIII, 7, 18; Code Justinien, VI, 58, 2. — Apulée représente bien le *villicus* comme un esclave : *Servus quidam cui cunctam familiæ tutelam dominus permiserat, quique habebat ex eodem famulitio conservam conjugem* (Metam., VIII). — Voyez aussi les inscriptions : *Corpus inscrip. latin.*, en cent endroits. — C'est parce que le *villicus* est un esclave que Paul (*Sent.*, III, 6, 35) le compte dans l'*instrumentum fundi*.

[2] Caton, 5 : *Villicus, si quis quid deliquerit, pro noxa bono modo vindicet... Opus rusticum omne curet.* — Columelle, I, 8 : *Num villicus aut alligaverit quemquam aut revinxerit.* — Idem, XI, 1 : *Ne crudelius aut remissius agat cum subjectis.*

[3] Il est difficile de fixer le sens de ces deux termes. Il y a apparence que la signification n'en a jamais été bien fixe et invariable. Dans Columelle, I, 7, l'*actor* paraît être le même que le *villicus*; ailleurs, XII, 3, il semble qu'il y ait plusieurs *actores* sur un même domaine; ailleurs encore, I, 6, le *procurator* semble exercer une surveillance sur le *villicus*. — Pétrone, c. 30, montre le *procurator* recevant les comptes pour son maître. — Pline, *Lettres*, III, 19, distingue nettement le *procurator* de l'*actor*, et il donne à entendre que sur un très grand domaine il n'y a qu'un seul *procurator*, tandis qu'il y a plusieurs *actores*. — Ausone, *Lettres*, 22, parle d'un certain Philon qu'il appelle à la fois son *procurator* et son *villicus*, et à qui il impute tous les défauts d'un mauvais intendant. — Le *procurator fundi* ou *procurator possessionis* est souvent mentionné au Code Théodosien, XVI, 5, 54; XVI, 5, 56, etc.

un mandataire du maître pour les achats, les ventes, les relations du domaine avec le dehors. Ces deux hommes, quelle que fût leur autorité dans le domaine, étaient de simples esclaves. Cela est attesté par les jurisconsultes du *Digeste* et par nombre d'inscriptions[1]. C'est surtout dans les choses de l'agriculture que l'esprit romain a su mettre la discipline. L'organisation de la légion est admirable; celle du domaine rural ne l'est pas moins. Tout y était conduit hiérarchiquement; tout s'y faisait par ordre, avec une obéissance et une comptabilité parfaites. Que les chefs fussent des esclaves comme les autres, cela n'amollissait pas la discipline. D'une part, le propriétaire était sûr de l'obéissance des chefs, lesquels n'ayant aucun droit civil et ne pouvant rien acquérir pour eux-mêmes, étaient absolument à sa discrétion. D'autre part, les Romains savaient par expérience que l'autorité sur les esclaves n'est jamais plus ponctuellement exercée que par d'autres esclaves. Les maîtres eussent été peut-être moins durs, surtout moins clairvoyants. Pline le Jeune écrit qu'il est un maître fort indulgent; ses *villici* et ses *actores* l'étaient sans doute moins que lui, et par eux l'ordre sévère se maintenait. Encore au cinquième siècle, avec le grand adoucissement des mœurs dans la population libre, « les esclaves tremblaient de peur devant l'*actor* et le *silentiarius* qui les accablait de punitions et de coups »;

[1] On remarque au Code Théodosien, IV, 11, 6, qu'il est interdit à une femme libre d'épouser un esclave, et la loi cite parmi les esclaves l'*actor* et le *procurator*, tout en faisant une exception pour les *procuratores* du domaine impérial. — Paul (*Sent.*, III, 6, 47 et 48) montre que l'*actor* a un *peculium* et qu'il est compris dans l'*instrumentum fundi*. — Pourtant le *procurator* est quelquefois un homme libre ; Code Théodosien, XVI, 5, 65: *Procurator si sit ingenuus*. — L'*actor* figure souvent dans les inscriptions, et chaque fois c'est un esclave; *Corpus inscr. lat.*, V, 90, 1035, 1049, 1939, 7475, 8116.

c'est Salvien qui le dit, et il ajoute : « ils sont terrifiés par ces surveillants, qui sont pourtant des esclaves comme eux, et contre leur dureté ils vont chercher un refuge auprès du maître[1]. »

Ce qui caractérise surtout ce mode de culture par des mains serviles, et ce qui en fait le principal vice, c'est que le cultivateur ne tirait aucun profit personnel de son labeur. Jamais il ne travaillait pour soi. Il ne travaillait même pas isolément. Il faisait partie d'un groupe, d'une décurie; il allait avec elle, chaque matin, sur telle partie du terrain que le chef lui indiquait; avec elle, il allait le lendemain sur une autre partie. Il n'y avait dans son travail ni intérêt ni personnalité. Nourri et vêtu, recevant chaque jour sa part réglementaire de farine et de vin, et à chaque saison son vêtement, il n'avait rien à gagner ni rien à perdre. Il ne connaissait même pas cette sorte d'attachement que notre paysan éprouve pour le morceau de terre qu'il cultive; car il ne cultivait pas deux jours de suite le même morceau de terre. Ce qu'il avait semé, c'était un autre esclave qui le moissonnait. Son travail était sans récompense, comme il était sans amour. Nous pouvons bien penser que ce travail forcé était lâche, mou, maladroit, souvent à refaire et stérile. L'esclave coûtait peu au maître, mais il lui rapportait peu. Cet esclave n'avait pas non plus sa demeure à lui, sa cabane. Il ne con-

---

[1] Salvien, *De gubernatione Dei*, IV, 3, édit. Halm, p. 38 : *Parent actores, parent silentiarios, parent procuratores... ab omnibus cæduntur, ab omnibus conteruntur... multi servorum ad dominos suos confugiunt, dum conservos timent.* — Comparer, à l'époque précédente, les *servi vincti* dont parlent Columelle, I, 8, et Pline, *Lettres*, III, 19, et l'*ergastulum*, dont il est aussi question dans Columelle, I, 8, dans Juvénal, XIV et VIII, et dans Apulée, *Métam.*, IX. Ni Salvien ni aucun auteur du quatrième et du cinquième siècle ne signalent plus d'esclaves enchaînés.

naissait que la demeure commune. Ce n'était pas seulement la liberté qui lui manquait, c'était le chez-soi.

5° LA TENURE SERVILE.

Après l'esclavage rural que nous venons de décrire, est venu le servage de la glèbe. Le caractère essentiel et précis qui a distingué l'un de l'autre est que, tandis que les esclaves ruraux travaillaient en troupe sur toute la terre du maître, le serf a travaillé isolément sur un lot de tenure et en a eu les profits sous des conditions déterminées.

Ce genre de servage, qui devait prévaloir au moyen âge, n'était pas inconnu de l'antiquité. Il était en pleine vigueur chez les Germains. Quelques sociétés encore plus anciennes l'avaient pratiqué. Les ilotes de Sparte, les pénestes de la Thessalie, les clérotes de la Crète, peut-être les thètes de l'Attique avant Solon, avaient été des serfs de la glèbe. En effet, ils avaient cultivé la terre de père en fils; placés chacun sur un lot distinct, ils n'avaient pu être ni vendus ni séparés de leur terre, et n'avaient eu d'autre obligation que de rendre au maître une forte partie de la récolte. Ce sont bien là les traits auxquels on reconnaît des tenanciers serfs. Par leur condition sociale ils étaient esclaves, par leur occupation héréditaire ils étaient tenanciers du sol. On voit poindre ce servage dans la société romaine, mais très tard. Rien de pareil dans l'ancienne histoire de Rome. La situation des clients primitifs ne ressemblait en rien au servage; ils étaient légalement hommes libres, et c'est à la famille, non à la terre, qu'ils étaient attachés. Dans tout ce qu'on sait du vieux droit romain, on ne trouve aucune disposition qui puisse s'appliquer au servage de la terre. Rome ne connaissait légalement qu'une sorte d'esclavage, celui qui enchaînait l'homme à la personne du maître et le mettait à sa discrétion. C'est un fait digne d'être noté que les Romains, à mesure qu'ils conquéraient le monde, n'y aient pas établi le servage à leur profit comme avaient fait d'autres peuples conquérants. On sait qu'ils s'emparèrent de la plus grande partie des terres des vaincus; on sait aussi qu'ils furent fort embarrassés de ces immenses territoires et ne surent souvent comment les mettre en valeur. Ils ne pensèrent pourtant pas à les faire cultiver par les anciens habitants sous condition de servage. C'est seulement plus tard, au temps de l'empire, que le servage commence à apparaître chez eux. Encore n'est-il jamais une condition légale. Aucune loi, aucune mesure de l'autorité publique, aucun règlement d'ensemble ne l'institue. Les lois ne le reconnaissent même pas; vous ne trouvez ni au Digeste ni dans les Codes aucun article qui le régisse. Il n'est pas une institution, il est à peine une pratique.

On supposerait à première vue qu'il s'est introduit dans l'empire avec l'entrée d'une nouvelle population servile. Si l'on pouvait constater, en effet, que des multitudes de serfs germains ont été amenées dans l'empire, et si l'apparition du servage coïncidait brusquement avec leur arrivée, on aurait trouvé la date exacte et la vraie source du servage en Italie et en Gaule. Mais cette constatation ne peut pas être faite. Au contraire, s'il est une vérité qui se dégage de l'état des documents et de leur silence même, c'est que ce servage ne s'est pas produit à une date précise, ni par l'effet de l'entrée d'une population nouvelle. Remontez de génération en génération, vous n'en trouverez pas une où le servage surgisse tout à coup. Il s'est formé lentement, obscurément, sans que personne l'ait pour ainsi dire remarqué. Il est venu d'une légère modification dans les usages ruraux. Un propriétaire avait jusque-là fait cultiver son domaine par sa troupe d'esclaves; il a permis à un de ces esclaves de travailler isolément; il lui a accordé, au lieu de labourer ici ou là sous les ordres du *villicus*, de labourer un même champ d'année en année et toute sa vie. Il lui a confié ce petit champ, lui permettant et lui enjoignant tout à la fois de le cultiver à ses risques et profits. Par là, cette parcelle du domaine s'est changée en une tenure, et cet esclave s'est changé en un serf de la glèbe.

Cette obscure transformation date de très loin, et il est impossible de dire à quelle époque elle a commencé. Déjà au temps où Varron écrivait son traité d'agriculture, on voyait quelquefois le propriétaire concéder aux plus laborieux de ses esclaves un pécule; or il ressort de ce passage de l'écrivain que ce pécule ne consistait pas en argent, mais en un petit troupeau et en un coin de terre[1]. « Accordez cela à vos bons serviteurs, dit-il aux maîtres; *ils en seront plus attachés à votre domaine*[2]. » Voilà peut-être le germe de la tenure servile et de l'attache à la glèbe.

La tenure servile apparaît un peu plus nettement chez les jurisconsultes du deuxième et du troisième siècle.

---

[1] Varron, *De re rustica*, I, 17 : *Danda opera ut habeant peculium... ut peculiare aliquid in fundo pascant.* Cf. I, 2 : *Peculium servis, quibus domini dant ut pascant.* — On sait que le pécule d'esclave pouvait comprendre des immeubles aussi bien que de l'argent et des meubles. Ulpien, au Digeste, XXXIII, 8, 6 : *Si peculium legetur* (par le maître) *et sit in corporibus, puta fundi vel ædes...*

[2] Ibidem : *Eo enim sunt conjunctiores fundo.*

Il leur arrive plusieurs fois de mentionner un esclave qui cultive un champ à son compte en payant une redevance à son maître, comme ferait un fermier[1]. Ulpien appelle même cet esclave un quasi-fermier. Il ne peut pas être un fermier véritable, parce qu'aucun contrat de location n'est possible entre le maître et son esclave; mais il ressemble matériellement au fermier, puisqu'il cultive un champ et qu'il en a la récolte en payant au maître une part convenue. Le jurisconsulte Paul signale aussi l'esclave qui travaille à la terre pour son compte et qui paye au propriétaire une rente déterminée à l'avance[2]. Cervidius Scævola montre un esclave « qui a eu un champ à cultiver et qui, au moment de la mort de son maître, est en retard pour le payement de la redevance[3] ». Un autre jurisconsulte signale comme chose assez ordinaire qu'un propriétaire « loue à un esclave une terre à cultiver » et lui donne en même temps des bœufs de labour[4]. Il ne se peut agir visiblement d'un louage régulier et formel; le droit ne l'admettrait pas. C'est une convention purement verbale et qui ne serait d'aucune valeur en justice si une contestation surgissait entre ce maître et cet esclave.

---

[1] Ulpien, au Digeste, XXXIII, 7, 12, § 3 : *Quæritur an servus qui quasi colonus in agro erat, instrumento legato contineatur.* — Dans cette phrase, le mot *colonus* a le sens qui était le plus fréquent à cette époque, celui de fermier.

[2] Paul, au Digeste, XXXIII, 7, 18, § 4. Il pense surtout à un *villicus*, lequel était un esclave : *Cum de villico quæreretur an instrumento inesset, et dubitaretur, Scævola respondit, si non pensionis certa quantitate, sed fide dominica coleretur, deberi.* — *Pensio* est le terme dont on désignait chaque payement de la *merces* ou prix de fermage; le *villicus* qui travaillait *certa pensionis quantitate* ressemblait donc à un fermier.

[3] Scævola, au Digeste, XXXIII, 7, 20 : *Quæsitum est an Stichus servus qui unum ex his fundis coluit et reliquatus est amplam summam... legatario debeatur.*

[4] Alfenus, au Digeste, XV, 3, 16 : *Quidam fundum colendum servo suo locavit, et boves ei dederat...*

Ce n'en est pas moins une sorte de contrat tacite, et il se maintiendra aisément, car il est dans l'intérêt des deux hommes. L'esclave aime mieux travailler pour lui et pour le maître à la fois que de travailler pour le maître seul, comme il faisait auparavant. Quant au maître, il trouve aussi son profit : il est sûr que cette parcelle de terre lui produira quelque revenu, puisqu'il y a un homme qui a intérêt à ce qu'elle en produise. Quoi de plus avantageux que ce quasi-fermier qui est un esclave? Avec lui nul procès possible, et l'éviction toujours facile. Le prix de fermage était ce que le maître voulait. Remarquez même qu'il pouvait se montrer indulgent sans y rien perdre; il pouvait faire à son esclave les conditions les plus douces, n'exiger qu'une redevance légère, lui permettre de vivre heureux et presque de s'enrichir; car tout ce que l'esclave acquérait était acquis pour le maître. A la mort de cet esclave, le maître reprenait en sa main, d'une part le champ amélioré par le travail, d'autre part les meubles et l'argent de son esclave. Le maître avait pu être bon pour son esclave sans qu'il lui en coûtât rien.

Telle est, si nous ne nous trompons, l'origine première du servage de la glèbe chez les Romains. Il se greffe en quelque sorte sur l'esclavage antérieur. Il est l'ancien esclavage qui se continue avec une seule modification. Le serf est le même homme que l'ancien esclave; mais, au lieu de travailler en troupe, il travaille sur un champ particulier et suivant des conditions qui lui sont personnelles. Ce servage ne débute pas tout à coup comme institution générale; il n'est encore qu'un fait individuel. Il se produit d'abord sur un domaine, puis sur un autre, et peu à peu sur tous. Il ne s'établit pas sur le domaine tout entier, mais seulement sur une partie du domaine. Le maître ne transforme pas d'un seul coup tous ses esclaves en tenanciers; en effet, nous verrons plus loin qu'il est toujours resté sur chaque domaine un bon nombre d'esclaves travaillant en commun suivant la règle ancienne. C'est tel ou tel esclave qui, individuellement, a été changé en tenancier serf par la volonté du maître.

La condition légale de cet homme n'était pas modifiée. En droit, il restait un esclave. Aucun article du Digeste, aucune loi des Codes ne lui fait une situation spéciale. Le maître, en le plaçant sur une parcelle de son domaine, ne l'avait nullement affranchi. Il ne lui avait conféré aucun droit, n'avait renoncé à aucune partie de son pouvoir sur lui-même. Cet esclave n'avait pas plus que l'esclave ordinaire la protection des lois et des tribunaux. N'étant pas homme libre, il n'avait aucun recours contre le maître. Si ce maître lui reprenait son champ, il n'avait aucun moyen de lui résister. Esclave, il ne pouvait prétendre à aucun droit sur le sol. La terre qu'il occupait et cultivait restait sans conteste la terre du maître. A sa mort, il est hors de doute que le maître la reprenait, comme il reprenait tout pécule. On sait bien que les enfants de l'esclave n'héritaient pas de lui; comment auraient-ils songé à hériter d'une terre qui n'était même pas à lui? Mais en même temps le maître dut s'apercevoir que cette parcelle de terre était bien cultivée, vigoureusement labourée, que les animaux y étaient bien entretenus, qu'il n'y avait pas de gaspillage dans les récoltes. La petite redevance qu'il en tirait était un profit sûr, et dépassait peut-être ce que l'exploitation directe lui eût donné. L'esclave travaillait plus; la terre et le propriétaire s'en trouvaient mieux. Les plus sûrs progrès sont ceux que les divers intérêts s'accordent à accomplir en commun. Il arriva donc naturellement que le maître, sans y être forcé par aucune loi, laissa la terre aux mains du même esclave toute sa vie, et qu'après sa mort il la laissa encore aux mains de ses enfants. La tenure servile acquit ainsi quelque permanence.

Ni les lois ni le gouvernement n'avaient à s'occuper de faits qui se cachaient dans l'intérieur des domaines. Pourtant, lorsque ces faits se furent multipliés et que ces situations se furent fixées par un long usage, l'autorité publique fut amenée à en tenir compte. On sait qu'il fut fait un grand effort, à la fin du troisième siècle, pour arriver à une répartition plus égale de l'impôt foncier, et peut-être aussi pour lui faire produire davantage. Les auteurs des nouveaux cadastres, trouvant sur les champs beaucoup d'esclaves à demeure, imaginèrent de faire de ces cultivateurs un élément d'appréciation du revenu foncier, et ils en vinrent naturellement à les inscrire sur les registres du cadastre. De là ces « serfs ascrits » dont il est parlé souvent dans les codes. Peut-être cette mesure aggrava-t-elle leurs charges pécuniaires; en revanche elle affermit leur situation et leur donna une plus grande sécurité. Les inscrire sur les registres de l'impôt, c'était reconnaître légalement leur condition. C'était leur fournir une sorte de titre d'occupation sur la terre. C'était presque interdire au maître de les déposséder, ou lui rendre l'éviction plus difficile. Insensiblement le législateur alla plus loin: il interdit au maître de vendre ces esclaves, à moins qu'il ne vendît en même temps la terre qu'ils occupaient[1]. Ce n'était pas précisément défendre au

---

[1] Code Justinien, XI, 48, édit. Kruger (alias, 47) : *Quemadmodum*

maître de leur enlever leurs tenures ; mais c'était lui enlever le principal intérêt qu'il aurait eu parfois à les leur reprendre. Par là cet esclave fut réellement attaché à un lot de terre. Il le fut en ce double sens qu'il ne dut jamais quitter son champ et que son maître ne put guère lui enlever ce même champ. Dire que cet esclave acquit par là des droits sur la terre serait trop dire. Mais il s'établit une pratique par laquelle une famille d'esclaves vécut pendant plusieurs générations sur une même glèbe. L'usage et les mœurs firent que ces hommes ne furent plus regardés comme les esclaves du maître, mais comme les serfs de la terre.

N'oublions pas d'ailleurs que ce ne fut pas toute la classe servile qui passa d'un coup dans cette nouvelle condition ; ce n'en fut qu'une très petite partie. A côté des serfs à tenure que le code théodosien appelle « serfs casés[1] » ou serfs ayant un domicile individuel, il y eut encore les esclaves qui continuaient à travailler par groupes sur l'ensemble du domaine et à habiter en commun dans la maison du maître. Il est impossible de dire dans quelle proportion numérique ces deux catégories d'hommes étaient entre elles. Il nous paraît certain que les « serfs casés » ne furent, au temps de l'empire romain, qu'une faible minorité. C'est plus tard qu'ils sont devenus nombreux, et plus tard encore qu'ils ont fait disparaître l'autre forme de l'esclavage. Le germe s'est formé dans la société romaine ; il se développera dans la société mérovingienne.

originarios absque terra, ita rusticos censitosque servos vendi omnifariam non licet.
[1] Code Théodosien, IX, 42, 7 : *Quot sint casarii.*

6° LA TENURE D'AFFRANCHI.

C'est ici l'un des points les plus obscurs de notre sujet, et nous ne pouvons pourtant pas le laisser de côté. Il s'agit de la condition des affranchis ruraux.

Nous avons étudié ailleurs[1] la nature et les effets de l'affranchissement chez les Romains. Nous avons constaté qu'il dépendait uniquement de la volonté du maître, que le maître pouvait y mettre toutes les conditions et réserves qu'il voulait, que l'affranchi ne devenait jamais un homme complètement libre, qu'il restait assujetti à son ancien maître, et qu'il lui devait, non seulement du respect, mais des journées de travail et au moins une part dans sa succession. Nous avons vu aussi que les obligations de l'affranchi variaient suivant le mode d'affranchissement, et que pour cela on avait distingué les affranchis en trois catégories, auxquelles l'usage avait donné les noms de romains, latins et déditices.

Cette classe des affranchis était très nombreuse; Tacite fait entendre que dans la ville de Rome elle l'emportait beaucoup sur la population née dans la liberté, et nous pouvons penser sans trop de témérité qu'il en était de même dans l'Italie et les provinces. Nous n'avons pas à nous occuper ici de ceux qui vivaient et travaillaient dans les villes; mais nous voudrions savoir quelle était la destinée de ceux qui restaient dans les campagnes. Malheureusement, les écrivains ne nous parlent guère que des affranchis des villes; les jurisconsultes, lorsqu'ils cherchent des exemples, citent plus volontiers l'affranchi orfèvre, ou médecin, ou pédagogue, ou

---

[1] Au tome Ier du présent ouvrage.

marchand, que l'affranchi laboureur. Les choses rurales sont toujours celles dont la littérature s'occupe le moins.

Quelques passages, comme échappés aux écrivains, laissent pourtant apercevoir que les affranchis étaient nombreux dans les campagnes. Nous voyons, par exemple, dans Tite-Live que Rome, faisant une levée de paysans pour armer une flotte, remplit vingt-cinq quinquérèmes d'hommes qui étaient de la classe « des affranchis citoyens romains[1] ». César nous montre, au début de la guerre civile, Domitius se faisant une petite flotte en armant des affranchis de ses domaines d'Étrurie. Voilà donc un propriétaire qui avait des centaines et peut-être des milliers d'affranchis sur ses terres. L'empereur Auguste, en un moment où il manquait de soldats, ordonna aux propriétaires « de donner pour le service militaire un certain nombre de leurs affranchis[2] ». Pendant tout l'empire, les armées romaines se sont recrutées, en grande partie, d'hommes qui n'étaient pas nés libres. Le corps des vigiles, corps d'élite qui avait la garde de Rome, était formé « d'affranchis latins ». Les légions, il est vrai, devaient être composées d'hommes libres; mais les cohortes auxiliaires étaient pleines d'hommes qui ne recevaient les droits complets du citoyen que comme récompense de seize ans de bon service militaire. Au quatrième, au cinquième siècle, la population libre, de plus en plus réduite en nombre, ne fournissait que quelques corps d'élite et les officiers des autres troupes; mais la masse des soldats venait d'ailleurs.

---

[1] Tite-Live, XL, 18 : *Ut naves viginti deductæ navalibus sociis civibus romanis qui servitutem servissent, complerentur.* — XLII, 27 : *Socios navales libertini ordinis in viginti et quinque naves prætor scribere jussus.* — Cf. XXIV, 11 : *Dati nautæ ab dominis.*

[2] Dion Cassius, LV, 31. — Velleius, II, 111 : *Viri feminæque ex censu libertinum coactæ dare militem.*

Observez la conscription telle que l'empire l'établit alors ; elle pèse surtout sur les paysans, elle exclut la plupart des professions urbaines ; et parmi ces paysans, elle exclut encore les esclaves : en sorte qu'il est visible qu'elle ne reçoit guère que les affranchis ruraux[1].

Ces faits montrent bien que les affranchis ruraux étaient nombreux ; mais quelle était leur condition ? La phrase relative à l'enrôlement des affranchis par Auguste prouve qu'ils étaient dans la dépendance des propriétaires. En effet, il ne les enrôla pas directement lui-même, il ne leur enjoignit pas de venir donner leurs noms comme faisaient les citoyens romains ; il dut s'adresser à leurs propriétaires. Il obligea chacun de ces maîtres, suivant le chiffre de sa fortune, à « donner » un certain nombre de ses affranchis. Cela implique que ces hommes étaient moins sujets de l'État que sujets d'un maître. De même au quatrième siècle, quand l'empire ordonne une levée de paysans, c'est aux propriétaires qu'il envoie ses ordres et il fixe à chacun d'eux le nombre d'hommes qu'il doit fournir. Ce mode de conscription est celui qui est usité dans les pays où les paysans appartiennent à des seigneurs. Nous arrivons ainsi à penser que les affranchis composaient un des éléments de la population d'un grand domaine, et qu'ils y vivaient comme sujets du propriétaire du sol.

Pouvons-nous aller plus loin, et essayerons-nous de voir quelle était leur situation spéciale dans l'intérieur du domaine ? C'est ici qu'il faudrait que l'antiquité nous eût laissé plus de renseignements. Exerçaient-ils les fonctions d'intendant du domaine, de *villicus*, de *procurator*, et à ce titre dirigeaient-ils l'exploitation ? Cette

---

[1] Nous avons donné les preuves de ces faits au tome Ier.

hypothèse doit être écartée. Le *villicus* et le *procurator* n'étaient pas des affranchis, mais des esclaves. Il ne semble pas que les Romains aient jamais eu l'habitude de faire commander leurs esclaves par leurs affranchis. Ces affranchis du domaine, laboureurs pour la plupart, travaillaient-ils en commun dans le groupe servile? Cette hypothèse encore est difficile à admettre. La demi-indépendance de l'affranchi le mettait certainement au-dessus d'un travail impersonnel au milieu des esclaves. Il ne reste plus qu'une supposition à faire, c'est que le maître qui l'avait affranchi lui ait donné en même temps un petit lot de culture et ait fait de lui un tenancier. Mais c'est ici un point obscur qui ne sera jamais éclairci. Les seuls documents qui seraient de nature à nous renseigner, c'est-à-dire les polyptyques, les livres du cadastre, les registres de propriété, ont tous péri. Mais, deux siècles après l'empire romain, des documents de cette sorte ont été conservés; ils sont certainement de même nature que ceux de l'époque impériale et ils en conservent la tradition; or ces documents nous montreront des affranchis qui sont tenanciers de père en fils et depuis plusieurs générations.

7° LES TENURES DES FERMIERS.

Le travail servile n'était pas le seul mode d'exploitation d'un domaine. Il y eut toujours dans la société romaine beaucoup d'hommes libres qui, ne possédant aucune part de sol, ne demandaient qu'à vivre en cultivant le sol d'autrui; et il y eut aussi des lois qui obligèrent les propriétaires à employer des bras d'hommes libres sur leurs domaines. Varron écrit que les terres sont cultivées, partie par des esclaves, partie par des hommes libres[1], et nous voyons la même chose dans Columelle. Cette culture libre se présentait surtout sous la forme du louage de terre. Il nous faut observer ce louage, dans le droit d'abord, dans la pratique ensuite[2].

En droit le louage était un contrat. On l'appelait proprement *locatio-conductio*[3]. Si l'on employait ainsi deux termes à la fois, c'est parce que l'esprit romain voyait là deux actes, deux rôles, deux personnages égaux en droit. Il y avait un bailleur et un preneur. Du côté du bailleur l'acte était une *locatio*; il était une *conductio* du côté du preneur. Le premier « plaçait » sa terre dans les mains d'un autre; le second « faisait valoir » cette terre. Un tel contrat supposait deux personnes de condition libre. Il n'y avait jamais contrat avec un esclave; le louage ou fermage n'existait donc pas pour lui.

Ce louage était un contrat bilatéral. Il obligeait également les deux parties. Toute violation du pacte don-

---

[1] Varron, *De re rustica*, I, 17 : *Omnes agri coluntur hominibus servis aut liberis aut utrisque.*

[2] Suivant Mommsen, la *locatio* a commencé par être une pratique de l'État, et n'est passée dans le droit privé que vers la fin de la république; voyez *Zeitschrift der Savigny-Stiftung*, 1885, p. 260 et suiv. Mais cette opinion ne me paraît pas avoir été suffisamment démontrée. En tout cas il semble bien que le louage de terre ne soit entré qu'assez tard dans la pratique romaine. Il est curieux qu'il se soit présenté d'abord sous la forme d'une vente; longtemps la *locatio* s'est appelée *venditio*, et le fermier *emptor* ou *redemptor*. Festus, édit. Egger, p. 290 : *Venditiones dicebantur olim censorum locationes quod velut fructus publicarum rerum venibant.* — *Lex Thoria*, passim : *locabit, vendet.* — Hygin, édit. Lachmann, p. 116 : *Emere id est conducere.* — Caton, *De re rustica*, c. 150 : *Emptor.*

[3] Gaius, III, 142; voyez au Digeste tout le titre XIX, 2, *Locati conducti*, et au Code Justinien, III, 24, *De locatione conductione*.

naît lieu à une action en justice, *actio locati* pour le bailleur, *actio conducti* pour le preneur. Il ne pouvait être résilié que par l'accord des deux parties, ou par suite de la violation d'une clause par l'une d'elles.

La teneur de chaque contrat s'appelait *lex, lex locationis, lex conductionis*[1]. Il pouvait s'y trouver des clauses très variables ; mais il y en avait deux qui étaient essentielles et nécessaires. Par l'une, le propriétaire s'engageait à assurer la jouissance ; par l'autre, le fermier s'engageait à payer le prix annuel de cette jouissance. Ce prix s'appelait *merces* et chacun des payements successifs s'appelait *pensio*[2].

Le contrat était en général temporaire, bien que la loi n'exigeât pas qu'une limite de temps fût fixée. Ordinairement le terme auquel chaque partie devait reprendre sa liberté, était marqué dans l'acte. Les jurisconsultes mentionnent toujours des baux de cinq ans, *in quinquennium*, et nous voyons aussi dans les lettres de Pline que c'était pour cinq ans qu'il louait ses terres[3]. Cela ne prouve pas qu'il n'y eût jamais de baux plus longs ; mais le bail de cinq ans était sans nul doute le plus habituel, au moins dans les premiers siècles de

---

[1] Digeste, XIX, 2, 9 : *Si lege locationis denuntiatum sit.* XIX, 2, 29 : *Lex locationis.* XIX, 2, 25 : *Secundum legem conductionis.* XIX, 2, 30, § 4 : *Colonus hac lege villam acceperat ut....* Scævola, au Digeste, XIX, 2, 61 : *Colonus, quum lege locationis non esset comprehensum ut vineas poneret....* Varron, I, 2 et II, 3, mentionne les *leges colonicæ*. — Dans tous ces exemples le *colonus* est un fermier.

[2] Gaius, III, 142 : *Nisi merces certa statuta sit, non videtur locatio conductio contrahi;* Cf. Cicéron, *in Verrem*, III, 50 ; *ad Atticum*, XV, 17 ; Digeste, XXXIX, 5, 6. Sur le mot *pensio*, Cicéron, *ad Atticum*, XI, 25 ; *dies pensionis*, Digeste XLIX, 14, 50.

[3] *Locare in quinquennium*, Ulpien, au Digeste, XIX, 2, 9 ; Paul, au Digeste, XIX, 2, 24. *Locare in lustrum*, Ulpien, au Digeste, XIX, 2, 9, § 11. Pline, *Lettres*, IX, 37. La loi autorisait la location *quoad is qui locasset vellet*.

l'empire. Ce ne fut guère qu'à partir du quatrième siècle que l'on préféra les baux à long terme.

La tacite reconduction était d'ailleurs admise. Si, à l'expiration du terme, le fermier restait sur le sol de l'aveu du propriétaire, cet accord des deux volontés impliquait un renouvellement de la convention première. Cette nouvelle location n'avait, il est vrai, d'effet que pour un an; mais elle pouvait se renouveler, d'année en année, indéfiniment[1].

Il est digne d'attention que le contrat de louage, à la différence de certaines conventions que nous verrons plus tard, n'avait pas un caractère personnel, c'est-à-dire que l'effet n'en était pas attaché à la personne des contractants. Aussi n'était-il pas rompu par la mort. Si le preneur mourait, le bail passait, intact et sous les mêmes conditions, à son héritier[2]. Il en était de même, à plus forte raison, en cas de mort du bailleur. De même encore si le propriétaire vendait le domaine, cette vente ne rompait pas le contrat à l'égard du fermier, dont le bail se continuait avec le nouveau propriétaire[3].

Le fermier n'était attaché à la terre que jusqu'au terme de son contrat. « Qu'il puisse ensuite quitter la terre, dit le jurisconsulte, cela ne fait doute pour personne[4]. » Le propriétaire n'a pas le droit de retenir un fermier malgré lui, ni à plus forte raison le fils de son fermier[5]. Ce fermier reste toujours un homme libre; sa culture ne le subordonne pas légalement au propriétaire. « Notre fermier, dit un jurisconsulte, n'est pas en notre

---

[1] Ulpien, au Digeste, XIX, 2, 13, § 14; ibidem, 14.
[2] Code Justinien, IV, 65, 9. Sauf exception marquée au contrat, Digeste, XIX, 2, 4.
[3] Gaïus, au Digeste, XIX, 2, 25.
[4] Ibidem, XIX, 2, 25.
[5] Loi de 244, au Code Justinien, IV, 65, 11.

puissance[1]. » Entré libre sur la terre, il en sortira libre, dès que son contrat sera expiré.

Le nom légal du fermier était *conductor*, et ce nom se trouve dans plusieurs inscriptions et dans les lois[2]. Mais le nom usuel dont il était appelé dans la langue vulgaire, était *colonus*. Ce terme, qui d'ailleurs ne signifie pas autre chose que cultivateur, est appliqué aux fermiers libres, même par les jurisconsultes, depuis le premier siècle jusqu'au troisième[3].

Tel était le louage de terre dans le Droit. Pour ce qui est de la pratique, nous devons observer certains traits qui ne sont pas sans importance. Lorsque Caton, Varron, Columelle décrivent l'exploitation du domaine, ils ne le montrent jamais exploité par un seul fermier; toujours ils le montrent administré par un *villicus* qui est un esclave du maître et qui n'a aucun contrat de louage. Tel est l'usage ordinaire. Où sont donc les fermiers, les *coloni*? Horace nous décrit la propriété que Mécène lui a donnée; nous y voyons qu'elle est régie par son *villicus*, et qu'il s'y trouve huit esclaves[4]; mais nous y voyons en même temps cinq hommes qu'il qualifie du titre de *boni patres* et qui ont chacun « un foyer »[5]. Il est visible que ceux-ci ne sont pas des esclaves. Jamais

---

[1] Gaius, IV, 153 : *Colonus nostro juri subjectus non est.*

[2] Ulpien, au Digeste, XIX, 2, 14 et 19; Paul, au Digeste, XIX, 2, 24. Columelle, III, 13 : *Conductor agri.*

[3] *Colonus* est synonyme de *conductor* dans Ulpien, au Digeste, XIX, 2, 14 et 19; Paul, au Digeste, XIX, 2, 24; Gaius, *ibidem*, 25; Alfénus, *ibidem*, 30, § 4. — Cicéron, *in Verrem*, III, 22 : *Fundus colono locatus.* Pline, *Lettres*, X, 8, édit. Keil. — Il a encore la signification de fermier libre au quatrième siècle : Code Justinien, IV, 65, 27; IV, 65, 16; Institutes, III, 24.

[4] Horace, *Satires*, II, 7.

[5] Horace, *Épitres*, I, 14 :

Habitatum quinque focis et
Quinque bonos solitum Variam dimittere patres.

esclave ne serait qualifié « père », même en poésie, et jamais on ne dirait de lui qu'il a un foyer. Ils sont hommes libres et citoyens. Chacun d'eux est sur la terre d'Horace comme cultivateur libre; a-t-il un contrat en bonne forme? je ne sais; mais il est certainement un fermier, et, moyennant une rente, il a les profits de ce qu'il cultive. Voilà les fermiers de l'époque romaine, non pas fermiers du domaine entier, mais fermiers de petits lots qu'ils cultivent de leurs bras et avec les bras de leur famille[1].

Cet exemple est confirmé par d'autres. Pline est sur le point d'acheter un domaine, et il écrit que cette terre est dans les mains de petits fermiers très pauvres[2]. Les jurisconsultes du Digeste citent une clause habituelle des testaments; on lègue « tel domaine avec l'arriéré des fermiers ». Il y a donc d'ordinaire plusieurs petits fermiers sur un seul domaine, et il s'y trouve aussi des esclaves, et un *villicus* pour régir l'ensemble.

Nous sommes frappé de voir combien la loi romaine traite le fermier en être faible et inférieur. D'une part, elle a si peu de confiance en ses moyens, qu'elle veut que tout ce qu'il a serve de gage au propriétaire[3]. D'autre part, elle le protège à la façon des faibles; les jurisconsultes recommandent au propriétaire d'user d'indulgence envers lui, et, pour peu que la récolte soit mauvaise, de lui accorder un dégrèvement de fermage[4].

---

[1] Cette sorte de *coloni* est quelquefois mentionnée dans les inscriptions. *Inscript. Neapolit.*, n° 5504 : *T. Alfenus Atticus colonus fundi Tironiani quem coluit annis quinquaginta*; n° 2901 : *Afranius Felix coluit annis 23*; n° 2527 : *Q. Asteius Diadumenus coluit ann. 35.* Orelli, 4644 : *C. Vergilius Martanus colonus agri Cæli Ænēi*.

[2] Pline, *Lettres*, X, 8.

[3] Gaius, IV, 147. Code Justinien, IV, 65, 5. Institutes, IV, 6, 7.

[4] Ulpien, au Digeste, XIX, 2, 15. Cf Pline, X, 8 : *Continuæ sterilitates cogunt me de remissionibus cogitare*.

Ils parlent sans cesse de fermiers qui n'ont pas pu s'acquitter, et il semble que dans le legs ou dans la vente d'un domaine il fallût toujours tenir compte de l'arriéré des fermiers.

Columelle conseille aussi de ménager les fermiers; « ne soyez pas trop rigoureux s'ils ne vous apportent pas leur argent aux jours fixés »[1]. Aussi Columelle place-t-il ces hommes fort près des esclaves, comme s'il n'y avait pas, à part la dignité d'hommes libres, une grande différence entre les uns et les autres. Les fermiers de Pline sont aussi de fort petites gens, toujours endettés et besogneux. Il parle de fermiers à qui le propriétaire a infligé la saisie des gages, et plusieurs fois; aussi sont-ils dans une extrême misère; ils sont incapables de cultiver, n'ayant plus ni outils, ni animaux[2].

Nous devons donc penser que dans la pratique la plus ordinaire des Romains le fermage n'est qu'une situation secondaire. Les fermiers sont subordonnés au *villicus*, au *procurator*, à l'*actor*, qui sont pourtant des esclaves. Ils ne sont pas les régisseurs du domaine, les maîtres temporaires du sol; ils ne sont qu'en sous-ordre. Ce sont de petits tenanciers. Ils occupent des parcelles de la terre du maître à côté d'esclaves qui en cultivent une autre partie; et le domaine se partage en cultures serviles et cultures libres, sans qu'on puisse dire qu'il y ait une grande différence entre les deux sortes de cultures.

Le contrat de louage a été pratiqué dans toute la période impériale. On le trouve encore mentionné dans des lois des années 400 et 411[3]. Il en est question dans

---

[1] Columelle, I, 7.
[2] Pline, *Lettres*, III, 19.
[3] Code Théodosien, XI, 20, 3; XVI, 5, 54, § 5 et 6. — Une loi de 293,

des lettres et dans des écrits du cinquième siècle[1]. Il a donc pu passer de la société romaine à la société du moyen âge et aux sociétés modernes. Mais il est bon de remarquer que le fermage des derniers temps de l'empire était d'un usage relativement rare et s'appliquait surtout aux grandes terres du domaine impérial ou de l'Église. Quant à la petite tenure libre que nous avons constatée chez Varron et chez Pline, elle s'était peu à peu effacée, probablement par suite de la misère des petits fermiers, et, sans disparaître absolument, elle avait presque partout fait place à une autre pratique dont nous allons parler.

8° LES TENURES DES COLONS.

Ce qui prit la place du petit fermage, ce fut le colonat. L'historien qui veut connaître cette institution fait une première remarque : elle ne porte pas un nom particulier, et ce nouveau colon n'est pas appelé autrement que l'ancien fermier, *colonus*. Ainsi la langue des peuples a successivement appelé du même terme, d'abord le cultivateur qui était un fermier libre, puis le cultivateur qui était attaché au sol. Ce n'est pas une chose insignifiante que ces deux conditions si différentes et qui succédaient l'une à l'autre aient été désignées par le même nom. On ne supposera pas que les peuples soient convenus, quelque jour, de changer le

---

au Code Justinien, IV, 65, 24, signale encore le *contractus locationis conductionisque*.

[1] Paulini *Eucharisticon*, v. 556 : *Conducti agri*. — Cf. Symmaque, *Lettres*, IV, 68; IX, 52 : *Conductorem rei meæ Siciliensis*. — Mais ce sont ici de grands fermiers ; ils ont pris des domaines entiers. C'est la classe des petits fermiers qui a presque disparu.

sens du mot; les mots sont ce qu'on change le moins dans une société. C'est plutôt le cultivateur qui, en gardant son nom, a changé de condition. Il avait été libre de quitter la terre, il a cessé de l'être; mais on lui a laissé sa dénomination de *colon*, et ce mot ancien s'est appliqué à une situation nouvelle.

Ne pensons pas d'ailleurs que cette transformation se soit faite par une loi; on chercherait en vain une telle loi dans les codes romains. Elle n'a pas été édictée par un gouvernement; le gouvernement impérial n'eut jamais ni la volonté ni la force d'opérer une pareille révolution, qui d'ailleurs ne pouvait lui servir en rien. Le changement du fermier en colon a été graduel, insensible, longtemps invisible. Il ne s'est pas opéré par masses, mais par individus. Il s'est accompli sur une série de familles avant d'apparaître dans la société. Le terrain de cette révolution a été l'intérieur de chaque domaine rural. C'est même pour cela que nous la connaissons si peu. Aucun historien du temps n'a eu à parler d'elle. Ce n'est qu'à de rares et obscurs indices que nous pouvons l'entrevoir et l'étudier[1].

---

[1] Dans nos *Recherches sur quelques problèmes d'histoire*, pages 1-82, nous avons montré les origines diverses et multiples du colonat. Nous les résumons ici. 1° Beaucoup de colons sont issus de fermiers libres, par ce seul fait que ces fermiers n'ont pas pu payer leurs fermages et ont été retenus sur la terre comme « endettés »; voyez sur ce point le texte de Varron, I, 17, sur les *obærati* qui cultivent la terre du maître; celui de Columelle, I, 3, sur des terres qui sont cultivées *nexu civium*; voyez surtout les curieuses lettres de Pline, III, 19, et IX, 37. Ces faits, renouvelés d'année en année, ont peu à peu substitué le fermage partiaire sans contrat au fermage avec contrat, et ont peu à peu multiplié une population de cultivateurs que le propriétaire du domaine a pu retenir. — 2° Beaucoup d'hommes sont entrés sur de grandes propriétés, notamment sur les *saltus* ou encore sur les domaines du prince, comme cultivateurs sans contrat et sans bail, à la discrétion du puissant propriétaire; le temps et l'habitude les ont attachés à la terre, avant que la loi proclamât cette attache. — 3° Au troisième et au quatrième siècle, les victoires de

Le colon n'était pas un serf. Ceux qui ont confondu le colonat avec le servage de la glèbe ont été induits en erreur par quelques apparentes analogies et par une phrase du Code Justinien inexactement traduite[1]. Les lois romaines distinguent toujours, et en termes fort nets, le colon de l'esclave. Maintes fois ce colon est qualifié d'homme libre[2]. Aussi possède-t-il ce qu'un esclave n'aurait jamais, une famille et des droits civils. A l'opposé de l'esclave, il hérite de son père, et ses enfants héritent de lui[3]. Il peut posséder en propre. Sa tenure, bien entendu, n'est jamais sa propriété; mais,

l'empire sur les Germains ont amené beaucoup de prisonniers ou de déditices, que l'on a établis sur des terres du fisc, ou que l'on a distribués à des propriétaires, sous la condition d'attache perpétuelle au sol, — 4° Les opérations financières de la fin du troisième siècle et du quatrième ont eu pour effet d'assurer le maintien du colon sur sa tenure par l'inscription sur les registres du cens. — Pour ce qui est de la Gaule, outre que les mêmes faits s'y sont reproduits exactement comme ailleurs, nous inclinons à penser que le colonat a eu des racines particulières, et qu'il se rattachait à des coutumes antérieures à César; mais c'est un point dont nous ne pouvons pas faire la démonstration, faute de documents.

[1] Code Justinien, XI, 52, 1, édit. Kruger : *Licet conditione videantur ingenui, servi tamen terræ cui nati sunt æstimentur.* — On a traduit *videantur* par « ils semblent »; or, dans la langue du quatrième siècle, *videri* a le sens de « être vu, être constant »; on n'a pas fait attention au sens propre du subjonctif *existimentur* ou dans d'autres manuscrits *æstimentur*. Le législateur ne dit pas que les colons ne sont pas libres, ni qu'ils sont serfs; il dit que, « quoique par leur condition il soit bien visible qu'ils sont libres, ils doivent pourtant être regardés comme esclaves à l'égard de la terre pour laquelle ils sont nés ». Il y a là une sorte de fiction juridique, mais cela ne signifie pas qu'ils soient réellement et légalement esclaves.

[2] Novelles de Valentinien, édit. Hænel, p. 227: *Salva ingenuitate.* — Code Théodosien, V, 4, 3 : *Nulli liceat eos in servitutem trahere.* — Code Justinien, XI, 53, 1; XI, 48, 23 : *Liberos permanere... esse in perpetuum liberos.* — Nous ne voulons pas dire qu'il ne se soit jamais trouvé d'esclaves dans la classe des colons; cela ne peut pas être affirmé. Il a pu arriver assez souvent qu'un maître fît de son esclave un colon; il a donc pu exister des colons de condition servile. Il s'en faut beaucoup que le colonat fût cette condition bien arrêtée et immuable qu'on s'imagine. Les plus grandes diversités s'y rencontraient.

[3] Cela ressort du Code Théodosien, V, 10.

en dehors de sa tenure, aucune loi ne l'empêche d'être propriétaire d'un immeuble[1]. Il peut tester en toute liberté pour ce qui est à lui. Enfin il a la protection des lois et le droit de se présenter en justice. Il peut plaider même contre son maître[2]. Nous avons un rescrit d'Honorius qui s'étonne que le colon ait un tel droit, et qui ne peut pourtant pas le lui ôter tout à fait[3].

Sur un point le colon n'est pas libre : il ne doit ni quitter sa terre, ni cesser de la cultiver. Les lois disent qu'il ne peut s'éloigner de cette terre un seul jour[4]. Par là, il semble qu'il appartienne à son champ, et qu'il en soit « comme l'esclave »[5]. Il est bien vrai que, juridiquement, le colonat n'est pas une servitude; il n'est pas « une condition inhérente à la personne »; mais s'il n'est pas une servitude, il est un lien : *nexus colonarius*, dit le législateur[6]. Voilà la vraie définition du colonat: il est un lien; et notons que ce lien n'est pas entre un homme et un maître, mais entre un homme et une terre. Sans la terre il n'y aurait pas de colon. Sans la terre, cet homme serait aussi libre que tout autre citoyen.

Il faut surtout se convaincre que le lien que le colon a contracté avec la terre est aussi bien à son avantage qu'à son détriment. Il ne doit pas quitter cette terre; mais en compensation la jouissance de cette terre lui est assurée. Le propriétaire n'a pas plus le droit d'évincer un colon que celui-ci n'a le droit de laisser la terre. Prenez

---

[1] Code Théodosien, V, 11, 1; XII, 1, 33; Novelles de Justinien, 128, 14.
[2] Code Justinien, XI, 50, 1.
[3] Ibidem, XI, 50, 2.
[4] Ibidem, XI, 48, 15 : *Non ab agris momento amoveri*.
[5] Ibidem, XI, 53, 1 : *Inserviant terris*. Code Théodosien, V, 10, 1 : *Debentur solo*; X, 20, 10 : *Juri agrorum debita persona*.
[6] Novelles de Valentinien, XXX, § 6, édit. Hænel, p. 227 : *Filios earum aut colonario nomine aut servos; ita ut illos nexus colonarius teneat, hos conditio servitutis*.

toutes les lois sur ce sujet; elles impliquent que le cultivateur aura toujours sa terre et que le propriétaire ne la lui enlèvera pas. Mais en retour le propriétaire exige qu'il reste; fugitif, il le poursuit, il le reprend, il le ramène par la force. En résumé, le lien entre la terre et l'homme ne peut être brisé ni par le colon ni par le maître.

Nous apercevons, il est vrai, dans quelques lois qu'il n'est pas sans exemple que ce lien soit rompu; nous voyons des colons qui deviennent soldats[1], d'autres qui deviennent prêtres. Mais il faut, pour que ce changement soit légitime, que le maître l'ait autorisé[2]. Le lien ne peut être brisé que par l'accord de volonté des deux hommes.

Le propriétaire ne peut pas vendre son domaine sans vendre en même temps les colons qui l'habitent[3]. Cela signifie, au fond, qu'en vendant son domaine il assure à ses colons la conservation de leurs tenures sous le nouveau propriétaire. En effet, une autre loi interdit à l'acquéreur d'amener avec lui de nouveaux colons au préjudice des anciens[4].

Le colon est donc inséparable de la terre; il fait corps avec elle; Justinien l'appelle *membrum terræ*. Il peut se marier avec une femme de sa condition[5]; mais encore

---

[1] Code Théodosien, VII, 3, 6. Cf. Code Justinien, XII, 33, 3; cette loi défend au colon de s'offrir au service militaire *ultro*, c'est-à-dire sans l'aveu de son propriétaire; c'est dans le même sens qu'une loi lui défend de s'enrôler *clanculo* (Code Justinien, XI, 68, 3).

[2] Une loi du Code Justinien, I, 3, 16, défend au colon d'entrer dans les ordres *invito agri domino*, ou encore, I, 3, 36, *contra voluntatem dominorum fundorum*.

[3] Code Justinien, XI, 48, 7.

[4] Ibidem, XI, 63, 3.

[5] Le colon ne pouvait pas épouser une esclave, ni l'esclave une *colona*, ou du moins ce mariage ne produisait pas d'effets légaux. Voy. Code Justinien, XI, 48, 21. — D'autre part, un homme libre ne pouvait pas

faut-il que cette femme soit du même domaine que lui. Règle singulière et qui pourtant s'explique. S'il en était autrement, il y aurait *formariage*, et l'un des deux conjoints serait nécessairement perdu pour l'un des deux domaines. Cela ne peut se faire que si les deux propriétaires sont d'accord pour le permettre ou pour faire entre eux un échange de personnes. C'est ce qu'on retrouvera au moyen âge et ce qu'on voit déjà sous l'empire romain[1].

Les fils du colon sont nécessairement colons. Ils héritent à la fois des avantages du père et de ses obligations. Ils gardent sa terre de plein droit et forcément.

Regardons le colon dans l'intérieur du domaine rural dont il occupe une parcelle, et cherchons quelle est sa situation. A-t-il un maître, comme l'esclave? Pas précisément. Remarquez que la loi ne dit pas « le maître du colon », elle dit « le maître de la terre du colon[2] ». Mais il se trouve que la langue latine n'a qu'un seul mot pour signifier propriétaire et maître, *dominus*. Il en résulte que le colon emploie en parlant au proprié-

---

épouser une *colona*, c'est-à-dire qu'une telle union n'était pas légalement reconnue; voyez Code Justinien, XI, 68, 4, et XI, 48, 21 et 24. La novelle de Justinien, XXII, 17, interdit le mariage entre un colon et une femme libre.

[1] Novelles de Valentinien, XXX, § 2 et 3, édit. Hænel, p. 225. Cf. Code Théodosien, V, 10, 1, § 3. Si un mariage s'était accompli entre deux personnes appartenant à deux domaines différents, les enfants étaient partagés, deux tiers au domaine du père, un tiers au domaine de la mère.

[2] Code Théodosien, V, 4, 3 : *Opera eorum terrarum domini utantur.* — Code Justinien, I, 3, 16 : *Invito agri domino.* I, 3, 36 : *Domini possessionum unde (coloni) oriundi sunt... contra voluntatem dominorum fundorum.* XI, 48, 5 : *Domini prædiorum.* XI, 48, 13 : *Fundi dominus.* XI, 48, 4 : *Ii penes quos fundorum dominia sunt.* XI, 48, 20 : *Si coloni contra dominos terræ declamaverint.* XI, 48, 23 : *Possessionum domini in quibus coloni constituti sunt.* XI, 50, 2 : *Ignorante domino prædii* — Une loi de 365, au Code Théodosien, V, 11, 1, appelle le propriétaire non pas *dominus*, mais *patronus coloni*.

taire du sol le même terme qu'emploie l'esclave. Cet homme n'est pas son maître, mais l'usage est de l'appeler du même nom que s'il l'était. Bien des confusions d'idées peuvent naître de là. L'influence des mots dans les mœurs est incalculable. Il ne faudra pas longtemps pour que ce propriétaire et ce paysan arrivent également à penser que l'un des deux est le maître de l'autre[1].

Il subsiste pourtant une grande différence entre l'esclave et le colon : c'est que le propriétaire ne peut obliger le colon à aucun autre genre de travail qu'à la culture du sol[2]. Il n'a pas le droit de l'attacher à son service personnel; il ne peut pas l'appliquer à un métier.

Pour son travail agricole, le colon ne fait pas partie d'un groupe qui laboure ou qui moissonne sous les ordres d'un *monitor*. Nous ne trouvons pas de décuries de colons, comme nous trouvions des décuries d'esclaves. Le colon est seul au labour et seul à la moisson. Il ne transporte pas non plus ses bras et son travail sur telle ou telle partie du domaine qu'un chef lui indique chaque jour. Il a son lot de terre et il le cultive toute l'année. Il laboure, sème et récolte à la même place. Pour la culture, nous n'apercevons pas qu'on lui donne des ordres, qu'on le dirige. Vraisemblablement, il cultive à sa guise et sous sa responsabilité. Il jouit des fruits. Sans doute, il doit au maître une part de sa

---

[1] Le législateur lui-même finit par faire la confusion; Justinien dit en parlant de l'esclave et du colon : *Cum uterque in domini sui positus sit potestate* (Code Justinien, XI, 48, 21 *in fine*).

[2] Code Justinien, I, 3, 16. : *Ruralibus obsequiis fungatur*. Cf. Code Théodosien, V, 4, 3 : *Nulli liceat eos urbanis obsequiis addicere*. Les mots *urbana obsequia* désignent le service personnel du maître, même à la campagne.

récolte; mais le reste est pour lui. Une loi nous montre cet homme vendant lui-même ses produits au marché de la ville voisine[1].

Avait-il toujours le même lot de terre, la même tenure? Ici une affirmation absolue serait trop hardie. Les lois ne disent jamais que le colon occupe le même champ toute sa vie. Elles n'interdisent jamais au propriétaire de déplacer un colon, c'est-à-dire de lui faire changer de tenure. Il est probable qu'il n'y a pas eu d'abord une règle constante sur ce point. Peut-être les pratiques les plus diverses ont-elles été usitées. N'oublions pas que le colonat n'est pas une institution qui ait été créée et réglée d'un coup par le législateur. Le colonat n'est qu'un ensemble d'usages ruraux, et ces usages pouvaient varier à l'infini. Il a pu se faire que les colons changeassent annuellement ou périodiquement de tenures à la volonté du maître. Il a pu se faire aussi que sur certains domaines les colons aient cultivé en communauté, se partageant le sol entre eux périodiquement. Tout cela est possible, et sur tant de milliers de cas, ces cas ont pu se produire; ce n'est pourtant qu'une conjecture.

Ce qui fut sans doute plus fréquent et ce qui paraît assez bien dans les textes, c'est que le colon occupât toute sa vie la même tenure. Nous avons vu en effet que les colons n'étaient pas issus des anciens esclaves ruraux, mais des anciens fermiers. La législation du quatrième et du cinquième siècle montre encore que l'on devient colon par la prescription de trente ans, c'est-à-dire que le fermier libre qui cultive une terre, au bout de trente ans ne peut plus la quitter[2]. Il est visible

---

[1] Code Théodosien, XIII, 1, 3, 8, 10.
[2] Code Justinien, XI, 48, 19 et 23.

qu'en ce cas il continuait de cultiver comme colon le même champ qu'il avait cultivé comme libre. Une loi interdit au colon de vendre sa tenure; cela ne peut s'entendre que d'une tenure constante et individuelle[1]. Une autre loi signale un procès où il y a doute sur le propriétaire, et où le colon paye la redevance de chaque année provisoirement au juge; cela fait penser à une tenure fixe et presque indépendante du propriétaire[2]. En résumé, quoique les documents ne permettent aucune affirmation décisive, l'impression générale est que le colon occupe ordinairement le même lot de terre toute sa vie, et nous pouvons penser que le plus souvent c'est encore le même lot de terre que son fils occupe après lui. Le colon est un tenancier perpétuel.

Ses redevances annuelles sont le prix dont il paye la jouissance du sol. Elles sont la suite ou l'équivalent de l'ancien fermage. Ce ne sont pas les lois impériales qui ont fixé ces redevances, pas plus que ce ne sont elles qui ont institué le colonat. Il n'exista même jamais de règles générales au sujet des rentes colonaires. Se figurer tous les colons de l'empire, ou seulement tous les colons d'une province soumis aux mêmes obligations serait une grande erreur. Les obligations variaient d'une terre à une autre. Elles pouvaient même varier, d'un colon à l'autre, sur une même terre. Dans quelques domaines la redevance se payait en argent, dans d'autres en nature[3]. Sur quelques-uns le colon payait à la fois une rente et une part des fruits. Nos documents ne nous renseignent pas sur le chiffre

---

[1] Code Théodosien, V, 11, 1.
[2] Code Justinien, XI, 48, 20.
[3] Ibidem, XI, 48, 5; XI, 48, 20, § 2.

de la rente. La part des fruits s'appelait *pars agraria* ou *agraticum*[1]; c'est le champart du moyen âge. Il pouvait aussi arriver que les colons dussent au propriétaire un nombre déterminé de jours de travail ou de corvée[2]. C'est ce que nous voyons dans une inscription relative à un domaine d'Afrique. Elle marque que les colons de ce domaine devaient six jours de travail par an sur la terre du maître, soit deux jours pour le labour, deux pour les semailles et deux pour la moisson[3]; ils devaient en outre une part des fruits de leur tenure.

Mais tout cela variait à l'infini, et nous ne pouvons pas affirmer qu'il y eût deux domaines où les obligations du colon fussent exactement semblables. Cette variété venait de ce que chaque propriétaire avait fait à l'origine avec chaque colon des conventions particulières. Quelquefois il avait pu imposer au colon sa volonté; d'autres fois il n'avait pu trouver de colons pour sa terre qu'en leur faisant les conditions les plus douces. Souvent ces conditions avaient été librement débattues, et le colon les avait acceptées avant d'entrer dans le domaine. Ainsi les obligations des colons étaient aussi variables que les sources mêmes du colonat.

Une seule règle existait : c'était que ces obligations, une fois établies, ne devaient plus changer. Elles demeuraient immuables à jamais. Douces ou rigoureuses, elles se transmettaient de père en fils sans aucune mo-

---

[1] Code Théodosien, VII, 20, 11 : *Agratici nomine*. Cf. inscription de Souk-el-Khmis, au *Corpus inscr. latin.*, VIII, n° 10570, 3° colonne : *Partes agrarias*.

[2] Code Justinien, XI, 53, 1 : *Redhibitio operarum*.

[3] Au *Corpus inscr. lat.*, VIII, n° 10570, 3° col., l. 11-13 : *Non amplius annuas quam binas aratorias, binas sartorias, binas messorias operas debeamus*. 4° col., l. 5 : *Ne plus quam ter binas operas curabunt*.

dification. Nous devons bien entendre qu'elles pouvaient être modifiées si les deux parties se mettaient d'accord pour cela. La loi n'a pas besoin de le dire pour que nous le pensions. Mais aucune des deux parties n'avait le moyen d'obliger l'autre à les changer, le colon n'ayant pas la faculté de quitter la terre, le maître n'ayant pas la faculté d'évincer le colon. Il arriva donc naturellement que les conditions primitivement fixées par chaque propriétaire à ses colons se perpétuèrent d'âge en âge. Il se forma ainsi une coutume, non pas coutume générale pour tout l'empire, mais coutume spéciale à chaque domaine, et que l'on appela la coutume de la terre, *consuetudo prædii*[1].

Je ne vois pas que l'autorité publique intervienne pour empêcher le propriétaire d'adoucir les charges du colon ; mais elle intervient pour l'empêcher de les aggraver. « Si un propriétaire, dit le législateur impérial, exige d'un colon plus que ce qui a été accoutumé jusqu'alors, c'est-à-dire plus que ce qui a été exigé de ses pères dans les temps antérieurs, ce colon se présentera devant le juge le plus proche, et ce juge devra, non seulement défendre au propriétaire d'augmenter la redevance coutumière, mais encore faire restituer au colon tout ce qui aura été exigé de lui indûment[2]. » La redevance imposée au père, dit un autre empereur, ne pourra pas être augmentée pour le fils ; car nous voulons que les fils, une fois nés sur le domaine, y restent comme en possession, aux

---

[1] Code Justinien, XI, 48, 5 : *Nisi consuetudo prædii hoc exigat.* — Ibidem, XI, 48, 23, § 2 : *Veterem consuetudinem.* — XI, 48, 5 : *Adversus consuetudinem.*

[2] Loi de Constantin, au Code Justinien, XI, 50, 1. — De même une loi d'Arcadius, Code Just., XI, 50, 2, § 4, marque que le colon a le droit de se plaindre en justice si son propriétaire lui impose une *superexactio*.

mêmes conditions suivant lesquelles leurs pères y ont vécu[1] ».

L'immutabilité était donc la règle, aussi bien en faveur du colon que contre lui. La conséquence était que les bénéfices du travail étaient presque tout entiers pour l'auteur de ce travail ou pour ses enfants. Qu'un colon améliore le sol par des plantations, par des dessèchements, par des irrigations, ce sont ses enfants qui auront tout le profit. La plus-value du sol est pour le colon. Il n'a pas à craindre que ses charges s'accroissent à mesure que sa terre vaudra davantage. Mais de même, en sens contraire, il peut arriver qu'une terre perde une partie de sa valeur : elle peut se détériorer ou par négligence ou par accident; la redevance n'en sera probablement pas diminuée, et la famille du colon y restera toujours, sans espoir d'allégement, dans la misère. Les documents ne nous disent pas si les colons furent, en masse, heureux ou malheureux; mais nous apercevons sans peine qu'il y en eut des deux sortes, et que leur situation fut infiniment inégale. On vit des colons à tous les degrés de l'échelle, depuis le bien-être d'une famille laborieuse et assurée de posséder toujours son champ, jusqu'à l'extrême misère du paysan que son champ ne nourrit plus et qui n'a pas le droit de chercher son pain ailleurs.

[1] Code Justinien, XI, 48, 23 : *Caveant possessionum domini... aliquam innovationem vel violentiam eis inferre.... Hoc sancimus ut et ipsa soboles semel in fundo nata remaneat in possessione sub iisdem modis iisdemque conditionibus sub quibus genitores ejus manere in fundis definivimus.*

9° DE LA DIVISION DU DOMAINE EN DEUX PARTS : LA PART DU MAITRE ET LES TENURES.

Il s'en faut beaucoup que nous puissions connaître l'organisme du domaine romain aussi bien que nous connaîtrons celui du domaine ou de la seigneurie du moyen âge. Nous ne possédons ici ni testaments, ni actes de vente, ni cartulaires, ni polyptyques. Les documents écrits ne manquaient pas. Chaque domaine avait son livre de comptes, *calendarium*, son livre de raison, *rationes*[1]. Si quelques-uns de ces livres nous étaient parvenus, nous y verrions les habitants du domaine et leurs emplois divers; nous trouverions le *procurator*, l'*actor*, le *villicus*, le *cellarius*; nous compterions le nombre des esclaves laboureurs, vignerons ou bergers; nous distinguerions les tenanciers avec le nom de chacun, sa condition sociale, la famille qui l'entoure, et nous saurions l'étendue de sa tenure, la nature de ses obligations, le chiffre de ses redevances ou de ses *operæ*. Mais rien de cela n'est venu jusqu'à nous. Nous sommes réduits à de rares indices, qui sont épars chez les écrivains ou dans les lois. Quelques vérités du moins s'en dégagent.

Nous avons, dans ce qui précède, compté et observé plusieurs classes différentes de cultivateurs : esclaves travaillant en commun, esclaves à petite tenure, petits fermiers libres, colons liés au sol. On se tromperait si l'on supposait que ces classes se succédant se soient supprimées l'une l'autre. Le fermier libre n'a pas fait disparaître l'esclave, le colon n'a pas fait disparaître

---

[1] Digeste, XXXIV, 5, 1 : *Quum rationibus demonstraretur*.

complètement les fermiers libres, puisqu'on en trouve encore aux derniers temps de l'empire. Quant à l'esclave gratifié d'une petite tenure, il ne s'est substitué que pour une faible part à la *familia* cultivant en commun. Toutes ces catégories d'hommes ont vécu ensemble non confondues, mais entremêlées sur les mêmes terres. C'est seulement la proportion numérique entre elles qui a varié aux différents siècles.

Nous ne devons donc pas nous figurer le domaine rural cultivé entièrement par une seule espèce de cultivateurs, d'abord par des esclaves, plus tard par des fermiers libres, plus tard par des colons. Il y a eu de tout cela à la fois sur un même domaine. Cependant le mode d'exploitation était essentiellement différent pour ces différentes classes de cultivateurs. Avec la *familia* travaillant en commun, c'était l'exploitation directe par le maître, qui seul avait les profits. Avec les petits fermiers libres et même les colons, c'était le système de la tenure avec partage des profits. Ces deux systèmes contradictoires étaient pratiqués en même temps et comme associés sur le même sol. A cause de cela même, le domaine était en général divisé en deux parts : l'une était cultivée directement par le groupe d'esclaves ; l'autre était partagée en tenures et mise aux mains des petits fermiers ou des colons. Cette division du domaine rural en deux parts bien distinctes est une coutume à laquelle l'historien doit faire grande attention ; nous la retrouverons au moyen âge, où elle produira les plus grandes conséquences ; il importe de constater qu'elle a existé déjà dans la société romaine dont la Gaule faisait partie.

Prenons d'abord comme exemple le petit domaine d'Horace. Le poète ne prend pas la peine de le décrire aussi en détail que nous le souhaiterions. Encore montre-t-il d'un trait qu'il contient deux parts bien distinctes. D'un côté, il se trouve cinq fermiers libres qui ont chacun « un foyer », c'est-à-dire une maison à eux et visiblement un lot de terre. De l'autre côté, il y a sur ce même domaine huit esclaves qui travaillent sous les ordres d'un villicus; leur condition est sans doute assez dure, puisque le poète menace plaisamment Davus, esclave citadin, de l'envoyer, lui neuvième, travailler à la culture[1]. Voilà bien les deux parts, l'une distribuée en petites tenures, l'autre exploitée directement. La part réservée comprend sans doute, outre la maison principale et les jardins qui l'entourent, la forêt de chênes et d'yeuses dont les ombrages charment Horace; elle comprend aussi quelques terres à blé, « ces terres qui lui donnent chaque année leur moisson sans jamais le tromper »; elle renferme enfin apparemment ce petit vignoble dont le vin, si médiocre qu'il soit, est mis en bouteilles par le poète lui-même. La partie distribuée en cinq petites tenures renferme d'autres terres à blé, peut-être aussi quelques pièces de vigne et des prairies, enfin tout ce qui produit ce que les cinq fermiers vont vendre au marché de Varia.

Ce même partage du domaine ressort des textes des jurisconsultes, comme un usage fréquent, sinon universel. Scævola, par exemple, parle du domaine qui a été vendu ou légué « avec les pécules des esclaves et l'arriéré des fermiers[2] ». C'est donc que ces deux classes

---

[1] Horace, *Épîtres*, I, 14; *Satires*, II, 7; *Odes*, III, 16, 50.
[2] Digeste, XXXIII, 7, 20 : *Fundos cum villicis et cum reliquiis colonorum.... Prædia ut instructa sunt cum reliquis colonorum et mancipiis et peculiis et cum actore.* XXXIII, 7, 27 : *Prædia cum servis qui ibi erunt et reliquis colonorum legavit. Fundum Cornelianum Titio ita lego ut est instructus cum mancipiis et reliquis colonorum dari volo.*

d'hommes vivent ensemble sur la même terre ; et comme il est certain qu'elles travaillent différemment, leur présence simultanée implique que le domaine est divisé en deux parts distinctes.

Un fragment d'Ulpien montre comment chaque domaine était inscrit sur les registres de l'impôt. On ne se contentait pas d'indiquer l'étendue ou la valeur de l'ensemble ; on marquait les diverses sortes de culture, « combien il s'y trouvait d'arpents en labour, ce que le vignoble comprenait de pieds de vigne, ce que le plant d'oliviers contenait d'arbres, combien il y avait d'arpents de pré, combien d'arpents de pâquis, combien de bois[1]. » Nous voyons déjà par ces lignes qu'il était assez ordinaire qu'un domaine renfermât des terres de toute nature. Puis, à côté des terres, on inscrivait les hommes : « Le propriétaire doit déclarer ses esclaves, non pas en bloc, mais par catégories, *specialiter*, en marquant le pays d'origine de chacun d'eux, son âge, son emploi ou sa profession. » En troisième lieu, le propriétaire devait faire inscrire les noms de ceux qui habitaient son domaine comme fermiers ; car le jurisconsulte ajoute : « Si le propriétaire a négligé de déclarer un fermier, il est responsable de l'impôt pour cette parcelle[2]. » Nous voyons donc, par cette formule habituelle de l'inventaire cadastral, que le propriétaire avait d'ordinaire des esclaves sur une partie de son domaine, des fermiers sur une autre. Ces deux classes d'hommes, qui n'étaient pas confondues sur les registres officiels, ne l'étaient pas non plus sur le sol, et nous pouvons admettre que chacune d'elles avait son terrain à part.

[1] Ulpien, au Digeste, L, 15, 4.
[2] *Ibidem*.

Nous n'entendons pas par là une division géométrique; nous ne savons pas si une ligne nettement tracée sépare le domaine en deux. Il est plus vraisemblable que les deux portions s'enchevêtrent l'une dans l'autre, chacune étant composée d'une série de parcelles. Rarement le partage a pu être bien régulier. Le propriétaire a concédé en tenure ce qu'il a voulu, ici ou là; il a dû se réserver d'abord ce qui était le plus proche de sa maison et tout ce qui était pour l'agrément; il a pu garder aussi, parmi les terres plus éloignées, ce qui était d'une culture plus facile et d'un revenu plus sûr. Nulle règle ici; c'est le caprice du maître ou de son régisseur qui a tout décidé.

Je remarque chez un jurisconsulte que la troupe des esclaves chasseurs, *venatores*, était souvent comptée dans la *familia urbana*, c'est-à-dire parmi les esclaves attachés au service personnel du maître[1]. On peut conclure de là que les bois et les garennes étaient compris aussi dans la terre réservée. Cela aura des conséquences dans l'avenir.

Ce que ces jurisconsultes nous laissent seulement entrevoir, une inscription du second siècle, écrite par des paysans, nous le montre plus clairement. Lorsque les colons du *saltus* Burunitanus se plaignent des abus commis à leurs dépens par l'homme qui représente leur propriétaire, ils distinguent deux choses : d'une part, cet homme a augmenté leur champart, *partes agrarias*, c'est-à-dire la part de fruits qu'ils doivent pour les champs qu'ils détiennent; d'autre part, il exige d'eux des journées de travail au delà du nombre auquel il a droit; d'après la *lex prædii*, ces corvées ne

---

[1] Paul, *Sent.*, III, 6, § 71. Cf. Digeste, XXXIII, 7, 12, § 12.

doivent être que de six par an, deux de labour, deux de sarclage et deux de moisson[1]. Ce second point est significatif : il est clair que les six journées de travail qui sont dues par le colon ne s'accomplissent pas sur le lot de terre qu'il occupe. Il les doit, visiblement, sur une partie du domaine que le propriétaire ou son représentant s'est réservée. Ainsi le domaine contient deux parties bien séparées, l'une qui a été distribuée aux colons en tenures, l'autre que le propriétaire a gardée et qu'il exploite pour son propre compte.

Il y a au Code Théodosien une instruction adressée aux fonctionnaires impériaux sur la manière dont ils doivent dresser l'inventaire d'une propriété. « Pour ce qui est du terrain, on devra d'abord en indiquer l'étendue, en distinguant ce qui est en vignes, en oliviers, en terres labourées, en prés, en bois. Pour ce qui est des hommes, on inscrira d'abord les esclaves, en distinguant ceux qui sont attachés au service de la personne et ceux qui sont employés à l'exploitation rurale ; ensuite on écrira les esclaves « casés » et les colons[2] ». Il est donc certain que, sur les registres officiels, les serfs à tenure et les colons étaient séparés des esclaves vivant en commun et employés par le maître à l'exploitation directe. Ainsi le propriétaire n'avait pas mis toute sa terre dans les mains des petits tenanciers serfs ou des colons ; il s'en était réservé une part, avec un groupe d'esclaves pour la cultiver.

Quelquefois on avait imaginé d'employer les mêmes colons et les mêmes serfs qui cultivaient librement leurs lots de terre, à cultiver aussi la terre réservée.

---

[1] *Corpus inscriptionum latinarum*, VIII, n° 10570.
[2] Code Justinien, IX, 49, 7. Code Théodosien, IX, 42, 7 : *Quot sint casarii vel coloni*.

Nous venons de voir que c'était la règle sur le *saltus* Burunitanus Notre inscription montre que chaque colon devait labourer et moissonner, en dehors de son lot, la terre du maître. Ce travail était une partie du loyer de sa tenure. Il payait la jouissance de son lot de terre à la fois par le champart de ce lot et par six jours de travail sur la terre réservée. Nous retrouverons cela comme règle générale dans les époques suivantes.

Pour le serf gratifié d'une petite tenure, j'incline à croire qu'il travaillait aussi sur la partie réservée. C'est du moins ce qu'implique le passage de Varron[1]; il fait entendre bien clairement que le maître, en concédant à son serf un petit troupeau et une petite terre, ne s'est nullement privé des services que cet esclave lui devait; il ne lui a même fait cette concession que « pour l'attacher davantage au domaine ». Il est donc vraisemblable que ce morceau de terre qu'on lui mettait en mains ne le dispensait pas de son travail. Peut-être ne s'occupait-il de sa petite tenure qu'à ses heures perdues ou aux jours de repos, et devait-il au maître la majeure partie de son temps. Il était un tenancier à certains jours, et les autres jours il revenait faire partie de la *familia* travaillant en commun. Ce fait, qui semble d'abord peu important, a eu au contraire les plus graves conséquences sur l'état social des siècles suivants. Nous pouvons remarquer en effet que le serf de la glèbe, tel que nous le verrons au moyen âge, ne ressemblera ni aux anciens serfs qu'on avait vus en Grèce, ni surtout au serf germain dont Tacite a décrit la condition. Un trait tout spécial le caractérisera : ce même

---

[1] Varron, *De re rustica*, I, 17.

serf qui aura une tenure à soi sera astreint à travailler plusieurs jours par semaine sur la terre que le maître a gardée. Cette condition, particulière au servage du moyen âge, étrangère au servage germanique, s'explique par la nature de la tenure servile des Romains, qui n'était qu'une petite concession faite à un homme demeurant esclave et qui ne supprimait pas ses obligations natives. Ainsi le servage conserva toujours la marque de l'ancien esclavage romain dont il était issu.

En résumé, le domaine rural était un organisme assez complexe. Il contenait, autant que possible, des terres de toute nature, champs, vignes, prés, forêts. Il renfermait aussi des hommes de toutes les conditions sociales, esclaves sans tenure, esclaves tenanciers, affranchis, colons, hommes libres. Le travail s'y faisait par deux organes bien distincts, qui étaient, l'un le groupe servile ou *familia*, l'autre la série des petits tenanciers. Le terrain y était aussi divisé en deux parts, l'une qui était aux mains des tenanciers, l'autre que le propriétaire gardait dans sa main. Il faisait cultiver celle-ci, soit par le groupe servile, soit par les corvées des tenanciers, soit enfin par une combinaison de l'un et de l'autre système. Il y avait en ce dernier cas un groupe servile peu nombreux, auquel venaient s'ajouter les bras des tenanciers dans les moments de l'année où il fallait beaucoup de bras. Le propriétaire tirait ainsi de son domaine un double revenu, d'une part les récoltes et les fruits de la portion réservée, de l'autre les redevances et rentes des tenanciers. Son régisseur ou son intendant, *procurator*, *actor* ou *villicus*, administrait et surveillait les deux portions également; des tenures, il recevait les redevances; sur la part réservée, il dirigeait les travaux de tous.

10° LE VILLAGE ET LE CHATEAU.

Ce domaine, qui avait souvent l'étendue d'une de nos communes rurales, était couvert aussi d'autant de constructions qu'il en fallait pour la population et pour les besoins divers d'un village. On comprend qu'aucune description précise n'est possible. Nous voyons seulement qu'on y distinguait trois sortes de constructions bien différentes : 1° la demeure du propriétaire ; 2° les logements des esclaves, avec tout ce qui servait aux besoins généraux de la culture ; 3° les demeures des petits tenanciers.

Au sujet de ces dernières nous savons fort peu de chose ; les écrivains anciens ne les ont jamais décrites. Horace désigne les habitations de ses petits fermiers par les mots « cinq foyers », ce qui implique que chacun d'eux a sa demeure distincte ; mais ces foyers sont probablement de fort modestes chaumières. Apulée nous représente un homme qui traverse un riche domaine ; avant d'arriver à la maison du propriétaire, cet homme rencontre un assez grand nombre de petites maisons, que l'auteur appelle *casulæ* et qui sont vraisemblablement les maisons des colons[1]. Tantôt ces demeures étaient isolées les unes des autres, chacune d'elles étant placée sur le lot de terre que l'homme cultivait. Tantôt elles étaient groupées entre elles et formaient un petit hameau que la langue appelait *vicus*. Sur les domaines les plus grands on pouvait voir, ainsi que le dit Julius Frontin, une série de ces *vici*

---

[1] Apulée, *Métamorphoses*, VIII : *Nec paucis pererratis casulis, ad uamdam villam possessoris beati perveniunt.*

qui faisaient comme une ceinture autour de la *villa* du maître[1].

Cette villa se divisait toujours en deux parties nettement séparées, que la langue distinguait par les expressions *villa urbana* et *villa rustica*. La *villa urbana*, dans un domaine rural, était l'ensemble de constructions que le maître réservait pour lui, pour sa famille, pour ses amis, pour toute sa domesticité personnelle. Quant à la *villa rustica*, elle était l'ensemble des constructions destinées au logement des esclaves cultivateurs ; là se trouvaient aussi les animaux et tous les objets utiles à la culture.

Varron, Columelle et Vitruve ont décrit cette villa rustique. Elle devait contenir un nombre suffisant de petites chambres, *cellæ*, à l'usage des esclaves, et ces chambres devaient être, autant que possible, « ouvertes au midi ». Pour les esclaves paresseux ou indociles, il y avait l'*ergastulum* ; c'était le sous-sol. Il devait être éclairé par des fenêtres assez nombreuses « pour que l'habitation fût saine », mais assez étroites et assez élevées au-dessus du sol pour que les hommes ne pussent pas s'échapper. A quelques pas de là étaient les étables, qui autant que possible devaient être doubles, pour l'été et pour l'hiver. A côté des étables étaient les petites chambres des bouviers et des bergers. On trouvait ensuite les granges pour le blé et le foin, les celliers au vin, les celliers à l'huile, les greniers pour les fruits. Une cuisine occupait un bâtiment spécial ; elle devait être haute de plafond et assez grande « pour servir de lieu de réunion en tout temps à la domesticité ». Non loin était le bain des esclaves, qui ne s'y baignaient

---

[1] Frontin, *De Controversiis agrorum*, édit. Lachmann, p. 55.

d'ailleurs qu'aux jours fériés. Le domaine avait naturellement son moulin, son four, son pressoir pour le vin, son pressoir pour l'huile et son colombier. Ajoutez-y, si le domaine était complet, une forge et un atelier de charronnage. Au milieu de tous ces bâtiments s'étendait une large cour; les Latins l'appelaient *chors*; nous la retrouverons au moyen âge avec le même nom légèrement altéré, *curtis*[1].

A quelque distance est la *villa* du maître. Ce propriétaire est ordinairement riche et il s'est plu à bâtir. Varron remarquait déjà, non sans chagrin, que ses contemporains « accordaient plus de soin à la villa urbaine qu'à la villa rustique ». Columelle donne une description de cette villa. Elle renferme des appartements d'été et des appartements d'hiver; car le maître l'habite ou peut l'habiter en toute saison. Elle a donc double salle à manger et double série de chambres à coucher. Elle renferme de grandes salles de bain, où toute une société peut se baigner à la fois. On y trouve aussi de longues galeries, plus grandes que nos salons, où les amis peuvent se promener en causant. Pline le Jeune, qui possède une dizaine de beaux domaines, décrit deux de ces habitations[2]. Tout ce qu'on peut imaginer de confortable et de luxueux s'y trouve réuni. Nous ne supposerons sans doute pas que toutes les maisons de campagne fussent semblables à celles de Pline; mais il en existait de plus magnifiques encore que les siennes; et, du haut en bas de l'échelle, toutes les maisons de campagne tendaient à se rapprocher du type qu'il décrit. Il imitait et on l'imitait. Le luxe des

---

[1] Varron, *De re rustica*, I, 13; Columelle, *De re rustica*, I, 6; Vitruve, VI, 9; Palladius, *passim*.
[2] Pline, *Lettres*, II, 17, et V, 6.

villas était, dans cette société de l'empire romain, la meilleure façon de jouir de la richesse et aussi le moyen le plus louable d'en faire parade. Comme il n'y avait plus d'élections libres, l'argent qu'on ne dépensait plus à acheter les suffrages, on le dépensait à bâtir et à orner ses maisons. Ce qui peut d'ailleurs atténuer les inconvénients d'un régime de grande propriété, c'est que le propriétaire se plaise sur son domaine et qu'il lui rende en améliorations ou en embellissements ce qu'il en retire en profits.

Si de l'Italie nous passons à la Gaule, et de l'époque de Trajan au cinquième siècle, nous y trouvons encore de vastes et magnifiques villas. Sidoine Apollinaire fait un tableau assez net, malgré le vague habituel de son style, de la villa Octaviana, qui appartient à son ami Consentius[1]. « Elle offre aux regards des murs élevés et qui ont été construits suivant toutes les règles de l'art. » Il s'y trouve « des portiques, des thermes d'une grandeur admirable ». Sidoine décrit aussi la villa Avitacus[2]. On y arrive par une large et longue avenue qui en est « le vestibule ». On rencontre d'abord le *balneum*, c'est-à-dire un ensemble de constructions qui comprend des thermes, une piscine, un *frigidarium*, une salle de parfums; c'est tout un grand bâtiment. En sortant de là, on entre dans la maison. L'appartement des femmes se présente d'abord; il comprend une salle de travail où se tisse la toile. Sidoine nous conduit ensuite à travers de longs portiques soutenus par des colonnes et d'où la vue s'étend sur un beau lac. Puis vient une galerie fermée où beaucoup d'amis peuvent se promener. Elle mène à trois salles à manger. De celles-ci on

---

[1] Sidoine Apollinaire, *Lettres*, VIII, 4; édit. Baret, VIII, 11.
[2] Ibidem, II, 2.

passe dans une grande salle de repos, *diversorium*, où l'on peut à son choix dormir, causer, jouer. L'écrivain ne prend pas la peine de décrire les chambres à coucher, ni d'en indiquer même le nombre. Ce qu'il dit des villas de ses amis fait supposer que plusieurs étaient plus brillantes que la sienne. Ces belles demeures, qui ont un moment couvert la Gaule, n'ont pas péri sans laisser bien des traces. On en trouve des vestiges dans toutes les parties du pays, depuis la Méditerranée jusqu'au Rhin et jusqu'au fond de la presqu'île de Bretagne.

Dans la description de la villa Octaviana nous devons remarquer une chapelle. En effet, une loi de 398 signale comme « un usage » que les grands propriétaires aient une église dans leur propriété[1]. Nous retrouverons cela dans les siècles suivants.

La langue usuelle de l'empire désignait la maison du maître par le mot *prætorium*. Ce terme se trouve déjà, avec cette signification, dans Suétone et dans Stace[2]; on le rencontre plusieurs fois chez Ulpien et les jurisconsultes du Digeste[3]; il devient surtout fréquent chez les auteurs du quatrième siècle, comme Palladius et Symmaque[4]. Or ce mot, par son radical même, indiquait l'idée de commandement, de préséance, d'auto-

---

[1] Code Théodosien, XVI, 2, 33 : *Ecclesiis quæ in possessionibus, ut assolet, diversorum, vicis etiam vel quibuslibet locis sunt constitutæ, clerici non ex alia possessione vel vico, sed ex eo ubi ecclesiam esse constituit, eatenus ordinentur, ut propriæ capitationis onus ac sarcinam recognoscant.* — Cela sera répété par plusieurs conciles du cinquième et du sixième siècle.

[2] Suétone, *Augustus*, 72 ; *Caligula*, 37 ; *Nero*, 39. Stace, *Sylvæ*, II, v. 84.

[3] Ulpien, au Digeste, VII, 8, 12 ; L, 16, 198. Cf. Digeste, XXXI, 34 ; XXXII, 91 ; VIII, 3, 2.

[4] Palladius, I, 8, 11, 23, 33, etc. Symmaque, I, 4 ; I, 10 ; I, 14 ; , 18 ; VI, 9 ; VI, 66.

rité. Il s'était appliqué, dans un camp romain, à la tente du général ; dans les provinces, au palais du gouverneur. L'histoire d'un mot marque le cours des idées. Nul doute que, dans la pensée des hommes, cette demeure du maître ne fût, à l'égard de toutes les autres constructions éparses sur le domaine, la maison qui commandait. L'appeler *prætorium*, c'était comme si l'on eût dit la maison seigneuriale.

Un écrivain du temps, Palladius, recommandait de la construire à mi-côte et toujours plus élevée que la *villa rustica*. Cette villa rustique, avec sa population, avec sa série d'étables et de granges, avec son moulin, son pressoir, ses ateliers, avec tout son nombreux personnel, était plus que ce que nous appelons une ferme : elle formait une sorte de village, qui était la propriété du maître et que remplissaient ses serviteurs. La *villa rustica* en bas de la colline et la *villa urbana* à mi-côte, c'étaient déjà le village et le château des époques suivantes.

Il est vrai que ce château du quatrième siècle n'avait pas l'aspect du château du dixième. Les *turres* dont il est quelquefois parlé, n'étaient pas des tours féodales. On n'y voyait ni fossés, ni enceinte, ni herse, ni créneaux, mais plutôt des avenues et des portiques qui invitaient à entrer. C'est que l'on vivait dans une époque de paix et qu'on se croyait en sûreté. A peine voyons-nous, vers le milieu du cinquième siècle, quelques hommes comme Pontius Leontius fortifier leur villa et l'entourer d'une épaisse muraille « que le bélier ne puisse abattre[1] ». C'est alors seulement, pour résister aux pillards de l'invasion, qu'on a l'idée de

---

[1] Sidoine Apollinaire, *Carmina*, XXII ; édit. Baret, XIX.

transformer la villa en château fort. Jusque-là, la villa était un château, mais un château des temps paisibles et heureux, un château élégant, somptueux et ouvert.

Là ces grands propriétaires passaient la plus grande partie de leur vie, entourés de leur famille et d'un nombreux cortège d'esclaves, d'affranchis, de clients. Ces hommes, visiblement, aimaient la vie de château; on n'en saurait douter quand on a lu les lettres de Symmaque[1] ou celles de Sidoine Apollinaire[2]. Ils bâtissaient, ils dirigeaient la culture, ils faisaient des irrigations, ils vivaient au milieu de leurs paysans[3]. Un Syagrius, dans son beau domaine de Taionnac, « coupait ses foins et faisait sa vendange[4] ». Un Consentius, fils et petit-fils des plus hauts dignitaires de l'empire, est représenté par Sidoine « mettant la main à la charrue[5] », comme la vieille légende avait représenté Cincinnatus. Les amis d'Ausone[6], ceux de Symmaque sont pour la plupart de grands propriétaires et ils se plaisent à la vie rurale[7]. Des historiens modernes ont dit que la société romaine ou gallo-romaine n'aimait que la vie des villes, et que ce furent les Germains qui enseignèrent à aimer la campagne. Je ne vois pas de quels documents ils ont pu tirer cette théorie. Je crains que ce ne soit là une de ces opinions subjectives et fausses que l'esprit moderne a introduites dans notre

---

[1] Symmaque, *Lettres*, I, 1, 5, 7, 8, 35, 51, etc.
[2] Sidoine, VIII, 6; III, 12; VIII, 8, etc.
[3] *Inter rusticanos*, Sidoine, *Lettres*, I, 6.
[4] Sidoine, *Lettres*, éd. Baret, VIII, 14; ailleurs, VIII, 8.
[5] Ibidem, VIII, 4 : *Vomeri incumbis*.
[6] Ausone, *Lettres*, XXIII.
[7] Symmaque, *Lettres*, I, 2 : *Vitam innocuis tenuisti lætus in arvis*. Cf. I, 58; III, 23. — Voyez aussi le poème de Festus Avienus, dans la collection Lemaire, *Poetæ minores*, t. V, page 522.

histoire. Ce qui est certain, c'est que tous les écrits que nous avons du quatrième et du cinquième siècle dépeignent l'aristocratie romaine comme une classe rurale autant qu'urbaine : elle est urbaine en ce sens qu'elle exerce les magistratures et administre les cités ; elle est rurale par ses intérêts, par la plus grande partie de son existence, par ses goûts.

C'est que, dans ces belles résidences, on menait l'existence de grand seigneur. Paulin de Pella, rappelant dans ses vers le temps de sa jeunesse, décrit « la large demeure où se réunissaient toutes les délices de la vie » et où se pressait « la foule des serviteurs et des clients[1] ». C'était à la veille des invasions. « La table était élégamment servie, le mobilier brillant, l'argenterie précieuse, les écuries bien garnies, les carrosses commodes. » Les plaisirs de la vie de château étaient la causerie, la promenade à cheval ou en voiture, le jeu de paume, les dés, surtout la chasse. La chasse fut toujours un goût romain. Varron parle déjà des vastes garennes, remplies de cerfs et de chevreuils, que les propriétaires réservaient pour leurs plaisirs[2]. Les amis auxquels écrivait Pline partageaient leur temps « entre l'étude et la chasse[3] ». Lui-même, chasseur médiocre qui emportait un livre et des tablettes, se vante pourtant d'avoir tué un jour trois sangliers[4]. Les jurisconsultes du Digeste mentionnent, parmi les objets qui font ordinairement partie intégrante

---

[1] Paulin de Pella, *Eucharisticon*, v. 205-211, 435-437.
[2] Varron, *De re rustica*, III, 12 : *Leporaria... non solum lepores eo includuntur, sed etiam cervi in jugeribus multis... etiam oves feræ.* Varron cite le parc de chasse que Titus Pompeius s'était fait en Cisalpine et qui comprenait 40 000 pas carrés.
[3] Pline, *Lettres*, II, 8.
[4] Ibidem, I, 6.

du domaine, l'équipage de chasse, les veneurs et la meute[1]. Plus tard, Symmaque écrit à son ami Protadius et le raille sur ses chasses qui n'en finissent pas et sur « la généalogie de ses chiens[2] ». Les Gaulois aussi étaient grands chasseurs. Ils l'avaient été avant César, ils le furent encore après lui. On n'a qu'à voir les mosaïques qui, comme celle de Lillebonne, représentent des scènes de chasse. Regardez les amis de Sidoine : Ecdicius « poursuit la bête à travers les bois, passe les rivières à la nage, n'aime que chiens, chevaux et arcs[3] ». Il est vrai que le même homme tout à l'heure, à la tête de quelques cavaliers levés sur ses terres, mettra une troupe de Wisigoths en déroute. Voici un autre ami de Sidoine, Potentinus : « il excelle à trois choses, cultiver, bâtir, chasser[4] ». Vectius, grand personnage et haut fonctionnaire, « ne le cède à personne pour élever des chevaux, dresser des chiens, porter des faucons[5] ». La chasse était un des droits du propriétaire foncier sur sa terre, et il en usait volontiers. Ainsi, bien des choses que le moyen âge offrira à nos yeux sont plus vieilles que le moyen âge.

---

[1] Digeste, XXXIII, 7, 12, § 12; XXXIII, 7, 22. Cf. Pline, *Lettres*, III, 19.
[2] Symmaque, *Lettres*, I, 53; IV, 18; VII, 18.
[3] Sidoine, *Lettres*, III, 3.
[4] Ibidem, V, 11.
[5] Ibidem, IV, 9. — De même un autre ami de Sidoine, nommé Eriphius; *ibidem*, V, 17. Voyez encore dans le même écrivain le *Panégyrique d'Avitus*, vers 188.

CHAPITRE II

Le droit de propriété après les invasions.

Nous passons à la Gaule mérovingienne. Les Germains ont envahi le pays; la Gaule ne fait plus partie de la société romaine. Elle forme un royaume à part, sous une dynastie germanique. Nous avons à étudier quel fut dans ce nouvel État le régime des terres, ce que fut la propriété foncière, ce que fut le domaine rural, quelles furent les diverses classes d'hommes qui vécurent sur ce domaine.

La première question qui se présente à nous est de savoir si le droit de propriété a été modifié par suite des invasions. Nous avons vu dans la Gaule romaine que la terre avait été un objet de propriété individuelle, et que cette propriété était un droit plein et absolu qui passait aux enfants ou pouvait se transmettre par testament, vente, ou donation. Il est possible que l'entrée de nombreux Germains ait amoindri ce droit ou l'ait altéré, ou ait introduit un mode nouveau de posséder le sol.

Trois opinions, en effet, ont été présentées. Les uns ont dit que les Germains, qu'on supposait avoir ignoré chez eux la propriété, avaient dû apporter en Gaule un régime de communauté des terres. D'autres ont pensé que ces Germains, ayant les habitudes du *comitatus*, avaient introduit une sorte de possession bénéficiaire, c'est-à-dire une possession conditionnelle, temporaire et assujettie à de certains services. D'autres enfin ont professé que, puisque ces Germains étaient entrés en conquérants, ils avaient dû partager le sol entre leurs guerriers, et que de là était venu un mode de propriété particulier aux hommes de guerre. Nous devons chercher ce qu'il y a de vrai dans ces opinions, et surtout vérifier si ces conceptions de l'esprit moderne sont conformes aux documents de l'époque.

Ces documents sont nombreux. Nous avons d'abord des textes législatifs qui contiennent les règles relatives à la possession du sol. Nous avons des chartes et des formules où nous voyons avec la plus grande clarté comment ces mêmes règles étaient appliquées. Enfin nous avons les écrits du temps, chroniques, vies de saints, lettres intimes, poésies, et nous y trouvons nombre de faits ou d'anecdotes d'où il est facile de déduire quel était le régime des terres et comment s'exerçait le droit de propriété.

1° LE DROIT DE PROPRIÉTÉ D'APRÈS LES LOIS.

Analysons d'abord les textes législatifs. Ils sont de de deux sortes; nous avons une série de codes romains et une série de codes germaniques. Quand nous parlons de codes romains, nous n'entendons plus par là les anciens recueils rédigés par ordre des empereurs; nous entendons les codes romains qui ont été écrits à partir du sixième siècle, par l'ordre des rois germains maîtres de la Gaule. En effet, lorsqu'on dit que ces rois barbares ont « permis » à la population indigène de conserver ses lois, on dit trop peu; ils ont fait plus : ils ont donné l'ordre d'écrire des recueils en leur donnant ainsi une valeur impérative, et ils ont exigé que ces lois fussent observées par leurs sujets romains. C'est ainsi que nous avons une *Lex romana Wisigothorum*, c'est-à-dire le code des Romains en pays wisigoth, qui a été rédigé par l'ordre du roi Alaric II et promulgué par lui en 506 à Toulouse, sa capitale[1]. C'est encore ainsi que nous possédons une *Lex romana Burgundionum*, c'est-à-dire le code des Romains dans le pays des Burgundes, qu'on croit avoir été écrit par l'ordre du roi Gondebaud[2].

Il est clair que si ces Germains avaient introduit en Gaule un nouveau mode de posséder le sol, et qu'ils l'eussent imposé aux Gaulois, cela serait marqué dans ces codes. Il n'y en a pas trace. Ces deux codes, rédigés par l'ordre des rois barbares, restent entièrement romains. La propriété foncière y est réglée, pratiquée, garantie, comme elle l'avait été dans la législation du Digeste et des empereurs. Ce sont, sans aucune modification, les principes du droit romain sur la pleine propriété, sur la vente, sur la succession. Rien n'est changé.

Les rois francs n'ont pas fait rédiger un code semblable. Cela tient uniquement à ce que les recueils de Théodose II, et surtout d'Alaric, étaient usités dans leurs États. Cette vérité est visible dans nombre de chartes et de formules. Du reste, les princes mérovingiens n'ont

---

[1] *Lex romana Wisigothorum*, édit. Hænel, in-folio, 1849. Voyez, p. 2, le décret de promulgation, *auctoritas Alarici regis*, et Cf. préface, p. 4. — Ce titre *Lex romana Wisigothorum* est un titre de convention ; on ne le trouve dans aucun des quarante-quatre manuscrits ; le code est ordinairement appelé *Lex romana*, ou *Liber legum*, ou *Codex Theodosianus*, ou *Breviarium Alarici*. Les mots *Lex romana Wisigothorum* n'ont pas de sens. Ce code d'ailleurs, et même l'*interpretatio* qui y est jointe, ont un caractère exclusivement romain ; l'esprit wisigoth n'y paraît jamais. Voyez une étude de M. Ch. Lécrivain sur ce sujet, 1889.

[2] *Lex romana Burgundionum*, édit. Bluhme, dans les *Monumenta Germaniæ*, *Leges*, t. III, p. 579 ; édit. Binding dans les *Monumenta rerum Bernensium*, t. I. — Même observation que plus haut ; les manuscrits l'appellent simplement *Lex romana* et elle est exclusivement romaine.

pas seulement permis, ils ont exigé que ces lois romaines fussent appliquées. « Nous voulons, dit Clotaire, qu'entre Romains les procès soient vidés par les lois romaines[1]. » Il ajoute qu'il interdit à ses juges de juger autrement « que selon le recueil des lois romaines[2] ». Parler ainsi, c'était visiblement maintenir, au moins à l'usage de la plus grande partie des sujets, toutes les règles que le droit romain avait établies au sujet de la propriété du sol.

Nous pouvons donc affirmer sans crainte ce premier point : En ce qui concerne la population indigène, le droit de propriété foncière s'est maintenu après les invasions tel qu'il avait été avant elles. Il a conservé tous ses caractères et tous ses effets. Il n'a été ni amoindri ni modifié.

La question subsiste en ce qui concerne les nouveaux venus, les Germains. Il nous faut analyser leurs lois. Nous possédons la Loi salique, la Loi ripuaire, la Loi burgunde, et quelques capitulaires des rois francs[3]. Ajoutons-y, comme terme de comparaison, les Lois des Alamans, des Bavarois, des Wisigoths[4]. Nous commencerons nos recherches par la Loi salique, qui paraît présenter les usages et le droit des Francs.

Si ces Francs avaient pratiqué un régime de commu-

---

[1] *Præceptio Chlotarii II*, c. 4., édit. Borétius, p. 19 : *Inter Romanos negotia causarum romanis legibus præcipimus terminari*. — De même, Gondebaud avait dit : *Inter Romanos romanis legibus præcipimus judicari*.

[2] Ibidem, c. 13 : *Secundum legum romanarum seriem*.

[3] *Lex Salica*, édit. Pardessus, 1843 ; édit. Holder, 1879 ; édit. Hessels, 1880. *Lex Ripuaria*, édit. Sohm, 1883. *Lex Burgundionum*, édit. Bluhme, dans les *Monumenta Germaniæ, Leges*, t. III ; et dans Binding, *Fontes rerum Bernensium*, t. I. *Capitularia regum Francorum*, édit. Borétius, 1881.

[4] *Lex Wisigothorum*, dans Canciani, t. IV ; dans Waltor, t. I. *Leges Alamannorum, Baiuwariorum*, dans les *Monumenta Germaniæ, Leges*, t. III.

nauté des terres, soit par la culture en commun, soit par un partage annuel du sol, nous trouverions dans leurs lois les règles de cette communauté ou les règles de ce partage annuel. En effet, communauté et partage annuel ne sont pas choses si simples ni d'une pratique si facile qu'il n'y faille des règlements nombreux et précis. D'ailleurs, de même que le régime de la propriété privée a ses procès, le régime de la communauté a aussi ses conflits ; nous devrions donc trouver dans la Loi salique une série de dispositions visant à prévenir ces conflits ou à les juger. Rien de pareil ne se voit dans ce code. Nous ne trouvons pas un mot qui soit l'indice de tels usages ou de procès de cette nature.

Tout au contraire, les délits que la Loi salique punit sont ceux qui portent atteinte à la propriété privée. Nous y lisons, par exemple : « Si un homme est entré pour voler dans le jardin d'un autre, il payera six cents deniers d'argent ou quinze sous d'or. » Voilà la propriété du jardin bien marquée[1].

On a dit, il est vrai, qu'il se pourrait que les Francs eussent possédé en propre la maison et le petit jardin qui l'entourait, sans appliquer pour cela le droit de propriété à des champs. Mais un autre article de la loi frappe de la même peine celui qui est entré pour voler « dans le champ de blé qui appartient à un autre[2] », ou qui a volé du lin « dans le champ d'un autre[3] ». Or remarquez l'énormité de ces amendes : elles sont hors

---

[1] *Lex Salica*, XXVII, 6 : *Si quis in horto alieno in furtum ingressus fuerit..., DC dinarios qui faciunt solidos XV culpabilis judicetur.*

[2] Ibidem, XXVII, 5 : *Si quis in messe aliena pecus suum in furtum miserit, DC dinarios culp. judicetur.* — *Messis* dans la langue du temps signifie un champ ensemencé ; Cf. *Lex Burgundionum*, XXIII, 4 : *In messibus cultis* ; XXVII, 4-6 : *Dominus messis.* — *Lex Wisigothorum*, VIII, 3, 15 : *In vinea, prato, messe, horto.*

[3] Ibidem, 8 : *Si quis de campo alieno linum furaverit.*

de proportion avec la valeur des grains ou du lin qu'un homme a pu dérober. Il est visible qu'elles punissent une violation d'un droit hautement respecté.

Voici qui est plus clair encore : « Celui qui a labouré un champ qui appartient à un autre, sans la permission du propriétaire de ce champ, payera six cents deniers d'argent ou quinze sous d'or[1]. » Ici, il n'y a pas eu vol; le coupable a, au contraire apporté son travail; mais il a violé le droit de propriété, et il est puni aussi sévèrement que s'il eût volé. On notera dans cet article que la loi nomme expressément le « propriétaire d'un champ », et elle l'appelle du même nom dont les Romains appelaient le propriétaire, *dominus*. La propriété privée est donc ici parfaitement établie.

On a dit qu'à tout le moins les prairies et les forêts avaient dû être communes, et que, si les Francs admettaient la propriété pour le sol cultivé, au moins devaient-ils l'ignorer à l'égard des forêts, des prés, des pâquis. Mais voici ce que la Loi salique dit des prairies : « Si quelqu'un a fauché la prairie d'un autre et qu'il en ait emporté le foin dans sa demeure, il payera mille huit cent deniers ou quarante-cinq *solidi*[2]. » Voici ce qu'elle dit des forêts : « Si quelqu'un a coupé du bois dans la forêt d'un autre, il payera trois *solidi*[3]. » Tout cela est assurément le contraire de prairies communes et de

---

[1] *Lex Salica*, 24 : *Si quis campum alienum araverit extra consilium domini sui.* — Nous n'avons pas besoin d'avertir ceux qui connaissent la langue du temps que *domini sui* signifie le propriétaire du champ.

[2] Ibidem, XXVII, 10 et 11 : *Si quis pratum alienum secaverit, opera sua perdat. Si fenum exinde ad domum tulerit, MDCCC dinarios qui faciunt solidos XLV culp. judicetur.*

[3] Ibidem, XXVII, 18, d'après le manuscrit de Paris 4404 : *Si quis ligna aliena in silva aliena furaverit.* D'après le manuscrit de Paris 9653 : *Si quis ligna in silva aliena furaverit.* D'après le manuscrit 4627 : *Si quis in silva alterius ligna furaverit.* D'après le manuscrit de Saint-Gall : *Si quis in silva alterius materiamina furaverit.*

forêts communes. Prairies et forêts sont la propriété d'un homme, et aucun autre homme n'a de droit sur elles[1].

On a fait ce raisonnement : Puisque la Loi salique, tarifant les crimes et les délits, prononce des amendes en argent et ne prononce pas d'amendes en terre, c'est que les Francs ne possédaient pas en propre la terre et ne possédaient que l'argent[2]. Raisonnement superficiel, presque puéril. Autant vaudrait dire que les Francs étaient de grands capitalistes parce que le chiffre des amendes était très élevé et que la Loi supposait que tout meurtrier avait six cents pièces d'or dans ses coffres. La vérité toute simple est que le législateur, fixant un tarif des peines, avait besoin d'une commune mesure ; il ne pouvait prendre pour mesure la terre, dont la valeur varie à l'infini ; la seule commune mesure était l'or ou l'argent. Nous pouvons bien penser aussi que le meurtrier n'avait pas souvent six cents pièces d'or ; mais il vendait ses meubles, ses esclaves, ses terres ; la Loi des Bavarois le dit expressément[3] ; la Loi salique le laisse bien voir : les délais qu'elle accorde entre la condamnation et le payement, et le système des cautions qui s'y rattache, ont pour objet de donner au coupable le temps de vendre ce qu'il possède. Nous avons des chartes ou des formules de composition où il est dit que

---

[1] M. Lamprecht a soutenu que la *silva aliena* ou la *silva alterius* du titre XXVII de la Loi salique devait être malgré tout une forêt commune, « par cette seule raison, dit-il, que dans les autres passages de la Loi *silva* signifie forêt commune ». Or il n'a pas fait attention que le mot *silva* ne se trouve dans aucun autre passage de la Loi, et qu'il n'y est jamais parlé de rien qui soit en commun. Voilà un exemple de l'empire qu'une idée préconçue exerce sur un esprit.

[2] C'est ce qu'ont soutenu MM. Sohm et Thévenin.

[3] *Lex Baiuwariorum*, Pertz, t. III, p. 274 : *Si occiderit..., solvat 300 solidos auro adpretiatos ; si aurum non habet, donet mancipia, terras, vel quidquid habet*.

l'homme a donné ou vendu une terre pour payer la somme à laquelle il a été condamné[1].

On a allégué encore que la Loi salique ne contient pas une seule disposition relative à la vente de la terre; et de là on a conclu bien vite que les Francs n'avaient pas le droit de vendre la terre, et qu'en conséquence la terre était commune. Voilà encore un raisonnement bien aventureux. Tout le monde sait que la Loi salique, avec ses soixante-cinq titres si courts, est un code fort incomplet. Il y manque beaucoup d'autres choses que la vente. Si la Loi salique omet de parler de la vente, elle parle de l'hérédité, et elle dit expressément que la terre passe du père au fils[2], qu'elle est un objet de succession, et qu'à défaut de fils elle passe aux collatéraux. Se peut-il une preuve plus certaine d'un régime de propriété foncière? La Loi ne dit jamais qu'un homme possède la terre pour un an; elle ne dit pas qu'il la possède viagèrement; elle dit que si un propriétaire meurt, sa terre appartient à ses enfants ou à ses parents les plus proches.

Les règles du droit de succession ne sont pas exactement les mêmes que dans le droit romain. Les biens meubles se partagent entre tous les enfants sans distinction de sexe; les biens fonciers ne se partagent qu'entre les fils ou entre les collatéraux du sexe masculin. La fille, la sœur, la nièce sont exclues de l'héritage de la

---

[1] Voyez notamment dans le recueil des formules de Rozière les nᵒˢ 241, 242, 243, 244. Cf. *Charta Theodechildis*, dans les *Diplomata*, nº 177, t. I, p. 132, où il est dit qu'une terre a été cédée par un certain Vastilus *pro redemptione animæ suæ*, c'est-à-dire pour le rachat de sa vie, pour la composition.

[2] Cela résulte forcément des premiers mots du titre 59, *De alodibus: Si quis mortuus fuerit et filios non dimiserit*. L'auteur ne se donne pas la peine de dire que le fils hérite; il dit seulement quels sont ceux qui héritent à défaut de fils.

terre¹. Si l'on veut chercher le sens de cette règle, il faut songer d'abord qu'elle n'est pas particulière aux Francs; on la trouve chez les Burgundes². Il faut observer ensuite qu'elle ne dérive pas de la conquête; elle existait chez d'autres peuples germains qui n'ont pas conquis, chez les Alamans, chez les Bavarois, chez les Thuringiens, chez les Saxons³. C'est donc une vieille règle de l'antique Germanie. Elle n'est même pas particulière à la race germanique; car nous la trouvons dans beaucoup d'anciennes sociétés, et par exemple dans le vieux droit grec. Partout elle se rattache à une très antique conception du droit de propriété foncière, d'après laquelle on croyait qu'une terre devait rester unie inséparablement à la même famille. La fille n'en avait pas sa part, par ce motif qu'en se mariant elle aurait transporté cette part dans une famille étrangère. Tel est le

¹ *Lex Salica*, 59 : *De terra, nulla in muliere hereditas non pertinebit, sed ad virilem sexum tota terra pertineat.* Telle est la leçon des manuscrits de Paris 4404 et 9653, de Wolfenbuttel et de Munich, qui sont les plus anciens manuscrits avec celui de Saint-Gall. Presque tous les autres portent : *de terra salica.* Sur cela on a beaucoup discuté et disserté. S'agirait-il de la terre du Salien ? S'agirait-il du petit enclos seulement qui entourait la *sala*? Toutes les hypothèses et toutes les divagations ont été faites. Or il suffisait d'observer l'article d'un peu près en ses deux lignes ; on aurait remarqué que ce qui est *terra salica* dans la première est appelé *tota terra* dans la seconde ; les manuscrits portent en effet : *ad virilem sexum tota terra pertineat*, ou *virilis sexus totam terram proprietatis suæ possideat*, ou *ad virilem sexum tota proprietas perveniat* (Paris 4409), ou *ad virilem sexum tota terra hereditatis* ou *tota terræ hereditas perveniat.* Ainsi *tota* est dans tous les manuscrits ; c'est le mot important, qu'aucun d'eux n'a négligé. Il s'agit donc bien, non pas d'un petit lot de terre entourant la *sala*, mais de toute la terre comprise dans l'héritage. Ce qui tranche d'ailleurs toute difficulté, c'est qu'une formule du recueil de Marculfe, II, 12, faisant certainement allusion à cette règle, l'exprime ainsi : *ut de terra paterna sorores cum fratribus portionem non habeant.*
² *Lex Burgundionum*, XIV.
³ *Lex Baiuwariorum*, XV. *Lex Alamannorum*, LVII. *Lex Angliorum et Verinorum*, XXXIV. *Lex Saxonum*, XLI.

sens du titre LIX de la Loi salique, du titre XIV de la Loi des Burgundes, du titre LVII de la Loi des Alamans, du titre XXXIV de la Loi des Thuringiens. Quelques érudits ont supposé qu'en refusant la possession de la terre à la fille, la Loi franque visait à attacher la possession du sol à la qualité de guerrier. Le texte n'annonce rien de pareil. La Loi donne la préférence, non pas au guerrier sur le cultivateur, mais au sexe mâle sur l'autre sexe, *ad virilem sexum tota terra pertineat*. Il n'est jamais question, dans la Loi salique, de terres spéciales aux guerriers. On est même frappé de voir que la Loi ne parle jamais d'hommes de guerre. Elle est faite, visiblement, pour un peuple de cultivateurs.

Nous aurons à nous occuper, dans la suite de ces études, de la possession bénéficiaire. Il n'y en a pas la moindre trace dans la Loi salique. Les bénéfices paraissent avoir été inconnus aux hommes qui ont écrit cette loi.

La Loi des Francs Ripuaires ne connaît non plus ni la possession en commun, ni la possession bénéficiaire, ni la terre réservée au guerrier. Elle ne connaît que la terre en propre, la vraie et pleine propriété du sol. Les biens fonciers sont héréditaires; la mort du propriétaire les fait passer de plein droit à ses fils ou à ses collatéraux[1]. La terre peut être vendue, et il y a un titre sur les formalités requises pour les ventes d'immeubles : « Si quelqu'un achète d'un autre une villa, ou une vigne, ou une petite terre, et qu'on ne puisse lui donner un acte écrit, il faudra la présence de six témoins sur le lieu dont on veut faire tradition[2]. » Puis la loi rappelle

---

[1] *Lex Ripuaria*, LVI : *Si quis absque liberis defunctus fuerit..., frater et soror succedant...; sed cum virilis sexus exstiterit, femina in hereditatem aviaticam non succedat*.

[2] Ibidem, LX : *Si quis villam aut vineam vel quamlibet possessiunculam ab alio comparaverit, et testamentum accipere non potuerit...*,

un usage apparemment ancien : on amenait avec les témoins quelques enfants que l'on frappait bien fort, afin qu'ils se souvinssent de la vente et qu'ils pussent en témoigner plus tard[1].

Dans le code des Burgundes, le droit de propriété est parfaitement établi. Nulle part il n'y est question de terres qui soient communes à tout le peuple ou qui soient seulement communes à un village[2]. On y voit que le champ de blé, la vigne, même la prairie, ont un propriétaire[3]. Les forêts elles-mêmes sont un objet de propriété privée. La loi permet « à celui qui n'a pas de forêt » de prendre du bois mort dans la forêt « d'un autre ». C'est donc que les forêts ne sont pas communes[4].

cum sex testibus ad locum traditionis accedat et pretium tradat et possessionem accipiat.

[1] *Unicuique de parvulis alapas donet et torqueat auriculas ut ei in postmodum testimonium præbeant.*

[2] On trouve au titre XIII une forêt qui est la propriété commune de deux hommes, et la Loi dit que l'un des deux a le droit d'y faire un défrichement à son usage en indemnisant d'autant son copropriétaire. De même au titre XXXI on voit deux hommes qui possèdent un champ en commun, et la Loi permet à l'un d'eux d'y planter une vigne sous certaines conditions. Maurer, dont l'esprit prévenu voulait voir partout la communauté, a fait sur ces deux textes les plus grossières erreurs, et naturellement les Français, MM. Garsonnet, Viollet et Glasson, ont répété après lui. Il fallait lire les deux textes : ils n'auraient pas pris une copropriété de deux hommes pour une communauté de village.

[3] *Lex Burgundionum*, XXVII, 4 : *Dominus messis.* XXXIX, 3 : *Si, inconscio domino veniens....* Cf. *additamentum* I, 2, 3 : *Dominus vineæ.*

[4] Ibidem, XXVIII, Pertz, page 545 : *Si quis Burgundio aut Romanus silvam non habet, incidendi ligna ad usus suos de jacentivis et sine fructu arboribus in cujuslibet silva habeat potestatem, neque ab illo cujus est silva repellatur.* — Les expressions *in cujuslibet silva, ille cujus est silva*, marquent bien que la forêt est la propriété d'un homme ; et l'expression *si quis silvam non habet* marque bien que la forêt n'est pas commune à tous. — Remarquer les mots *arbores jacentes, arbores sine fructu* ; il est curieux de trouver déjà dans la Loi des Burgundes les règles relatives au *bois gisant* et au *mort bois* que nous verrons au moyen âge. La Loi ajoute que les pins et les chênes sont bois vif et qu'on ne peut pas les prendre.

La permission accordée à tous de prendre du bois mort n'est pas la même chose que si la forêt appartenait à tous en commun. La même loi frappe d'une forte amende « celui qui coupe du bois vif dans la forêt d'un autre sans la permission du *propriétaire*[1] ». Et nous devons encore noter que c'est « au propriétaire de la forêt » que cette amende est payée. Ainsi la Loi des Burgundes dit en termes exprès que la forêt appartient à un propriétaire, *dominus silvæ*. Lors donc que l'on soutient que les Germains ont mis les forêts en commun, on soutient le contraire de ce qui est dans les textes germaniques.

De même dans la Loi des Wisigoths nous voyons des hommes qui sont propriétaires de vignes, de champs, de prés, même de forêts[2]. La terre est une propriété héréditaire, et il y a tout un titre sur le partage des biens fonciers entre cohéritiers. Il en est de même encore dans le droit lombard, qui mentionne aussi la propriété de la terre et même de la forêt[3], et qui montre que le propriétaire peut faire tout ce qu'il veut de sa terre, la vendre, la donner, l'affermer[4]. Dans la Loi des Alamans, la terre est un objet de « propriété perpétuelle[5] »; elle est héréditaire; elle peut être donnée ou

---

[1] *Lex Burgundionum*: *Si vero arborem fructiferam in aliena silva, non permittente* DOMINO, *inciderit, per singulos arbores singulos solidos* DOMINO SILVÆ *inferat.*

[2] *Lex Wisigothorum*, VIII, 3, 15; VIII, 5, 1; VIII, 4, 27: *Silvæ dominus; is cujus pascua sunt.*

[3] *Lex Langobardorum*, Rotharis, 240: *Si quis signa nova in silva alterius fecerit, componat 40 solidos... ei cujus silva fuerit.*

[4] *Ibidem*, Rotharis, 173: *Terram cum mancipiis aut sine mancipiis vendere.* — Liutprand, 116: *Si quis commutaverit terram arvam aut pratum aut silvam.* — Rotharis, 227, *De emptionibus et venditionibus: Si quis comparaverit terram....* — Liutprand, 92: *Si quis in terra aliena residens libellario nomine....*

[5] *Lex Alamannorum*, 1, édit. Lehmann, p. 64: *Proprietas in per-*

vendue. Nous lisons dans la Loi des Bavarois : « Si deux hommes sont en contestation pour une terre, si l'un dit : Mes ancêtres l'ont possédée et me l'ont laissée en héritage », et que l'autre dise de même : Elle a appartenu à mes ancêtres, le débat sera vidé par un duel judiciaire[1]. » Voilà bien l'hérédité et depuis plusieurs générations d'hommes. Le droit de propriété s'applique aussi bien aux forêts et aux pâquis qu'aux terres labourées ; car ce code règle les formalités de la vente : « Si quelqu'un vend une terre, soit terre cultivée, soit terre inculte, prés, forêts, la vente doit être faite par écrit ou devant témoins[2]. » Dans la Loi des Thuringiens, la terre passe du père au fils. La Loi des Saxons consacre aussi le droit de propriété privée ; on y voit que la terre y est léguée, y est vendue.

Le signe extérieur auquel la propriété foncière se reconnaît, c'est l'usage des clôtures et du bornage. Il existait chez les Romains et dans la Gaule romaine. Nous le retrouvons dans les lois germaniques. La Loi salique punit sévèrement l'acte d'avoir brisé « la haie qui entoure un champ de blé[3] ». La Loi ripuaire frappe aussi l'homme « qui a enlevé quelques branches d'une haie et qui y a fait un trou, ne fût-ce que pour se pro-

---

petuo permaneat. — 81 (84), p. 147 : *Quia contra proprietatem contradixerunt, componant 12 solidis.*

[1] *Lex Baiuwariorum,* XII, 8 : *Iste dicit : Hucusque antecessores mei tenuerunt et in alodem mihi reliquerunt ; alter vero suorum antecessorum semper fuisse asserit.* — Nous verrons bientôt que *alodis* n'a pas d'autre sens que celui d'héritage.

[2] Ibidem, XVI, 2, Pertz, p. 321 : *Si quis vendiderit terram cultam, non cultam, prata, silvas, aut per chartam aut per testes comprobetur emptio.*

[3] *Lex Salica,* manuscrit de Wolfenbuttel, IX, 8 : *Si sepem alienam aperuerit et in messem pecora miserit.* — *Lex Salica,* XXXIV : *Si tres virgas unde sepis ligatur capulaverit... Si quis per alienam messem, postquam levaverit erpicem, traxerit aut cum carro transversaverit....*

curer un passage dans le champ[1] ». La même loi signale les bornes qui entourent chaque propriété[2]. Le Code des Burgundes prononce que celui qui a rompu une haie, payera pour chaque pièce brisée un tiers de sou d'or au propriétaire du champ[3]. La Loi des Wisigoths s'exprime ainsi : « Nous voulons que les antiques termes soient conservés tels qu'ils étaient de toute antiquité, et nous interdisons de les arracher[4]. » Mêmes règles dans l'édit de Théodoric et dans les lois des Lombards[5]. Ces bornes et signes de limites ressemblent fort à ceux des Romains; la Loi des Bavarois les définit : « c'est une petite levée de terre, *agger terræ*, établie anciennement autour du domaine pour en marquer la limite; ou bien ce sont des pierres enfoncées en terre et portant certains signes gravés[6] ». D'autres fois, ce sont des arbres sur lesquels on a fait des marques con-

---

[1] *Lex Ripuaria*, XLIII : *Si quis tres virgas unde sepis ligatur, vel retorta unde sepis continetur, capulaverit, aut tres cambortos involaverit, seu in clausura aliena tracum fecerit*, 15 *solidos mulctetur.* Le texte B ajoute : *trungum ad transeundum.*

[2] *Ibidem*, XXXIV, 4 : *Si infra terminationem aliqua indicia... seu bulinæ aut mutuli facta exstiterint.*

[3] *Lex Burgundionum*, XXVII : *Si quis sepem alienam ruperit, illi cujus messis est per singulos palos singulos tremisses solvat.* — LV, 3 : *Terminum si ingenuus evellere aut confringere præsumpserit, manus incisione damnetur; si servus hoc fecerit, occidatur.*

[4] *Lex Wisigothorum*, X, 3, 1 : *Antiquos terminos et limites sic stare jubemus sicut antiquitus videntur esse constructi.... Quoties de terminis videtur orta contentio, signa quæ antiquitus constituta sunt oportet inquiri.*

[5] *Edictum Theodorici*, 104. *Lex Langobardorum*, Rotharis, 236-240 : *Si quis terminum antiquum exterminaverit, solidos* 80. Les forêts mêmes ont des limites marquées : *Si quis signa nova in silva alterius fecerit, componat solidos* 80.

[6] *Lex Baiuwariorum*, XII, 6, Pertz, p. 312 : *Quoties de terminis fuerit orta contentio, signa quæ antiquitus constituta sunt oportet inquirere, id est, aggerem terræ quem propter fines fundorum antiquitus apparuerit fuisse ingestum, lapides etiam quos propter indicium terminorum notis sculptis constiterit esse defixos.* — Noter que le même article se lit dans la Loi des Wisigoths.

venues[1]. La Loi ripuaire nomme les bornes des propriétés par les noms que leur donnaient les anciens arpenteurs romains[2].

Aucune de ces législations ne contient un seul mot sur la communauté du sol. Deux ou trois fois on y trouve la mention d'une terre qui se trouve indivise entre deux ou trois hommes[3], soit que ces hommes aient été cohéritiers, soient qu'ils aient acheté ensemble un domaine, soit pour toute autre raison. C'est une indivision temporaire et volontaire; on la fait cesser quand on veut. Quelquefois aussi il est parlé de forêts communes ou de pâturages communs; mais le texte même indique que ces forêts ou pâturages sont rattachés à des champs possédés en propre et appartiennent indivisément aux propriétaires de ces champs. Ceux-ci ont seuls la jouissance de ces forêts ou de ces prairies et chacun d'eux en jouit proportionnellement à l'étendue des champs qu'il possède en propre[4]. Cette sorte d'indivision d'une forêt ou de quelques pâquis était un fait assez fréquent dans la société romaine[5]. Elle n'avait

---

[1] *Lex Langobardorum*, Rotharis, 238, *De arbore signato : Si quis arborem ubi tectatura inter fines decernendas signata est, inciderit, 80 solidos.*

[2] *Lex Ripuaria*, XXXIV, 4 : *Si aliqua indicia... seu butinæ aut mutuli.* — Le mot *butinæ* est l'altération de *botontini* que l'on trouve chez les *Gromatici veteres*, édit. Lachmann, p. 280, 308, 315, 324, 341, 361. *Mutuli* est dans la *Lex parieti faciundo*, au *Corpus inscr. lat.*, X, 1781.

[3] C'est ce qui se voit, par exemple, au titre XXXI de la Loi des Burgundes : *Quicumque in communi campo vineam plantaverit, similem campum restituat illi in cujus campo vineam plantavit.* On voit bien ici que deux hommes possèdent en commun un champ, que l'un d'eux veut y planter de la vigne, et qu'il en a le droit moyennant qu'il abandonne à celui à qui le champ appartient comme à lui, une étendue égale de champ en propre.

[4] *Lex Burgundionum*, LXVII, Pertz, p. 561 : *Quicumque agrum aut colonicas tenent, secundum terrarum modum vel possessionis suæ ratam, sic silvam inter se noverint dividendam.*

[5] Cf. Frontin, *De controversiis agrorum*, édit. Lachmann, p. 15. et le

rien d'un régime de communauté générale; elle était au contraire un appendice à la propriété privée. On peut penser aussi qu'il y a eu des forêts qui ont été communes à un groupe d'hommes [1]. C'est ce que fait entendre la Loi ripuaire quand elle dit qu'une forêt peut « ou être commune, ou appartenir au roi, ou appartenir à un seul individu ». Il existe donc trois catégories de forêts; mais ce même article de loi marque bien que par « forêt commune » il ne faut pas entendre une forêt qui appartienne à tout le peuple, puisque cet article a précisément pour objet de punir d'une forte amende le Ripuaire qui y prendrait du bois. Il est clair d'ailleurs que, s'il a pu exister quelques forêts communes, la plupart des forêts ne l'étaient pas, et l'on se tromperait beaucoup en supposant avec quelques érudits modernes que dans ce régime toute forêt fût commune à tous et que les forêts ne pussent être un objet de propriété. Voilà qui est démenti par tous les textes. Un

---

commentaire d'*Aggenus Urbicus: Propterea (silvarum) proprietas ad quos fundos pertinere debeat disputatur. Est et pascuorum proprietas pertinens ad fundos, sed in commune.* Ibidem, p. 48: *Sunt plerumque agri culti qui habent in monte plagas silvarum determinatas.* — Voyez aussi la *Lex romana Burgundionum*, XVII, 4: *Silvarum, montium et pascui jus, ut unicuique pro rata possessionis suppetit, jus esse commune.*

[1] *Lex Ripuaria*, LXXVI: *Si quis Ribuarius in silva communi seu regis vel alicujus locata materiamina vel ligna finata abstulerit*, 15 *solidos*. — Quelques-uns ont compris *communi seu regis* comme une seule chose exprimée en deux termes, la forêt publique étant, suivant eux, la même chose que la forêt royale. Sur quoi je ferai observer: 1° que, dans aucun document, les forêts royales ne sont appelées forêts communes; 2° que le mot *communis* n'est jamais, dans aucun document de cette époque, synonyme de *publicus*; 3° que la conjonction *seu* me paraît distinguer comme deux choses différentes telle forêt qui peut être commune et telle autre forêt qui appartient au roi. — Nous n'avons d'ailleurs sur ces forêts communes aucune explication; le plus vraisemblable est qu'il s'agit d'une forêt qui appartient indivisément à un groupe d'hommes, peut-être à plusieurs domaines au milieu desquels elle est située.

capitulaire mérovingien parle de forêts qui « appartiennent à des églises ou à des particuliers », et il prononce que les agents du roi lui-même n'y entreront pas « sans la volonté du propriétaire[1] ».

Aucune de ces législations ne nous montre jamais ni la communauté des terres arables, ni même la communauté des forêts. Elles ne contiennent pas une seule ligne qui soit le souvenir d'un tel régime, ni qui y fasse allusion. L'idée même de cette communauté paraît avoir été étrangère à ces hommes, car ils ne l'ont exprimée nulle part.

En résumé, si nous regardons les lois romaines qui ont été rédigées par l'ordre des rois germains, elles sont, sur la propriété foncière, exactement semblables aux lois qu'avaient faites les empereurs. Si nous regardons les lois germaniques, elles ne diffèrent des lois romaines qu'en un seul point, qui est l'exclusion des filles. Pour tout le reste, la propriété foncière est régie par les mêmes règles. Partout nous voyons la terre appartenant à un propriétaire, la propriété enclose et limitée, l'héritage de la terre, la terre librement vendue ou donnée. Tout cela est le contraire, à la fois, du régime de la communauté et du régime bénéficiaire.

2° LE DROIT DE PROPRIÉTÉ FONCIÈRE D'APRÈS LES CHARTES.

A côté des textes de lois, il faut observer les monuments de la pratique; car il se pourrait, ainsi qu'il arrive souvent en histoire, que l'état réel ne fût pas conforme à l'état légal.

Les monuments de la pratique sont nombreux. Nous

---

[1] *Edictum Chlotarii*, art. 21, Borétius, p. 23 : *Porcarii fiscales in silvas ecclesiarum aut privatorum absque voluntate possessoris ingredi non præsumant.*

possédons environ trois cents chartes de l'époque mérovingienne[1]. Ce sont des actes de vente, des actes de donation, des testaments. On écrivait beaucoup à cette époque. L'usage des actes écrits, qui existait déjà sous l'empire, s'était conservé pour tous les événements importants de la vie privée, et surtout pour la transmission de la propriété. Cet usage était pratiqué aussi bien par des hommes de race franque que par des hommes de race romaine[2]. Les actes étaient rédigés ordinairement par des hommes qu'on appelait *notarii*, lesquels pouvaient appartenir indifféremment aux deux races, et qui les écrivaient en latin pour les deux races indistinctement[3], parce que le latin était la seule langue pour les choses écrites. Ils étaient passés devant des témoins qui, Francs et Romains, y mettaient leurs noms, suivant la règle romaine. Ils étaient souvent déposés dans les archives des villes et inscrits sur les registres municipaux[4].

[1] *Diplomata, chartæ*, édit. Pardessus, 2 vol. in-fol. 1842, 1849.

[2] La Loi des Burgundes parle des *scripturæ legitimæ*, c'est-à-dire des actes conformes à la loi, que fait le *barbarus*, c'est-à-dire le Burgunde, lorsqu'il veut tester ou donner (*Lex Burgund.*, LX, Pertz, p. 560). — La Loi ripuaire mentionne les *instrumenta chartarum* ou *tabularum* qui sont écrits, pour la constitution de dot (tit. XXXVII, B. XXXIX), pour l'affranchissement dans l'église (tit. LVIII), pour l'affranchissement par le denier (tit. LVII), pour le testament (tit. XLVIII), pour la vente (tit. LIX et LX). — La Loi salique ne mentionne les actes écrits qu'en ce qui concerne le roi (XIV, 4); mais nous avons beaucoup de chartes rédigées « suivant la loi salique ». — On peut voir dans les Formules qu'il était ordinaire qu'un chef de famille eût chez lui une collection d'actes, *venditiones, dotes, compositionales, pacta, commutationes, convenientias, securitates, judicia, notitias* (*Andegavenses*, 31 et 33; *Turonenses*, 27 et 28; Marculfe, I, 33 et 34; *Senonicæ*, 46. Recueil de Rozière, n°° 403-443).

[3] *Testamentum Bertramni*, dans Pardessus, n° 230, p. 197 : *Testamentum meum condidi, Ebbonem notarium scribere rogavi*. — Marculfe, II, 17 : *Testamentum nostrum condidimus, quem illi notario scribendum commisimus.* — *Testamentum Burgundofaræ*, Pardessus, t. II, p. 16 : *Accersito Waldone notario.*

[4] Marculfe, II, 17 : *In gestis municipalibus.* — *Testamentum Ber-*

Les praticiens, qui n'étaient peut-être pas moins nombreux qu'au temps de l'empire, possédaient pour leur usage, comme nos notaires d'aujourd'hui, des recueils de formules toutes faites pour chaque sorte d'acte; ils n'avaient qu'à copier, en ajoutant les noms des personnes et les noms des lieux. Plusieurs de ces curieux recueils nous ont été conservés, et nous avons ainsi plus de quatre cents formules, qui ont servi à des milliers d'actes de l'époque mérovingienne[1].

Tous ces documents, témoins authentiques des usages et de la pratique des populations du sixième et du septième siècle, nous montrent le droit de propriété aussi nettement conçu, aussi complètement appliqué qu'au temps de l'empire. Pas une seule de ces trois cents chartes, pas une seule de ces quatre cents formules ne contient une seule ligne qui vise une communauté de terres ni qui puisse même s'appliquer à un régime de communauté. Toutes les chartes, toutes les formules, sans aucune exception, visent des actes qui font partie d'un régime de propriété privée. Toutes ont rapport à la vente, à la donation, au testament; et dans toutes il s'agit de fonds de terre. On ne peut les lire sans être convaincu que le droit de propriété foncière est resté tel qu'il avait été, sans altération ni amoindrissement. Il est très nettement défini dans les formules et dans les chartes : c'est « le pouvoir de tenir, de posséder, de vendre, de donner, d'échanger, de laisser à ses enfants, de léguer à

---

trarnni, in fine : Testamentum meum gestis municipalibus faciat alligari. — La *charta Leodebodi*, écrite en 667, est transcrite dans les *Gesta municipalia* de la ville d'Orléans (Pardessus, t. II, p. 145). — Sur la procédure relative à l'insertion des actes dans les registres municipaux, avec l'autorisation du *defensor* et de l'*ordo curiæ*, voyez les formules suivantes : *Arvernenses*, 1 et 2; *Turonenses*, 20; Marculfe, II, 37; *Andegavenses*, 1; *Senonicæ*, 39.

[1] Recueil de Rozière, 3 vol. 1859; Recueil Zeumer, 1882.

qui l'on veut, de faire enfin de sa terre tout ce qu'on voudra avec une pleine liberté[1] ». Le droit romain s'était exprimé avec plus de brièveté, mais non pas avec plus de force. L'idée de perpétuité est toujours exprimée dans les actes. On écrit : Je te vends ou je te donne pour toujours ; ou bien : Je te lègue cette terre de telle sorte que tu la possèdes à toujours, toi et ta postérité[2]. Notons que ces mêmes expressions se trouvent dans tous les formulaires et dans les chartes de toutes les régions de la Gaule sans distinction, aussi bien sur le Rhin et l'Escaut que sur la Loire et le Rhône.

Il y a sans doute quelques chartes où ces expressions si longues sont omises ou réduites à moins de mots. Mais il n'y en a pas une seule où il se rencontre une expression contraire à celles-là. Nous avons cherché si celles des formules ou des chartes où ces termes ne se trouvent pas longuement énumérés, ne pourraient pas impliquer un mode de possession différent. Il n'en est rien ; même les formules où ces termes sont omis ou abrégés ont visiblement le même sens que les autres. Nous verrons plus tard des formules qui ont pour objet de concéder une terre en bénéfice ; mais on peut con-

[1] Voyez comment s'exprime le vendeur ou le donateur dans les formules. *Formulæ Andegavenses*, 34 : *Habeat, teneat, possideat, faciat quod voluerit.* 37 : *Hoc est habendi, tenendi, commutandi, posteris tuis vel ubi tua decreverit voluntas relinquendi.* — *Turonenses*, 21 : *Ut quidquid exinde facere volueris liberam et firmissimam habeas potestatem.* 27 : *Teneat, possideat suisque posteris aut cuicunque voluerit relinquat.* — Marculfe, II, 6 : *Habendi, tenendi, vel quidquid exinde elegerint faciendi liberam in omnibus habeant potestatem.* Idem, II, 20, 22, 23. — *Senonicæ*, 2, 5, 23, 25, 29, 45. — *Bignonianæ*, 4, 12, 17, 18, 19, 20 : *Hoc habeatis, teneatis, possideatis, tam vos quam successores vestri.* — *Merkelianæ*, 9, 10 : *Ut villam ab hac die habeat, teneat, possideat suisque heredibus aut cui voluerit relinquat.* — Ces formules se trouvent répétées dans toutes les chartes.

[2] *Testamentum Bertramni* : *Ut perpetualiter possideat.* — *Andegavenses*, 37 : *Perpetualiter tradimus ad possidendum.*

stater que ces formules elles-mêmes commencent par l'énoncé du plein droit de propriété [1].

Nous devons observer les termes qu'emploie la langue mérovingienne pour désigner la propriété du sol; ils sont d'une singulière énergie. 1° On l'appelle *proprietas* [2], mot qui était déjà dans la langue de l'empire; on dit *jus proprietarium* [3]; l'expression *villa proprietatis meæ* revient fréquemment [4], et l'on dit aussi dans le même sens *villa juris mei*, qui est aussi une expression romaine [5].

2° Le terme *possessio* est employé avec la même signification; on sait que dès le temps de l'empire le sens spécial de ce vieux terme avait disparu; les Codes et les écrivains du quatrième siècle ne l'emploient que dans le sens de pleine propriété; il n'a pas non plus d'autre sens dans la langue mérovingienne; les hommes ne fai-

---

[1] Voyez, par exemple, Marculfe, II, 41; *Turonenses*, 7; Rozière, 326 et 329.

[2] Grégoire de Tours, *Hist.*, IV, 12 : *Proprietatem aliquam possidebat.* — Concile d'Auvergne de 535, dans Sirmond, I, 245-246 : *Ut quisque suam proprietatem possidens.* — Marculfe, II, 40 et 41.

[3] *Jure proprietario*, *Formulæ Turonenses*, 1 et 4; Marculfe, II, 36. On dit aussi *jure proprio*, *Andegavenses*, 46. — *Proprietatis jure*, Lindenbrogianæ, 12. — *Proprietatis titulum*, Marculfe, II, 1, *in fine*. — *Ex proprietate parentum*, Marculfe, II, 17. — *Super proprietatem suam monasterium ædificavit*, Marculfe, I, 2. — *Charta Leodebodi*, Pardessus, n° 358 : *Jure perpetuo ac proprietario possideat.* — *Codex Fuldensis*, 99 : *Jus proprietatis*. Ibid., 111 : *Quidquid proprietatis habeo*. 137 : *Ad meam proprietatem pertinet.* — *Codex Laureshamensis*, 14 : *Jus proprietarium*. 24 : *Proprietatis jure*.

[4] *Villam proprietatis meæ*, *Turonenses*, 35. *Terram proprietatis meæ*, *Andegavenses*, 27. *Locum proprietatis meæ*, *Turonenses*, 15, 18, 36. *Rem proprietatis meæ sitam in pago illo*, *Senonicæ*, 2 et 25; *Merkelianæ*, 9. — *Diplomata*, n° 300 : *Villam proprietatis meæ Iscomodiacum*; de même aux n°ˢ 312, 363, 384, 406, 414.

[5] *Villam juris mei*, *Turonenses*, 1 et 4. — Marculfe, II, 19 : *Vendidi campum juris mei.* — Marculfe, II, 21. — *Diplomata*, 300 : *Villam juris mei quæ vocatur Avesa.* — *Codex Laureshamensis*, 25 : *Villam juris nostri.*

saient aucune espèce de différence entre *possessio* et *proprietas*[1].

3° Le propriétaire foncier est appelé indifféremment *possessor* - *dominus*, comme au temps de l'empire. Le droit de propriété est quelquefois appelé *dominium*, aussi bien que dans le vieux droit romain[2]; mais plus souvent nous rencontrons le terme *dominatio*, qui a exactement le même sens. Rien n'est plus fréquent que l'emploi de ce mot dans les chartes, dans les formules, dans les cartulaires[3]. Qu'il soit seul ou accompagné d'un autre mot, tel que *jus*, sa signification est nettement visible; nulle idée de ce que nous appelons domination

[1] Le sens de *possidere* est bien marqué dans *Andegavenses*, 58 : *Lex romana edocet ut quisque de re sua quam possidet faciat quod voluerit.* — Dans plusieurs formules, un particulier fait donation ou vente de « tout ce qu'il possède », *quæcumque mea est possessio* : *Bituricenses*, 15 a ; *Merkelianæ*, 16 ; *Arvernenses*, 1. Ainsi l'idée de pleine propriété s'attache au mot *possessio*. Grégoire de Tours, V, 29 : *Possessor de propria terra;* dans un autre passage, IV, 12, le même écrivain emploie successivement les deux mots *possessio* et *proprietas* pour désigner la même chose. — *Diplomata*, n° 365 : *Partem maximam de possessione nostra... donamus.* 404 : *In proprietate nostra... quidquid nostræ fuit possessionis.* — *Codex Fuldensis*, 76 : *Quidquid in ipsa villa nostra possessio legitima est.*

[2] Archives nationales, Tardif, n° 15 : *Ad suum revocare dominium.* — *Diplomata*, n° 254 : *Cedo vobis ac de meo jure in vestrum dominium transfundo agrum.* Ibid., 118 : *Tuo juri dominioque revocabis.* De même n° 332, n° 409 : *Trado, ut nihil jure dominii mihi reservem.* — De même dans la région du Rhin; *Codex Fuldensis*, 162 : *Ut in vestrum transeat dominium;* de même n° 221. Ibidem, 231 : *Ut in vestro permaneant dominio.* Ibidem, 263. — *Codex Lauresheimensis: Ut in ejus dominio perpetuo permaneat.* Ibidem, 27 : *In jus et dominium S. Nazarii trado perpetualiter ad possidendum.* — Neugart, n° 204 : *In jus et dominium monasterii;* Neugart, n° 579 : *In nostrum dominium.* — Les hagiographes aussi emploient quelquefois le mot *dominium*. *Vita Mauri*, Bouquet III, 415 : *Scripto testamento in ejus delegavit dominium.* *Vita Bertilæ*, Bollandistes, janvier, I, 156-157 : *Omnia patrimonia quæ ejus dominio devenerant post obitum patris.*

[3] Il est déjà en ce sens dans Grégoire de Tours, *De gloria martyrum*, 78 : *Ille rem* (il s'agit d'un immeuble) *in sua dominatione retinuit.... Agrum conferam ejus dominationi.*

ne s'y attache; il désigne uniquement le droit de propriété privée[1]. Ce n'est pas dans des chartes royales qu'il se rencontre; c'est dans les chartes des particuliers. Cent fois un particulier écrit que telle terre est *in sua dominatione*[2]; et s'il fait une vente ou une donation, il écrit qu'il transporte la terre *de sua dominatione in dominationem alterius*[3]. Il n'est pas propre à une race plus qu'à une autre; il n'est pas réservé aux guerriers; il est employé même par les femmes. Dans une formule, un particulier cède sa terre à sa cousine *in dominationem suæ consobrinæ*. Ailleurs un fiancé constitue une dot *in dominationem suæ sponsæ*[4]. On pourrait compter un millier

---

[1] Bertramn, dans son testament, dit en parlant des terres qu'il a achetées : *In meam dominationem recepi.* — *Diplomata*, n° 300 : *Perpetua dominatione possidendum... ad jus et dominationem Sanctæ Mariæ revertatur.*

[2] *Diplomata*, n° 179 : *Hanc villam... Leudegisilus et infantes sui in suam reciperent dominationem.* N° 230 : *Villa Colonica in dominationem meam pervenit.* N° 300 : *Perpetua dominatione possidendum.* N° 412 : *In sua faciat revocare dominatione.* Ibidem, t. I, p. 203 : *Locella illa in dominationem nostram revocavimus.* — Liutfrid écrit, en Alsace : *Donamus... villare... quem ex aliquo parentum nostrorum aut undecunque ad nostram pervenit dominationem* (Codex Wissemburgensis, n° 2). — Deux actes des *monumenta Boica* montrent bien le sens de *dominatio* : n° 40, a. 600 : *Meam dominationem tam de alode quam de emptione*; n° 42 : *Possessio vel dominatio tam de alode quam de comparato.* — Codex Laureshamensis, I, 28 : *Mea possessio vel dominatio.*

[3] *De jure meo in tuam dominationem transfundo. Formulæ Bignonianæ*, n° 17 : c'est une cession d'un père à son fils. — *De nostro jure in tua tradimus dominatione*, Arvernenses, 6 : c'est une donation d'un particulier à un ami. — Turonenses, 21 : *Cedo tibi in perpetuum et de meo jure in tua trado dominatione.* — Marculfe, II, 11 : *Cedo in perpetuum et de meo jure in tua transfundo dominatione.* — Senonicæ, 23 : *De jure meo in jure et dominatione tua transfundo*; c'est un acte entre deux particuliers. — Cf. *Vita Launomari*, 17, Bollandistes, janv. II, 597 : *Tradidit ei ipsum locum et de jure suo in ejus dominationem transfudit.* — Dans une charte d'Alsace (Zeuss, n° 176), un particulier écrit : *Quod ex alode parentum aut undecunque ad nostram dominationem pervenit.*

[4] *Formulæ Bignonianæ*, 17 : *Dilectissimæ consobrinæ meæ... dono in perpetuum et de jure meo in tua dominatione trado.* — Andegavenses, 1. c. : *Dulcissima sponsa mea... hæc omnia in tuo jure et dominatione*

d'exemples où se trouve le mot *dominatio*; dans tous, il signifie le droit de propriété privée, exercé par un laïque ou par un ecclésiastique, par un riche ou par un pauvre, par un homme ou par une femme; pas une seule fois, dans tant de chartes, il n'a une autre signification[1]. Visiblement, il est la continuation du terme classique *dominium*[2]. Le verbe *dominari* est employé aussi pour signifier qu'on est propriétaire[3].

4° Le droit de propriété de la personne humaine sur le sol est encore désigné par le mot *potestas*, qui désigne à la fois le droit du possesseur[4] et l'objet possédé : cette

---

recipias. — *Bituricenses*, 15 : *Dulcissima sponsa mea, cedo tibi et de meo jure in jus et dominationem tuam trado res proprietatis meas sitas in pago Biturigo.* — *Turonenses*, 16 : *De jure meo in tua trado potestate vel dominatione.* — *Diplomata*, n° 361, une femme écrit : *Quidquid ad nostram dominationem pervenit.* — De même dans le recueil de Beyer, n° 14, une femme écrit : *Mea est possessio vel dominatio*.

[1] Dans le recueil de Lorsch, des particuliers écrivent qu'ils donnent en propriété perpétuelle, *in proprietatem et dominationem perpetuam concedimus* (I, 212). Nous pourrions multiplier les textes, ils ne laissent aucun doute sur le sens du mot *dominatio*. M. Thévenin seul, pour soutenir son singulier système sur les *communia*, a imaginé de donner au mot un autre sens; mais il ne peut citer aucun texte, et tous les textes sans exception sont contre sa théorie purement imaginaire.

[2] La synonymie des deux mots est bien marquée dans cette phrase : *Supradictum agrum, meo subtracto dominio, vestræ dominationi perpetualiter cedo.* (*Diplomata*, t. II, p. 11.)

[3] *Diplomata*, n° 599 : *Quidquid monasterium cernitur dominari*. N° 413 : *Tenere et dominare*. — *Formulæ Merkelianæ*, 13 : *Quieto ordine valeat possidere vel dominare*. — *Codex Wissemburgensis*, n° 1 : *Quidquid visus sum habere vel dominare*; n° 151 : *Quidquid in proprium dominari videmur*. — *Codex Laureshamensis*, I, 14 : *Valeant possidere vel dominari*. — Dans la *Vita Medardi*, 4, on trouve *vineæ dominator*.

[4] *Marculfe*, II, 11 : *Cedo tibi et de meo jure in tuam transfundo potestatem*. — *Senonicæ*, app. 1 : *In vestra revocare potestate*. — *Vita Mauri* : *Scripto testamento, tradidit ei omnia et in ejus delegavit potestatem*. — *Diplomata*, n° 238 : *Sub jure et potestate Sanctæ Mariæ*; n° 232 : *Perpetuis temporibus habeant potestatem*. — *Neugart*, n° 7 : *In nostra maneat potestate*. — *Codex Fuldensis*, n° 159 : *In nostra hereditaria potestate*. — On trouve aussi l'adverbe *potestative* ou l'expression *potestativa manu*, qui signifie « par droit de propriétaire ». Neugart, n° 11 : *Dono...*

seconde signification restera dans la langue du moyen âge[1]. — Tous ces termes se trouvent dans nos actes; suivant l'usage du temps, ils sont d'ordinaire deux par deux; on lit tantôt *jus vel potestas*, tantôt *jus et dominatio*, ailleurs *possessio vel dominatio, dominatio vel potestas*[2]. Ces répétitions variées ne laissent aucun doute sur la parfaite synonymie de ces termes. Il est visible que la langue du temps ne faisait entre eux aucune différence.

Il faut faire encore une remarque. Que les actes soient rédigés pour des Romains qui citent la Loi romaine, ou qu'ils le soient pour des Francs qui allèguent la Loi salique, les termes par lesquels ils définissent le droit de propriété et le pouvoir du propriétaire sont exactement les mêmes. La comparaison des formules sur ce point est significative. Voici une formule de cession

---

manu potestativa; Ibidem, n°° 155 et 258. *Codex Fuldensis*, 62: *Manu potestativa*; Ibidem, 274. *Codex Laureshamensis*, 15: *Manu potestativa*.

[1] Capitulaire de 864, art. 18: *In fiscum nostrum vel in quamcunque immunitatem aut alicujus potentis potestatem vel proprietatem.*

[2] Marculfe, II, 3: *In potestate et dominatione.* — *Diplomata*, n° 300: *Ad jus et dominationem vestram revocetur possidendum.* — Marculfe, II, 11: *Dominationem et potestatem.* — *Formulæ Senonicæ*, 23: *In jure et dominatione.* — *Codex Laureshamensis*, n° 12: *In jus et dominationem S. Nazarii trado.* De même n° 15 et suiv.; n° 136: *In proprietatem et dominationem.* — *Diplomata*, n° 186: *In jus et dominationem basilicæ.* N° 365: *In suo jure vel dominatione.* N° 399: *Ut eorum maneat possessio vel dominatio.* N° 404: *Monachi in eorum jure, perpetua dominatione, possideant.* — *Formulæ Turonenses*, 7: *In potestate vel dominatione*, 16: *In tua potestate vel dominatione.* — *Lindenbrogianæ*, 1: *Quiquid nostra videtur esse possessio vel dominatio.* — *Senonicæ*, 31: *Quantumcunque videtur esse mea possessio vel dominatio.* — *Codex Laureshamensis*, 12: *Mea possessio vel dominatio.* On sait que dans la langue mérovingienne *vel* n'est presque jamais une disjonctive, et a le sens de *et*. — *Codex Fuldensis*, 55: *De meo jure in jus et dominationem ecclesiæ transfundo.* 174: *Transfundo de meo jure in jus et dominationem ecclesiæ.* — *Codex Laureshamensis*, 23, 24: *In jus ac dominationem*; 36: *Ex jure et dominatione nostra in jus et dominationem vestram.*

de terres, dans le recueil de Tours ; elle est toute romaine et commence par l'énoncé d'un principe du droit romain[1] ; en voici une autre relative au même objet, qui est dans le recueil de Lindenbrog et où le donateur livre sa terre avec des formes symboliques qui paraissent franques[2] ; toutes les deux déclarent que la propriété est perpétuelle et qu'on pourra « faire de cette terre tout ce qu'on voudra[3] ». Un donateur, dans la formule 40 du recueil d'Anjou, cite la Loi romaine ; un autre donateur, dans la septième formule du recueil de Lindenbrog, cite la Loi salique ; et tous les deux font une donation de même nature et presque dans les mêmes termes[4]. La constitution de dot « suivant la Loi salique », exprimée dans trois formules, produit les mêmes effets relativement à la propriété foncière que la constitution de dot exprimée dans trois autres formules « suivant la Loi romaine[5] ». Rapprochez la formule de vente du recueil de Marculfe et celle du recueil de Tours ; la vente produit les mêmes effets dans l'une et dans l'autre[6]. On pourrait multiplier à l'infini ces parallèles ; il en ressortirait toujours que les deux races avaient alors la même conception du droit de propriété et l'exerçaient de la même façon.

[1] *Formulæ Turonenses*, n° 4 ; Rozière, n° 160 : *Ut quidquid exinde facere volueris, jure proprietario liberam in omnibus habeas potestatem.*

[2] *Formulæ Lindenbrogianæ*, 6, dans Zeumer, p. 271 : *Dono tibi per festucam atque andelangum... ut ab hac die habeas, teneas, atque possideas vel quidquid exinde facere volueris liberam in omnibus habeas potestatem.*

[3] On peut rapprocher de même la *Turonensis* 21 et Marculfe, II, 11.

[4] *Andegavenses*, 40, Rozière, n° 227 : *Secundum lege romana*. — *Lindenbrogianæ*, 7, Zeumer, p. 271, Rozière, 228 : *Secundum Legem Salicam.*

[5] Comparez dans le recueil de Rozière les n°s 229, 230, 231, *secundum Legem Salicam*, aux n°s 219, 220, 221, où l'on cite le Code Théodosien et les lois des « très sacrés empereurs ».

[6] Comparez *Turonenses*, 5, et Marculfe, II, 19 ; Rozière, 267 et 268.

L'étude attentive de tant de chartes et de tant de formules ne fait apercevoir aucune différence, sur ce point, entre les deux populations. On peut essayer encore une autre comparaison : que l'on rapproche les actes faits *in pago*, c'est-à-dire dans les tribunaux locaux, des actes faits *in palatio*, c'est-à-dire devant le roi des Francs, on n'y constatera aucune différence sur la manière de pratiquer la propriété[1]. Une charte rédigée dans la Toxandrie, c'est-à-dire en plein pays franc, commence ainsi : « Les lois et le droit aussi bien que la coutume des Francs autorisent chacun à faire de ses propriétés tout ce que bon lui semble; » et en vertu de ce principe Engelbert fait donation perpétuelle de terres, de champs et de prairies situés en Toxandrie[2]. Un autre, dans un canton riverain du Wahal, un autre encore dans le pays de l'Escaut, sont propriétaires de terres et ils en font donation à titre perpétuel[3]. Regardez les chartes que nous avons de l'Alsace; elles sont toutes faites par des hommes qui sont propriétaires à titre complet et qui font cession de leur propriété par vente, donation ou échange[4].

---

[1] Voyez, par exemple, Marculfe, I, 12, formule rédigée *in palatio*; elle est relative à une donation mutuelle entre époux et elle ressemble de tout point aux autres formules qui ont le même objet; le droit de propriété foncière y est marqué dans les mêmes termes. Voyez aussi tous les actes de jugement royal concernant la propriété.

[2] *Diplomata*, édit. Pardessus, n° 474 : *Leges et jura sinunt et convenientia Francorum est ut de facultatibus suis quisque quod facere voluerit liberam habeat potestatem. Idcirco ego Engelbertus donare decrevi casatas undecim cum silvis, pratis, campis....*

[3] Chartes de 721 et 726, dans les *Diplomata*, n°° 519 et 538.

[4] *Codex Laureshamensis*, n° 11 : *Trado perpetualiter ad possidendum ut habeatis jus et potestatem habendi, tenendi, donandi, commutandi vel quidquid exinde facere volueritis firmissimam in omnibus habeatis potestatem.* — *Codex Wissemburgensis*, depuis la première charte jusqu'à la dernière. — De même les cartulaires de Lorsch, de Fulde, et

3° DE LA PROPRIÉTÉ DES FORÊTS, COURS D'EAUX, MOULINS.

Il faut encore nous demander si ce droit de propriété si complet et si nettement exprimé dans les chartes s'appliquait à toute sorte de terres, ou bien s'il y en avait, comme les forêts et les pâquis, qui restaient à l'état de terre vague et commune. Pour répondre à cette question, les chartes et les formules sont très explicites. Elles énumèrent, en effet, les objets qui sont ou vendus ou donnés ou légués; ce sont des maisons, des domaines, *villæ* ou *prædia*, des *agri*, des *curtes*; quelquefois aussi c'est un simple champ, *campus*, *area*, ou une vigne; ce sont aussi des prairies, *prata*; ce sont enfin des forêts, *silvæ*, ou des pâquis, *pascua*[1]. Quand l'objet cédé est un grand domaine, le cédant ne manque presque jamais d'énumérer les divers éléments dont il se compose, et parmi ces éléments figurent toujours une forêt et des pâquis. « Je vends ou je donne ma villa portant tel nom, avec tout ce qu'elle contient, maisons, constructions, terres, champs, vignes, prés, forêts, pâquis, esclaves, enfin tout ce qui est dans ses limites. » Voilà la phrase qui revient dans toutes nos chartes[2]. Il en ressort cette

---

de Saint-Gall. De même les recueils de Lacomblet, Neugart, Meichelbeck, Dronke, Hontheim.

[1] *Diplomata*, n° 266. *Formulæ Augienses*, B, 13 : *Vendo silvam ibi adhærentem*. — *Codex Wissemburgensis*, 4 : *Dono hobam cum silva*. — Lacomblet, n° 2 : *Dono medietatem hereditatis meæ in silva*.

[2] *Diplomata*, n° 118, *Testamentum Remigii* : *Villas agrosque quos possideo in solo Portensi, cum pratis, pascuis, silvis, ad te testamenti hujus auctoritate revocabis*. — *Testamentum Cæsarii*, n° 139, p. 106 : *Dono silvam et agellum Missinianum cum pascuis, paludibus*.... — *Diploma Childeberti*, ibidem, n° 162 : *Villam Cellas cum territoriis, vineis, silvis, pratis, cultis et incultis*. — Ibidem, n° 163 : *Villa Isciacus cum agris, vineis, silvis, pratis*. — *Charta Theodechildis*, n° 177 : *Dono*

vérité que la forêt n'est pas en dehors du domaine, elle est dans le domaine[1]. Il est clair qu'elle n'appartient pas en commun aux paysans, lesquels sont des esclaves ou des colons. Elle est le bien propre de celui qui possède le domaine, et aussi a-t-il le droit de la vendre et de la léguer avec ses champs et ses vignes.

On peut faire l'hypothèse qu'il y a eu quelques forêts communes à un canton ou à une région ; je ne l'admets pas, pour ma part, parce que je ne vois aucun indice de pareille chose ; mais je conçois que quelques-uns l'admettent, à condition qu'ils n'y voient qu'une exception. Ceux qui font de cette communauté des forêts un usage normal ont contre eux tous les documents. Car les chartes et les formules signalent uniquement des forêts possédées en propre ; et pas une fois elles ne montrent une forêt commune. On vend les forêts aussi librement que les autres biens fonciers. Ainsi Bertramn écrit dans son testament qu'il lègue des forêts précédemment achetées par lui de Charoaire et de Ragnaric[3]. Voilà donc deux

villas... cum mansis, domibus, ædificiis; terris cultis et incultis, silvis, pratis, pascuis. — *Testamentum Aredii*, n° 180 : *Portionem meam de agro Sisciacensi cum ædificiis, agris, silvis, pratis.* — *Charta Godini*, n° 186 : *Donamus villam Albiniacum, casas, ædificia, una cum mansis, campis, pratis, silvis.* — *Divisio bonorum*, n° 245 : *Villas illas cum terris, vineis, silvis, pratis, pascuis.* — Ces expressions reviennent sans cesse dans les formules ; par exemple, *Andegavenses*, 37 : *Transcribimus tibi mansellum nostrum cum domibus, edificiis, vineis, silvis, pratis, pascuis.* Marculfe, II, 19 : *Vendo villam juris mei in integritate cum terris, domibus, vineis, silvis, campis, pratis, pascuis.*

[1] Nous ne voulons pas dire qu'il n'y ait pas eu, surtout au nord et à l'est, quelques grandes forêts en dehors de tous domaines.

[2] *Diplomata*, passim. Les *silvæ* et les *pascua* sont nommés aux n°° 105, 117, 118, 162, 177, 179, 180, 186, 230, 240, 241, 245, 279, 284, 300, 354, 558, 583, etc., etc., c'est-à-dire dans tous les actes de cession d'immeubles.

[3] *Testamentum Bertramni*, dans les *Diplomata*, t. I, p. 209 : *Silvas quas dato pretio de Charoario et Ragnarico comparavi.* — Dans la *Vita Bertharii* (Bouquet, III, 589) nous voyons une femme vendre une forêt.

hommes, probablement francs, qui avaient été propriétaires de forêts et avaient pu les vendre. Même les forêts de l'ancien fisc impérial n'étaient pas devenues des biens communs ; elles étaient la propriété privée des rois, qui les donnaient, les vendaient, les échangeaient[1].

Dans des provinces plus particulièrement habitées par la race germanique, les chartes nous montrent des propriétaires de forêts. Ermembert et Erménoara en Burgundie, Théodétrude dans le pays de Beauvais, Irmina dans le diocèse de Trèves, Amalfrid et sa femme Childebertane dans le pays de Thérouenne, Bertilende en Toxandrie, Engelwara dans le pays de Tournai, font donation de forêts qu'ils possèdent en propre[2].

Il en est de même dans la région du Rhin. Dans les chartes de l'abbaye de Wissembourg nous voyons que les « domaines », *villæ*, sont toujours ou donnés ou vendus avec les forêts qu'ils contiennent[3]. Il en est de même dans les recueils de Fulde, de Corbie, de Saint-Gall et de toute la vallée rhénane.

Les terres incultes étaient un objet de propriété privée

---

[1] *Testamentum Bertramni*, p. 198 : *Sequalina silva quam mihi Chlotarius rex suo munere concessit*. Or il s'agit bien ici d'une donation en propre, puisque Bertramn lègue cette même forêt. Voyez encore *Diplomata*, n°⁸ 309 et 313.

[2] *Diplomata*, n°⁸ 241, 256, 408, 448, 457. De même en Lorraine Wulfoald fait donation d'une terre qui comprend *silvas, pascua, culta et inculta*.

[3] *Cum silvis, pascuis*, ces mots se trouvent dans presque toutes les chartes de Wissembourg ; voy. n°⁸ 1, 2, 3, 6, 8, 9, 10, 11, 13, 14, 15, 16, 17, 18, 19, 20, 21, et toute la suite. Au n° 53, Sigibald donne en dot à sa femme une forêt. Voyez aussi le recueil de Beyer, n°⁸ 6, 7, 8, 14, 15, 19, 25, etc., où l'on trouve *cum silvis, pascuis*. On peut voir encore le recueil de Lacomblet, n° 1 : *Hæc omnia cum domibus, vineis, silvis, dono*, et partout dans le *Codex Fuldensis*, partout aussi dans le *Codex Laureshamensis*. Voy. encore les *Formulæ Sangallenses*, n°⁸ 2, 11, 14.

aussi bien que si elles eussent été cultivées. Presque toutes nos chartes portent que l'immeuble vendu consiste en *terris cultis et incultis*[1].

Il n'est pas jusqu'aux eaux et cours d'eaux qui n'appartinssent aussi au maître du sol. Presque tous nos actes disent expressément qu'un domaine est vendu « avec ses eaux et cours d'eaux », *cum aquis et aquarum decursibus*[2]. Quelques chartes ajoutent « avec les pêcheries », celles-ci appartenant de plein droit au propriétaire[3]. La règle était que chaque riverain fût maître du cours d'eau jusqu'à la moitié de sa largeur; le propriétaire des deux rives était maître du cours d'eau tout entier.

Jamais il n'est fait mention d'un moulin qui soit la propriété collective d'un groupe d'habitants. Toujours, dans ces textes de l'époque mérovingienne, le moulin est présenté comme la propriété d'un homme[4]. Il fait partie du domaine appelé *villa*, et il appartient au pro-

---

[1] *Diplomata*, n°ˢ 177, 241, 358, 393, etc. : *Dono* (ou *cedo*). . *terras cultas et incultas* (ou *Cedo villam cum terris cultis et incultis*). — *Andegavenses*, 41 : *Cum agris cultis et incultis*. — *Merkelianæ*, 9 : *Vendo... cum terris cultis et incultis, cum saltibus et subjunctis*. De même en Bavière au huitième siècle : *Tradidi territorium, prata, silvas, aquarum decursus, omne cultum, non cultum, in possessionem perpetuam* (Meichelbeck, *Hist. Frising.*, *instr.* p. 27).

[2] *Cum* (ou *in*) *aquis aquarumque decursibus* : *Diplomata*, n°ˢ 103, 117, 177, 179, 245, 254, 257, 269, 271, 272, 279, 300, 312, 314, 354, 361, 363, 393, etc. De même dans les formules; voyez dans le recueil de Rozière les n°ˢ 132, 135, 137, 144, 147, 228, 234, 236, 239, 241, 245, 246, 304. Cf. *Codex Fuldensis* : *Cum aquis aquarumque decursibus*, n°ˢ 9, 21, 22, 26, 28, 31, et toute la suite; voyez aussi toutes les chartes du *Codex Laureshamensis*.

[3] Dans le *Codex Fuldensis*, 68, un riche propriétaire fait don de plusieurs *villæ cum piscationibus et venationibus*. De même au n° 84, etc.

[4] Déjà la Loi salique ne mentionne que des moulins privés; tit. 22 : *Si quis in molino alieno annonam furaverit, ei cui molinus est, id est molinario, 15 solidos reddat*. Il en est de même dans la Loi des Lombards, Rotharis, 149, 150, et dans la Loi des *Alamans*, 86.

priétaire de ce domaine, qui le vend ou le donne avec lui[1].

L'usage romain des limites semble s'être maintenu avec quelque régularité. Les lois le signalent. Les formules et les chartes marquent que la terre est vendue « avec ses limites[2] ». Dans quelques chartes la nature et la forme de la ligne de termes est décrite. Là où il n'y avait pas de cours d'eau ou de route pour former une limite visible, on employait comme autrefois les pierres et les arbres[3]. Un diplôme de 528 mentionne autour de chaque propriété « les arbres marqués d'une

---

[1] Cela ressort manifestement des expressions employées dans les chartes. *Diplomata*, n° 257 : *Dono... farinarium.* N° 117 : *Dono... una cum farinariis.* N° 316 : *Dono... cum duos molendinos.* N° 358 : *Cum officina molendini.* N° 393 : *Cum piscatoriis, molendinis.* Voyez encore les n°° 312, 336, 343, 361, 362, 374, 375, 378, 420, et le n° 404, qui appartient au pays de l'Escaut et où les *farinarii* sont vendus avec le domaine par le propriétaire. Marculfe, II, 4 : *Cedo villam cum farinariis.* *Merkelianæ*, 9 : *Vendidi... cum farinariis. Lindenbrogianæ*, 7 : *Mansos cum farinariis.* — De même en Alsace, Liutfrid fait donation d'une terre avec ses 13 esclaves *et cum molino suo.* Un autre donne sa terre (*cum farinariis* (*Codex Wissemb.*, n°° 2, 52, etc.) ; de même *Codex Laureshamensis*, 1, 13, 48, 49, 53, etc.; *Codex Fuldensis*, 51, etc. *Formulæ Sangallenses*, 11 : *Dedi villam... cum molinis.* — Il n'existe pas un seul exemple de moulin commun. La théorie de M. Viollet sur la communauté des moulins est purement imaginaire.

[2] Marculfe, II, 4 : *Cedo villam... cum omni termino suo ;* II, 19 : *Vendo villam cum termino ibidem aspiciente.* — Rozière, n° 341 : *Villas... cum omni termino suo ;* 278 : *Per loca designata ;* 307 : *Infra ipsa terminatione.* — *Diplomata*, n° 230, p. 200 : *Villadolus cum omni jure vel termino suo.* N° 241 : *Villam cum termino.* N° 254 : *Agrum Solemniacensem cum omni termino.* N° 358 : *Floriacus villa cum termino suo.* N° 385 : *Villam Germiniacum... terminum ad eamdem.* N° 393 : *Per terminos et loca a nobis designata, sicut a nobis per terminos antiquos possideri videtur.* N° 413 : *Villas cum omni jure et termino earum.*

[3] Voyez, dans le diplôme 253, une propriété dont les limites sont indiquées : *Usque decusas, quid per demensurationem ubi decusæ positæ sunt, et de illo loco per latus signa vel decusæ terminato ordine... Ubi signa posita sunt.... Per loca ubi decusæ positæ sunt.* — Lacomblet, n° 64 : *Comprehensionem in silva novis signis obfirmaverunt.* — Ces *decusæ* sont définies par la *Lex romana Burg.*, XXXIX : *Arbores terminales quæ decusas accipiunt*, et par la *Lex Baiuwariorum*, XI, 5, 2.

croix et les pierres enfoncées en terre[1]. » D'ailleurs l'idée de limite et l'idée de domaine s'associaient si étroitement, que la langue usuelle en vint à désigner un domaine par le mot *finis* ou le mot *terminus*[2].

On ne trouve jamais, ni dans les actes ni dans les formules, qu'il y ait la moindre différence entre la propriété du Germain et celle du Romain. On ne voit pas non plus qu'il y ait une distinction entre la terre du guerrier et celle du laboureur ou du prêtre. Toutes nos formules, manifestement, sont rédigées à l'usage commun de toutes les races et de toutes les classes d'hommes. On y doit remarquer encore que le roi exerce son droit de propriété de la même façon exactement que les simples particuliers.

Ainsi, les chartes mérovingiennes sont d'accord avec les lois pour nous montrer que la propriété foncière resta conçue et appliquée comme elle l'avait été dans la société romaine. Ces mêmes résultats sont confirmés par les écrits historiques du temps, par les biographies, par les poésies et les lettres que nous possédons. Ces textes mentionnent presque à tout moment la propriété privée ; ils nous montrent dans toutes les parties de l'État franc des familles qui sont riches en terre, et riches par héritage. On n'y trouve pas au contraire un seul indice qui

---

[1] *Diplomata*, Pardessus n° 111, K. Pertz n° 2 : *Ubi cruces in arbore et lapides subtus infigere jussimus.... Peragitur per terminos et lapides fixas.... Ubi cruces in arbore quasdam et clavos et lapides subterfigere jussimus.* — Nous ne possédons ce diplôme que par une copie ; mais, à supposer qu'il ait été altéré par le copiste, ce copiste n'aurait pas inventé un usage si cet usage n'avait pas existé et n'avait pas été bien connu de lui. Et si l'usage des termes existait encore au neuvième siècle, c'est qu'il n'avait pas disparu au sixième.

[2] *Diplomata*, n° 349 : *Termino Elariacense.* — Bordier, *Recueil des chartes mérov.*, p. 58-59 : *Fines Magnacensis et Pruviniacum* ; p. 60 : *Fines Optemariaco et Cleriaco.* — *Testamentum Bertramni*, p. 202 : *Infra terminum Galimarcensem.*

permette de supposer que les Germains aient établi en Gaule soit un régime d'indivision du sol, soit un système de possession propre aux guerriers.

Il faut donc que l'historien tienne pour vrai que les grandes secousses du cinquième siècle et l'arrivée d'hommes nouveaux n'ont ni altéré ni amoindri le droit de propriété sur le sol. Supposer que les Germains aient introduit une nouvelle façon de posséder la terre serait contredire tous les documents.

Cette vérité est d'une grande importance. Elle se place au début de nos études sur la féodalité, et nous ne devrons pas la perdre de vue. C'est en effet sur la base inébranlable d'un droit de propriété plein et complet que tout l'édifice féodal s'élèvera plus tard.

CHAPITRE III

Le droit mérovingien en ce qui concerne la terre

Les modes d'acquisition de la terre furent, à l'époque mérovingienne, les mêmes que dans le droit romain, c'est-à-dire l'achat, la donation, l'échange, l'hérédité légitime et le testament.

Pour la vente, un acte écrit n'était pas absolument nécessaire. La Loi franque disait : « Celui qui achète un domaine, une vigne ou quelque petite propriété, s'il ne peut recevoir un acte écrit, devra, avec des témoins, se transporter sur la terre qu'il achète, y opérer le payement du prix et prendre possession[1]. » Elle ajoutait « qu'avec

[1] *Lex Ripuaria*, LX : *Si quis villam aut vineam vel quamlibet possessiunculam ab alio comparaverit, et testamentum accipere non po-*

ses trois, six ou douze témoins, il devait amener un égal nombre de jeunes enfants, leur faire voir qu'il payait le prix, et les frapper ou leur tirer les oreilles pour que le fait restât dans leur mémoire et qu'ils pussent en témoigner dans l'avenir[1]. » Voilà un trait qui n'est pas romain ; il est germain très probablement, et il atteste que les Germains connaissaient déjà la vente de la terre. Ajoutez à cela quelques actes symboliques: le fétu jeté par le vendeur à l'acheteur ou par le donateur au donataire[2], et l'emploi de la motte de terre, du cep de vigne, de la branche d'arbre, pour représenter le champ, le vignoble ou la forêt qu'on vendait[3].

La Loi ripuaire recommande l'usage de l'écriture, et elle entoure la vente de toutes les garanties. L'acheteur doit demander au vendeur une charte. Cette charte doit être écrite « en public », au siège ordinaire du tribunal, et en présence de sept ou de douze témoins qui signent[4].

Un acte de vente est ainsi conçu : « Au seigneur

tuerit, si mediocris res est, cum 6 testibus, si parva, cum 3, si magna, cum 12 ad locum traditionis (Sohm: *ad fundum qui traditur*)... *pretium tradat et possessionem accipiat.*

[1] *Et unicuique de parvulis alapas donet et torqueat auriculas ut ei in postmodum testimonium præbeant.*

[2] *Lex Salica,* 46 : *Festucam in laisum jactet.* — Marculfe, I, 13 : *Villas... nobis per festucam visus est werpisse.* Ibidem, II, 14 : *Per festucam.* — Lindenbrogianæ, 8 : *Per festucam atque andelangum.*

[3] *Turonenses, appendix,* 3: *Per ostium de ipsas domus, et cespitem de illa terra, seu vitem de ipsas vineas, et ramos de illas arbores.* — Senonicæ, 8 : *Per ostio et analiculo de ipsa casa, per herba et terra ipso manso.* — Senonicæ, 7 : *Per herba et terra et per suam festucam.*

[4] *Lex Ripuaria,* LIX: *Si quis alteri aliquid vendiderit et emptor testamentum venditionis accipere voluerit, in mallo hoc facere debet, pretium in præsente tradat, et rem accipiat et testamentum publice conscribatur... et testibus duodecim roboretur.* — *Mallus* est ici, comme on sait, le lieu où l'on juge et où l'on fait aussi tous les actes qui exigent la publicité (Loi salique, 44, 46). Les formules de Sens mentionnent que l'acte de vente est fait *ante bonos homines* (Senonicæ, 7).

frère un tel, moi un tel[1]. Quoique le contrat d'achat et de vente ait son plein effet par le payement du prix et la tradition de la chose, on emploie cependant un acte écrit afin que la vérité de la vente soit bien établie et assurée[2]. Je fais donc savoir que je t'ai vendu un domaine qui est ma propriété, portant tel nom, situé en tel pays, que je tiens de la succession légitime de mes parents (ou que j'ai acquis de telle autre façon) et qu'on sait que je possède; je te l'ai vendu dans son intégralité, y compris les terres, maisons, constructions, esclaves qui le cultivent, gens qui l'habitent, vignes, forêts, champs, prés, pâquis, eaux et cours d'eau, toutes appartenances et dépendances, avec tout ce qu'il produit et les termes qui le bornent[3]. J'ai reçu de toi, comme prix convenu, telle somme, et je t'ai fait tradition effective de ce domaine, afin que dès ce jour tu le possèdes et en fasses ce que bon te semblera[4]. Si un jour quelqu'un,

---

[1] Marculfe, II, 19; Rozière, n° 268: *Domino fratri illi ego ille.* — Le mot *dominus* n'est ici qu'un terme de politesse, très répandu à cette époque, encore plus répandu qu'il ne l'avait été à l'époque romaine. *Frater* est ici l'expression de fraternité chrétienne; quelques formules portent *fratri in Christo*. Pour désigner la fraternité naturelle, on disait plutôt *germanus*.

[2] Marculfe, II, 19: *Licet empti venditique contractus sola pretii adnumeratione et rei traditione consistat* (Comparer Paul, *Sententiæ*, II, 17), *ac tabularum aliorumque documentorum ad hoc tantum interponatur instructio ut fides rei et juris ratio comprobetur.* — On ne peut s'empêcher de remarquer le tour si romain de ce début, et la langue si romaine. Quelques formules portent que le vendeur agit *non imaginario jure, sed propria et spontanea voluntate*.

[3] *Idcirco vendidisse me tibi constat villam juris mei, nuncupantem illam, sitam in pago illo, quam ex legitima successione parentum (vel de quolibet modo ad eum pervenit) habere videor, in integritate, cum terris, domibus, edificiis, accolabus, mancipiis, vineis, silvis, campis, pratis, pascuis, aquis aquarumque decursibus, adjacentiis, appendiciis, vel omni merito et termino ibidem aspiciente.*

[4] *Et accepi a vobis in pretio, juxta quod mihi complacuit, tantum, et memoratam villam vobis præsentaliter tradidi possidendam, ita ut ab*

ou moi-même, ou l'un de mes héritiers ou arrière-héritiers, essaye d'agir contrairement à cette vente ou l'attaque en justice, il te sera payé une somme double de celle que j'ai reçue, et cependant la réclamation sera nulle et la présente vente produira son effet à toujours. »

Nous avons neuf autres formules de vente, appartenant aux recueils d'Anjou, de Tours, de Sens, à ceux de Bignon et de Merkel[1]. Nous en avons d'autres encore qui appartiennent à des recueils d'au delà du Rhin[2]. Toutes ressemblent, sauf quelques termes, à celle que nous venons de citer[3]. La vente de terre est mentionnée aussi dans les chartes, et cela dans toutes les parties de la Gaule et même en Germanie[4]. Partout on reconnaît que la terre est vendue en pleine propriété.

La donation a les mêmes caractères. Elle se fait aussi par un acte écrit[5], devant des témoins qui autant que

---

hac die habendi, tenendi, vel quidquid exinde elegeris faciendi liberam in omnibus habeas potestatem.

[1] *Formulæ Andegavenses*, 27; *Turonenses*, 5 et 37; *Senonicæ*, 2; *Lindenbrogianæ*, 8; *Bignonianæ*, 4; *Merkelianæ*, 9, 10, 11. Rozière, 267-278.

[2] Voyez le recueil des *Sangallenses*, n° 8.

[3] Voyez, par exemple, le testament de Bertramn, Pardessus, n° 230, p. 198 : *Medietatem villæ dato pretio ad integrum comparavi et in dominationem meam pervenit.* P. 200 : *Sicut venditiones edocent... sicut in meis cartis res noscuntur.* P. 202 : *Villa Nova quam de filio Papoleni dato pretio comparavi,* etc. — Voyez aussi les achats de terre faits par plusieurs évêques de Reims, dans l'*Hist. Remensis eccl.* de Flodoard, qui avait les actes sous les yeux.

[4] Lacomblet, n°° 10, 13, 29, etc. — Neugart, n° 35, etc.

[5] *Lex Ripuaria*, LIX, 7. — *Charta Leodebodi*, Pardessus, n° 358 : *Quæ per epistolas donationis ad me pervenit.* — *Testamentum Bertramni*, Pardessus, n° 230, p. 202 : *Villam Bualonem quam per donationis titulum Leuthranno dedi.* — Les actes de donation sont très nombreux dans le recueil de Pardessus. Voyez surtout les n°° 186, 196, 241, 253, 256, 263, 312, 316, 414. Dans les formules, voyez : *Andegavenses*, 37, 46; *Turonenses*, 1, 14, 17, 37; *Marculfe*, II, 1, 2, 3, 4, 6, 15, 39; *Senonicæ*, 14, 23, 25, 31; *Bignonianæ*, 17; *Merkelianæ*, 5, 16; *Lindenbrogianæ*, 6.

possible le signent[1]. Souvent l'acte est présenté à l'autorité publique, qui lui donne sa sanction ou sa garantie; c'est ce qu'une formule exprime par les mots « au mallus, devant le comte et les rachimbourgs[2] ». Dans une autre formule, l'acte est présenté à la curie; le donateur demande aux magistrats municipaux de lui ouvrir les registres publics et d'y insérer « sa lettre de donation[3] ». Mais beaucoup de formules omettent cette formalité et nos chartes de donation ne la contiennent pas : ce qui permet de croire que, si elle était assez usitée, encore n'était-elle pas obligatoire.

Nous voyons des donations de toute sorte : donation mutuelle entre époux[4], donation d'un père à un fils, d'un grand-père à son petit-fils[5], donation « pour cause de noces », c'est-à-dire d'un fiancé à sa fiancée[6], donation à un ami ou à un serviteur[7]. Les donations aux églises sont, on le conçoit, les plus nombreuses parmi celles qui nous ont été conservées[8].

[1] Voyez, par exemple, l'acte de donation d'Adroald en 648, dans Pardessus, n° 312 : *Ut hæc donatio omnibus temporibus firmissima sit, manu nostra roboravimus et qui signarent aut subscriberent ad præsens rogavimus... Actum coram strenuis personis quorum nomina cum subscriptionibus seu signaculis subter tenentur inserta.*

[2] *Formulæ Merkelianæ*, 16 : *Illo mallo ante illum comitem vel reliquos racineburgos hoc per illas epistolas interdonationis visi fuimus adfirmasse.*

[3] Marculfe, II, 37 : *Anno illo, regnante illo rege, in civitate illa, adstante illo defensore et omni curia illius civitatis... Prosecutor dixit : Peto, optime defensor vosque laudabiles curiales atque municipes, ut mihi codices publicos patere jubeatis.... Defensor dixit : Donatio quam præ manibus habes, nobis præsentibus recitetur, et gestis publicis firmetur.* — Cf. *Turonenses*, 17 : *Donatio inter virum et uxorem, tamen gestis sit alligata.*

[4] Marculfe, II, 7; II, 12; *Lindenbrogianæ*, 13; *Merkelianæ*, 16.

[5] *Andegavenses*, 37; *Bignonianæ*, 10; *Lindenbrogianæ*, 14.

[6] *Turonenses, appendix*, 3 : *Per cartam donationis ante die nuptiarum.*

[7] Marculfe, II, 36.

[8] *Andegavenses*, 46; *Turonenses*, 1 et 37; Marculfe, II, 2; *Merkelianæ*, 1 et 3; *Senonicæ*, 14, 15, 31, 32; *Bignonianæ*, 18; *Lindenbrogianæ*, 1

Quelquefois l'acte de donation commence ainsi : « La Loi romaine et l'ancienne coutume permettent à chacun de disposer de ses biens propres[1], » ou encore : « L'autorité des ancêtres a décidé que chacun pût faire de ses biens propres ce qu'il voudrait, par un acte écrit[2]. » D'autres fois le donateur allègue les mérites ou les services de celui à qui il donne. S'il donne à l'Église, c'est « pour le remède de son âme », « pour mériter la vie éternelle », « pour racheter ses péchés », ou encore « parce que la fin du monde approche[3] ».

La donation produit des effets perpétuels et immédiats, sauf le cas où la réserve d'usufruit est formellement exprimée. Le donateur écrit : « Je vous cède à toujours cette terre que j'ai possédée jusqu'ici ; je la transporte de mon droit au vôtre, de mon domaine et pouvoir en votre domaine et pouvoir, de telle sorte que vous puissiez la tenir ou la vendre ou l'échanger ou la donner, la laisser à vos descendants ou à ceux que vous choisirez pour héritiers, en faire enfin tout ce que vous voudrez. »

L'acquisition de la terre par héritage est sans cesse mentionnée dans les chartes. Les donateurs, vendeurs ou testateurs ont l'habitude, pour chaque terre dont ils disposent, d'indiquer à quel titre ils la possèdent. Souvent ils disent qu'ils l'ont par achat, quelquefois par donation, le plus souvent par héritage. Ainsi, en 543, Ansémund et sa femme Ansleubane, faisant donation d'une terre, déclarent qu'ils la tiennent par droit d'héré-

---

[1] *Andegavenses*, 46 : *Lex romana et antiqua consuetudo exposcit ut quisque homo quod de rebus propriis dare decreverit licentiam habeat.*

[2] *Merkelianæ*, 3 : *Priscorum patrum sanxit auctoritas ut....*

[3] *Pro remedio animæ meæ* (*Andegavenses*), 45. — Marculfe, II, 3 : *Mundi terminum, ruinis crebrescentibus, appropinquantem indicia certa manifestant....Ergo, quia gravamur sarcina peccatorum....* — *Bignonianæ*, 18 : *Pro redimendum ultionem nostram peccaminum.*

dité[1]. Bertramn, dans son testament écrit en 615, énumère les terres qui lui sont venues de son père, celles qu'il a eues de sa mère ou de ses frères[2]. Dans un diplôme qui est de 628, nous voyons deux frères, Ursin et Beppolène, qui se partagent une succession[3]. L'acquisition d'immeubles par héritage est signalée dans les chartes de Harégaire, d'Ermembert, d'Adroald, d'Adalsinde, d'Aldegunde, de Berchaire, et de beaucoup d'autres[4]. Les formules aussi parlent fréquemment de l'hérédité; notons même que c'est ce mode d'acquisition qu'elles qualifient tout spécialement de « légitime », de « conforme aux lois[5] ».

L'héritage n'a pas été un emprunt fait par les Francs aux Romains. Les anciens Germains avaient connu la succession héréditaire[6]. Mais leurs règles de succession

[1] *Charta Ansemundi*, Pardessus, n° 140 : *Curtile hereditatis nostræ... quod hereditario jure possidemus.*

[2] *Testamentum Bertramni*, Pardessus, n° 230 : *Villa Murocinctus quæ mihi ex successione genitoris mei legitime reddebatur.... Villam Bomiliarim quæ mihi ex successione parentum juste debita erat.*

[3] *Archives nationales*, Tardif n° 6, Pardessus n° 245.

[4] *Charta Haregarii*, Pardessus, n° 108 : *Omnes res nostras* (la suite de l'acte montre que *res* désigne ici des biens fonciers) *quæ ex legitima successione nobis devenerunt.* — *Charta Ermemberti*, n° 256. — *Charta Adroaldi*, n° 312. — *Charta Adalsindæ*, n° 328. — *Charta Aldegundis*, n° 338. — *Charta Bercharii*, n° 369. — *Charta Leodegarii*, n° 382 : *Villa Tiliniacus quæ de jure materno ab avis et proavis mihi competit.* — *Charta Engelberti*, n° 474 : *In pago Toxandriæ, quod mihi ex paterno jure legitime provenit.* — Nous pourrions multiplier ces exemples. Nous en pourrions montrer beaucoup d'autres dans les recueils de *Traditiones* d'outre-Rhin. Meichelbeck, *Hist. Frising. instrum.*, p. 27 : *Ego Cunipertus propriam hereditatem quam genitor meus reliquit*, et la suite démontre qu'il s'agit de terres.

[5] Marculfe, II, 19 : *Villam juris mei quam ex legitima successione parentum habere videor.* — Bignonianæ, 6 : *Quem de parte parentum meorum ad me legibus obvenit.* — Merkelianæ, 15 : *Quem de parte legitima genitoris mei mihi legibus obvenit.* — Ibidem, 11 : *Campum quem de parte legitima hereditate genitoris mei vel genitricis meæ legibus obvenit.*

[6] Tacite, *Germanie*, 20 : *Heredes successoresque sui cuique liberi.*

n'étaient pas les mêmes que celles du droit romain. Comme ils avaient encore la conception de la propriété familiale, ils ignoraient le testament[1], en sorte que les fils ou, à défaut de fils, les plus proches collatéraux héritaient de plein droit. Il semble bien qu'il y ait eu aussi, au temps de Tacite, un droit d'aînesse ou tout au moins un privilège de l'aîné sur les biens patrimoniaux[2]. Autre différence : les filles pouvaient bien hériter des objets mobiliers, mais elles n'héritaient pas du patrimoine proprement dit, du bien de famille[3]. Enfin il semble que le droit de représentation n'existât pas au profit des enfants d'un des fils prédécédé[4].

Dans l'État mérovingien, ces règles germaniques ne tardèrent pas beaucoup à disparaître. Les érudits attribuent cela à l'influence du droit romain et à celle de l'Église. Il est possible que cette influence n'ait pas été nécessaire, et qu'il se soit produit une évolution toute naturelle dans le droit franc. Les anciennes règles tenaient à la vieille constitution de la famille et à la

[1] Tacite, ibidem : *Nullum testamentum ; si liberi non sunt, proximus gradus in possessione fratres, patrui, avunculi.*

[2] Cette seconde règle est moins nettement marquée par Tacite ; mais elle ressort du chapitre 32 et surtout des mots *cætera excipit maximus natu.*

[3] Cela ressort du chapitre 52 de Tacite, qui laisse voir qu'il y a chez tous les Germains l'usage de faire deux parts dans une succession, et que les Tenctères se distinguent des autres en ce seul point qu'ils mettent les chevaux dans la part des fils.

[4] Cela ressort avec une grande vraisemblance de ce que ce droit de représentation n'est pas mentionné par les Lois barbares ou n'apparait dans quelques-unes que comme nouveauté. Il n'est ni dans la Loi salique, ni dans la Loi ripuaire. La Loi des Burgundes l'établit comme chose nouvelle et avec de grandes réserves ; voyez *Lex Burgundionum*, tit. 75. On le trouve aussi, mais assez tard, dans la Loi des Wisigoths, IV, 5, 4. Il n'a été introduit dans le droit lombard que par une loi de Grimoald (art. 5).
— Deux formules franques, *Merkeliana*, 24, et *Lindenbrogiana*, 12, portent expressément que la loi n'autorise pas les enfants du fils prédécédé à partager l'héritage avec les fils survivants.

conception qu'on s'était faite dans les anciens âges de la propriété familiale. Mais la constitution de la famille et son ancienne unité furent peu à peu brisées par les migrations, par l'état de guerre, par l'entrée en un pays nouveau. Qu'on lise les chartes ou les chroniques du sixième siècle; il est bien visible que la famille franque n'a plus son indivisibilité des temps antiques, et qu'elle se réduit aux mêmes proportions que la famille moderne. Par une suite naturelle de ce changement, la conception de la propriété familiale n'existe plus dans les esprits, et dès lors il n'y a plus de raison pour que les vieilles règles de la succession subsistent. Le droit romain et l'Église ont pu aider à les faire tomber; elles seraient tombées sans le droit romain et sans l'Église.

De droit d'aînesse il n'est jamais question, et probablement ce droit avait déjà disparu avant l'entrée en Gaule. Dans les chartes et les formules, nous voyons les frères se partager la succession paternelle, c'est-à-dire les champs, les vignes, les forêts qu'avait leur père[1]. Les parts sont égales, *æqua lance*, dit la langue du temps, c'est-à-dire en quelque sorte à la balance[2]; c'est une

---

[1] *Andegavenses*, 55; *Turonenses*, 25; Marculfe, II, 14; *Senonicæ*, 29; *Bignonianæ*, 19. — Dans toutes ces formules, l'objet partagé est la terre, « manses, champs, vignes, forêts ». — Voyez aussi le testament de Bertramn : *Villas Crisciago et Botilo quæ nobis ex successione genitoris nostri juste debentur et cum germanis meis deberem partire si ipsorum mors non antecessisset.* Voyez encore dans les *Diplomata* de Pardessus n° 245, Tardif n° 6, l'acte de partage entre les deux frères Ursin et Beppolène.

[2] Il est à peine besoin de dire que *lanx* signifie plateau d'une balance. Il n'a jamais signifié lance, comme quelques-uns l'ont imaginé, et par conséquent il est absurde de voir dans ce mot une allusion à des pratiques guerrières. *Andegavenses*, 37 : *Tu cum ipsis æquali lance dividere facias Testamentum Bertramni*, p. 201 : *Villam Ripariolam æqua lance dividant.* Dans une charte (Pardessus, t. I, p. 136) on voit qu'un monastère et les héridiers de Bettha doivent partager des terres *æquali lance*. Des

expression toute romaine qui persiste durant toute l'époque franque[1]. Ce partage des terres patrimoniales se voit même dans des pays germaniques; en Alsace, trois frères nommés Hildifred, Managold et Waldswind, vers 650, se sont partagé les manses, maisons, champs, prés, forêts de leur père et d'un oncle[2]. Quand un fils meurt avant son père sans laisser d'enfants, le père hérite de ses biens, et, à défaut du père, la mère[3]. Cela s'appelait en droit romain *luctuosa hereditas*; il est assez curieux de retrouver cette expression dans des chartes mérovingiennes, et même en Alsace[4].

Le droit de représentation du fils prédécédé n'est ni dans la Loi salique ni dans la Loi ripuaire; mais un décret royal l'établit en 596[5]. On remarque que ce décret fut fait en Austrasie, dans un conseil tenu à Andernach; il n'est nullement prouvé que l'influence du droit romain y soit pour quelque chose. Ce qui paraît plus étrange, c'est que la représentation du fils fut plus longtemps ignorée en Neustrie qu'en Austrasie. En effet, Bertramn dit dans son testament que son père et sa mère laissèrent en mourant les villæ Crisciagus et Bo-

---

deux mots *æqua lance* on a fait par abus le mot *æqualentia*, qui se trouve dans Marculfe, II, 12.

[1] L'expression *æqua lance*, pour désigner l'égalité des parts en matière de succession, se trouve au Digeste, XLII, 1, 20; au Code Théodosien, X, 19, 15; au Code Justinien, VI, 37, 23; dans les lettres de Symmaque, I, 88; X, 53.

[2] *Diplomata*, t. II, p. 425. — *Codex Wissemburgensis*, n° 13.

[3] *Lex Salica*, 59 : *Si quis mortuus fuerit et filios non dimiserit, si pater aut mater superfuerint, ipsi in hereditatem succedant.* Quelques manuscrits n'ont pas le mot *pater*. — *Lex Ripuaria*, 56.

[4] La charte de Chlotilde, Pardessus n° 361, mentionne des *villæ* qu'elle a acquises *ex luctuoso*. — De même *Senonicæ*, 31. — Dans le *Codex Wissemburgensis*, n° 203, nous voyons un certain Gérald qui a hérité de son fils *luctuosa hereditate*. — *Ibidem*, au n° 261, c'est une femme qui tient des champs et des forêts d'héritage de son fils *luctuosa hereditate*.

[5] *Childeberti decretio*, dans Borétius, p. 15.

dilus; il aurait dû, dit-il, les partager avec ses frères s'ils n'étaient pas morts antérieurement; or ces frères laissaient des neveux; ils n'eurent aucune part[1]. Nous voyons aussi par deux formules que la loi ne permettait pas encore aux enfants du fils défunt d'entrer en partage avec les autres fils, mais que, par une sorte de testament, *affatimum*, le grand-père pouvait appeler ses petits-fils à sa succession[2].

La Loi salique continue d'énoncer la vieille règle qu'aucune femme n'hérite de la terre. La Loi ripuaire prononce aussi que la femme n'hérite pas des biens patrimoniaux tant qu'il reste des parents du sexe masculin[3]. Cependant les capitulaires des rois ne sont pas tout à fait d'accord avec ces lois. Un édit de Chilpéric donne seulement la préférence au fils sur la fille; mais il fait passer la fille avant les collatéraux[4]. Un décret de Childebert marque que la fille et même ses enfants héritent du patrimoine[5]. Cela s'éloignait déjà beaucoup

---

[1] *Testamentum Bertramni*, p. 202.

[2] *Formulæ Lindenbrogianæ*, 12; *Merkelianæ*, 24: *Cum vos in alode minime succedere poteratis.* — On a quelquefois cité deux autres formules, *Turonenses*, 22, et Marculfe, II, 10 (Rozière, 131 et 132); mais on a fait là une erreur ou une confusion. Ces deux formules visent un cas fort différent, la représentation de la fille prédécédée; cela est marqué d'une manière très nette. Elles ne visent pas non plus une coutume germanique, mais une règle toute romaine, celle qui n'accordait aux enfants de la fille que les deux tiers d'une part. On peut voir cette loi au Code Théodosien, V, 1, 4, et au Code Justinien, VI, 55, 9; elle se retrouve dans la *Lex romana Burgundionum*, X, 2, et dans la *Lex romana Wisigothorum*, V, I, 4, édit. Hænel, p. 136. Si l'on avait lu ces deux formules avec attention, on aurait vu qu'elles étaient précisément relatives à cette règle du droit romain.

[3] *Lex Salica*, LIX. *Lex Ripuaria*, LVI. *Lex Angliorum*, VI, 1.

[4] *Edictum Chilperici*, 3 : *Quamdiu filii advixerint, terram habeant.... Si filii defuncti fuerint, filia simili modo accipiat terras ipsas.* A défaut de fils et de fille, c'est le frère du défunt qui hérite, et, à défaut de frère, sa sœur.

[5] *Decretio Childeberti*, II, 1 : *Ut nepotes ex filio vel ex filia ad aviati-*

du vieux droit. La pratique va bien plus loin encore. Il suffit que le père manifeste sa volonté en faveur de sa fille pour qu'elle ait une part égale à celle du fils. Il écrit une lettre ainsi conçue : « C'est chez nous une coutume ancienne, mais impie[1], que les sœurs ne partagent pas avec les frères la terre paternelle ; mais moi, considérant que cela est impie et que, tous mes enfants m'ayant été également donnés par Dieu, je dois les aimer également, je veux que vous partagiez également mes biens après ma mort. Donc, par la présente lettre, ma chère fille, je te constitue égale héritière avec tes frères et j'entends que tu n'aies pas une part moindre[2]. » Ici l'article de la Loi salique est annulé par la volonté du père.

Une autre formule, du recueil de Sens, est tout à fait digne d'attention. Il s'agit d'un père qui, ayant perdu un de ses fils, veut que les enfants du défunt, fils et filles, entrent en partage de sa succession avec ses autres enfants « leurs oncles ou leurs tantes[3] ».

cas res cum avunculis vel amitis sic venirent tanquam si pater aut mater vivi fuissent.

[1] Marculfe, II, 12; Rozière n° 136: *Diuturna sed impia inter nos consuetudo tenetur.* — Il est curieux qu'il ne parle pas d'une loi formelle. Mais une formule du recueil de Sens, n° 45, allègue expressément la Loi salique : *Non habetur incognitum quod, sicut lex Salica continet, de res meas minime in hereditate succedere poteras.*

[2] *Consuetudo tenetur ut de terra paterna sorores cum fratribus portionem non habeant; sed ego perpendens hanc impietatem, sicut mihi a Deo æquales donati estis filii, ita et a me sitis æqualiter diligendi et de res meas post meum discessum æqualiter gratuletis. Ideo per hanc epistolam te, dulcissima filia mea, contra* (en présence de, avec) *germanos tuos filios meos in omni hereditate mea æqualem et legitimam esse constituo heredem... ut æqua lance cum filiis meis dividere debeas et portionem minorem non accipias.* — De même dans la *Senonica* 45.

[3] *Senonicæ,* 12 : *Ego dilectissimis nepotibus et neptis nostris. Constat quod genitor vester, filius noster, de hac luce ante nos discessit... Complacuit nobis ut pro ipso proprietatis jure in quo genitor vester legitime succedere debuit, æqualem partem contra avunculos vestros*

Voilà donc un homme qui déclare que son héritage se serait partagé de plein droit entre ses fils et filles survivants; sa lettre appelle en outre au partage les enfants d'un fils prédécédé, et aussi bien ses petites-filles que ses petits-fils. Or la suite de la lettre dit expressément que cet héritage consiste en terres[1]. Ici l'article de la Loi salique paraît absolument oublié.

Aussi voyons-nous dans les chartes un grand nombre de femmes qui possèdent la terre par héritage de leurs parents. Théodéchilde en 570 est propriétaire de plusieurs domaines par succession[2]. Burgundofara, en 632, rappelle qu'antérieurement elle a fait avec ses frères un partage des terres de l'héritage paternel, et nous pouvons même noter qu'elle dit que ce partage était « conforme à la loi[3] ». C'est ainsi que Salaberga fait donation « de domaines qu'elle tient de la succession de son père[4] ». En Toxandrie, Bertilende possède des terres qu'elle a héritées de sa mère Wadrade[5]. Il est fréquent dans les formules qu'une femme déclare posséder des domaines de la succession de son père[6].

Les femmes peuvent aussi recevoir des terres en dot. C'est un point dont les lois franques ne parlent pas, mais que nous constatons par les chartes et les for-

---

vel amitas vestras, filiis vel filiabus nostris, accipere debeatis. Noter les deux mots importants neptis nostris, amitas vestras.

[1] Id est tam in terris quam in silvis, campis, pratis, pascuis, vineis, mancipiis, peculiis, pecoribus.

[2] Diplomata, n° 177, t. I, p. 132.

[3] Testamentum Burgundofaræ, dans les Diplomata, t. II, p. 16 : Portionem meam quam contra germanos meos per legitimam divisionem visa sum accepisse cum terris, vineis, pratis.

[4] Vita Salabergæ, c. 12 ; Mabillon, Acta SS., II, 426 : Prædia sua ex successione hereditatis paternæ.

[5] Diplomata, t. II, p. 284.

[6] Formulæ Merkelianæ, 16, Rozière n° 252 : Ego illa dono tibi rem meam in pago illo quæ de parte genitoris mihi obvenit, hoc est terris, etc.

mules. Nous notons d'abord que ce qu'on appelle dot à cette époque est toujours fourni à l'épouse par l'époux ; et cela dans les formules romaines aussi bien que dans les formules franques[1]. Dans les premières, la charte s'appelle *libellus dotis ante diem nuptiarum*[2], et l'usage qu'elle constate est un usage romain transformé en loi par les empereurs du quatrième siècle[3]. Nous notons ensuite que, dans les unes comme dans les autres, la terre est comprise dans la dot et à titre perpétuel. Le fiancé s'exprime ainsi : « Comme je dois épouser une jeune fille portant tel nom, fille d'un tel, par le sou et le denier suivant la Loi salique et l'antique coutume, je lui donne tel domaine situé en tel lieu, qui me vient d'héritage et qui consiste en terres et maisons, afin qu'elle possède cela en toute propriété, le lègue à ses héritiers et en fasse ce qu'elle voudra[4]. » Les chartes confirment les formules ; nous voyons, par exemple, qu'un certain Hermann a donné à sa fiancée Irmina trois domaines en pleine propriété[5]. En Alsace, Eppha fait donation d'une terre qui faisait partie de sa dot[6].

Le nombre de femmes que l'on voit être propriétaires de biens fonciers est incalculable. Une *materfamilias* nommé Wulfrada, avec le consentement de son

---

[1] Voyez d'une part la formule d'Anjou 39 et la *Turonensis* 14, qui citent la Loi romaine ; d'autre part, la *Bignoniana* 6, la *Merkeliana* 15, et la *Lindenbrogiana* 7, qui citent la Loi salique. Dans les unes comme dans les autres la dot est fournie par le mari. Voyez aussi *Andegavenses*, 1, §§ 3 et 55 ; Marculfe, II, 15 ; *Senonenses*, 25 ; *Sangallenses*, 7 et 8.

[2] *Turonenses*, 14 : *Per hunc titulum libelli dotis ante dies nuptiarum.*

[3] Voyez *Lex romana Wisigothorum*, III, 5, 2, Hænel, p. 76-78.

[4] *Merkelianæ*, 15. De même, pour le fond, dans les autres formules.

[5] *Diplomata*, t. II, p. 168 : *Filia nostra Irmina allodium suum quod in locis Ludusa, Ancia, Balbengis, a sponso suo Hermanno in dotem legali traditione suscepit.*

[6] *Codex Wissemburgensis*, n° 6.

mari Chramnulfe, fait donation de deux domaines qu'elle possède personnellement[1]. Bérétrude possède plusieurs *villæ*, dont l'une est léguée par elle à sa fille[2]. Ranichilde, fille de Sigivald, possède « de nombreuses terres » qu'elle lègue à un monastère[3]. Bertramn écrit dans son testament que plusieurs de ses propriétés ont été achetées par lui à des femmes. Bobila dans le pays de Cahors[4]; Ursa, fille d'Aldéric, dans le Parisis; Modenana dans le pays du Mans; Chlotilde dans les pays de Tonnerre et de Sens[5]; Aquila dans les environs de Maestricht[6]; Amallinde dans le pays de Wissembourg; Irmina dans le diocèse de Trèves; Syagria dans la Maurienne[7]; Walthilde dans le diocèse de Châlons[8], Goyla en Bourgogne, qui lègue neuf domaines « avec l'autorisation de son mari »[9], toutes ces femmes sont de très riches propriétaires de biens fonciers.

Le testament était inconnu des anciens Germains, c'est-à-dire que les biens restaient nécessairement dans la famille et suivaient l'ordre naturel de la parenté. Déjà la Loi salique contient quelque chose qui se rapproche du testament : c'est l'institution d'héritier entre vifs; elle ne se fait pas par écrit, mais elle s'opère en public,

---

[1] *Vita Launomari*, 21, Bollandistes, janv., II, 598 : *Quædam materfamilias nomine Wulfrada, cum consensu viri sui Chramnulfi, dedit de prædio suo Lontucivillam et Britogilum.*
[2] Grégoire de Tours, *Historiæ*, IX, 35.
[3] Grégoire de Tours, *Vitæ Patrum*, XII, 3.
[4] *Vita Desiderii episc. Cat.*, c. 16.
[5] *Diplomata*, nos 274, 300, 363.
[6] *Vita Hadelini*, Bollandistes, févr., I, 380.
[7] *Diplomata*, nos 450 et 559; addit. 19.
[8] *Vita Bercharii*, 14, Bouquet, III, 389 : *Matronam Walthildem quæ plurimorum a proavis prædiorum affluentia lætabatur*. De même, dans le pays de Verdun, Wulfoald achète deux domaines, l'un à Anstrude, l'autre à Alsinde (*Diplomata*, n° 475).
[9] Chronique de Saint-Bénigne, édit. Bougaud, p. 41. Pérard, p. 8.

au tribunal, et suivant des formes qui paraissent être germaniques[1]. La Loi des Burgundes connaît et autorise le testament verbal devant cinq témoins, et elle en parle comme « d'une coutume barbare », c'est-à-dire germanique et qui n'est pas nouvelle[2]. Il y a donc quelque apparence que la faculté de disposer des biens après la mort s'était déjà introduite chez les Germains. Ce qui fut nouveau et ne vint qu'après l'établissement en Gaule, ce fut le testament par écrit. Il est formellement admis par les Lois des Burgundes, des Bavarois, des Wisigoths, des Lombards[3]. Si les lois franques n'en parlent pas, il n'en est pas moins vrai qu'il fut fréquemment pratiqué, et aussi bien par les hommes de race franque que par ceux de race romaine. Nous avons les testaments de Césaire et d'Arédius, ceux de Bertramn, de Burgundofara, de Hadoind, de Léodger et d'autres[4]. Nous avons des formules de testament dans les recueils qui paraissent francs aussi bien que dans

[1] *Lex Salica*, XLVI, *De acfamirem, de affatomia*. Cf. Capitulaire de 819, art. 10.

[2] C'est ce qui ressort de l'observation attentive du titre LX : *Si quis barbarus testari voluerit... aut consuetudinem barbaricam esse servandam sciat, id est... quinque ingenuorum testimonio*. Quelques lignes plus haut le législateur disait que « plusieurs des barbares s'éloignaient de la vieille coutume en n'employant pour tester que deux ou trois témoins ».

[3] *Lex Burgundionum*, XLIII et LX. *Lex Baiuwariorum*, XIV, 9, 3. *Lex Wisigothorum*, II, 5, 1. *Lex Langobardorum*, Liutprand, 101 : *Potestatem habeat de rebus suis judicare*; 102 : *De rebus suis judicet si voluerit*. Remarquer que le mot *judicare* était un terme consacré en droit romain pour signifier faire un testament. On le trouve souvent, en ce sens, dans le Code Justinien, chez Symmaque, chez Cassiodore, chez Grégoire le Grand.

[4] *Diplomata*, n° 49 : *Testamentum Perpetui*. N° 139, *Testamentum Cæsarii*. N° 180, *Testamentum Aredii*. N° 230, *Testamentum Bertramni*. N° 257, *Testamentum Burgundofaræ*. N° 300, *Testamentum Hadoindi*. N° 382, *Testamentum Leodegarii*. N° 413, *Testamentum filii Idanæ*. N° 439, *Testamentum Ephibii et Rufinæ*. N° 449, *Testamentum Irminæ*. N° 452, *Testamentum Erminethrudis*.

les recueils romains[1]. Presque tous les actes de vente et de donation portent que le nouveau propriétaire aura le droit de léguer son bien à qui il voudra[2]. Et, dans tous ces testaments, dont nous avons la teneur, c'est de terres qu'il s'agit bien plus que de meubles.

Les formes du testament sont naturellement toutes romaines; les Germains n'avaient pas à chercher de formes nouvelles. « Si un barbare, dit la Loi des Burgundes, veut tester, il peut le faire suivant la coutume romaine, c'est-à-dire par un écrit rédigé conformément à la loi[3]. » Les formes romaines ne furent donc jamais interdites aux Germains, pas plus pour le testament que pour la vente et la donation. Les testaments de l'époque mérovingienne sont conçus généralement en ces termes : « Au nom du Christ, en telle année du règne de tel roi, tel jour[4]. Moi, un tel, fils d'un tel, sain d'esprit, j'ai composé mon testament et l'ai fait écrire par le notaire un tel[5], afin qu'après mon décès, au jour que la loi détermine[6], il soit ouvert après qu'on aura reconnu les signatures placées au dehors et coupé

---

[1] *Andegavenses*, 41; *Turonenses*, 22; Marculfe, II, 17; *Senonicæ*, 42, 45; *Lindenbrogianæ*, 12; *Merkelianæ*, 24.

[2] Recueil de Rozière, *passim*; surtout les nos 171, 216, 272, 278.

[3] *Lex Burgundionum*, LX : *Si quis barbarus testari aut donare voluerit, aut romanam consuetudinem aut barbaricam esse servandam sciat, id est, aut scripturis legitimis aut quinque ingenuorum testimonio.* — Cf. *Edictum Theodorici*, 32.

[4] Marculfe, II, 17 : *Regnante in perpetuo domino nostro Jesu Christo, anno illo regnante illo rege, sub die illo, ego ille....* — *Testamentum Bertramni : In nomine domini nostri Jesu Christi.*

[5] Marculfe, II, 17 : *Ego ille, filius illius, sana mente integroque consilio, testamentum meum condidi, quem illi scribendum commisi* (ou *quem illi notario scribendum commisi*).

[6] Marculfe, II, 17 : *Quum dies legitimus post transitum nostrum advenerit.* Sur ce *dies legitimus,* voyez Paul, *Sententiæ*, IV, 6, 3 : c'était le troisième ou le cinquième après le décès, du moins quand les témoins étaient présents.

le fil de lin qui le ferme, ainsi que l'a décrété la loi romaine, et qu'il soit inséré dans les registres municipaux[1]. » Tout ce langage est bien romain, et ces règles que nous trouvons énoncées dans des formules du septième et du huitième siècle sont précisément celles du droit romain[2]. Le jurisconsulte Paul les avait déjà exprimées, et dans des termes fort semblables. L'ouverture du testament au tribunal, la reconnaissance des signatures, la lecture, l'inscription sur les registres publics, tout cela vient de l'empire[3]. L'homme du septième siècle remplace seulement le nom du consul par l'année du roi régnant; il ajoute le nom du Christ au début, et à la fin une formule d'anathème contre ceux qui violeraient ses volontés.

Bertramn, en 615, commence ainsi son testament : « Au nom du Christ, le 6 des calendes d'avril, l'an 22 du glorieux roi Clotaire, moi Bertramn, sain d'esprit et de corps, j'ai composé mon testament et j'ai chargé le notaire Ebbon de l'écrire, et s'il arrivait que quelque règle du droit civil ou du droit prétorien le rendît nul, je veux qu'il ait au moins la valeur de codicille[4]. » Et il

---

[1] Marculfe, ibidem : *Recognitis sigillis, inciso lino, ut romanæ legis decrevit auctoritas, gestis reipublicæ municipalibus titulis muniatur.* — On sait que *respublica*, dans la langue du Digeste et des codes, désignait une cité ; il s'agit donc de l'inscription à la curie municipale.

[2] Code Théodosien, IV, 4 ; Novelles de Théodose, XVI.

[3] Paul, *Sententiæ*, IV, 6 : *Tabulæ testamenti aperiuntur hoc modo ut testes adhibeantur qui signaverint testamentum, ita ut agnitis signis, rupto lino, aperiatur et recitetur, ac signo publico obsignatum in archium redigatur.* — Ibidem : *Testamenta in foro vel basilica præsentibus testibus vel honestis viris aperiri recitarique debebunt.* — Sur l'inscription du testament dans les registres de la cité, par les soins de la curie, voyez plusieurs formules mérovingiennes, Marculfe, II, 37 et 38 ; *Senonicæ, appendix*, Zeumer, p. 208-209 ; Rozière, n°ˢ 259, 261.

[4] *Diplomata*, t. I, p. 197 : *Sub die sexto calendas apriles, anno 22 regnantis gloriosissimi Clotarii regis, ... sanus mente et corpore, sano consilio, testamentum meum condidi idemque Ebbonem notarium scribere*

le termine ainsi : « Je charge l'archidiacre de poursuivre, après ma mort, l'ouverture de mon testament et son insertion sur les registres municipaux conformément à la loi[1]. »

Une autre règle romaine qui se perpétua dans l'État mérovingien, ce fut la prescription de trente ans. Le droit romain admettait que, si une terre était possédée pendant un long espace de temps sans réclamation du vrai propriétaire, l'occupant finissait par acquérir la vraie propriété, ou du moins toute réclamation tardive contre lui devenait nulle en justice. On peut suivre cette règle chez les jurisconsultes du Digeste, dans les lois de Constantin, de Valentinien III, puis dans les lois de Gondebaud, de Clotaire et de Childebert II[2].

Ainsi les vieux principes du droit germanique ont peu à peu disparu, faisant place aux règles du droit romain légèrement modifiées par la marche naturelle du temps. Ce grand changement ne s'est pas accompli seulement en Gaule ou en Italie ; on pourrait le constater dans la Germanie elle-même.

---

rogavi: quod testamentum, si quo (casu) jure civili aut jure prætorio vel alicujus novæ legis interventu valere nequiverit..., ad vicem codicillorum valere id volo. — Cette mention du droit civil et du droit prétorien, fort inopportune au septième siècle, se retrouve dans le testament de Burgundofara (*Diplomata*, t. II, p. 16) et dans celui de Hadoind (p. 69). C'était de style dans la langue des praticiens ; il est visible que cela n'était plus compris, mais datait de très loin.

[1] *Rogo... archidiaconum ut, cum testamentum meum apertum fuerit, ipso prosequente, gestis municipalibus secundum legem faciat alligari.*

[2] Paul, *Sententiæ*, V, 2, 3. — Code Théodosien, IV, 13. — *Novelles de Valentinien*, 26, Hænel, p. 215. — *Lex Burgundionum*, LXXIX, 2-5. — *Chlotarii præceptio*, 13, Borétius, p. 19. — *Childeberti decretio*, 5, Borétius, p. 16 : *Omnes omnino tricenaria lex excludat.* — *Lex Wisigothorum*, X, 2, 5. — Entre présents, c'est-à-dire quand le vrai propriétaire était sur les lieux, la prescription était de dix ans, de vingt pour les mineurs ; en tout cas, il n'y avait plus de réclamation possible après trente ans. — Voyez *Turonenses*, 39.

CHAPITRE IV

Ce que c'était que l'alleu.

On rencontre très souvent dans les textes de l'époque mérovingienne le mot *alodis* ou *alotis*, qui s'est changé ensuite en *alodium* et qui est devenu plus tard le français *aleu* ou *alleu*[1].

On a construit sur ce seul mot tout un système. On a supposé d'abord qu'il désignait une catégorie spéciale de terres qui auraient été tirées au sort. De cette hypothèse non démontrée on a tiré la déduction logique que les Francs avaient dû, à leur entrée en Gaule, s'emparer d'une partie des terres et qu'ils se les étaient partagées entre eux par la voie du sort. D'où cette conséquence encore qu'il y aurait eu, à partir de cette opération, une catégorie de terres nommées *alleux*, lesquelles auraient eu comme caractère distinctif d'appartenir à des Francs, de leur appartenir par droit de conquête, d'être par essence réservées à des guerriers, et de posséder certains privilèges, tels que l'exemption d'impôt. Ces déductions aventureuses ne sont pas de la science. C'est par l'observation des documents qu'il faut chercher la vérité.

Quand on a lu tous les textes de l'époque mérovingienne, la première chose qu'on y remarque, c'est qu'aucun d'eux n'indique que les Francs aient enlevé tout ou partie des terres aux Gaulois. Il n'en est même aucun

---

[1] Nous avons employé plus haut l'orthographe *alleu* pour nous conformer à l'usage ordinaire. Dans ce chapitre, où nous sommes en présence des textes, nous adopterons plus souvent l'orthographe *aleu*, qui leur est plus conforme.

qui indique qu'ils aient pris ou qu'on leur ait distribué les terres du fisc impérial; les documents marquent, au contraire, que ce sont les rois qui ont gardé pour eux les terres du fisc, en en donnant une part aux églises. De partage de terres entre les Francs il n'est jamais question. On ne trouve pas, parmi tant de documents de ces siècles-là, une seule allusion à un tirage au sort.

Nous pouvons faire encore cette remarque. Les chartes mentionnent plus de 900 terres, en marquant au sujet de chacune d'elles à quel titre le propriétaire la possède. Il la possède souvent par achat, quelquefois par donation, le plus souvent par héritage. Pas une seule fois il n'est dit qu'un propriétaire possède une terre par suite d'un partage entre les guerriers. Cherchez parmi tant d'exemples une terre qui ait été acquise « par le tirage au sort » ou « par droit de conquête » ou « par le droit de l'épée », vous n'en trouvez pas une.

L'opinion que les alleux seraient des terres acquises par des guerriers n'est exprimée par aucun des écrivains de l'époque mérovingienne, ni de l'époque suivante. De tous les monuments écrits qui nous laissent voir quelles étaient les pensées des hommes, il n'en est pas un qui permette de croire qu'ils aient eu une telle pensée dans l'esprit. Cette opinion est toute moderne. Si l'on cherche, chez les érudits qui l'ont soutenue, sur quel fondement ils l'appuient, on voit qu'ils ne citent pas un texte, qu'ils ne présentent aucune autorité[1].

Pourtant les textes où se rencontre le mot *alodis* abondent. Il suffisait de les lire. Ces passages sont fort

---

[1] Montesquieu, *Esprit des lois*, XXX, 7 et 8. — Guizot, *Essais sur l'histoire de France*, édit. de 1844, p. 65 et suiv., p. 159 et suiv. — Gaupp, *Dissertatio inauguralis*, 1842. — Pardessus, *Loi salique*, p. 534-541. — Zœpfl, *Deutsche Rechtsgeschichte*, édit. de 1872, t. III, p. 140, p. 168. — Garsonnet, *Hist. des locations perpétuelles*, p. 205 et 208.

clairs; ils ne prêtent pas à une double interprétation. Il fallait les regarder, on y trouvait facilement la signification du mot *alodis*.

Dans la Loi salique il y a un titre 59 qui porte pour rubrique *De alode* ou *De alodibus*. De quoi est-il question dans le texte? De guerriers? de tirage au sort? de terres privilégiées? Rien de tout cela. Il n'est parlé que du droit de succession, de l'hérédité. Le texte dit *hereditas*, la rubrique dit *alodis*; c'est manifestement la même chose[1]. Il est impossible de traduire cette rubrique *De alode* autrement que par « de l'héritage » ou « des successions ». On peut faire la même observation sur la Loi des Ripuaires et sur celle des Thuringiens. Ce que les articles de ces lois appellent *hereditas* est appelé *alodis* dans la rubrique de chacun d'eux[2].

Dans la Loi des Bavarois nous voyons un conflit entre deux voisins sur les limites de leurs propriétés; ils se présentent devant le juge, et l'un d'eux dit : « C'est jusqu'à cette ligne-ci que mes ancêtres ont tenu la terre et qu'ils me l'ont laissée en aleu, *in alodem mihi reliquerunt*. » On reconnaît bien qu'il s'agit ici d'une terre laissée en héritage[3].

Étudions maintenant les formules. Il y en a quatre

[1] *Lex Salica*, LIX : *De alode*, § 1 : *In hereditate succedant*; § 2 : *Hereditatem obtineant*; § 4 : *Hereditatem sibi vindicent*; § 5 : *Nulla in muliere hereditas*. — Deux manuscrits, Paris 4404, c. 88, et Wolfenbuttel, c. 99, contiennent encore un article *De alode patris*, De la succession du père.

[2] *Lex Ripuaria*, codices B, LVIII : *De alodibus. In hereditatem succedant.... In hereditatem aviaticam non succedat.* — *Lex Angliorum et Werinorum*, VI : *De alodibus. Hereditatem defuncti filius suscipiat.... Heres ex toto succedat... filia ad hereditatem succedat.*

[3] *Lex Baiuwariorum*, XII, 8, Pertz, Leges, t. III, p. 312. Walter, XI, 5. — Ibidem, II, 1, 5 : *Ut nemo alodem aut vitam perdat.* Dans ce second exemple, *alodis* signifie plutôt propriété, ou bien les deux idées de propriété et de patrimoine se confondent.

qui ont pour objet un partage de succession entre frères. Elles appartiennent à des provinces différentes : l'une est du pays de Tours, l'autre du pays de Sens, la troisième du pays de Paris, la quatrième est rangée parmi les formules dites saliques du recueil de Bignon[1]. Elles se ressemblent, complètement pour le fond, presque complètement pour la forme. La phrase capitale, dans toutes les quatre, est celle où les frères déclarent « qu'il y a accord entre eux pour partager à l'amiable l'héritage de leur père ». Or, dans cette phrase, l'héritage est exprimé une fois par le mot *hereditas*, trois fois par le mot *alodis*. La formule de Tours dit : *Placuit atque convenit inter illum et germanum suum illum ut hereditatem paternam inter se dividere vel exæquare deberent*. La formule de Sens dit : *Placuit atque convenit inter illum et germanum suum illum de alote qui fuit genitoris ut dividere vel exæquare deberent*. On voit tout de suite, en lisant ces deux phrases si exactement semblables, que ce qui est appelé *hereditas paterna* dans l'une est appelé *alodis genitoris* dans l'autre. Les deux termes sont synonymes. Aussi lisons-nous à la fin d'une formule qu'après un partage de succession chacun des deux frères s'engage à ne plus rien réclamer de l'héritage paternel, *ex alode genitoris*[2].

On pourrait supposer à première vue que cet alleu ou alode est spécialement une terre. Mais les deux formules de Marculfe et du recueil de Sens énumèrent les objets qui sont partagés, et nous voyons qu'il s'y trouve, en même temps que des terres, des meubles, de l'or, des

---

[1] *Turonenses*, 25, Zeumer, p. 149. — *Senonicæ*, 29, Zeumer, p. 197. — Marculfe, II, 14, Zeumer, p. 84. — *Salicæ Bignonianæ*, 19, Zeumer, p. 235. Rozière, nos 122, 123, 124, 126.

[2] Marculfe, II, 14.

bijoux, des étoffes[1]. L'*alodis genitoris* n'est donc pas seulement la terre du père, c'est tout ce qu'il laisse; c'est, comme on dit aujourd'hui, la masse entière de sa succession.

Observons encore les formules de testament. En voici quatre qui ont un même objet; c'est un père qui veut que les enfants d'un fils ou d'une fille prédécédée aient une part de sa succession. Toutes ces lettres ont même objet et mêmes formes; elles sont adressées aux petits-fils; dans trois d'entre elles, le grand-père commence par dire : « D'après la loi, vous ne pourriez pas entrer en partage de ma succession; » et cela est exprimé trois fois par ces mots : *Per legem in alode meo minime succedere poteratis*[2]. La quatrième formule exprime la même chose par les mots : *In hereditate minime succedere poteras*[3].

Si nous prenons, de même, les formules de donation ou de vente, nous y voyons maintes fois le donateur ou le vendeur indiquer qu'il possède la terre par héritage de ses parents. Cela est exprimé, dans une moitié des formules, par les mots *ex successione parentum meorum*, et dans l'autre moitié par les mots *ex alode parentum meorum*[4]. On y remarque qu'en général l'expression *ex alode* s'oppose à l'expression *ex attracto* ou *ex comparato*, qui désigne l'achat, exactement comme aujourd'hui le patrimoine s'oppose aux acquêts.

---

[1] Marculfe, ibidem : *Accepit ille villas.... De præsidio vero drappos, fabricaturas, supellectile.* — Senonicæ, 29 : *Etiam aurum, argentum, drapalia, æramen, peculium, inter se visi fuerunt dividisse.*

[2] *Formulæ Turonenses*, 22 : *Per legem in alode meo minime succedere poteratis.* — Marculfe, II, 10 : *Per lege in alode meo accedere minime potueratis.* — Merkelianæ, 26 : *Et vos in alode minime succedere poteratis.*

[3] Senonicæ, 45 : *Sicut Lex Salica continet, minime in hereditatem succedere poteras.*

[4] Voyez notamment dans le recueil de Rozière les n°ˢ 247, 248, 268, 271.

Dans une formule de concession d'usufruit viager, le concessionnaire s'engage à ne tenir la terre que sa vie durant et à ne pas la laisser en héritage à ses héritiers, *nec ad heredes meos in alode relinquere*[1]. Une autre formule énumère les diverses sortes de chartes qu'une famille possède dans ses archives ; ce sont: actes de vente, actes de donation, actes d'échange et actes d'héritage, *de alode parentum*[2].

Les chartes sont d'accord avec les formules. Dans toutes, l'expression *ex alode* se dit de ce qu'on possède par héritage et s'oppose à *ex comparato, ex attracto, ex labore*, qui se disent des acquêts. C'est ainsi que Godin et sa femme Lantrude font donation des terres qu'ils possèdent « tant par aleu que par acquêt[3] ». Ermembert et Erménoara donnent des terres, champs, prés, forêts « qu'ils ont de l'héritage de leurs parents, *de alodo patrum*[4] ». Vigilius, Amalfred, Réolus, Ansbert parlent aussi des terres qu'ils tiennent « d'aleu de leurs parents[5] ». Abbon, dans son testament, distingue parmi ses nombreux domaines ceux qu'il a acquis par achat, *comparavit*, et ceux qu'il tient d'héritage, *ex alote parentum*[6].

---

[1] *Formulæ Bignonianæ*, 21, Rozière, n° 342, 2.
[2] Marculfe, I, 33 : *Instrumenta cartarum, per venditionis, donationis, commutationis titulum, vel de alode parentum.*
[3] *Diplomata*, n° 186 : *Quidquid tam de alode quam de quolibet attracto habemus.*
[4] *Diplomata*, n° 256 : *Campis, silvis, pratis... tam de alodo patrum nostrorum vel undecunque ad nos pervenit.*
[5] *Charta Vigilii, Diplomata*, n° 365 : *Quæ de alode mihi pervenit.* — *Charta Amalfredi*, n° 404 : *Villas tam de alode parentum meorum quam de comparato.* — *Charta Reoli*, n° 406 : *Locum ex nostra proprietate, sive de alode parentum vel de quolibet attracto.* — *Charta Ansberti*, n° 437 : *Villam de alode parentum meorum.*
[6] *Testamentum Abbonis, Diplomata*, n° 559. Voyez encore un diplôme de Clovis III de 692 où il est parlé d'un personnage qui possède des terres *tam de alote parentum quam de comparato*. (Archives Nationales, Tardif n° 32, Pardessus n° 429).

CE QUE C'ÉTAIT QUE L'ALLEU.

Quand les rédacteurs du Polyptyque de Saint-Germain-des-Prés, écrivant au temps de Charlemagne, rappelaient que la villa Vitriacus avec sa forêt avait été l'*alodum* de saint Germain au temps de Clovis[1], il n'était certainement pas dans leur esprit que saint Germain eût été un guerrier franc, ni qu'il possédât cette terre par droit de conquête. Ils savaient même que ce n'était pas le roi franc qui la lui avait donnée; il la tenait en effet de son père Éleuthérius et de sa mère Eusébia, qui en avaient été propriétaires avant lui et la lui avaient laissée en héritage, *alodum*[2].

Je ne puis prolonger indéfiniment ces citations. Il est hors de doute que le sens du mot *alodis* à l'époque mérovingienne fut celui d'hérédité. Un peu plus tard, et surtout sous la forme *alodium*, il a signifié la propriété patrimoniale[3]. Plus tard encore, il s'est dit de toute propriété[4]. Mais qu'il ait désigné une classe spéciale de terres, c'est ce qu'on ne voit par aucun exemple

Tant de textes, qui sont tous d'accord, obligent l'historien à affirmer que l'aleu à l'époque mérovingienne n'est pas une terre, mais est le droit d'hérédité en vertu du-

---

[1] Polyptyque de Saint-Germain-des-Prés, X, I, p. 117 de l'édition Guérard : *Quæ silva cum ipsa villa fuit alodum S. Germani.... Ipsum alodum Germanus contulit ecclesiæ.*

[2] Ibidem, § 3, p. 118. Les Bollandistes placent la naissance de saint Germain vers 496.

[3] Chronique de Saint-Bénigne de Dijon, édition Bougaud, p. 64 : *Godinus dedit S. Benigno alodium juris sui cui vocabulum est Albiniacus.* — Dans une charte de 741 (*Diplomata*, n° 562), les expressions *allodium meum* et *possessio hereditaria* sont employées concurremment pour désigner la même chose. — *Chronicon Centulense*, I, 15 : *Paternæ hereditati quam nostrates alodium vel patrimonium vocant.* — Meichelbeck, *Hist. Frising. instrum.*, n°° 30, 36, 45, 72.

[4] On trouve déjà *alodis* avec le sens de propriété dans les *Merkelianæ*, 11 : *Campus est de latere terra illius et de alio latere et fronte alode illius.* Il paraît bien avoir aussi cette signification dans la *charta Girardi, Diplomata*, n° 196.

quel on possède soit une terre, soit tout autre objet. Nous voyons dans les textes que les biens meubles ou les esclaves sont possédés par aleu, c'est-à-dire par héritage[1].

Aussi les rédacteurs de chartes ne disent-ils pas, au moins dans les premiers siècles : Je possède un aleu, je donne un aleu, je vends un aleu. Vous ne trouvez pas une fois cette expression. Ils disent : Je donne ou je vends telle terre ou tel autre objet que je possède par aleu de mes parents.

Un riche testateur qui lègue plusieurs *villæ* n'écrit pas : Je lègue mes aleux. Il écrit : Je lègue mes domaines que je possède par aleu. Dans nos chartes et nos formules mérovingiennes le mot *alodis* n'est pas employé au pluriel. Nul n'écrit qu'il possède plusieurs aleux, même quand il est propriétaire de plusieurs domaines. L'aleu est l'ensemble des biens qu'un homme tient de ses parents ; quand cet homme meurt, son aleu est l'ensemble des biens qu'il transmet à ses fils, et cet aleu peut comprendre un nombre indéfini de *villæ*[2].

Dans nos documents, l'aleu existe pour le prêtre aussi bien que pour le guerrier. Vigilius et Réolus, qui parlent des terres qu'ils possèdent par aleu, sont deux évêques. Il existe pour les Romains aussi bien que pour les Francs.

L'aleu appartient aux femmes aussi bien qu'aux hommes. Comme elles héritent en beaucoup de cas, on dit dans les actes « qu'elles possèdent par aleu ». Nous voyons, par exemple, dans une formule d'Auvergne,

---

[1] *Formulæ Arvernenses*, 3 : *Ancillam meam cum infantis illius, quam de alode visi sumus habere.* — *Arvernenses*, 4 : *Servus qui de alode parentum meorum mihi obvenit.* — On possède aussi par *aleu* des affranchis : *Libertum Umbertum et filios ejus quos ex alode de genitore meo habeo* (*Testamentum Abbonis*, dans les *Diplomata*, II, 374).

[2] Voyez, par exemple, les formules de Marculfe, II, 9 et 14, où l'*alodis* comprend un grand nombre de *villæ*.

une femme donner mandat à son mari pour soutenir en justice ses intérêts en tout ce qui touche les biens dont elle est propriétaire, « soit par aleu de ses parents, soit par acquêt[1] ». Comme on hérite aussi des femmes, les chartes disent qu'un fils reçoit « l'aleu de sa mère[2] ». C'est ainsi que nous voyons les deux frères Ursinus et Beppolène se partager entre eux : 1° trois domaines qu'ils tiennent « de la *succession* de leur père Chrodolène »; 2° plusieurs autres domaines qu'ils tiennent « de l'*aleu* de leur mère[3] ». Ansbert possède des propriétés « d'aleu de ses parents, du côté de sa mère aussi bien que de son père[4] ». Ermanrade fait donation d'une villa, et il rappelle qu'il la tient « de l'aleu de sa grand'mère Guntrude[5] ». Abbon lègue trois domaines qui lui viennent « de l'aleu de sa mère Rustica[6] ». Chrodoin fait donation au monastère de Wissembourg de tout ce qu'il possède « soit par aleu de son père ou de sa mère, soit par achat[7] ». Il y a une formule où nous pouvons voir en quels termes deux époux se font une donation mutuelle de survie; le mari appelle « mon aleu » la succession

---

[1] *Formulæ Arvernenses*, 2 : *Quidquid de alode parentorum meorum aut de attracto.*

[2] Marculfe, II, 9 : *Vos omnem alodem genitricis vestræ recepistis.* — *Merkelianæ*, 22 : *Dum genitrix vestra de hac luce discessit, vos omni alode (omnem alodem) in vestram recepistis dominationem.*

[3] Archives nationales, Tardif, n° 6, Pardessus, n° 245 : *Ex successione genitoris sui Chrodoleni Ferrarias, Leubaredo, Eudoncovilla... vel villas illas quod in Rotoneco de alode materna....*

[4] *Charta Ansberti*, dans les *Diplomata*, n° 437 : *De alode parentum meorum tam de materno quam de paterno.*

[5] *Charta Ermanradi*, dans les *Diplomata*, additam., 18, t. II, p. 434 : *Villa ipsa est de alode aviolæ meæ Guntrudis.*

[6] *Testamentum Abbonis*, dans les *Diplomata*, n° 559, t. II, p. 375 : *Ex alode genitricis meæ Rusticæ.*

[7] *Codex Wissemburgensis*, n° 247 : *Quod de alode parentum meorum mihi legibus obvenit tam de paternium quam de maternium, seu de comparato.* — Autre exemple, *ibidem*, n° 234 : *De alode paterna vel materna.* — Ce second acte est de l'année 675, le premier est des environs de 725.

qu'il laissera après lui, et la femme écrit aussi dans le même sens « mon aleu[1] ».

Il n'est presque pas une charte où l'acquisition par héritage ne soit mentionnée. Elle l'est tantôt par l'expression *ex successione*, tantôt par l'expression *ex alode*. Les deux termes reviennent sans cesse, ou l'un ou l'autre, toujours à la même place, dans des phrases identiques, et manifestement avec la même signification. Ils sont tout à fait synonymes. Nous avons cherché si chacun d'eux appartient spécialement à une région, à une province. Il n'en est rien. Le mot *alodis* se rencontre dans des actes écrits en Anjou[2], en Touraine[3], en Auvergne[4], dans la région de Paris[5], dans la région de Sens[6], dans le Rouergue[7], en Dauphiné[8], en Provence[9], en Bourgogne[10], dans le pays d'Auxerre, dans le Vermandois, à Compiègne, à Autun[11], en Alsace[12] et sur la rive droite du Rhin[13]. Or, de toutes ces provinces, nous avons d'autres actes qui, au lieu du mot *alodis*, em-

---

[1] Marculfe, II, 7 : *Dono tibi, dulcissima conjux mea, omne corpus facultatis meæ tam de alode aut de comparato... quantumcunque de alode nostra post meum discessum....* — *Similiter ego illa, dulcissime jugalis meus.... quod de alode mea post meum discessum....*

[2] *Formulæ Andegavenses*, 1, Zeumer, p. 4.

[3] *Formulæ Turonenses*, 22.

[4] *Formulæ Arvernenses*, 2, 3, 4, Zeumer, p. 29-30.

[5] Marculfe, I, 33 ; II, 7 ; II, 10 ; II, 14.

[6] *Formulæ Senonicæ*, 29 et 45.

[7] *Diplomata*, n° 245 : *In Rutenico pago ex alode genitricis*.

[8] *Testamentum Abbonis, Diplomata*, n° 559.

[9] Cartulaire de Saint-Victor de Marseille, n° 83 : *De alode parentum meorum*.

[10] *Diplomata*, n° 186. Chronique de Saint-Bénigne de Dijon, p. 64.

[11] *Diplomata*, n°ˢ 363, 404, 406, 437.

[12] Schœpflin, *Alsatia diplomatica*, I, p. 13. — *Diplomata*, n° 542.

[13] *Codex Wissemburgensis*, n°ˢ 18, 23, 234, 246, 247, etc. — Neugart, n°ˢ 283, 287, etc. — Beyer, 14, 15, 25, etc. Le mot a toujours le sens d'héritage, aussi bien en pays germanique qu'en Gaule. Beyer, n° 25 : *Quod genitor meus mihi in alodo reliquit*.

ploient *hereditas*. Les deux termes étaient donc employés également dans les mêmes pays, et aucun des deux n'appartenait spécialement à une province.

Nous avons cherché encore si les deux termes, qui semblent bien appartenir à deux langues différentes, n'étaient pas employés de préférence par l'une ou par l'autre race. On s'attendrait, en effet, à voir les Francs dire *alodis* et les Romains *hereditas*. Il n'en est rien. Des actes qui sont rédigés par des Romains, conformément à la Loi romaine, portent le mot *alodis*. Cela est frappant dans une formule du recueil de Tours ; elle commence par alléguer la *Lex romana* ; elle vise une règle qui appartient exclusivement au droit romain ; et pourtant dans cet acte, qui n'a rien de commun avec le droit franc, l'auteur emploie deux fois le mot *alodis* pour désigner sa succession[1]. Dans une formule du recueil de Bourges, un donateur qui invoque le *jus prætorium* et l'*auctoritas sacrorum imperatorum*, et qui fait enregistrer son acte à la curie, appelle son patrimoine *alodis genitorum meorum*[2]. Dans une autre formule, qui est absolument romaine pour le fond et pour la forme, et qui cite exactement un titre du Code Théodosien, le donateur appelle son patrimoine *alodis mea*[3]. Nous pourrions faire la même observation sur trois autres formules ; elles sont visiblement romaines, et c'est le mot *alodis* que nous y trouvons[4]. Par contre, d'autres actes qui sont rédigés par des Francs et qui

---

[1] *Formulæ Turonenses*, 22.

[2] *Formulæ Bituricenses*, 15 : *Sacrorum imperatorum sensit auctoritas.... Qui jure postulat prætorio et gestis requirit municipalibus.... Hæc omnia tam de alode genitorum meorum quam de attracto.*

[3] *Formulæ Turonenses*, appendice, 2, Zeumer, p. 164 ; le titre du Code Théodosien qui y est cité se trouve en effet dans la *Lex romana Wisigothorum*, III, 5.

[4] *Formulæ Arvernenses*, 6 ; *Andegavenses*, 1 et 41.

allèguent la Loi salique, emploient de préférence le mot *hereditas*. Ainsi, l'homme qui se plaint que sa loi exclue ses filles de sa succession ne peut pas être un Romain ; il se sert du mot *hereditas*[1]. C'est encore *hereditas* qu'écrit un donateur qui déclare se conformer « à la Loi salique et à l'antique coutume »[2]. Vigilius, qui est un Romain et un évêque, dit qu'il tient ses biens, « de l'aleu de ses parents[3] ». Abbon, qui est du midi de la Gaule, qui est fils de Félix et de Rustica, qui parle du droit prétorien, et qui dans son testament se conforme à la règle romaine de la quarte Falcidienne, paraît bien être de race romaine ; il emploie six fois le mot *alodis*[4]. D'autre part, Adroald, qui écrit dans le pays de Thérouenne, Berchaire à Reims, Irmina à Trèves, Bertilende en Toxandrie, écrivent *hereditas*[5]. Voyez les chartes de Wissembourg, de Fulda, de Saint-Gall ; les donateurs écrivent quelquefois *alodis*, plus souvent *hereditas* ou *successio*. Ainsi les deux races avaient également le droit d'employer toutes ces expressions. Et peut-être ne distinguaient-elles pas que l'une fût germanique et l'autre romaine. C'est le caprice du rédacteur qui fait qu'il écrit « héritage » ou qu'il écrit « aleu ». Quelquefois le même homme, dans la même charte, à quelques lignes de distance, emploie tour à tour les deux termes, afin d'éviter une répétition de mot[6].

---

[1] Marculfe, II, 12.
[2] *Formulæ Merkelianæ*, 15.
[3] *Diplomata*, n° 363.
[4] *Testamentum Abbonis, Diplomata*, n° 559, p. 370-377 ; le *jus prætorium* est cité à la page 370, la *Falcidia* à la page 375.
[5] *Diplomata*, n°ˢ 312, 569, 448, 476.
[6] Voyez, par exemple : *Senonicæ*, 42 : *Ex hereditate... ex alode parentum*. Ibidem, 45 : *In hereditate succedere... in alode parentum*. De même la formule de Marculfe, II, 7, contient les deux expressions *de hereditate* et *de alode*. — De même, dans les *Diplomata*, n° 562, nous

On a beaucoup cherché l'étymologie du mot *alode* ou *aleu*. Il est facile de constater qu'il n'existait pas dans le latin classique. Est-ce une raison suffisante pour croire tout de suite qu'il soit d'origine germanique? On ne le trouve pas plus dans l'allemand que dans le latin.

Sans doute il a été facile de trouver en allemand deux syllabes qui correspondissent à peu près pour le son à ce qu'on voulait avoir. Les érudits ont pris d'un côté le mot *all*, qui signifie tous, et d'autre côté le mot *od*, qui signifiait *biens*, et ils ont soutenu que leur réunion avait pu former le mot *alod*[1]. Mais c'est un procédé d'étymologie assez puéril que d'expliquer un mot par le rapprochement arbitraire de deux radicaux différents; cela fait sourire les vrais philologues et leur rappelle un peu trop l'étymologie proverbiale de *cadaver, caro data vermibus*. Il faudrait d'ailleurs montrer que la réunion des deux syllabes *all* et *od* s'est faite dans les idiomes germaniques. Or dans aucun de ces idiomes le mot *alod* n'a existé. Vous ne le trouvez ni dans l'allemand d'aujourd'hui, ni dans tout ce qu'on sait du vieil allemand, du vieux gothique, ou des langues scandinaves. Si l'on y trouvait ce mot *alod*, il resterait à montrer encore qu'il signifiât héritage, puisque c'est en ce sens que notre mot *alode* a été d'abord employé. Or les deux syllabes *all* et *od*,

voyons un homme désigner ses biens d'abord par les mots *possessio mea hereditaria*, puis par les mots *allodium meum*.

[1] Grimm, *Deutsche Rechtsalterthümer*, p. 493. Maurer, *Einleitung*, p. 14. Eichhorn, *Deutsche Staats und Rechtsgeschichte*, chap. 55. Pardessus, *Loi salique*, p. 538. Guérard, *Polyptyque d'Irminon, Proleg.*, p. 476. Mullenhof, *Die Sprache der Lex Salica*, à la suite de Waitz, *Das alte Recht*, p. 278. — J'ai combattu cette opinion en 1873, dans des études publiées par la *Revue des Deux Mondes*. M. Glasson la reprend dans son troisième volume, p. 87, mais il n'apporte aucun argument nouveau.

en supposant qu'elles forment un même mot, donneraient le sens de « tous les biens », et non pas le sens d'héritage. Les hommes du sixième siècle, lorsqu'ils écrivaient *alodis*, n'entendaient certainement pas tous leurs biens, mais seulement ceux qu'ils tenaient par succession. Ils n'entendaient pas non plus par là des biens possédés en plus complète propriété que les autres, puisque nous voyons par toutes leurs chartes qu'ils possédaient de la même manière les biens acquis *ex comparato* que les biens acquis *ex alode*. L'étymologie de *all-od* ne se soutient donc ni philologiquement ni historiquement. Ce qu'il faut que l'on cherche, c'est un mot germanique qui ait signifié héritage et qui ait pu produire la forme *alod*. Tant qu'on ne l'aura pas découvert, l'étymologie de notre terme *alodis* restera une question pendante.

S'il est impossible de trouver l'origine du mot, il est facile au moins d'en observer l'emploi. On ne le trouve ni chez les Wisigoths, ni chez les Burgundes, ni chez les Lombards, ni chez les Saxons; en sorte qu'on ne peut pas dire que les différentes branches de la race germanique l'aient emporté de leur commune patrie. Il n'existe, au sixième siècle, qu'en Gaule. Au septième, il s'étend chez quelques peuples germains, mais seulement chez ceux qui subissent l'influence des rois qui règnent en Gaule[1]. Au huitième, au neuvième, il devient d'un emploi fréquent dans la Germanie soumise aux princes carolingiens. Il semble qu'on peut conclure de là que le mot *alode* est né en Gaule, qu'il est propre à la Gaule, et qu'il n'est sorti de la Gaule qu'autant que

---

[1] Chez les Bavarois, *Lex Baiuwariorum*, II, 1, 3; XII, 8. *Lex Alamannorum*, XLV. *Lex Angliorum et Werinorum*, XI; mais le mot *alodis* n'est que dans la rubrique; les articles portent *hereditas*.

l'influence de la Gaule s'est étendue au dehors. Je ne sais s'il est issu du gaulois ou du bas latin ou d'un idiome franc, mais c'est en Gaule qu'il a été employé. Comme d'ailleurs on ne le rencontre pas chez les écrivains, chez les poètes, ni dans les lettres du temps, comme on ne le trouve que dans des actes et des formules d'actes, on peut admettre qu'il a appartenu spécialement à la langue des praticiens et des notaires de la Gaule.

On voudrait savoir quel est le plus ancien document où l'on rencontre cet aleu. Il me semble qu'on ne peut hésiter qu'entre les formules d'Anjou et celles d'Auvergne.

Voici d'abord une formule angevine, qui porte la date de 530 ou 514[1]. Il y a bien peu de temps que l'Anjou appartient aux Francs. L'acte d'ailleurs n'a rien de germanique; il est présenté à la curie d'Angers, en présence du *defensor*, du *curator*, du corps des curiales, et est inscrit sur les registres municipaux[2]. Tout est romain ici. La loi qui est suivie est contraire à la Loi franque; car il s'agit d'une femme qui déclare tenir des terres de ses parents, non en vertu d'un testament ou d'une donation, mais par hérédité légitime, ce que la Loi franque n'autorisait pas encore[3]. Or l'hérédité

---

[1] *Formulæ Andegavenses*, 1 : *Annum quartum regni domini nostri Childeberti regis.* M. de Rozière a établi qu'il ne se peut agir ici que de Childebert Ier, qui ne régna en Anjou qu'à partir de l'année 526. Zeumer croit aussi qu'il s'agit de Childebert Ier, mais il fait partir son règne, même pour l'Anjou, de 511, et il adopte ainsi la date de 514-515.

[2] *Andegavenses*, 1 : *Juxta consuetudinem, Andecavis civitate, curia publica resedere in foro.... Rogo te, defensor ille, ille curator, ille magister militum* (ce dernier titre, si pompeux qu'il soit, ne désigne que le chef de la police municipale, et est tout romain), *vel reliqua curia publica, ut codices publicos patere jubeatis.*

[3] C'est une femme, en effet, qui parle : *Illas portiones meas quas ex alote parentum meorum legibus obvenit vel obvenire debet.* La même

y est appelée *alodis*. Cette formule porte les mots *anno quarto regni Childeberti*, c'est-à-dire 514 ou 530, suivant la manière de dater. Cela ne prouve pas absolument que la formule n'ait été composée qu'à cette époque. Cela prouve seulement que le rédacteur du formulaire a emprunté cette formule à un acte de 530 qu'il avait sous les yeux. Mais il se peut bien que l'acte de 530 ait été fait déjà sur une formule plus ancienne. En tout cas, la formule est absolument romaine, et pour le fond et pour la langue[1].

Une autre formule angevine est un modèle de testament mutuel entre deux époux qui se donnent les trois quarts de leurs biens[2]. Pourquoi les trois quarts? C'est que le droit romain, en vertu de la loi Falcidia, n'autorisait la donation entre époux que dans cette limite. C'est pour cela que les auteurs de l'acte déclarent si formellement qu'ils réservent un quart de leurs biens pour leurs héritiers légitimes[3]. Dans cette formule, qui n'a aucun rapport avec les coutumes germaniques, le mot *alode* est employé deux fois.

Les Francs ne se sont jamais établis en Auvergne[4].

---

phrase se trouve répétée dans la seconde moitié de la formule, et le tout se termine par : *mandatum Andecavis civitate curia publica*.

[1] Pour juger cela il ne faut pas faire attention aux solécismes apparents qu'un élève de nos collèges y relèverait. Il faut savoir que le latin de la pratique n'était pas tout à fait le même que le latin de Cicéron. Il faut songer aussi que le latin vulgaire n'avait jamais tenu grand compte des terminaisons. Ce qui me frappe dans cette formule, c'est le juste emploi de chaque mot au sens romain.

[2] *Formulæ Andegavenses*, 41.

[3] *Illam quartam vero portionem reservarunt... quartam portionem ad heredes meos propinquos reservavi*. — Sur la *quarta Falcidia* en droit romain, voyez Gaius, II, 227; Ulpien, XXV, 14; Digeste, XXXV, 2, 24; Code Théodosien, II, 19, 4; XVI, 8, 28; Institutes, II, 22; Code Justinien, VI, 50; *Lex romana Wisigothorum*, Hænel, p. 58. *Formulæ Turonenses*, 17.

[4] Grégoire de Tours, *Historiæ*, III, 12; *Miracula Juliani*, 23.

Il est curieux que ce soit en Auvergne que le mot *alode* soit le plus fréquent. Du formulaire de cette province il ne nous est parvenu que six formules; *alode* s'y trouve quatre fois. Si vous lisez ces six formules, vous pouvez compter qu'il y est parlé de l'hérédité quatre fois, et, les quatre fois, cela est exprimé par *de alode*[1].

La formule qui porte le n° 3 est un acte par lequel un maître affranchit quelques esclaves qu'il possède « par aleu ». L'acte est passé « dans la cité d'Auvergne ». Tout y est romain. Rien n'y révèle la présence ni l'influence des Germains. C'est la Loi romaine qui y est alléguée. L'affranchissement y est fait suivant des modes romains. Il y est parlé à la fois de l'affranchissement par la vindicte, et de l'affranchissement dans l'église tel que l'avait réglé Constantin[2]. Or la formalité de la vindicte n'était plus usitée ni au sixième ni même au cinquième siècle ; l'indication de la vindicte dans une formule est donc la marque que cette formule est ancienne. Remarquons encore dans le même document qu'il est dit que le maître peut à son choix faire de son esclave « un citoyen romain, un latin, ou un déditice[3] ». Or l'affranchi déditice, qui n'est certainement pas de l'époque mérovingienne, n'existait même plus aux derniers siècles de l'empire ; le Code Théodosien ne parle pas de lui, et le Code Justinien ne rappelle la vieille expression d'affranchi déditice que pour

---

[1] *Formulæ Arvernenses*, 2, 3, 4, 6.

[2] *Propterea vindictam habui liberare ancillam meam...*, *Arvernis civitate, domo ecclesiæ ante cornu altaris, in præsentia presbyteris....* — La *vindicta* est signalée aussi dans les *Bituricenses*, 9.

[3] *Quidquid persona... de ejus mancipia, data libertate, conferre voluerit, secundum legem romanam hoc facere potest, id est, latina, dolitia, et civis romana.* La formule emploie ces derniers mots au féminin parce qu'il est question de l'affranchissement d'une *ancilla*. *Dolitia* est visiblement pour *detitia* ou *dedititia* (Rozière, p. 89 ; Zeumer, p. 30).

dire qu'elle est vide de sens et qu'on ne la comprend même plus[1]. Voilà donc encore un indice de l'antiquité de cette formule. Les premiers praticiens qui l'ont composée vivaient apparemment en un temps où les trois sortes d'affranchissement existaient encore ; et c'est dans cette formule qu'on lit les mots *de alode*.

Tout cela ne prouve pas que le mot *alodis* appartînt par l'étymologie à la langue latine ; mais il faut bien constater qu'on le trouve d'abord dans des actes romains ; et l'on peut penser que dès les derniers temps de l'empire, et sans attendre l'établissement des Germains, il était entré dans la langue des praticiens de la Gaule romaine. Ensuite, Francs et Romains s'en servirent également, par cette raison que l'héritage était chose également romaine et germanique[2].

Si l'on avait observé avec attention l'emploi de ce mot *alodis* et la signification qu'il a si clairement dans plus de trois cents exemples qu'on en a, on se serait épargné bien des hypothèses sur le caractère et sur l'origine des aleux. On n'aurait pas professé que l'aleu fût une terre tirée au sort, ni qu'il fût spécialement la terre du guerrier.

Pas une seule fois il n'est dit, ni dans les lois, ni dans les chartes, ni dans les écrits historiques, qu'il y eût deux classes de terres, les unes réservées aux Francs, les autres possédées par les Romains. Toute terre peut appartenir successivement à des hommes de

---

[1] Code Justinien, VII, 5 ; Institutes, I, 5, 3 : *Dedititiorum conditio jam ex multis temporibus in desuetudinem abiit*. Salvien, qui parle de l'affranchi latin, ne parle pas de l'affranchi déditice.

[2] Le mot *alodis* se rencontre aussi dans des chartes de la région du Rhin, et avec le même sens qu'en Gaule. *Codex Wissemburgensis*, 109 : *De alode paternico aut maternico*. Ibidem, 38, 39, 103 : *Tam de alode quam de comparatione*. — *Codex Fuldensis*, 38 et 68 : *De alode parentum*. Jamais il ne signifie : terre du guerrier.

l'une et de l'autre race. Le Franc peut vendre ou léguer sa terre à un Romain, le Romain à un Franc. Nul échange n'est interdit. Pour la transmission du sol, les lois et les chartes ne connaissent aucune distinction ni de race, ni de condition sociale, ni de sexe. Qu'il y ait eu des terres propres aux guerriers et réputées plus nobles que les autres, c'est ce dont on n'aperçoit pas le moindre indice. La propriété foncière du Franc ressemble exactement à celle du Romain, celle du prêtre à celle du laïque, celle de la femme à celle du guerrier.

Nous avons d'ailleurs montré, dans un volume précédent, qu'il n'exista jamais de caste guerrière dans l'État mérovingien. La Loi salique ne parle pas une seule fois de guerriers. De même la Loi ripuaire. Il n'y a aucune trace de guerriers dans les capitulaires des rois francs. Lisez les récits historiques, même ceux qui ont rapport aux guerres, vous n'y voyez jamais qu'il y ait des hommes qui soient soldats par profession, encore moins par naissance et par l'effet de la race; vous y voyez au contraire que, pour chaque guerre, tout le monde est soldat sans distinction de race ou de profession. Nos cinq cents chartes mérovingiennes ne contiennent pas une seule fois un mot qui signifie guerrier.

Rien n'est plus nécessaire en histoire que de se faire une idée juste du sens des mots. A côté d'*alodis* ou aleu, il faut observer aussi le mot *sors*, qui est assez fréquent dans nos textes. Un article de la Loi des Burgundes emploie les deux expressions *sortem suam* et *terram suam* comme étant deux expressions synonymes, et en même temps il rapproche le mot *sors* du mot *possessio*[1]. *Sors* est donc une propriété foncière. La même

---

[1] *Lex Burgundionum*, LXXXIV, 1 : *Quia cognovimus Burgundiones*

Loi dans trois autres articles l'emploie avec la signification d'héritage ; *sors patris* est visiblement l'héritage du père[1]. On le rencontre aussi, avec le sens de propriété foncière, dans la Loi ripuaire, où la *sors* d'un particulier, c'est-à-dire sa propriété, est entourée d'une limite que la loi appelle *marca*[2]. On le trouve aussi dans la Loi salique, mais dans un seul manuscrit ; il y désigne une propriété privée[3]. La Loi des Wisigoths désigne l'acte d'enclore sa propriété par les mots *sortem suam claudere*[4]. Nous retrouvons ce terme dans les chartes. Ainsi, dans une charte d'Alsace, un donateur fait don d'une propriété en champs et forêts qu'il appelle *sors*[5].

Ne pensons pas que ce mot s'applique seulement aux propriétés des barbares. La Loi des Wisigoths appelle *sortes* les propriétés des Romains comme celles des Goths[6]. Le cartulaire de l'église de Ravenne, qui a un caractère si ecclésiastique et si romain, appelle *sortes*

SORTES SUAS *nimia facilitate distrahere, hoc credidimus statuendum ut nulli vendere* TERRAM SUAM *liceat, nisi illi qui alio loco* SORTEM *aut* POSSESSIONES *habet*.

[1] *Lex Burgund.*, LXXVIII : *De hereditatum successione statuimus ut, si pater cum filiis sortem suam diviserit....* On voit dans cette phrase que *hereditas* et *sors* sont deux mots qui se correspondent. — XLVII, 3 : *Sceleratorum filii... qui non culpari poterunt... sortem parentum vel facultatem vindicabunt.* — De même, aux titres, I, 1 et XIV, 5. — Dans la formule 350 de Rozière, *sors* signifie partage de succession : *Res quas contra coheredem meum mihi partiendo sors legitima contulit.*

[2] *Lex Ripuaria*, LX, 5 : *Si extra marcam in sortem alterius fuerit ingressus*, « si quelqu'un, franchissant la limite, est entré sur la terre d'un autre, il payera une amende de 15 *solidi* ». Le paragraphe précédent est relatif aussi aux limites des propriétés.

[3] *Lex Salica*, manuscrit de Leyde, *Vossianus*, 119, édit. Hessels, p. 411 ; édit. Holder, p. 48 : *Qui in mansionem aut sortem*.

[4] *Lex Wisigothorum*, VIII, 5, 5. — De même dans Cassiodore, *Lettres*, VIII, 26 : *Sortes propriæ*.

[5] *Codex Wissemburgensis*, n° 262 : *Dono in perpetuum sorte una campo et silva insimul*. Et plus loin : *Sortis medietatem*.

[6] *Lex Wisigothorum*, X, 2, 1 : *Sortes gothicæ et romanæ quæ intra quinquaginta annos non fuerint revocatæ, nullo modo repetantur*

les terres d'église ; on y voit que le mot était d'un usage courant dans la langue de la pratique rurale en Italie, et qu'il est employé comme synonyme de *possessiones*[1]. Ne pensons pas non plus que le mot ne s'applique qu'aux propriétés des guerriers. Le titre XIV de la Loi des Burgundes montre une jeune fille qui est entrée au couvent et qui pourtant prend sa part de la fortune patrimoniale de son père, *sortis jure*[2].

Quelques érudits, à la seule vue de ce mot *sors*, ont supposé tout de suite un tirage au sort. C'est être dupe d'un mot et d'une apparence. Il suffit de regarder les textes où ce mot se rencontre, pour voir qu'aucun tirage au sort n'y est jamais mentionné. Il est plus sage de se borner à constater l'emploi du mot et l'objet réel qu'il désigne. C'est un mot de l'ancienne langue latine, et il était déjà employé, avec ce même sens de propriété ou de patrimoine, avant les invasions[3]. La langue latine n'a pas été autant altérée par les invasions que quelques-uns le supposent. Il n'y a pas à être surpris que ses radicaux aient conservé leur signification. Sans être aussi affirmatif sur le mot *sors* que sur le mot *alodis*, nous inclinons à croire que les deux termes ont été synonymes, c'est-à-dire ont présenté à l'esprit des

---

[1] Fantuzzi, *Monumenti Ravennati*, t. I, p. 2, 8, 12, 38, 46, 47, 51, 53, 66, 69, 71, etc. Notez surtout, p. 89 : *Sortes vel possessiones*; p. 51 : *De sorte et portione*; p. 112 : *Concedistis nobis sortes et possessiones vestras*, et cela s'applique à l'église.

[2] *Lex Burgund.*, XIV, 5 : *De puellis quæ se Deo voverint, si duos fratres habuerit, tertiam portionem de hereditate patris accipiat, hoc est de ea tantum terra quam pater ejus sortis jure possidens mortis tempore dereliquit.* — De même, au titre Ier, les mots *terra sortis titulo acquisita* signifie la terre patrimoniale.

[3] Le grammairien Festus dit : *Sors patrimonium significat*. Nous lisons au Code Théodosien, XI, 1, 15, a. 366, que la contribution de l'*annone* sera proportionnelle à l'étendue des propriétés, *annonarias species pro modo sortium*. Comparez le κλῆρος des Grecs.

hommes les mêmes idées de patrimoine et de propriété. L'un appartenait à la langue classique, l'autre à la langue vulgaire.

Il en est de même du mot *consortes*. Il avait dans l'ancienne langue latine trois significations assez voisines l'une de l'autre. Il se disait de cohéritiers qui se partageaient un patrimoine (*sors*). Il se disait aussi de voisins dont les propriétés (*sortes*) se touchaient. Il se disait enfin de ceux qui pour quelque raison se partageaient un domaine (*sors*)[1]. Dans la langue du septième siècle le mot conserve ces trois significations. Tantôt il signifie cohéritiers[2]; tantôt il signifie voisins[3]; quelquefois il se dit de deux hommes qui sont indivisément propriétaires d'un bien foncier[4].

Ces études de mots ont une grande importance dans la science historique. Un terme mal interprété peut être la source de grandes erreurs. Quelques érudits, rencontrant ce mot *consortes* et le croyant nouveau, ont pensé qu'il représentait une chose toute germanique, et ils se sont figuré des communautés agraires que les Germains

---

[1] Voyez Cicéron, *in Verrem*, II, III, 25; Paul au Digeste, XXVII, 1, 31; Sidoine Apollinaire, *Lettres*, IV, 24 *in fine*; Code Théodosien, X, 14, 1.

[2] Voyez, par exemple, un diplôme de 6.1, n° 253. — Dans le même sens, Théodulfe, édit. Migne, p. 287. — Cf. *Consortium*, partage de succession, dans la Loi des *Burgundes*, LI, 3, dans les *Turonenses*, 21, dans Marculfe, II, 11, et dans les *Diplomata*, I, p. 202, *absque consortio fratrum meorum*.

[3] Cela est frappant dans la Loi ripuaire, LX, 3 : *Si quis consortem suum quantulumcunque superpriserit, cum 15 solidis restituat. Superprendere* signifie prendre sur la terre du voisin. — De même dans la Loi des *Burgundes*, XLIX, 1 : *Animalia vicini aut consortis sui damnum facientia*; XLIX, 3 : *Vicinis suis et consortibus contestetur*. — *Lex Wisigothorum*, XI, 1, 5.

[4] C'est le sens qu'a le mot *consors* dans la *Lex Wisigothorum*, X, 1, 6; X, 1, 7. J'incline à croire qu'il a le même sens *ibidem*, VIII, 6, 5. — On trouve aussi la même signification dans le *Papianus*, XXX, 4 : *Agrorum consortes*.

auraient formées en Gaule. Il y a une grande imprudence à bâtir tout un système sur un mot dont on n'a pas étudié le sens.

CHAPITRE V

Est-il vrai que les Francs aient pratiqué la communauté de village?

Dans ce qui précède, nous avons analysé tous les documents de l'époque mérovingienne; ils nous ont tous montré la propriété privée. Toutes les lois, toutes les chartes la marquent en traits indiscutables. Je vois pourtant, en dehors des documents, c'est-à-dire dans des livres modernes, une opinion fort en vogue, d'après laquelle les Francs auraient pratiqué un régime de « communauté agraire » ou tout au moins « de communauté de village ». Je ne dois pas passer à côté de cette opinion sans examiner si elle est conforme à la vérité[1].

[1] Voici les principaux auteurs ou champions de cette théorie : Von Maurer, *Einleitung zur Geschichte der Mark*, 1854. — Sohm, *Reichs und Gerichtsverfassung*, 1871, p. 117, 209, etc. — Viollet, *De la propriété collective*, 1873. — De Laveleye, *Des formes primitives de la propriété*, 1874. — Lamprecht, *Deutsches Wirthschaftsleben*, 1886. — Nous avons discuté le livre de Maurer dans la *Revue des Questions historiques*, avril 1889. Nous ne l'avons pas discuté par des raisonnements, car ce n'est jamais ainsi que nous procédons. Nous avons simplement pris l'un après l'autre *tous* les textes allégués par l'auteur, et il a suffi d'une vérification bien facile pour montrer qu'ils étaient faux. Maurer, avec une inconcevable légèreté, avait pris des chartes de pleine propriété privée pour des preuves de communauté; ou bien, là où une loi parlait d'un bien commun à deux cohéritiers qui pouvaient le partager, il avait pris cela pour le communisme agraire. Lamprecht a repris la même théorie, mais sans citer un seul texte à l'appui. M. Paul Viollet s'est fait le champion du même système en France; nous avons vérifié aussi *tous* ses textes, et nous avons montré qu'il n'en est aucun qui ne soit ou inexact ou dénaturé. L'histoire ne se fait pas ainsi.

Il est certain que l'imagination se figure volontiers ces Francs entrant en Gaule à l'état de tribu d'hommes libres et égaux ; volontiers aussi elle se les figure s'établissant par petits groupes, fondant des villages et y vivant en petites associations démocratiques. Mais l'histoire ne se fait pas par l'imagination. Elle est une science, et c'est par l'observation qu'elle procède. Pour que nous ayons le droit de dire qu'une ancienne société a eu telle institution ou tel régime, il faut que les documents laissés par cette société contiennent la marque de cette institution ou de ce régime. En dehors des documents, il ne peut y avoir que fantaisie et erreur.

L'époque mérovingienne a laissé de nombreux témoignages de son genre d'existence et de ses habitudes. D'elle nous possédons trois codes de lois, plus de deux cents chartes relatives à la possession du sol, des récits historiques et une cinquantaine de biographies de personnages du temps. On reconnaîtra bien que si un régime de communauté de village avait existé, on en trouverait quelque indice dans ces récits historiques, dans ces biographies, surtout dans ces lois et dans toutes ces chartes.

J'ai lu *tous* ces documents, non pas une fois, mais plusieurs fois, non pas par extraits, mais d'une manière continue et d'un bout à l'autre. Je puis déclarer qu'il ne s'y trouve pas une seule ligne qui mentionne un usage commun des terres ou une communauté de village. Les milliers d'anecdotes du temps ne contiennent rien de pareil. Pas un article des lois n'a rapport à une telle communauté. Toutes ces lois sont faites pour la propriété privée, pas une pour une jouissance commune ou un partage annuel du sol. Joignez aux deux cents chartes mérovingiennes toutes celles qui se trouvent dans nos cartulaires de France ou dans les recueils de *traditiones* de Germanie jusqu'au dixième siècle, vous aurez ainsi des milliers de chartes; elles ont toutes pour objet la vente ou la donation, ou l'échange, ou le testament; toutes par conséquent sont des actes de pleine propriété privée. Vous n'y trouvez pas une seule fois, avant le dixième siècle, un mot qui signifie communauté; il n'y est jamais fait mention d'une association de village. Pas une fois vous n'y voyez les gens d'un village se réunir spontanément, délibérer entre eux, prendre une décision quelconque. Dans ces milliers d'actes de vente ou de donation, il est toujours dit que la terre appartiendra « en pleine et perpétuelle propriété » au nouvel acquéreur « comme elle appartenait en pleine et absolue propriété à l'ancien maître ». Ce n'est jamais à une communauté de village que la terre est donnée ou vendue. Pas une seule fois non plus ce n'est une communauté de village qui la vend ou la donne. Le vendeur ou le donateur, dans nos milliers de chartes, est toujours un propriétaire unique. Toujours aussi ce propriétaire écrit dans sa charte qu'il a acquis cette terre par achat d'un propriétaire antérieur, ou qu'il la tient de son père, de son grand-père, de ses ancêtres. Jamais il ne dit qu'il la tient d'une communauté. Notons encore un point : Dans ces milliers d'actes nous ne voyons pas une seule fois que le vendeur ou le donateur ait eu à demander l'autorisation d'aucune communauté; il n'a pris l'avis de personne; il n'a averti personne. Son droit était absolu et sans nulle dépendance. Ainsi il n'y a même pas à supposer qu'une communauté ait exercé un domaine éminent par-dessus ses membres. Non seulement ces milliers d'actes ne contiennent pas une ligne qui révèle une communauté, mais encore ils sont tous, par le fond et par leurs expressions mêmes, absolument incompatibles avec un régime de communauté.

Mais autant les documents sont clairs, unanimes, incontestables en faveur de la propriété, autant sont ardents et convaincus les théoriciens de la communauté. Ils omettent de dire que toutes les lois et les milliers de chartes sont contraires à leur système. Mais ils disent avoir découvert quelques mots dans les lois, quelques lignes dans sept ou huit chartes, qui suffisent à leur faire croire à la communauté. Ils soutiennent cela en un langage si afifrmatif et sont si sûrs d'eux-mêmes, qu'involontairement le lecteur en est un peu ébranlé et accorde son adhésion à des théories qui ne manquent pas d'un certain attrait.

Pour être sûr de la vérité, il n'y a qu'un moyen. Ces auteurs affirment qu'ils ont trouvé trente ou quarante textes; il faut voir si ces textes existent. Ce que nous avons de mieux à faire, pour nos lecteurs et pour nous, c'est de prendre l'un des ouvrages où cette théorie est soutenue, d'observer l'un après l'autre chaque texte cité et de le vérifier. Il est clair que si les citations sont exactes, c'est qu'il existe réellement une quarantaine de textes révélant la communauté, et nous devrons le reconnaître.

Nous allons faire loyalement cette épreuve, en invitant le lecteur à la faire avec nous. Fastidieux travail; mais il n'y a rien de plus important en histoire que la méthode. Il est bon que le lecteur sache et voie par ses yeux comment on trouve la vérité ou comment on ne trouve que l'erreur. Le dernier en date parmi ceux qui soutiennent le système des « terres communes » est M. Glasson, au tome III de son livre sur les Institutions de la France, de la page 71 à la page 82. Nous n'allons pas discuter l'opinion de l'auteur, encore moins contester son talent d'écrivain et son incomparable habileté de polémiste; nous allons seulement examiner ses citations.

1° La première, page 71, est de Marius d'Avenches, qui, suivant M. Glasson, aurait parlé de ces terres communes sous le nom de *marca*. Je me reporte au texte de Marius et je lis seulement ceci : « Le patrice Mummolus, poursuivi par le roi Gontran, se réfugia dans les limites du royaume de Childebert, c'est-à-dire à Avignon. » De terres communes pas un mot[1]. M. Glasson a ajouté au texte ce qui n'y est pas. La citation est donc inexacte.

2° L'auteur cite encore, pour prouver que la *marca* est une terre commune, la Loi des Ripuaires, LX, 5. Vous vous reportez au texte et vous trouvez tout le contraire. Ce titre LX ne s'occupe que des propriétés privées et surtout des limites, *terminatio, butinæ, mutuli*, dont toute propriété privée s'entoure; et le § 5 punit d'une amende quiconque aura franchi les limites d'une propriété. On voit ici tout le contraire de terres communes. Cette citation prouve justement l'opposé de l'affirmation qu'elle est censée soutenir[2].

---

[1] *Chronicon Marii*, édit. Arndt, p. 15 : *Mummolus patricius in marca Childeberti, id est Avenione, confugit.* — On sait que le sens ancien du mot *marca* est celui de limite ou frontière. Avignon appartenait à Childebert, Orange à Gontran ; Mummolus franchit donc la frontière qui séparait les deux royaumes. Comment M. Glasson a-t-il vu là des terres communes? Qui a jamais pensé que le pays entre Avignon et Orange fût un territoire abandonné à la communauté?

[2] *Lex Ripuaria*, LX, 5 : *Si quis extra marca in sortem alterius ingressus fuerit, judicium compellatur adimplere.* — Nous avons déjà vu que le mot *sors* signifie une propriété privée. Cf. *Lex Wisigothorum*, VIII, 8, 5 : *Sortem suam claudere; Lex Burgundionum*, 78 : *Si pater*

Il n'est pas inutile de dire en quoi consiste l'exactitude des citations. Une citation n'est pas exacte par ce seul fait que la phrase se retrouve bien à l'endroit indiqué par l'auteur : il faut encore qu'elle ait le sens que l'auteur lui attribue. Si vous affirmez une chose, et que votre citation prouve le contraire, votre citation est inexacte.

3° A la même page et sur le même sujet, M. Glasson allègue la Loi des Alamans, titre 47. Je me reporte au texte et je lis : « Si quelqu'un s'est emparé d'une femme libre et l'a vendue hors de la frontière, il payera 80 solidi. » Voilà encore un texte qui ne marque en aucune façon que les terres soient communes[1].

4° A la page 72, l'auteur affirme que « les forêts et même les terres labourables étaient en commun », et il cite la Loi des Burgundes, titres 1 et 51. Voici le titre 1 : « Au sujet de la faculté laissée aux pères de faire des donations, nous avons décrété que le père, avant de faire le partage entre ses fils, pourrait, sur sa fortune encore indivise et sur ses acquêts, faire des donations à qui il voudrait[2]. » On voit bien qu'il n'y a pas ici de

---

cum filiis sortem suam diviserit. — Lex Salica, addit., Behrend, p. 112 : *Si quis in mansionem aut sortem..., etc.* — Quant au mot *marca* du § 5, il correspond exactement au mot *terminatio* du § 4. Lisez les deux articles, vous n'aurez aucun doute sur la signification du mot *marca*.

[1] *Lex Alamannorum*, 47 : *Si quis feminam liberam extra marcam vendiderit, 80 solidis componat.* — Il faut lire les titres 46, 47 et 48 pour bien voir le sens du mot *marca* ; on remarquera que *extra marcam* du titre 47 correspond exactement à *extra terminos* du titre 46, et s'oppose à *intra provinciam* du titre 48. — Il faut se rappeler que la Loi des Bavarois, XIII, 9, Pertz, p. 316, dit en termes exprès que *marca* est synonyme de *terminus* ; *foras terminum, id est foras marcam*.

[2] *De præstita patribus donandi licentia decrevimus ut patri, etiam antequam dividat* (entre ses fils, suivant l'usage burgunde), *de communi facultate et de suo labore cuilibet donare liceat.* — Le mot *facultas*, employé plus de 60 fois dans les textes mérovingiens, signifie une fortune, un corps de biens ; *corpus facultatis*. Voyez, par exemple, Marculfe, II, 7 ; II, 8 ; I, 35 : *Andegavenses*, 37 et 41 ; *Turonenses*, 17 ; *Diplomata*, n° 245, *et alias passim* ; *Edictum Chlotarii*, a. 615, c. 6 ;

terres communes; la loi ne s'occupe au contraire que d'une fortune patrimoniale. Voilà donc encore un texte interprété à rebours, et certainement M. Glasson ne le citerait pas s'il l'avait lu.

5° Le titre 31 est cité avec la même légèreté. De ce qu'on y lit les mots *in communi campo*, on a conclu tout de suite qu'il s'agissait de terres « communes à tous ». Il fallait lire la phrase entière. La loi parle d'un champ qui est commun à deux hommes, c'est-à-dire d'une copropriété. Voici l'article : « Quiconque, dans un champ qu'il possède par indivis, aura planté une vigne, devra donner en retour une égale part de terre à celui à qui appartient le champ[1]. » Cela est clair. La loi nous montre bien manifestement deux propriétaires en commun et vise le cas où l'un d'eux fait un changement dans leur propriété commune. Tout cela est l'opposé de « terres communes à tous ».

6° Vient ensuite une citation de la Loi des Ripuaires, titre 86, qui devrait prouver la communauté des terres. Mais le titre 86 ne parle que d'un vol de cheval. La citation est donc fausse de tout point. D'ailleurs dans toute la Loi ripuaire il n'est pas question une seule fois d'une communauté agraire.

Grégoire de Tours, *Hist.*, IX, 34 *in fine*; X, 31, 12; *Frédégaire*, 21, 22. *De communi facultate* signifie donc la fortune commune à la famille et que le père va partager. M. Glasson, parce qu'il a vu le mot *communi*, s'est imaginé tout de suite des terres communes à tous. Non; si ces terres étaient communes à tout un village, le père n'aurait pas à les partager entre ses fils. — *Labor* signifie ce que l'homme a gagné par son travail, ce que nous appelons les acquêts.

[1] *Lex Burgundionum*, 31 : *Inter Burgundiones et Romanos id censuimus observandum ut quicumque in communi campo, nullo contradicente, vineam plantaverit, similem campum illi restituat in cujus campo vineam posuit.* Et la loi ajoute : *Si post interdictum quicumque in campo alterius vineam plantare præsumpserit, laborem suum perdat, et vineam is cujus est campus accipiat.*

7° Toujours pour prouver que « les terres sont mises en commun », l'auteur cite la Loi des Wisigoths, VIII, 5, 2. Nous cherchons le passage. Au livre VIII, le titre 5 est intitulé *De pascendis porcis*, et le § 2 a trait aux contestations qui surgissent entre voisins au sujet de la glandée ; la loi veut que chacun envoie dans la forêt un nombre de porcs proportionné à ce qu'il possède de propriété. Qu'une forêt fût ainsi commune, pour la jouissance de la glandée, à plusieurs propriétaires de biens ruraux, c'est ce qui s'était déjà vu en droit romain, et la Loi romaine avait prononcé que la jouissance de chacun dans la forêt serait « au prorata de ce qu'il avait de terres en propre ». C'est ce que répète la Loi des Wisigoths. Personne ne peut penser qu'un règlement sur la glandée entre propriétaires fonciers soit une preuve de communauté agraire.

8° M. Glasson cite encore, pour appuyer la même assertion, deux formules du recueil de Rozière, n°˚ 137 et 339. J'ouvre le recueil. Le n° 137 est un acte par lequel un père règle sa succession. Le n° 339 est un acte par lequel une femme fait donation de terres qu'elle tient de la succession de son père. Dans les deux cas, c'est le contraire de la communauté. Encore deux citations fausses.

9° L'auteur présente ensuite cette singulière note : *Diplômes dans Eccard*, pages 863, 883, 886, 889, 896. Voilà cinq textes ; cherchez-les dans les nombreux ouvrages d'Eccard, vous finirez par les trouver dans son second volume des *Commentarii de rebus Franciæ orientalis*; mais quand vous les aurez trouvés, vous vous apercevrez en les lisant qu'ils sont tout l'opposé de ce que dit M. Glasson. Ils devaient prouver, suivant lui, que « même les terres labourables sont exploitées en commun ». Or, à la page 863, c'est un diplôme de Charlemagne confirmant un « échange de propriétés » entre un évêque et un comte ; la pleine propriété y est marquée en termes énergiques ; de communauté, pas un mot. A la page 883, c'est encore un échange de propriétés entre un comte et un évêque, et chacun donne à l'autre ce qu'il possède en propre, terres, maisons et esclaves. A la page 886, il s'agit d'un domaine que Louis le Pieux déclare être « sa propriété, » *nostræ proprietatis*, et qu'il a concédé en bénéfice à un comte. A la page 889, c'est une donation que fait le même empereur d'une villa à un monastère, toujours en pleine propriété. Enfin, à la page 891, c'est un diplôme de Charles le Chauve qui donne 31 *hobæ* à une église, et qui transfère cette terre « de son droit et propriété dans le droit et propriété de cette église », *ex nostro jure et dominatione in jus et dominationem ecclesiæ transfundimus*. Non seulement il n'y a pas dans ces cinq diplômes un seul mot qui, de près ou de loin, puisse signifier communauté ou exploitation en commun, mais encore ces cinq textes sont, dans toutes leurs expressions, la démonstration manifeste de la propriété privée. Au lieu de prouver ce qu'avançait M. Glasson, ils en prouvent l'opposé. Encore cinq textes faux.

10° « Les lois barbares, dit M. Glasson, contiennent des prescriptions sur les droits de chacun dans les bois et pâturages communs. » Et il cite la Loi des Burgundes, aux titres 13, 31 et 54, § 2. Je m'y reporte, et je vois que le titre 13 parle d'une forêt qui est, non pas commune à tous, mais seulement commune à deux hommes dont l'un est l'hôte de l'autre. Il est ainsi conçu : « Si le Romain ou le Burgunde a fait un défrichement dans une forêt qui leur est commune, il devra donner à son hôte une part égale de forêt et il gardera son défrichement à lui seul sans que son hôte y ait aucune part[1]. » Voilà encore qui est le contraire de « forêt commune », car si cette forêt avait été commune à tous, ce n'est pas à un homme seul, ce n'est pas à son hôte que l'auteur du défrichement devrait une compensation. Nous ne reviendrons pas sur le titre 31, dont nous avons montré le sens. Quant au titre 54, 2, il contient un règlement au sujet de terres qu'un Burgunde et un Romain tiennent indivisément, et n'a rien de commun avec une indivision générale des terres. Voilà donc encore trois citations inexactes. Non seulement elles ne prouvent en rien que « les lois contiennent des prescriptions sur les droits de chacun dans les terres communes », mais, tout au contraire, on ne peut avoir lu ces lois sans être frappé de l'absence complète de pareilles prescriptions.

Les règlements qui seraient nécessaires pour une jouissance commune sont justement ce qui manque le plus dans ces codes barbares. Et cela aurait dû être remarqué.

11° L'auteur cite sur le même sujet la Loi des Wisigoths, VIII, 5, 2 (nous avons déjà vu ce texte) et X, 1, 8 et 9. Ces deux derniers passages sont relatifs, comme le passage correspondant de la Loi burgunde, à telle forêt qui est restée indivise entre un Romain et un Goth. Pas un mot de forêts communes à tous.

12° M. Glasson cite ensuite un diplôme de 815 pour prouver qu'il se faisait des partages annuels de terre, ce qui serait un signe de communauté. Ce diplôme, dit-il, est dans Neugart, t. I, n° 282. Je me reporte au recueil

---

[1] *Si quis tam burgundio quam romanus in silva communi exartum fecerit, aliud tantum spatii de silva hospiti suo consignet, et exartum quem fecit, remota hospitis communione, possideat.*

de Neugart et, en effet, au n° 282 je trouve le diplôme de 815. Mais, qu'il parle d'un partage de terres, il s'en faut de tout. C'est une donation d'immeubles en toute propriété. Le mot *partage* n'y est même pas. Le donateur, nommé Wolfinus, déclare donner des biens fonciers qui lui viennent de son père. Voilà bien la propriété patrimoniale et héréditaire. Pourquoi cet acte est-il cité ici? Un mot mal écrit a été la cause de l'étrange méprise. Wolfinus, en faisant sa donation, a énuméré les différentes sortes de terres dont elle se composait. C'est ce qu'on voit dans toutes les chartes. Toujours le donateur écrit : je donne telle villa comprenant maisons, esclaves, terres arables, vignes, prés, forêts, cours d'eaux. Dans les chartes de la région et du temps où écrivait Wolfinus, nous lisons : *terras arabiles, prata, ariales, vineas, silvas, aquas*. Mais le copiste a écrit *terras anales, prata, vineas, aquas*[1]. *Anales* n'est pas un mot latin; il y a donc visiblement une faute du copiste. M. Glasson suppose tout de suite qu'il a voulu écrire *annales*; il aurait dû songer que l'expression *terræ annales* ne se rencontre pas une seule fois dans les milliers de chartes de ces quatre siècles. Quel en serait d'ailleurs le sens? M. Glasson (ou celui à qui il emprunte cela) suppose que *annales* doit signifier « ce dont on change chaque année »; mais on ne trouvera pas un seul exemple de cette signification, ni dans le latin classique, ni dans le latin du moyen âge. D'ailleurs une simple observation du texte montre que cette signification est impossible ici; M. Glasson n'a pas aperçu que ces *terræ anales*, Wolfinus déclare les tenir de son

[1] Neugart, *Codex diplom. Alemanniæ*, t. I, p. 153, n° 282: *Ego Wolfinus... trado et transfundo... quidquid genitor meus genitrici meæ ad dotem dedit, id sunt... anales terras, mancipia, prata, pascua, vineas, aquas.*

père ; ce ne sont donc pas des terres de partage annuel. Ce n'est pas *annales* que le copiste devait écrire, parce que ce mot ne se rencontre jamais dans les chartes similaires et ne présenterait aucun sens. Il suffit d'être familier avec les recueils de chartes de cette région et de cette époque pour voir que le copiste a écrit *anales* pour *ariales*, confondant l'*r* et l'*i* en un *n*[1]. Ainsi, voilà une charte qui serait, s'il en était besoin, une preuve de la propriété héréditaire ; M. Glasson, faute de l'avoir lue, la cite comme preuve d'un prétendu partage de terres communes.

13° A la page 73, « la Loi des Bavarois, dit M. Glasson, reconnut expressément le droit de convertir des terres communes en propriétés privées ». Cette assertion, qui aurait une importance capitale si elle était exacte, se trouve, dit-il, au titre XVIII de la Loi des Bavarois. Je cherche à l'endroit indiqué, et je trouve des prescriptions relatives à la sépulture des morts. Il y a évidemment erreur. Je relis le Code entier des Bavarois, et je ne trouve nulle part l'autorisation « de convertir des terres communes ». Et cela, par la bonne raison que ce code ne mentionne jamais de terres communes ni rien qui s'y rapporte. Il ne contient même pas le souvenir d'une ancienne communauté.

14° A la même page, l'auteur, voulant appuyer son système de la communauté de village, assure que les *vicini* avaient entre eux une telle solidarité, « que tous

---

[1] Le terme *arialis* ou *arealis* est fréquent dans les chartes de la région rhénane ; voyez le recueil de Wissembourg, n°° 9, 35, 52, 66, 157, 162, 170, et le *codex Fuldensis*, n°° 1, 16, 78, 82, 83, 86, 88, 89, 91, 106, 107, 117, etc. Il désignait, dans le domaine, les emplacements propres à bâtir ; ex : *Codex Fuldensis*, 169 : *Arialem cum structuris suis*. — Ibidem, 190 et 191 : *Arialem id est hovastat* ; ce qui me paraît signifier l'emplacement propre à édifier toutes les constructions d'une petite ferme ou *hoba*.

étaient responsables des crimes commis sur la terre commune et que, si l'on ne découvrait pas le coupable, tous payaient la composition à sa place ». Où a-t-il vu pareille chose? Ce n'est certes pas dans la Loi salique, ni dans la Loi ripuaire, ni dans les formules de jugements; il y aurait vu tout l'opposé. Mais il l'a vu, dit-il, dans les *capita extravagantia Legis Salicæ*, article 9. Je me reporte à l'endroit indiqué, et je trouve justement le contraire. La loi dit que « si un meurtre a été commis entre deux *villæ* et qu'on ne connaisse pas le coupable, le comte devra convoquer à son de trompe les habitants des deux *villæ* et leur dire : Je vous cite à comparaître au tribunal tel jour, et vous jurerez que vous êtes innocents du meurtre; si vous le jurez, aucune composition ne sera exigée de vous. » Voilà le texte. Où y trouve-t-on la solidarité des voisins? Où y voit-on qu'ils soient punis à la place du coupable? C'est le contraire qui est dit.

15° L'ingénieux auteur cite encore, pour prouver la responsabilité collective, le décret de Childebert II, art. 5, 11 et 12. Or l'article 5 prononce que tout meurtrier sera puni de mort, sans que ses parents et ses amis puissent l'aider à se racheter. C'est le contraire de la responsabilité collective. Les articles 11 et 12 ne la prouvent pas mieux. Ils visent une association de police pour la poursuite des vols, et il parle d'une *centena* qui est certainement tout autre chose qu'un village. Vient ensuite, sur le même sujet, une citation du décret de Clotaire II de 615, article 9. Je m'y reporte, et je vois qu'il n'y est question que de douanes et de tonlieus.

16° « Les lois, dit M. Glasson, page 73, reconnaissaient l'existence d'une justice spéciale aux *vicini* », ce qui serait, suivant lui, une preuve de communauté.

Mais de cette justice spéciale il n'est pas dit un mot dans la Loi salique, dans la Loi ripuaire, dans la Loi burgunde. L'auteur ne cite que le titre IX de la Loi des Bavarois et le titre X du code des Wisigoths. Or, si l'on se reporte aux deux passages cités, on voit que le titre IX de la Loi des Bavarois ne fait pas la plus légère mention d'une justice « des voisins ». Quant au livre X du Code des Wisigoths, il ne s'occupe que des propriétés privées et des lignes de *termini* qui les entourent. Encore deux textes faux.

L'auteur allègue encore, à propos de la « justice des voisins », le titre X de la *Lex Salica emendata*, au § 2. Ce paragraphe dit seulement que « celui qui aura brisé la haie d'un autre pour introduire des bestiaux dans son champ payera une amende »[1]. De justice des voisins, pas un mot, ni dans ce paragraphe ni ailleurs[2].

17° L'auteur veut prouver, page 74, que dans l'État franc « la *mark* avait sa coutume, que l'on appliquait dans les jugements ». La seule autorité qu'il cite est la Loi des Lombards, Rotharis, article 351. Mais l'article 351 des lois de Rotharis parle d'un vol de porcs, et ne contient ni le mot *mark*, ni un mot qui signifie coutume, ni un mot qui signifie jugement des voisins.

18° « Les juges et les cojureurs étaient nécessairement pris parmi les *vicini*. » Sur cette affirmation l'autorité alléguée est la Loi des Burgundes, XLIX, 3. Que lisons-nous à l'article indiqué? « Si un homme a trouvé

---

[1] *Lex Salica emendata*, X, 2, édit. Hessels, col. 62 : *Si quis propter inimicitiam aut superbiam sepem alienam aperuerit aut in messem aut in pratum pecora miserit,... æstimationem damni reddat et sol. 50 culp. judicetur.*
[2] On la trouve dans des textes carolingiens, mais elle n'a aucun rapport avec une communauté agraire.

dans sa propriété des chevaux appartenant à un autre et y faisant du dégât, il doit d'abord rendre ses voisins témoins du fait (sans doute pour estimer le dégât), puis il expulsera les chevaux[1]. » Rien de plus. Ces hommes sont des témoins, non des juges. Encore un texte dénaturé.

19° Sur le même sujet, on allègue le titre XVII de la Loi des Bavarois. Lisez tout ce titre XVII, vous y verrez qu'il est question de débats entre deux voisins au sujet de terres patrimoniales ; mais que « les voisins soient juges », il n'en est pas dit un mot.

20° L'auteur présente encore sur le même sujet l'article 3 du capitulaire de 797. Mais c'est un capitulaire spécial à la Saxe, *capitulare saxonicum*.

21° Il allègue enfin, toujours pour prouver que les juges sont pris parmi les habitants du village, la formule 409 du recueil de Rozière, qui est le n° 38 des *Senonicæ*. Étrange citation. Vous lisez la formule, et vous y voyez que la justice est rendue par le comte. Il est vrai que des voisins viennent comme témoins, mais la formule dit expressément qu'ils ne jugent pas. Voilà donc encore un texte qui prouve l'opposé de ce que l'auteur affirme[2].

22° Page 175[3], M. Glasson assure que « la vaine

---

[1] Tout le titre XLIX est *De animalibus damnum facientibus in clausura*. § 3 : *Si caballos in re sua damnum sibi facientes invenerit, vicinis suis et consortibus contestetur... et tertio die præsentibus testibus extra fines suos expellat*.

[2] *Formulæ Senonicæ*, 38 : *Mos nobilium Romanorum adsuevit.... Cum ille comes ad causas audiendum et recta judicia terminandum resedisset.... Et quia... vicini pagenses ad præsens venientes ita dixerunt vel testimoniaverunt quod ad hoc videndum accesserant, ille comes vel reliquæ francæ personæ decreverunt*. Notez qu'il s'agit ici d'un *apennis* et les voisins viennent seulement attester qu'une maison a été brûlée et que les *instrumenta cartarum* ont péri dans l'incendie. Il est inconcevable qu'on ait voulu voir ici une justice de village.

[3] J'omets les citations des notes 4, 5, 6 de la p. 74. Elles n'appartiennent pas au sujet. La note 4 est pour prouver que le roi envoyait souvent

pâture s'exerçait sur les champs même clos », ce qui serait, suivant lui, une preuve de communauté; et il cite la Loi des Wisigoths, VIII, 3, 9; VIII, 4, 23, 26, 27; VIII, 5, 2 et 5. On est d'abord surpris de ne voir citer que les Wisigoths d'Espagne, alors qu'il s'agit de l'État franc. La surprise redouble quand on se reporte aux passages indiqués. Le titre VIII, 3, 9, parle seulement de voyageurs, *iter agentes*, et tout de suite il est visible que les tolérances qu'on peut leur accorder n'ont aucun rapport avec la communauté de village. La loi dit que le voyageur, s'il n'a pas d'autre chemin, pourra traverser un champ, même si ce champ est entouré d'un fossé[1]. Est-ce là la vaine pâture, et y a-t-il là le moindre indice de communauté? Quant au passage VIII, 4, 23, il prononce que si un homme met des pièges dans sa propriété, il devra en avertir ses voisins. Les articles 26 et 27 concernent encore des voyageurs *iter agentes*. Le passage cité VIII, 5, 2, concerne la glandée, nous l'avons déjà vu. Reste l'article VIII, 5, 5; il dit bien que, si le propriétaire de pâquis ne s'est pas enclos, « l'usage de l'herbe est commun », mais il ajoute que si ce propriétaire s'est enclos, personne n'a le droit d'envoyer ses bestiaux chez lui. Cela est tout juste l'opposé de ce que disait M. Glasson[2].

des *missi* pour rendre la justice, ce qui est parfaitement vrai et ce qui est contraire à la prétendue justice de village. Les notes 5 et 6 concernent les *communia*. Or ces communaux, comme il en existe en tout pays, ne sont pas la même chose que la communauté de village. L'auteur n'en parle qu'en passant, bien que le sujet ait une réelle importance. Il est regrettable qu'il n'ait fait aucune recherche personnelle sur ce point.

[1] Voici le texte, VIII, 5, 9 : *Si quis vineam, pratum vel pascua habet... et fossas per circuitum constituat ut non nisi per vineam aut messem transitus esse possit, damnum quod viator intitulerit, ad viatoris culpam redundare non convenit. Campos vacantes si quis fossis cinxerit, iter agentes non hæc signa deterrant.*

[2] *Lex Wisigothorum*, VIII, 5, 5 : *Si in pascua grex alienus intraverit,*

23° M. Glasson affirme ensuite « qu'aucun habitant n'avait le droit exclusif de chasse », et pour prouver cela il cite le titre XXXV de la Loi salique. Ce titre dit simplement que « si un homme vole le gibier d'un autre ou tue le cerf que les chiens d'un autre ont lancé, il payera une amende ». Cela prouve-t-il que personne n'ait le droit exclusif de chasse sur ses propres terres?

24° Aux pages 75 à 77, M. Glasson présente cette affirmation : si un étranger veut s'établir « dans la marche », il a besoin du consentement « de tous les habitants », à tel point que « l'opposition d'un seul suffit pour l'obliger à se retirer ». Cela prouve, ajoute-t-il, que tous ces habitants « de la marche » ont « un droit de commune propriété », que le village franc est « une commune », qu'il est une association fermée où l'on n'entre qu'en sollicitant et obtenant un vote unanime, comme aujourd'hui dans les clubs aristocratiques. — Tout ce beau système, il l'appuie uniquement sur le titre XLV de la Loi salique, sans qu'aucun autre des mille documents de ces trois siècles puisse même se concilier avec cette théorie passablement étrange.

Mais regardez ce titre XLV de la Loi salique; vous n'y trouvez pas un mot de tout cela. D'abord le mot « marche » n'y est pas. Là où M. Glasson croit lire marche, c'est-à-dire territoire commun, c'est *villa* qui est écrit. Or la *villa*, nous le savons par des milliers d'exemples, fut toujours une terre de propriété privée, c'est-à-dire le contraire d'une marche commune. Pourquoi faire cette première altération au texte?

hoc quod de porcis constitutum est præcipimus custodiri (c'est-à-dire qu'il faut se reporter au paragraphe précédent, où il est dit que le propriétaire saisira les porcs et se fera payer une indemnité); *consortes vero vel hospites nulli calumniæ subjaceant, quia illis usum herbarum,* QUÆ CONCLUSÆ NON FUERUNT, *constat esse communem. Qui vero sortem suam clauserit....*

Puis il ne s'agit pas d'un étranger qui veut simplement « s'établir ». M. Glasson omet deux mots. La loi dit : « un étranger qui veut s'établir sur une terre qui ne lui appartient pas[1] ». Pourquoi faire cette omission? Ces mots de la loi ont une grande importance : ils montrent qu'il ne s'agit pas d'un étranger qui aurait acheté une terre, ou qui aurait hérité d'une terre, ou qui aurait eu quelque autre mode d'acquisition légitime; car alors la loi ne dirait pas qu'il est chez autrui, *super alterum*, il serait chez lui, et cet article ne le concernerait pas[2]. Nous devons donc écarter tout de suite cette idée bizarre qu'un homme n'aurait pas le droit d'acheter un champ ou de recevoir un legs dans un village, parce qu'un seul des villageois s'y opposerait.

D'ailleurs la loi ne dit nullement qu'il faille « le consentement des habitants » ; aucune expression de cette sorte ne s'y trouve. Encore moins dit-elle « de *tous* les habitants » ; le mot *tous* n'y est pas une seule fois. Y trouvez-vous au moins le mot « commune », le mot « communauté », le mot « association »? Rien de pareil. La loi dit *unus vel aliqui*, un ou plusieurs. Désigna-t-on jamais ainsi une communauté? J'admire ces esprits qui agrandissent tout et qui dans « un ou plusieurs » voient tout de suite une communauté et un corps constitué; pour moi, je ne puis voir tant de belles choses dans « un ou plusieurs », et il me semble aussi

---

[1] C'est le sens des mots *super alterum in villa migrare*. Sur le sens de *super* cf. Loi salique, XLVII, 1 ; LV, 5, Behrend, p. 72 et 93; Loi ripuaire, LXXVII. Voyez vingt fois le sens du mot *alter* dans la Loi salique, ou de l'adjectif *alienus*. Le manuscrit de Paris 9653 porte *super alterum in villam alienam*.

[2] On n'a pas assez fait attention à la rubrique de ce titre; dans 11 manuscrits, elle est *De migrantibus* ; dans 47, elle est *De eo qui villam alterius occupaverit*. Or beaucoup de ces manuscrits sont à peu près de même date.

que lorsque la loi dit « un ou plusieurs parmi ceux qui habitent la villa[1] », cela ne signifie pas « tous les habitants de la commune ».

Cette communauté n'est pas nommée une seule fois dans notre article. M. Glasson suppose pourtant qu'elle intervient, qu'elle décide, qu'elle agit, qu'elle a consenti tout entière, sauf un, à l'établissement du nouveau venu. Mais la loi ne dit rien de pareil. Jugeons-en : « Si quelqu'un veut s'établir dans une villa sur une terre appartenant à un autre, et qu'un ou plusieurs de ceux qui habitent dans la villa veulent qu'on le laisse s'établir, si un seul homme s'oppose, l'étranger n'aura pas le droit de s'établir. Alors, si cet étranger, malgré l'opposition d'un ou de deux, a eu la hardiesse de s'installer dans la villa, l'opposant doit le sommer devant témoins de s'en aller. Après trois délais de dix jours chacun, il cite l'étranger au tribunal... et il prie le comte de venir dans la localité pour l'expulser. Alors l'étranger expulsé, non seulement perd le fruit du travail qu'il a fait dans la villa, mais paye encore l'amende de trente *solidi* pour avoir violé la loi. » On voit bien ici qu'aucune communauté de village n'intervient. Est-ce qu'une communauté s'est réunie? Est-ce qu'elle a pris une décision? Pour procéder à l'application d'une loi, qui, suivant l'hypothèse, la regarderait seule, est-ce que c'est elle qui a agi? Un homme seul a pris l'initiative, et le comte seul, c'est-à-dire l'agent du roi, a procédé à l'exécution. Cette absolue inaction de toute communauté aurait dû être remarquée, et cela seul eût empêché de construire un faux système.

M. Glasson fait encore une autre inexactitude en tra-

---

[1] *Unus vel aliqui de ipsis qui in villa consistunt.*

duisant *villa* par village. Dans la langue du quatrième, du cinquième, du sixième siècle, le mot qui signifie village est toujours et invariablement *vicus*. Or *vicus* n'est pas dans l'article; c'est *villa* qui est écrit; il y est même répété quatre fois. Dans la langue des mêmes époques, la *villa* est toujours et invariablement un domaine, une exploitation rurale, qui appartient le plus souvent à un seul propriétaire. Aussi la rubrique de ce même article porte-t-elle dans quarante-sept manuscrits : *qui villam alterius occupaverit*; ce qui ne peut pas signifier : qui occupe le village d'un autre; mais bien : qui occupe le domaine d'un autre homme. Ainsi on veut tirer de cet article XLV la théorie d'une communauté de village, alors que l'article ne mentionne ni une communauté ni un village[1].

25° « Le droit de succession chez les Francs, dit M. Glasson, est *une preuve manifeste* (!) de l'existence d'une propriété commune au-dessus de la propriété privée. » Sur quel texte appuie-t-il cette affirmation? Ce n'est certes pas sur le titre de la Loi salique qui concerne les successions. Ce titre tout entier démentirait sa théorie trop manifestement. Il aime mieux s'appuyer sur un édit de Chilpéric, édit qui ne nous est parvenu que dans un seul manuscrit d'une rare incorrection, et qui n'a ni la valeur ni l'authenticité de la Loi salique; mais par son obscurité il a paru fort commode à tous les faiseurs de systèmes. Voyons au moins si M. Glasson le cite exactement. Il commence par traduire *quicumque vicinos habens* par « quiconque fait partie d'une com-

---

[1] Je sais bien que quelques érudits modernes ont décidé que, par exception, dans ce passage unique, *villa* signifierait village. Mais comme le mot n'a jamais cette signification, pas même dans les autres passages de la Loi salique et de la Loi ripuaire, je ne me crois pas autorisé à la lui attribuer dans cet unique passage pour les besoins d'un système.

munauté agraire, d'une *marca* ». Pourtant ce n'est pas tout à fait la même chose d'avoir des voisins ou de faire partie d'une communauté agraire. Il continue, et, rencontrant les mots *non vicini accipiant terras*, il en conclut « qu'avant cet édit la terre retournait aux membres de la communauté ». Le texte dit seulement : « Si la fille du défunt meurt et qu'il survive un frère, que ce frère prenne la terre, non les voisins[1]. » Cela ne signifie pas précisément que les voisins avaient eu jusque-là *le droit* de prendre la terre. Rien de pareil dans l'article, et la Loi salique dit formellement le contraire[2]. Les mots *non vicini* font allusion à un abus possible, non à un droit. Après cette première exagération, M. Glasson en commet une autre plus forte encore. Comme le législateur dit : « le frère du défunt héritera, et à défaut de frère sa sœur », sans rien ajouter de plus, M. Glasson ajoute quelque chose, lui, à savoir, qu'après le frère et la sœur « ce sont les *vicini*, c'est-à-dire la communauté agraire, qui sont appelés à la succession ». Et il ajoute cela comme si c'était dans l'édit. Mais regardez : cela n'y est pas[3]. M. Glasson a supposé que, parce que le roi a dit *non vicini* dans la première partie, il a dû vouloir que les voisins héritassent dans la seconde partie. Je suis tout prêt à avouer que l'imagination est une belle chose; mais je ne puis comprendre que les deux mots *non vicini*, à eux seuls, signifient que les voisins héritent. J'aime mieux m'en tenir à la Loi

---

[1] *Edictum Chilperici*, 3 : *Si filii defuncti fuerint, filia accipiat terras ipsas... Et si moritur, frater alter superstitus fuerit, frater terras accipiant, non vicini.*

[2] *Lex Salica*, LIX, 2 : *Si fratrem aut sororem dimiserit, ipsi in hereditatem succedant.* Il n'est pas question des *vicini*.

[3] Voici la phrase de l'édit : *Si frater moriens non derelinquerit superstitem, tunc soror ad terra ipsa accedat possidenda.*

salique qui dit qu'après le frère et la sœur tous les collatéraux viennent à la succession par ordre de parenté, et qui ne parle ni de voisins ni de communauté agraire¹.

26° M. Glasson termine par cette affirmation hardie : « On relève *dès le septième siècle* beaucoup d'actes où il est parlé de terres communes sous le nom de *marca*. » Mais il n'en cite aucun; et, en effet, pour qui a lu les textes de ses propres yeux, il n'y en a aucun. M. Glasson dit qu'il ne les cite pas « parce qu'il aurait l'embarras du choix ». Le mot est joli; mais que ne les citait-il sans choisir? Je me trouve ici en présence d'un procédé trop fréquent chez certains érudits : ils se répètent l'un l'autre et allèguent des documents qu'aucun d'eux n'a vus. Ainsi Schrœder a dit qu'il y avait des textes prouvant la communauté de *marche* au septième siècle, mais il n'en a pas cité un seul. Puis M. Kowaleski a copié Schrœder; puis M. Dareste a copié Kowaleski, puis M. Glasson a copié M. Dareste. Le lecteur aura peine à croire que quatre érudits se copiant l'un l'autre répètent si haut « qu'il y a des textes tant qu'on voudra » et ne puissent pas en montrer un seul. Ce procédé est-il digne de l'érudition?

27° Faute d'un texte d'époque mérovingienne, M. Glasson cite (page 82, note 1) une charte de 890 de l'abbaye de Saint-Gall, qui doit prouver la communauté de la mark. La charte est dans le *Urkundenbuch der Abtei S. Gallen*, 1866, t. II, p. 284, n° 680². Faisons d'abord

---

¹ *Lex Salica*, LIX, 4 : *Et deinde de illis generationibus quicunque proximior fuerit in hereditatem succedat.* — La Loi des Bavarois, de même, ne fait aucune mention d'une succession des *vicini*; quand il n'y a aucun parent, « c'est le fisc qui hérite », XIV, 9, 4.

² M. Glasson cite d'après Moser, ou d'après M. Viollet, qui l'empruntait lui-même à Moser, lequel n'en donnait qu'un extrait. Il est toujours im-

observer que ce recueil d'actes et tous les recueils semblables qui ont été publiés par Zeuss, Dronke, Lacomblet, Neugart, Meichelbeck et d'autres, contiennent des milliers de chartes qui sont toutes des actes de vente, de donation, d'échange, de précaire, c'est-à-dire des actes de pure et pleine propriété. Il y a donc quelque imprudence à M. Glasson à attirer l'attention sur de tels recueils ; le lecteur, s'il est au courant des textes, peut lui objecter qu'il préfère croire aux mille chartes de pure propriété qu'à la charte unique qui en serait l'opposé. Tout homme doué du sens historique sait fort bien que pour connaître un régime social il vaut mieux se rapporter à tous les textes qu'à un seul. On pourrait demander à l'auteur pourquoi il préfère un texte qui favorise son système à mille autres qui le contredisent. La charte alléguée ici ne pourrait être tout au plus qu'une exception ; encore faudrait-il pour cela que la citation fût exacte. Mais vérifions. Nous avons la charte sous les yeux. Elle mentionne un procès entre deux propriétaires : l'un est l'abbé de Saint-Gall, qui possède des terres dans le Rheingau ; l'autre est le comte Udalric, propriétaire d'une partie du Rheingau par donation que lui a faite récemment le roi Arnulf. La charte dit que les princes précédents, depuis Louis le Pieux, propriétaires des vastes forêts du Rheingau, ont accordé aux abbés de Saint-Gall et à quelques autres propriétaires « l'usage commun de ces forêts pour y couper du bois[1] ». Udalric,

---

prudent de citer de seconde ou de troisième main. Les érudits devraient s'imposer pour règle d'avoir lu les textes qu'ils citent.

[1] *... Postquam rex Arnulfus Udalrico comiti in prænominato pago curtem Lustenuvam in jus proprietatis dedit, usus omnes quos prius in eo pago habuimus idem comes nobis auferre voluit et nihil nobis neque in Lustenuve neque circumquaque in præscripto pago* NISI SUB CONDUCTIONE *fruendum voluit concedere.*

devenu propriétaire d'une partie de ces terrains, prétend que les abbés n'avaient « ces usages communs de la forêt » qu'en payant « une rente annuelle[1] ». C'est sur ce dernier point que porte le litige; les abbés prétendent qu'ils ont « ces usages » depuis soixante ans « sans en payer la rente ». Un tribunal d'arbitres arrangea l'affaire en opérant un partage. — Telle est cette charte. Elle n'a aucun rapport avec un régime de communauté agraire. Pas un mot de la *marche*. Si le mot *communes* s'y trouve, il s'applique à des *usus*, non pas à des *terræ*. Tout ce sol, visiblement, appartient en pleine propriété soit à l'abbé, soit au comte, soit au prince; pas la moindre fraction n'est une terre commune. Notez encore que dans cette longue charte il n'est pas parlé de village, encore moins de communauté de village. Les seuls paysans dont il soit parlé sont ce qui est appelé *familia monasterii*, c'est-à-dire les vilains et serfs du monastère[2]. Il n'y a pas de place pour une communauté rurale. Il n'existe ici que trois propriétaires, l'abbé, le comte et le roi. Ainsi cette charte ne révèle en aucune façon un régime de communauté de village. M. Glasson, ou celui à qui il a emprunté de confiance cette citation, n'a pas vu qu'elle ressemble à toutes les autres chartes et qu'elle appartient pleinement à un régime de propriété.

---

[1] *Nos fratres de monasterio S. Galli in pago Ringove talem usum habuimus qualem unusquisque liber homo de sua proprietate juste et legaliter debet habere in campis, pascuis, silvis, lignorum succisionibus, porcorum pastu, piscationibus....* Les moines prétendent posséder ce droit *absque petitione et absque conductione*, sans en faire la demande et sans en payer la rente, depuis le temps de l'empereur Louis le Pieux, dans toute la forêt, à l'exception de quelques parties que les empereurs s'étaient réservées. Ils ajoutent qu'ils possédaient ce droit *de justis et publicis traditionibus*, c'est-à-dire en vertu de cessions (*traditiones*) faites suivant les lois et par actes publics.

[2] *Comes et nostris familiis in eodem pago positis solitos usus detraxit.*

28° M. Glasson termine par quatre citations du recueil de Zeumer, pages 387, 388, 402 et 403, et trois du petit recueil Thévenin, n°ˢ 70, 111, 180. Je pourrais écarter ces sept actes par la seule raison qu'ils appartiennent à l'Allemagne et au neuvième siècle. J'ai voulu voir pourtant si les citations étaient exactes. A la page 387 de Zeumer il s'agit d'un monastère qui est propriétaire de forêts et qui y accorde un droit d'usage à quelques propriétaires voisins; ce n'est pas la communauté[1]. A la page 388, il s'agit d'une constitution de dot; le fiancé fait don de terres « qui ont appartenu à ses ancêtres », et parmi ces biens patrimoniaux il compte un droit d'usage dans une forêt qui est commune à plusieurs propriétaires. Ce n'est pas encore ici la communauté générale et il est visible qu'une telle charte appartient encore à un régime de propriété[2].

A la page 402 de Zeumer vous trouvez un acte par lequel un homme fait don à un monastère de tout ce qu'il possède de propriété, *quidquid proprietatis habuit*, en s'en réservant l'usufruit à lui-même, à son fils, et à ses frères après lui. Tout cela est visiblement le contraire de la communauté. Mais il s'est trouvé dans la charte un mot qui a égaré M. Glasson: il y a aperçu les mots *nulla communione*, et tout de suite il s'est cru en face d'une communauté agraire. Il fallait lire la phrase entière; il y aurait vu que l'auteur de l'acte, réservant l'usufruit, après son fils, à ses deux frères en commun,

---

[1] *Eorumdem locorum pagenses* (Zeumer, p. 387, Rozière n° 401, Thévenin n° 43). M. Thévenin fait une erreur en traduisant *pagenses* par paysans. Les vrais paysans ici sont ceux que la charte appelle *familia sancti*, et ce sont des serfs ou des colons. Les *pagenses* sont quelques propriétaires du pays.

[2] Zeumer, p. 388. C'est une charte alamannique de 887: *Dedi ei dotis nomine curtem, silvas, agros, prata..., usum lignorum, pascuarium in communi marca, sicut mihi et progenitoribus meis competit.*

ajoute pourtant que, si l'un de ses deux frères se conduisait mal envers le fils, il n'hériterait pas; en ce cas « le bon frère aurait tout, sans que le mauvais frère entre en communauté avec lui », *nulla communione illi fratri prævaricatori concessa*[1]. Voilà ce que M. Glasson a pris pour un régime de terres communes à tous. On est confondu d'un pareil emploi des textes.

A la page 403 du même recueil, nous avons un acte dans lequel les contractants sont, d'une part le fisc, propriétaire d'un domaine et d'une grande forêt, d'autre part plusieurs propriétaires voisins. L'objet du litige avait été cette forêt située entre ces divers domaines et qui est appelée *marcha* précisément parce qu'elle les séparait. Les contractants s'entendent pour décider que cette forêt sera partagée en ce sens que les propriétaires voisins auront un droit d'usage sur une moitié; « ils pourront y envoyer leurs porcs et y couper du bois ». Quant au fisc, il reste propriétaire du tout, sauf de quelques parcelles que des particuliers avaient défrichées, mises en culture, et qui, étant devenues terres patrimoniales, pouvaient se trouver dans les mains d'un seul ou être « communes entre cohéritiers ».

Restent les trois citations empruntées au recueil Thévenin. Le n° 70 est un acte lombard; il s'agit d'un propriétaire qui fait don à une église de la part qu'il a dans une succession encore indivise, « de tout ce qu'il possède en commun avec ses *consortes* ». C'est ce dernier

---

[1] Rien de plus clair que cette charte; j'en citerai seulement la fin : *Si autem ille* (l'enfant) *obierit, fratres ipsius delegatoris easdem possessiones redimere* (c'est-à-dire racheter l'usufruit au monastère moyennant une livre d'argent) *debeant, si ipsi orphano ejus dum viveret omnem dilectionem exhibuerunt. Si alter eorum cum odio habuerit, tunc alter solus redimat, prævaricatori illi nulla secum in eis rebus communione concessa.*

mot peut-être qui a trompé M. Glasson ; il a pris une succession indivise pour une communauté agraire[1]. — Le n° 111 n'est autre que la formule de Zeumer, page 388, dont nous venons de parler. — Le n° 180 est une donation d'un courtil, qui fait partie d'une villa et que le donateur « tient d'héritage » ; il y ajoute la donation de sa part d'une forêt indivise dont il est propriétaire pour un douzième[2]. Nous expliquerons plus loin ces *portions* de villa et cette indivision de forêt ; en tout cas, il n'y a dans cet exemple que de la pure et pleine propriété privée.

Voilà les vérifications que tout lecteur peut faire. Les citations de M. Glasson s'élèvent au chiffre de 45. Sur les 45 il en est 13 qui sont tout à fait étrangères à la thèse qu'il soutient, et il en est 32 qui sont justement l'opposé de cette thèse. Pas une d'elles ne contient même une allusion à un régime de communauté. Ainsi sur 45 citations il n'y en a pas une d'exacte. L'histoire n'est pas un art ; elle est une science, et sa première loi, comme à toutes les sciences, est l'exactitude. Le travail de M. Glasson, tout en visant à prouver un régime de communauté, fournit la preuve la plus certaine que ce régime n'existait pas. Il donne la contre-épreuve de nos recherches et les confirme. Nous pouvons donc répéter

---

[1] Le texte ne prête pas à double sens : *Ego Illarus offertor... dono atque offero in suprascripto monasterio medietatem de campo in Lixino, et in aliis locis ubi mei consortes portio(nem) habent, mea(m) portio(nem).* On a peine à comprendre que M. Glasson ait vu là des terres communes. A supposer même que *consortes* eût le sens de communiers, qu'il n'a jamais, est-ce que cet homme pouvait faire donation de sa part? Ses *coheredes* sont ses cohéritiers (il nomme plus loin un de ses frères) et il a le droit de disposer de sa part.

[2] *Tradidi particulam* HEREDITATIS MEÆ, *in villa Englandi, id est curtile unum et duodecimam partem in silva quæ dicitur Braclog cum pascuis et* PLENA DOMINATIONE *quæ jure legali ad illud curtile pertinere compertum est.*

avec certitude : La société mérovingienne, parmi les nombreux documents qu'elle a laissés sur son état social et sur sa manière de posséder le sol, n'a pas laissé une seule ligne qui nous autorise à penser qu'elle ait pratiqué un régime de communauté agraire ou de communauté de village. Ce roman, qu'on a introduit depuis une trentaine d'années dans l'histoire, doit en être écarté, du moins si l'on croit comme nous que l'histoire est une science.

CHAPITRE VI

Le sol était-il distribué en villages ou en domaines ?

Quand nous avons étudié l'état des terres dans la société gallo-romaine à la veille des invasions, nous avons remarqué que le sol n'était pas distribué en villages, mais qu'il l'était plutôt en domaines, que la langue du temps appelait *prædia*, *agri*, ou *villæ*. Ce n'est pas qu'il n'y eût aussi des villages composés de petits propriétaires et de paysans libres ; mais le nombre n'en était pas grand, et, en tout cas, la villa ne dépendait pas de ce *vicus* et n'en faisait pas partie. Au contraire, le *vicus* était souvent une dépendance de la villa et n'était autre chose que le groupe des habitations de colons ou de serfs appartenant au propriétaire de cette villa. En sorte que, bien qu'il ait existé un certain nombre de villages semblables aux nôtres, on doit pourtant penser que le territoire rural était plutôt réparti en domaines qu'en villages. Nous devons chercher maintenant ce qu'il est advenu de cette distribution du sol après les invasions.

Trois choses sont possibles. Il se peut d'abord que, les Germains s'étant partagé la terre également comme entre hommes égaux, les domaines romains aient disparu pour faire place aux petites propriétés et aux villages libres. Il se peut aussi que, les envahisseurs étant constitués entre eux suivant une hiérarchie militaire, chaque chef ait obtenu une grande part de sol, dont il aurait ensuite distribué des parcelles entre ses compagnons restant groupés autour de lui et vivant sur sa terre. Le sol aurait alors reproduit l'image d'une armée : il aurait eu ses terres en quelque sorte gradées, comme l'armée avait son échelle de grades. C'est le système de plusieurs érudits modernes. La troisième chose possible est que le sol soit resté distribué après les invasions comme il l'était avant elles, c'est-à-dire avec la prédominance du domaine et la rareté du village libre. De ces trois hypothèses, nous devons chercher quelle est celle qui s'est réalisée.

Le problème est difficile, mais non pas insoluble. Pour arriver à saisir cet état du sol, nos principaux documents sont les lois, les formules d'actes et les chartes. Les lois, par quelques-unes de leurs dispositions, laissent voir l'organisme de la propriété foncière. Les formulaires mérovingiens contiennent vingt et une formules pour les ventes ou cessions d'immeubles, onze pour les échanges, treize pour des constitutions de dot où des immeubles figurent, cinquante-quatre pour des donations soit à des particuliers, soit à l'Église. Nous possédons des documents encore plus précis : ce sont les chartes, dans lesquelles chaque propriété est indiquée par son nom et décrite dans sa nature. Il y a quatre-vingt-quatre diplômes royaux qui ont pour objet ou une donation de terre, ou la confirmation d'une donation faite par un particulier, ou un jugement royal relatif à un bien foncier. Quant aux actes des particuliers, il y a dix-neuf testaments où nous pouvons voir par leurs noms les immeubles que possède le testateur; il y a quatre-vingt-deux chartes de donation, douze actes de vente et neuf actes de partage ou d'échange. Si l'on ajoute à cela les chartes que nous avons de Saint-Bénigne de Dijon, de Saint-Pierre de Bèze, de Saint-Victor de Marseille, de Saint-Bertin, et les riches cartulaires des abbayes de Wissembourg, de Saint-Gall, de Fulda, de Saint-Maximin de Trèves, si l'on tient compte des chartes écrites dans les quatre-vingts années qui ont suivi la période mérovingienne, et qui reproduisent trait pour trait celles de cette période, on arrive à un total de plusieurs milliers d'actes, qui tous ont pour objet le transfert d'un immeuble et qui tous nomment cet immeuble et le décrivent dans ses divers éléments. Avec des documents si nombreux, et pourvu qu'on les observe avec attention, il est possible de savoir avec certitude comment le sol était distribué et quelle était la nature du domaine rural. C'est cette analyse que nous allons faire.

La Loi des Burgundes ne contient pas une seule fois le mot qui signifie village; *vicus* n'y est pas. Plusieurs fois, au contraire, l'unité rurale est désignée par le mot *villa*. Comme ce code est écrit dans une langue toute latine, nous devons penser que le mot *villa* y a le même sens que dans tous les autres textes latins, c'est-à-dire celui de domaine. Cela est d'ailleurs manifeste si l'on observe de près le titre XXXVIII de la loi. Le législateur veut assurer l'hospitalité à tout homme qui voyage pour le roi ou à tout ambassadeur étranger venant vers le roi. Or il suppose que ce voyageur s'arrête pour passer la nuit, non dans un *vicus*, mais dans une *villa*[1]. Et cette villa est si bien un domaine, qu'elle est régie par un intendant ou fermier, *conductor*, qui y représente le propriétaire absent[2]. La majorité des habitants de cette villa est composée d'esclaves et de colons [3]. Ailleurs, la loi parle de l'*actor*, c'est-à-dire du régisseur d'une villa, ainsi que des colons et des esclaves qui la cultivent[4].

On n'a pas assez remarqué que la Loi salique ne fait jamais mention de villages. Le mot *vicus* ne s'y trouve pas, tandis que le mot *villa* y est plusieurs fois. Quelques érudits, ayant l'idée préconçue que le village libre avait dû former le fond de la société franque, ont voulu que le mot *villa*, qui n'a nulle part la signification de village, eût par exception ce sens dans la Loi salique. Mais cette opinion est bien téméraire. On n'a pas le droit de changer la valeur d'un mot pour construire un système. La Loi salique n'est pas écrite en un latin arbitraire, comme le disent ceux qui l'ont peu étudiée; il est au contraire très digne d'attention que les radicaux latins qu'elle emploie ont toujours le sens exact

---

[1] *Lex Burgundionum*, XXXVIII, 1 : *Quicunque hospiti venienti.... Si conviva regis est.... De legatis vero extranearum gentium, id volumus custodiri ut unum porcum aut berbicem præsumendi habeant facultatem.* 3 : *Qui intra terminum villæ commanent.* 4 : *A consistentibus intra terminum villæ.*

[2] Ibidem, 9 : *Si in villa conductor ingenuus est, et tectum aut focum non dederit, inferat solidos 3; si servus est, fustigetur.*

[3] Ibidem, 10 : *Quod de Burgundionum et Romanorum colonis et servis præcipimus custodiri.* — D'ailleurs, plusieurs hommes libres peuvent habiter dans cette villa, et ils peuvent être indifféremment des Romains et des Burgundes : cela ressort du § 6.

[4] Ibidem, XXXIX, 3 : *Si inconscio domino..., ab actore aut colono receptus fuerit.* — 5 : *Si servus....*

que leur donnait la langue latine. Il n'existe donc pas de raison suffisante pour imaginer que le mot *villa* y signifie autre chose que ce qu'il signifie dans les mille exemples qu'on en a du cinquième, du sixième, du septième siècle.

Il y a plus : la Loi salique elle-même indique très clairement que c'est bien d'un domaine ou d'une propriété privée qu'elle veut parler lorsqu'elle emploie le mot *villa*. Quand elle parle en deux passages « de celui qui a assailli et forcé la villa d'un autre », il est clair qu'il ne s'agit pas de tout un village : il s'agit d'une propriété particulière[1]. Ailleurs, au titre XLV, une rubrique, qui est dans quarante-neuf manuscrits sur soixante-trois, porte : « De celui qui aura occupé la villa d'un autre[2]. » Ici encore il est clair que c'est d'une propriété privée qu'il s'agit, et non pas d'une commune rurale. Sous cette même rubrique, un long article contient quatre fois le mot *villa*; tout homme qui n'aura pas l'esprit prévenu le traduira par « une propriété », et non pas par « un village ». Plusieurs hommes, à la vérité, l'habitent, et la loi ne dit pas s'ils sont serfs, colons ou libres, s'ils sont propriétaires ou

---

[1] *Lex Salica*, XIV, 6 : *Si quis villam alienam adsalierit*. XLII, 5 : *Si quis villam alienam expugnaverit*. — Sur le sens du mot *alienus*, synonyme de *alterius*, voyez de nombreux passages de la Loi salique, notamment XVI, 5 ; XXII ; XXIII ; XXV, 3 et 6 ; XXVI, 1 ; XXVII ; XXXIV, 3 et 4.

[2] *De eo qui villam alterius occupaverit*. — La rubrique *De migrantibus* se lit dans les manuscrits les meilleurs, ceux de Wolfenbuttel et de Munich, ceux de Paris 4404, 4403 B, 4627, 9653, 18 237, dans celui de Saint-Gall 731, dans celui de Montpellier H 136. D'après la division très arbitraire qui a été faite entre un soi-disant ancien texte et une *lex emendata*, la rubrique *De migrantibus* appartiendrait au premier. Mais tous ces manuscrits sont à peu près du même âge ; Wolfenbuttel et 4404 sont seulement antérieurs de vingt ou trente ans à plusieurs de ceux qu'on range dans l'*Emendata*. Donc les deux rubriques ont été écrites, à très peu de chose près, dans le même temps.

tenanciers ; mais en tout cas dans ce long article il n'y a pas un mot qui indique que ces hommes forment entre eux une commune rurale[1].

Dans la Loi ripuaire on ne trouve ni le mot *vicus*, ni aucun terme qui donne l'idée d'un village. On y trouve la villa, et il est manifeste que cette villa est une propriété privée, puisque la loi parle « de l'homme qui a acheté une villa à un autre homme[2] ». Il est clair qu'une villa qui passe ainsi des mains d'un propriétaire unique dans les mains d'un autre propriétaire, est un domaine, et n'est pas un village, au moins dans le sens moderne que nous donnons à ce mot.

Les formules de la pratique donnent lieu à la même observation. Sur plus de cent qui sont relatives au transfert des immeubles par donation, vente ou testament, vous ne trouvez le mot *vicus* qu'une seule fois[3]. Le mot *villa* y est sans cesse. Il n'y a pas une ligne qui décrive un village. La villa est manifestement une propriété privée, puisqu'un homme la vend, la lègue, la donne. L'auteur de l'acte dit : *villam juris mei, villam proprietatis meæ*. Il la transfère tout entière, *in inte-*

---

[1] Ce sont quelques modernes qui ont imaginé de voir dans cet article une commune rurale. Et ils l'y ont mise à force de ne pas voir qu'il ne s'y trouve pas un seul mot qui marque une commune ou une association quelconque. Lorsque ce même article, en 819, fut présenté à l'examen des conseillers de Louis le Pieux, à une époque où la Loi salique était en pleine vigueur, ces hommes ne virent dans ce titre XLV (XLVII) qu'une villa, et aucune espèce de commune. Voyez le commentaire qu'ils ont fait dans le capitulaire de 819, art. 9.

[2] *Lex Ripuaria*, LX, 1 : *Si quis villam, aut vineam, vel quamlibet possessiunculam ab alio comparavit*.

[3] C'est dans une des formules d'Auvergne, n° 6 : *Mansum nostrum in pago Arvernico, in vico illo, in villa illa*. — On trouve aussi, mais dans une autre acception, l'expression *per civitates, vicos et castella* (Marculfe, 1, 40). Dans la *Bituricensis*, 5, *vicus* a le sens de paroisse, ainsi que dans la *Merkeliana*, 63. Le mot se rencontre ensuite cinq ou six fois dans les formules carolingiennes.

grum, cum integritate sua ou *cum soliditate sua*[1]. Plus de cent fois cette villa est décrite « avec ses terres, maisons, constructions, esclaves, colons, champs en labour, prairies, vignes, forêts, eaux et cours d'eau[2] ». Elle n'appartient pas toujours à un seul homme, car nous verrons qu'elle peut être partagée. Mais, bien qu'il puisse se trouver « dans ses limites » plusieurs propriétaires, elle n'a pas pour cela le caractère d'une commune rurale, et ne ressemble pas à ce que nous appelons un village.

Passons aux chartes. Ici les textes sont plus précis encore, parce que chaque immeuble qu'on lègue ou qu'on donne est déterminé, nommé et décrit. Il n'y est jamais question de villages; il n'y est fait mention que de domaines. Par exemple, Bertramn écrit : « Je lègue la villa dont je suis propriétaire et qui s'appelle Bonalpha[3]. » Il lègue de même sa villa Colonica, sa villa Bructiagus, sa villa Bréa, sa villa Umbriacus, et plusieurs autres. Théodétrude fait donation de trois terres, dont chacune est une villa : villa Matrius, villa Patriacus, villa Milgiacis; ce sont trois domaines dont elle est pleinement propriétaire et qu'elle donne « avec plein pouvoir de tenir, posséder, vendre, échanger, en faire tout ce qu'on voudra[4] ». Ursinus et Beppolène se par-

---

[1] Marculfe, I, 15, 17, 31; II, 6, 17, 19. — *Turonenses*, 1, 4, 25, 35.
[2] Marculfe, II, 4 : *Villam nuncupantem illam cum omni merito et termino suo* (avec tous ses revenus et toutes ses limites), *cum adjacentiis, adjunctis, appendiciis, cum terris, domibus, ædificiis, accolabus, mancipiis, vineis, silvis, campis, pratis, pascuis, aquis aquarumve decursibus, farinariis....* — Voyez aussi Marculfe, II, 19; *Turonenses*, 35, et beaucoup d'autres.
[3] *Testamentum Bertramni, Diplomata*, n° 230, p. 198 : *Villam juris mei cujus vocabulum est Bonalpha.*
[4] *Charta Theodetrudis, Diplomata*, n° 241 : *Dono..., villa quæ vocatur Matrius..., villa quæ cognominatur Patriago..., ut tenendi, possidendi,*

tagent la succession de leur père Chrodolène, et cette succession consiste en plusieurs *villæ*[1]. Ce sont aussi des *villæ* que lègue Burgundofara[2]. Un évêque d'Auxerre écrit qu'il fait donation de sa villa Vallis, et nous voyons dans le même acte que la villa Clamiciacus a été la propriété d'un certain Godin, qui l'a vendue à un évêque[3]. Adalsinde, fille d'Amalgaire, fait donation de plusieurs villæ[4]. Ce sont encore des *villæ* que donnent les rois[5], et ils prononcent des jugements entre plaideurs qui se disputent la possession d'une villa[6]. Nous lisons dans un diplôme que, dans la vallée de la Somme, la villa Corbeia avait été la propriété d'un certain Guntland[7]. Le comte Wulfaud fait donation de la villa Condate qu'il possède dans le Barrois[8]. Léodger lègue sa villa Tiliniacus qu'il tient de sa mère et « que sa mère tenait d'une suite d'ancêtres[9] ». Vandemir et sa femme Ercamberte font donation de leur villa Ingolinocurtis, de leur villa Fraxinetus et de plusieurs autres[10].

Cela n'est pas vrai seulement du midi et du centre de

vendendi, commutandi, vel quidquid volueritis faciendi liberam in omnibus habeatis potestatem.

[1] Archives nationales, Tardif n° 6, Pardessus n° 245, Pertz n° 12 : Ferrarias, Laubaredovillare, Eudoncovilla..., *villas illas.*

[2] *Diplomata*, édition Pardessus, n° 257.

[3] Ibidem, n° 273.

[4] Ibidem, n° 328.

[5] Archives nationales, Tardif n° 13, Pardessus n° 330 ; et beaucoup d'autres diplômes.

[6] Archives nationales, Tardif n° 15, Pardessus n° 332 ; et beaucoup d'autres.

[7] *Diplomata*, n° 336 : *Super fluvium Somna, in loco qui dicitur Corbeia quem Guntlandus quondam possederat.* Ce *locus Corbeia* est appelé trois lignes plus bas *villa Corbeia.*

[8] Ibidem, n° 375.

[9] Ibidem, n° 382 : *Dono, trado et transfundo.... Tiliniaco villa quæ de jure materno ab avis et proavis mihi competit.*

[10] Ibidem, n° 412.

la Gaule, mais tout aussi bien des régions du nord et de l'est où prévaut la population germanique. Dans le pays de Thérouenne, Adroald est propriétaire de la villa Sithiu et de plusieurs autres villas, tandis qu'il n'est parlé d'aucun village [1]. Dans le pays de Liége, nous trouvons la villa Lenione, la villa Wandelini et beaucoup d'autres qui sont des propriétés privées [2]. Dans la vallée de la Moselle, nous trouvons des localités qui s'appellent Baldebrunno, Hildenesheim, Walcheim, Speia : ce sont des villas; leur propriétaire les donne à un monastère ; près de Trèves, Munsenfeld et Wintersdorf étaient des domaines appartenant à une femme avant d'être donnés à l'Église [3]. D'autres *villæ* situées sur le cours même de la Moselle s'appellent Marningus, Sugiacus, Sarabodisvilla et sont simplement des domaines [4]. En Alsace, Hodulsisheim, Austondorf, Haganbach, Brunningovillare, Plitaresdorf ne sont pas des villages; ce sont des *villæ*, et elles appartiennent en propre à Bodalus, à Hildifrid, à Werald, à Haimo, à Graulf [5]. Adalgise et sa femme Flawinsinde vendent leur villa Gerleihes qu'ils tiennent d'héritage, et Ermembert fait donation de sa villa Audowinus qu'il possède au même titre [6]. Nous pourrions multiplier ces exemples. Voici dans le même pays deux localités appelées Mönesisheim et Onenheim; ce ne sont pas des villages de paysans libres; ce sont des domaines, et un diplôme

---

[1] Charta Adroaldi, dans le cartulaire de Saint-Bertin, p. 18 : *Dono, in pago Taroannense, villam proprietatis meæ nuncupantem Sildiu..., Magnigeleca, Tatingavilla, Launardiacavilla....*
[2] *Diplomata*, n° 588.
[3] Beyer, *Urkundenbuch.... mittelrheinischen Territorien*, n° 7.
[4] Beyer, n° 10 et 15.
[5] Schœpflin, *Alsatia diplomatica*, I, p. 16. — *Codex Wissemburgensis*, n° 16, 38, 45, 192.
[6] *Codex Wissemburgensis*, n° 46 et 205.

nous montre qu'il sont cultivés par des colons et par des serfs[1].

On peut noter qu'il en est de même dans les pays germaniques. Prenez, par exemple, le recueil de chartes de Neugart : vous voyez partout des domaines, et non pas des villages ; et ces domaines appartiennent à un seul propriétaire, sauf le cas de partage dont nous parlerons plus loin ; tous aussi sont cultivés par des serfs ou des colons appartenant au même propriétaire. Les plus anciens documents où l'on peut saisir l'état du sol en Allemagne, montrent que c'est le domaine qui prévaut, et non la commune rurale[2].

Ainsi, à l'époque mérovingienne comme à l'époque romaine, c'est la villa que nous trouvons partout. Elle est dans toutes nos chartes. Cette villa comprend des terres de diverses sortes, car les chartes disent sans cesse qu'il s'y trouve « des champs à labour, des vignes, des prés, des forêts, des pâquis ». Toutes aussi laissent bien voir quelle est la population qui habite cette villa ; car le propriétaire déclare qu'il la vend « avec les esclaves et les colons qui y sont manant ». Les vignes sont vendues « avec leurs vignerons », les troupeaux

---

[1] *Diplomata*, n° 368.
[2] Exemples de noms de *villæ* en pays germanique : villa Franchenheim, villa Winideresdorf, villa Buxuvillare, villa Wolfindovillare, villa Sesinheim, villa Hariolvesheim, villa Spiridorf, villa Ratolfesdorf (*Codex Wissemburgensis*, 33, 34, 37, 51, 55, 56, 85, etc.). — Villa Trutmaresheim, villa Wacharenheim, villa Fridelfisheim, villa Mitilesdorf (*Codex Fuldensis*, 9, 14, 31, 66, etc.). — Villa Hagenheim, villa Ilephenheim, villa Wattenheim, villa Beckenhova, villa Dionesheim (*Codex Lauresbamensis*, 1, 6, 27, 48, 53, 60, etc.). — Villa Athorinswanc, Maurinivillare, Berolfesvillare, villa Altdorf, villa Uzzinaha, villa Centoprato, villa Rotunvilla, villa Forchheim, villa Richinbach, Leontii villa, villa Fishbach (Neugart, 4, 10, 11, 12, 13, 16, etc., etc.). — Tous ces domaines sont décrits comme ceux de la Gaule, *id est casis, mansis, ædificiis, campis, pratis, silvis, pascuis, pecoribus, aquis aquarumque decursibus, mancipiis, servis, accolabus*. Toutes les chartes contiennent cela.

« avec leurs bergers ». Pas une seule charte ne parle de paysans libres ; elles parlent toutes de colons et de serfs. La villa est le contraire d'une commune rurale.

Pour désigner ce domaine, les chartes et les formules emploient quelquefois d'autres termes que le mot *villa*, mais des termes qui n'en sont que les équivalents. Les mots *prædium* et *fundus* en sont visiblement synonymes ; mais ces termes, très usités dans la Gaule romaine, deviennent assez rares dans la Gaule mérovingienne[1]. Le mot *ager* est plus fréquent. Comme dans l'ancienne langue latine, il est employé avec deux significations très distinctes : tantôt il désigne seulement la partie des terres qui est en labour, tantôt il s'applique à l'ensemble du domaine entier et comprend même des prés et des bois[2]. Il est bien vrai que dans l'ancienne langue les deux termes *ager* et *villa* n'avaient pas été strictement synonymes, puisque *villa* désignait spécialement les constructions, et *ager* le terrain ; mais le langage usuel employait indifféremment l'un ou l'autre pour désigner le domaine entier. Dans beaucoup de chartes un *ager* n'est pas autre chose qu'une *villa*. Ainsi, le domaine nommé Albiniacus est appelé *villa seu ager*[3]. De même le domaine de Brogeria[4]. Dans un acte de 663, la terre d'Elariacus, propriété d'un couvent, est tantôt *villa*, tantôt *ager*[5]. Nous lisons dans un acte de 653 : « Je fais

---

[1] *Diplomata*, n° 260 : *Dono... prædia quorum nomina sunt Cannis, Cressiacum.* — N° 266 : *Dono prædium meum Wallare dictum, cum villis, terris, silvis.* — *Formulæ Senonenses*, 9 : *Si qua prædia comparaveris.* — *Diplomata*, t. 1, p. 138 : *Fundus Sisciacus.*

[2] Un exemple curieux de cela est le testament d'Arédius, où le mot *ager* est employé avec ces deux significations dans la même phrase : *Dono AGRUM Sisciacensem... cum AGRIS, silvis, pratis.*

[3] *Diplomata*, n° 186 : *In villa seu agro Albiniaco.*

[4] *Charta Chrotildis, ibidem,* n° 361.

[5] Diplôme de Clotaire III, Pertz n° 41, Pardessus n° 349.

donation de trois *agri* que je possède et qui sont très considérables, Meliganna dans le pays de Sens, Vincellæ et Truciacus dans le pays d'Auxerre[1] » ; or ces trois *agri* sont visiblement trois domaines, lesquels sont devenus aujourd'hui les villages de Mingenne, Vincelles et Trucy. Ce qu'une charte appelle l'*ager* Floriacus était un ancien fisc royal et est en 667 la propriété de Léodébode[2]. L'*ager* Littidus, qui appartient pour une part à ce même personnage, comprend « maisons, constructions, champs, vignes, forêts, prés et pâquis[3] ». Arédius lègue, en 573, sa part de l'*ager* Sisciacus, et cette seule part comprend « des maisons, une chapelle, plusieurs terres en labour, des prairies, des forêts, des terres incultes, et des colons[4] ». « Je donne, écrit Eligius en 631, mon domaine de Solignac, *agrum Solemniacensem*, avec toutes les constructions qu'il porte, avec ses esclaves et ses colons, avec ses vignes, ses prés, ses bois, ses eaux et cours d'eau, avec toutes ses limites et dans toute son intégrité[5]. » De tels exemples montrent clairement que le mot *ager* dans la langue du temps désignait un domaine rural.

Le mot *chors, cortis, curtis*, dans l'ancienne langue, s'était dit de la cour de ferme qu'entouraient les maisons, étables et granges ; il a encore ce sens dans la Loi des Burgundes et dans la Loi salique[6] ; et il ne l'a même

---

[1] *Charta Palladii*, *Diplomata*, n° 275.
[2] *Charta Leodebodi*, *Diplomata*, n° 358, t. II, p. 142 et 144 ; à la page 142 on lit *ager* Floriacus, et *fiscus* Floriacus à la page 144.
[3] Ibidem : *Portionem meam quæ est infra (intra) agrum Littidum, cum domibus, ædificiis, vineis, silvis, campis, pratis, pascuis.*
[4] *Diplomata*, n° 180, page 137.
[5] Ibidem, n° 254 : *Cedo cessumque esse volo agrum Solemniacensem, cum ædificiis, colonis, servis, dominiis, vineis, pratis, silvis, aquis aquarumque decursibus, cum omni termino et integro suo statu.*
[6] *Lex Burgundionum*, XXIII, 1 ; LIV, 3. *Lex Salica*, XXXIV, 4 : *Si quis*

jamais perdu[1]. Mais en même temps et par une extension naturelle il s'est appliqué au domaine entier. Comme la *curtis* était le chef-lieu du domaine, on en est venu à appeler le domaine *curtis*, pour la même raison qu'on l'appelait *villa*. C'est ainsi que dans un acte de 523 nous voyons un propriétaire faire donation de plusieurs *curtes*, dont chacune est une grande propriété[2]. Dans un diplôme de 636, un même domaine est appelé d'abord *curtis*, ensuite *villa*[3]. Ailleurs, la villa Latiniacus est appelée aussi *curtis* Latiniacus[4]. Un donateur cède la *curtis* Sarclidæ, qui comprend « maisons, esclaves, vignes, forêts, prés, pâquis, moulins, troupeaux avec leurs bergers, et toutes dépendances[5] ». Un autre, dans la région de la Moselle, donne « une *curtis* en son entier, comprenant maisons, courtils, champs, prés, pâquis, forêts, eaux et cours d'eau, esclaves, bergers, porchers[6] ». Le même donne une partie de sa *curtis* Monhora, dans le pays de Trèves ; or cette seule partie comprend « quatre cents journaux de terre arable, le tiers d'une forêt, des prés, un troupeau de porcs avec deux porchers, un troupeau de bœufs avec deux bouviers, et enfin sept habitations de colons avec les terres que chacun d'eux cultive[7] ». Voilà donc bien la *curtis* analogue à la villa ; c'est un

---

in curte alterius aut in casa. — VI, 3, édit. Hessels, col. 35 : *Canem custodem domus sive curtis.*

[1] On le trouve en ce sens dans les *Andegavenses*, 54, dans les *Merkelianæ*, 1, dans les *Sangallenses*, dans les *Augienses*, Zeumer, p. 348, 351.

[2] *Diplomata*, n° 103, t. I, p. 70 : *Dono... curtes nuncupatas Briogia, Orona, Cacusa, Rubregio, Communiaco....* — Plus loin il appelle ces mêmes terres du nom de *villæ: Quidquid ad ipsas villas aspicere videtur.*

[3] *Diplomata*, t. II, p. 42 : CURTEM *nostram quæ vocatur Patriagus cum tribus ecclesiis in eadem* VILLA *consistentibus.*

[4] *Diplomata*, n° 478.

[5] Ibidem, n° 268.

[6] Ibidem, n° 458.

[7] Ibidem: *In curte nostra Monhore donamus tibi septem hobas et*

domaine rural. Aussi voyons-nous dans nos chartes une série de domaines qui s'appellent Calvonecurtis, Epponecurtis, Curtis Bunciana, Curtis Allionicus, Friscinicurtis, Winardocurtis, Curtis Darciacus[1].

Quelquefois les chartes emploient le mot *locus*; c'était un terme vague en soi, mais auquel les hommes attachaient volontiers la signification précise de domaine et dont ils faisaient un synonyme de *villa*. Ainsi nous voyons dans un diplôme de 628 qu'un riche propriétaire nommé Chrodolène a laissé dans sa succession « trois lieux appelés Ferrariæ, Leubaredovillare et Eudoncovilla[2] ». En 632, Ermembert fait donation de deux « lieux » qui s'appellent Marciacus et Posciacus[3]. Ces noms indiquent visiblement deux domaines. Il est clair que le locus Taciacus « que Frodinus a acheté et qu'il a ensuite cédé au fisc en échange d'une autre terre » est encore un domaine[4]. De même nous trouvons un « lieu » qui s'appelle villa Baltrudis[5]. De même encore, nous voyons une femme faire donation « de la moitié du lieu appelé Pladanus[6] ». Le domaine de Avna est appelé dans une même phrase *locus* et *villa*[7]; Corbie est dans le même diplôme un *locus* et une *villa*[8]. Le lieu appelé Commenariæ est un domaine que son proprié-

---

septem casatas et 400 diurnales de terra aratoria et tertiam partem de silva et prata, et porcarios duos cum porcis et vaccarios duos cum 12 vaccis.

[1] *Diplomata*, nᵒˢ 419, 475, 516, 554, 559, 587.
[2] Archives nationales, Tardif, nᵒ 6, Pardessus, nᵒ 245 : *Ex successione genitoris... loca quorum vocabula sunt Ferrariæ, Leubaredovillare, Eudoncovilla.*
[3] *Diplomata*, nᵒ 256.
[4] *Ibidem*, nᵒ 336.
[5] *Diplomata*, t. I, p. 76.
[6] *Charta Chrotildis*, nᵒ 361, t. II, p. 149.
[7] *Diplomata*, nᵒ 300.
[8] *Ibidem*, nᵒ 336.

taire a donné à une église[1]. En Toxandrie, Engilbald fait donation de son *locus vel villa* Waderlo, qu'il possède par héritage et qui comprend terres en labour, prés, pâquis, forêts, esclaves[2]; et dans le même pays Ansbald donne « le lieu Diesne » avec maison de maître, six maisons, et six familles d'esclaves[3].

Quelquefois encore un domaine rural est désigné par le terme *domus*. C'est ce que nous voyons plusieurs fois dans Grégoire de Tours. De même Arédius lègue sa *domus* Scauriniacus, qui comprend « des vignes, des prés, des forêts[4] ».

Le sens exact des mots ne doit pas être jugé sur de simples apparences. On rencontre souvent les termes *villula, villare, locellus, agellus*, et l'on est d'abord tenté de croire qu'ils désignent une très petite propriété. Cela est vrai quelquefois. Mais le plus souvent nous les trouvons appliqués à de grands domaines, analogues et égaux à la villa. La langue de ce temps-là ne se piquait pas de précision; elle visait plutôt à l'élégance et même à l'afféterie. Loin qu'elle fût simple et rude, comme on se l'imagine quelquefois, elle avait horreur du naturel. Elle recherchait les périodes arrondies, les tours singuliers. Elle allongeait les mots pour les rendre plus gracieux; elle disait *terrula, prædiolum, campellus, vineola, possessiuncula, silvula*, sans attacher à ces mots un autre sens qu'à *prædium, campus, vinea* ou *silva*. On disait de même *servulus, mancipiolum, monacholus, monasteriolum*. Bertramn dans son testament désigne la même propriété par les mots *villa*

---

[1] *Diplomata*, n° 454.
[2] Ibidem, n° 461.
[3] Ibidem, n° 483. — Grégoire de Tours appelle *locus* le domaine de Navicella (*Mirac. Martini*, 1, 29).
[4] *Diplomata*, t. I, p. 158.

et *villula*[1]. Ce que Léodébode appelle sa *terrula* Mariniacus renferme « maisons, esclaves, champs, prés, forêts, vignes[2] ». L'*agellus* Ancharianus, dont Césaire a donné une partie à un couvent, comprend 130 arpents de vigne, 145 arpents de terre en labour, sans compter le reste[3]. Le *locellus* de Fontanido que lègue Bertramn « en toute son intégrité, avec ses vignes, avec ses esclaves, est un don royal qu'il tient « de la générosité de Clotaire II » ; et ce domaine est aujourd'hui la commune de Fontenay (Sarthe), dont la superficie dépasse 1100 hectares[4]. Le *prædiolum* appelé Novavilla est aujourd'hui le territoire de Neuville (Indre-et-Loire)[5]. On peut voir enfin par un grand nombre de chartes et de formules que ces hommes appelaient *locellus* un domaine qui comprenait presque toujours « maisons, champs, vignes, prés, esclaves[6] ».

Ainsi, sous les noms divers de *villa, ager, prædium, villare, agellus*, les chartes présentent toujours une même chose, c'est-à-dire un domaine rural. Ce domaine peut être de grande ou de moyenne étendue ; mais toujours il comprend des terres de diverse nature, et toujours aussi il est cultivé par des paysans qui sont des serfs ou des colons.

---

[1] *Diplomata*, t. I, p. 202.
[2] Ibidem, t. II, p. 143.
[3] Ibidem, t. I, p. 106.
[4] Ibidem, t. I, p. 202.
[5] *Translatio S. Benedicti*, édition Certain, p. 10.
[6] Voyez, par exemple, Marculfe, I, 30 : *Dedi locellum nuncupantem illum, cum colonicas illas, et merito suo, tam domibus, mancipiis, vineis, silvis, campis, pratis*. Cette formule est un acte d'échange, et l'on échange un *locellus* contre une *villa*. — De même, Marculfe, II, 23 : *Locellum nuncupantem illum cum terris, domibus, accolabus, mancipiis, vineis, silvis, campis, pratis*. — *Diplomata*, I, p. 205 : *Locella nuncupata Loqiacas, Noginto, Novavilla, Antonaco*. — N° 438 : *Dono hæc locella cum terris, vineis, silvis, pratis, hominibus tam ingenuis quam servis*.

Tandis que les chartes nomment et décrivent un millier de *villæ*, je n'y rencontre que dix-sept fois le mot *vicus*. Encore serait-il fort imprudent, à chaque fois que ce terme se présente, de se figurer qu'il s'agisse d'un village comme sont ceux d'aujourd'hui, c'est-à-dire d'une réunion de paysans libres et propriétaires. Il ne faut pas se tenir à une première apparence. Quand nous lisons, par exemple, dans la chronique de saint Bénigne de Dijon, que le roi Gontran fit don à ce monastère « d'un *vicus* de grande étendue nommé Elariacus[1] », nous voyons tout de suite que ce *vicus* est un domaine; il était la propriété privée du roi Gontran, désormais il sera la propriété d'un monastère; ni dans l'un ni dans l'autre cas il n'est un village d'hommes libres. Ce que la chronique appelle ici un *vicus* n'est pas autre chose qu'une villa, et la preuve en est que, quelques pages plus loin, le même Elariacus est appelé villa[2].

Le *vicus* Mauriciacus que nous trouvons dans une charte n'est pas un village d'hommes libres, car il est la propriété d'une femme[3]. Bertramn lègue sa villa ou *vicus* Pocilenus, qu'il a acheté d'un certain Ludovicus pour la somme de mille pièces d'or[4]. Le *vicus* Aurienus est une propriété privée que son propriétaire lègue à une église[5]. Le *vicus* Busiacus a été successivement la propriété de Hadoin, de Lonégisile, puis de l'église du Mans[6]. Un diplôme de 632 montre qu'un monastère pos-

---

[1] *Chronicon S. Benigni*, édition Bougaut, p. 29.
[2] Ibidem, p. 61.
[3] *Diplomata*, n° 177 : *Meum Mauriciacum*.
[4] Ibidem, n° 230, t. I, p. 208 : *Similiter villam Pocilenum vicum quem Ludovicus nobis pro solidis M venumdedit*.
[5] Ibidem, n° 300, t. II, p. 70.
[6] Ibidem, n°' 237 et 238, t. I, p. 222 et 224.

LE SOL ÉTAIT-IL DISTRIBUÉ EN VILLAGES OU EN DOMAINES? 215

sède des *vici* comme il possède des *villæ*[1]. Un donateur s'exprime ainsi : « Je donne les *vici* dont les noms suivent, à savoir la villa Fracillus, la villa Montelliacus, et onze autres[2]. » Annémund déclare dans une charte que le *vicus* Dolomicuraticus avait été la propriété d'un certain Albertus avant d'être donné à un monastère « avec ses champs, manses et bois[3] ». Un autre fait donation du *vicus* Artinus « avec ses terres, manses, colons, esclaves, lites, vignes, prés et forêts[4] ». En Alsace, Eberhard est propriétaire de quatorze *vici* dont il donne les noms; il les tient d'héritage, et il en fait donation au monastère de Murbach[5]. Dans un acte, le domaine de Belenavum est appelé en même temps *vicus* et *villa*. Le *vicus* Altrisiacus d'une chronique est nommé quelques pages plus loin Altriciensis *villa*[6]. Tous ces exemples montrent bien que ce que la langue du temps appelait *vicus* était, le plus souvent, une propriété privée. Il s'en trouvait un dans chaque domaine. En ce sens on peut dire qu'il y avait presque autant de villages dans la Gaule mérovingienne que dans la France d'aujourd'hui; mais chacun de ces villages faisait partie d'un domaine, appartenait tout entier à un propriétaire et n'était que le groupe d'habitations des colons et des serfs.

---

[1] *Diplomata*, n° 258, t. II, p. 18 : *Vicos monasterii*. De même dans Beyer, *Urkundenbuch des mittelrh. territorien*, n°˚ 12, 26, etc. : *Ecclesiæ vicos, villas, vineas, homines*.

[2] *Diplomata*, n° 283 : *Dono hos vicos, videlicet villam Fracillo, Montelliacum, Avendelliacum, Noziocum, Movilliacum*, etc.

[3] Ibidem, n° 524 : *Dolomicuraticum vicum cum ecclesia B. Petri et terris et mansis et nemoribus, dedit Albertus monasterio*.

[4] Ibidem, n° 484 : *Convenit nobis ut vicum qui vocatur Artinis... cum omni integritate ad ipsum vicum pertinente, hoc est, terris, mansis, accolabus, mancipiis, lidis, vineis, silvis, pratis, ad monasterium concederemus*.

[5] Ibidem, n° 544, t. II, p. 356.

[6] Chronique de Bèze, édition Garnier, p. 255, 333, 341.

Cela ne surprend pas, si l'on se rappelle qu'il en était de même dans la société romaine. Nous avons cité, dans un chapitre précédent, des exemples tirés des écrivains latins et même des lois, où l'on a vu que le *vicus* était souvent un domaine ou l'annexe d'un domaine. Au fond ce terme ne signifiait pas autre chose qu'une agglomération d'habitations, et il pouvait tout aussi bien s'appliquer à des habitations d'esclaves qu'à des habitations d'hommes libres. Sur un grand domaine romain le *vicus* avait été la réunion des esclaves du propriétaire; il fut encore la même chose dans le domaine de l'époque mérovingienne.

Nous n'affirmons nullement que tous les *vici* qui sont cités dans nos chartes fussent de cette nature. L'expression *in vico* ou *juxta vicum* se rencontre plusieurs fois sans rien qui explique de quels hommes se compose ce *vicus*; on peut supposer alors, si l'on veut, qu'il s'agit d'un village libre[1]. Mais il est curieux de noter que, toutes les fois qu'il se trouve un détail explicatif, le *vicus* est incontestablement un domaine cultivé par des colons ou des serfs.

Les écrivains du temps donnent lieu à la même observation. Grégoire de Tours nomme un assez grand nombre de *vici*, sans dire quelle en est la nature; mais trois fois il laisse échapper un détail explicatif qui montre qu'ils étaient des domaines. Il mentionne, par exemple, le *vicus* Sexciacensis, et six lignes plus bas il dit qu'il était la propriété de Sévérus[2]. Ailleurs, une localité est qualifiée par lui de *vicus* et de *domus*; or

---

[1] Tels sont le *vicus Pocilenus*, t. I, p. 208; le *Cabrias vicus* et le *Ucellus vicus*, II, 143; le *vicus Bonisiacensis*, II, 257; le *vicus Curbrius*, II, 415, 416.

[2] Grégoire, *De gloria confessorum*, 49, 50 (édit. Krusch, 48, 49).

ce dernier terme, dans les habitudes de langage de Grégoire, est synonyme de *villa*[1]. C'est ainsi que chez Flodoard ou dans les sources qu'il consultait, le même lieu est appelé *villa* et *vicus*[2]. Un hagiographe mentionne un vicus Celciacus que son propriétaire donna à l'église[3]. Un autre rapporte un miracle arrivé « dans la propriété » d'un certain Gamardus, et cette propriété privée est appelée par lui un *vicus*[4].

On inclinerait d'abord à penser qu'au moins dans les régions du nord et de l'est, plus particulièrement habitées par les Germains, on trouverait des villages libres. Il n'en est rien. En Toxandrie, Alfheim avec ses onze manses d'esclaves est la propriété d'Engelbert par héritage[5]. Diesne avec ses six manses d'esclaves et sa maison de maître est la propriété d'Ansbald[6]. En Alsace, ce ne sont pas seulement les localités dont les noms sont

---

[1] Grégoire, *Miracula Juliani*, 48. Joignez-y le *Gaudiacus vicus*, qui, suivant quelques érudits, serait le même que la *domus Jucundiacus*. Domus a encore le sens de *villa* dans Grégoire (*Hist.*, VIII, 43). — Ajoutez que, le plus souvent, Grégoire emploie le mot *vicus* dans le sens de paroisse ecclésiastique. C'est alors un centre du culte pour les domaines environnants. — Beaucoup de ces *vici* sont devenus des villages; mais ils ne l'étaient pas à l'origine.

[2] Flodoard, *Hist. Rem. eccl.*, II, 11, *in fine*: *Dedit Rodemarus res suas in vico Castricensi; item Austrebertus in eadem* VILLA.

[3] *Vita Ernæi*, Bouquet, III, 455: *Dedit vicum suum Celciacum*.

[4] Voyez le récit dans la *Vita Ermemberti*, Mabillon, II, 604: *Pervenit ad* POSSESSIONEM *Violicortem quam Gamardus ex successione parentum jure hereditario possidebat... Ignis eam* POSSESSIONEM *exurendam invasit, cumque flamma omnem absorptura* VICUM..., *Eurus qui vico incendia sparserat, compescuit*.

[5] *Charta Engelberti*, *Diplomata*, n° 474: *Dono..., in pago Toxandriæ, in loco nuncupante Alfheim, quod mihi ex paterno jure pervenit, casatas undecim, cum sala et curtile meo, cum mancipiis... cum casis, silvis, terris, pratis, pascuis et aratoria terra*.

[6] *Charta Ansbaldi*, *Diplomata*, n° 483: *Dono, in pago Toxandriæ, loco Diesne, casatas sex cum sala*. Notez que les mots *loco Diesne* ne doivent pas être interprétés comme si Ansbald avait donné six *casatæ* « dans le village de Diesne »; il a donné Diesne tout entier: cela ressort du tes-

terminés en *villa* ou *villare* qui sont des domaines, ce sont aussi bien les localités en *heim* ou en *dorf*. Winlicheim est une villa qui appartient à Rohingus, Bodenheim et Einsisheim à Eberhard[1]. Liutfrid vend « sa villa qui s'appelle Burckheim[2] ». Altdorf est la villa d'une femme[3]. Heimendorf est un petit domaine qui est rattaché à un domaine plus grand nommé Arlesheim[4]. Wintersdorf est aussi une propriété privée et a été donné en dot à une femme[5]. Bruningesdorf, Plitaresdorf, Didendorf, Sarensdorf, Ratolfesdorf, Biberesdorf sont des domaines, c'est-à-dire des lieux cultivés par des esclaves et possédés par des propriétaires[6].

Toutes ces observations ne prouvent pas qu'il n'ait existé dans la Gaule aucun village d'hommes libres; elles prouvent seulement qu'il serait erroné de prendre tous les *vici* que l'on rencontre pour de pareils villages. Il est clair, d'autre part, que certains *vici*, comme Ambasia, aujourd'hui Amboise, Brivate, aujourd'hui Brioude, Ricomagus, aujourd'hui Riom, n'étaient pas et probablement n'avaient jamais été des propriétés privées. Il faut donc admettre que le terme *vicus* s'appliquait tantôt à des villages d'hommes libres, tantôt

---

tament de Willibrod; rappelant la même donation, il appelle Diesne une villa et dit qu'Ansbald l'a donnée tout entière : *Ansbaldus mihi condonabat villam quæ vocatur Diesna* (t. II, p. 350).

[1] *Diplomata*, nᵒˢ 540, 544, 558 : *Donamus Hillenheim, Selatstat, Percheim, Gundollesheim, Floholesheim*.

[2] *Codex Wissemburgensis*, nᵒ 11; de même nᵒ 14 : *Villas nuncupantes Papenheim, Patenheim*.

[3] *Diplomata*, nᵒ 578, t. II, p. 591.

[4] Ibidem, nᵒ 540, p. 318.

[5] Ibidem, nᵒ 578, p. 168 : *Filia nostra Irmina a sponso suo Hermanno in dotem suscepit… Mutzenfeld, Wintersdorf*.

[6] *Codex Wissemburgensis*, nᵒˢ 16, 23, 53, 85, etc.; Beyer, *Urkund.*, p. 147, 149, 181, etc. Acte de 763 dans les *Monumenta Boica*, IX, 7 : *In villa Schlehdorf…, in villa Sindolvesdorf*.

à des villages serfs faisant partie intégrante d'un domaine.

Peut-être la forme des noms fournit-elle un moyen de les distinguer. Quand nous voyons des *vici* qui s'appelent Silviacus, Celciacus, Gaudiacus, Sexciacensis, Vibriacus, Luciliacus, Nobiliacus, Priscianiacus, ces noms, qui sont visiblement dérivés de noms de propriétaires, nous permettent de croire qu'ils désignent des domaines. Au contraire, les noms comme Ambasia, Brivate, Crovium, Iciodorum, Mantolomagus, Nemptodorum, Ricomagus, Tornomagus, nous paraissent désigner plutôt des bourgs ou des villages peuplés d'hommes libres.

Cette distinction faite, on arrive à cette conclusion que les vrais villages d'hommes libres sont fort peu nombreux dans nos textes. Je n'ai réussi à en trouver qu'une cinquantaine au plus, contre plus de douze cents *villæ*. Telle était, semble-t-il, la proportion entre les villages et les domaines.

Reste encore à se demander si ces villages libres avaient un territoire fort étendu, et si la part de sol qu'ils représentent est au moins proportionnelle à leur nombre. Il y a quelque raison d'en douter. Ces villages sont plutôt présentés comme des lieux d'habitation que comme des lieux de culture. Je ne trouve aucun texte où leurs habitants soient désignés comme cultivateurs. Comme ces villages étaient ordinairement sur les routes ou au passage des rivières, il est possible qu'ils aient été des centres d'industrie et des rendez-vous pour le commerce. Ils étaient aussi des centres religieux. Dans Grégoire de Tours le *vicus* est presque toujours une paroisse; un évêque y bâtit une église et y installe un prêtre, voilà le *vicus*; et les habitants des *villæ* voisines s'y rendent le dimanche et aux jours de fête comme à un chef-lieu ecclésiastique. Nulle part le *vicus* n'apparaît comme un centre de culture. C'est au contraire dans les *villæ* que nous trouvons toutes les catégories d'hommes qui cultivent la terre, colons, esclaves, manants; et c'est aussi dans les *villæ*, non dans les *vici*, que les documents nous disent qu'il y a « terres arables, prairies, vignes, forêts, pâquis ». Le village libre, outre qu'il est rare, paraît être en dehors de la culture générale. Cultures et cultivateurs sont plutôt distribués en *villæ*. La véritable unité d'exploitation rurale n'est pas le village, c'est le domaine.

CHAPITRE VII.

Nature du domaine rural.

1° LE NOM DE LA VILLA.

Le premier trait qui caractérise le domaine rural est qu'il portait un nom propre. Nous avons remarqué la même coutume pour le domaine de l'époque romaine. Les chartes mérovingiennes ne disent pas : Je lègue ou je donne un domaine situé dans tel village. Elles disent, sans jamais nommer de village : Je lègue ou je donne le domaine qui porte tel nom.

L'examen de ces noms conduit à une vérité importante. On en trouve un certain nombre qui ont un radical germanique. Nous voyons, par exemple, que saint

Remi avait acheté une villa Huldriciaca[1]. Même dans la vallée de la Seine, nous rencontrons des domaines qui s'appellent Childulfovilla, Childriciaca, Beudegisilovallis[2]. Dans le Vexin, nous trouvons une Bettonecurtis, un Gennacharius[3]; près de la Loire, une Childinovilla, un Grimoaldovillare[4]. Les noms de cette sorte deviennent de plus en plus nombreux à mesure qu'on avance vers le nord et l'est; nous trouvons dans le Beauvaisis une Ebraldocurtis et un Theodegariovillare[5]; en Toxandrie, beaucoup de noms comme Bobanschot, Wadradoch, Alpheim[6]; sur la Meuse, une Beruldivilla, une Godonecurtis, une Teudegisilovilla[7]; en Alsace, un Gildulfovillare, un Hittenheim, un Condoltesheim, un Villareberardo[8].

Mais, quoique de pareils noms ne soient pas rares, les domaines qui portent des noms latins sont de beaucoup les plus nombreux. Un diplôme attribué à Clovis en cite qui s'appellent Miciacus, Cambiacus, Latiniacus; un autre mentionne Campiniacus, Longumrete, Traciacus, Arbusta[9]. Un diplôme d'un roi des Bur-

---

[1] *Diplomata*, t. I, p. 85.
[2] *Diplomata*, n° 418, 473, addit. n° 9.
[3] *Annales Fontanellenses*, a. 723. — *Diplomata*, n° 413.
[4] *Diplomata*, n° 442.
[5] Ibidem, n° 608.
[6] *Testamentum Willebrodi*, *Diplomata*, n° 540.
[7] *Diplomata*, n°° 469, 475, 516.
[8] Ibidem, n° 544.
[9] Ibidem, n°° 87, 88, 91. Nous n'avons pas ces diplômes en originaux. Ce que nous avons n'est que la copie altérée de diplômes vrais. Mais il est clair que l'altération ne porte pas sur les noms de terre. Si le copiste du huitième siècle a écrit Miciacus, Latiniacus, c'est que ces terres s'appelaient ainsi de son temps; et si elles avaient encore ces noms au huitième siècle, c'est qu'à plus forte raison elles les portaient au temps de Clovis. Nous faisons cette observation une fois pour toutes; on comprendra que nous nous servions souvent de diplômes altérés, quand il s'agit de noms géographiques que le faussaire avait tout intérêt à écrire exactement.

gundes contient des noms de domaines tels que Briogia, Orona, Rubregium, Communiacus, Mariniacus, c'est-à-dire des noms qui, s'ils ne sont gaulois, sont romains[1]. Le testament de saint Remi, qui a été écrit quarante ans après l'occupation franque, nomme des domaines Vaculiacus, Cesurnicus, Vindonissa, Secia, Plerinacus, Blandibaccius, Crusciniacus, Duodeciacus, Codiciacus, Juliacus, Salvonariæ.

Prenons successivement les différentes régions de la Gaule. Au sud de la Loire, après un siècle de domination wisigothique et un demi-siècle d'occupation franque, les domaines s'appellent Migauria, Fusciacus, Viviniacus, Jamniacus, Nigracus, Nadilliacus, Curbaserra, Cossia, Succossia, Liniacus, Prisciacus[2]. Dans la succession d'un grand propriétaire du Limousin, nous trouvons des domaines appelés Griciensis, Sisciacus, Excidolium, Scauriniacus, Juliacus, Genuliacus, Eustriacus[3]. Un autre lègue, dans le pays de Bordeaux, la villa Blaciacus et la villa Floriacus[4]. Dans le diocèse du Mans, nous trouvons des domaines qui portent les noms de Umbriacus, Villadolus, Juliacus, Lucdunum, Ruliacus, Rupiacus, Mediaquinta, Alnetum, Longa aqua, Tauriniacus, Caveniacus, Patriniacus, Tredente[5].

En Bourgogne, ce ne sont pas des noms burgundes que nous trouvons, ce sont des noms romains. Le roi Gontran donne des domaines qui s'appellent Alciacus, Mercuris, Floriacus, Vermiacus[6]. Les terres que lègue

---

[1] *Diplomata*, n° 103.
[2] *Testamentum Elaphii*, a. 565, *Diplomata*, t. II, p. 423.
[3] *Testamentum Aredii*, ibidem, n° 180, t. I, p. 137-138.
[4] *Testamentum Bertramni*, ibidem, n° 230, p. 206.
[5] *Testamentum Bertramni, Hadoindi*, ibidem, n°ˢ 230 et 300; *Vita Hadoindi*, Bollandistes, janvier, II, 734.
[6] *Diplomata*, n° 191.

Théodéchilde ont nom Saliniacus, Tunciacus, Viciniæ, Fontanæ[1]. Dans d'autres chartes bourguignonnes, nous trouvons des noms comme Auxiliacus, Variacus, Attiniacus, Vetus Vineas, Noviliacus, Pauliacus, Busciacus, Bonortus, Flaviniacus, Cassiacus, Treviciacus, Matiriacensis, Solemniacensis, Dulcia, Patriciniacus, Ferrariæ, Passariniacus, Senseriacus, Ciconiæ, Anciacus, Altaripa, Cariniacus, Pruviniacus, Longovicus, Palatiolum[2]. La région de Paris reste pleine de noms romains : Argentolium, Aquaputa, Balbiniacus, Novigentum, Novavilla, Antoniacus, Latiniacus, Cellæ, Fontanetum, et ces noms qui sont dans les chartes mérovingiennes se reconnaissent encore dans les noms d'aujourd'hui.

Même chose se retrouve dans le nord. Aux pays de Beauvais et d'Amiens, nous avons Gentillæ, Folietum, Albiniacus, Templum Martis, Cipiliacus, Silentiacus, Flaviacus, Attipiacus, Croviacus[3]. Dans les pays d'Arras et de Thérouenne, si nous rencontrons quelques noms germaniques, nous en trouvons un plus grand nombre qui sont romains : Victoriacus, Blanziacus, Elimontem, Ad Fundanas, Silviacus, Maniliacus, Martianæ, Alciacus, Attinius, Grandiscurtis, Mons Angelorum, Curticella, Noviella et bien d'autres[4].

Dans les bassins de la Meuse et de la Moselle, dans les Ardennes, dans les Vosges, les noms romains dominent encore. Le testament de Grimo nous montre des domaines appelés Longagio, Madiacus, Marciacus, Fati-

---

[1] *Diplomata*, n° 177.
[2] Ibidem, n°° 351, 363, 514, 587. Voyez aussi la chronique de Saint-Bénigne de Dijon et les nombreuses *villæ* qui y sont nommées.
[3] *Diplomata*, n° 336. *Vita Medardi*, 7 et 8, *Vita Geremari*, 24.
[4] Grégoire de Tours, *Hist.*, IV, 52. *Diplomata*, n° 312, 420. *Vita Fursei*, 4, 7, dans Mabillon, II, 310-311. Chronique de Saint-Bertin, p. 253. *Vita Berthæ*, Bouquet, III, 622. *Vita Wulmari*, Bouquet, III, 625.

liacus[1]. Dans d'autres chartes, nous trouvons des noms comme Alta petra, Exartum novum, Riviniacus, Flaviniacus, Cussiliacus, Novavilla, Alba fontana, Attiniacus, Floriacus, Palatiolum, Dolosana fontana, Medius mons, Mollis campellus[2], Viciacus, Alciacus, Fabricinius[3].

On voit par ces exemples qu'un petit nombre de noms étaient tirés de la situation topographique ou d'un accident de terrain, mais que le plus grand nombre étaient dérivés d'un nom d'homme avec un suffixe latin en *acus*, comme Marciacus ou Latiniacus. Le nom du domaine venait donc, le plus souvent, d'un nom de propriétaire. On a vu plus haut que c'était l'usage romain. L'usage romain se continua durant l'époque mérovingienne.

Il est manifeste que beaucoup de ces noms de domaines sont antérieurs aux invasions germaniques. Voici, par exemple, plusieurs *villæ* dans diverses provinces qui s'appellent Juliacus[4] ; on voit bien, par les chartes mêmes qui les mentionnent, que leurs propriétaires actuels ne s'appellent pas Julius. Pour trouver le Julius qui a été propriétaire de chacune d'elles, il faudrait apparemment remonter très haut ; il y a longtemps que ce Julius est oublié, et des séries de ventes ou de legs ont fait passer la terre dans d'autres familles ; mais le domaine a gardé son nom. Il en est de même des quatre Floriacus que nous trouvons sur la Gironde, sur la Loire, dans la Côte-d'Or et sur la Meuse[5] ;

---

[1] *Testamentum Grimonis*, dans Beyer, *Urkundenbuch*, n° 6, anno 636.
[2] *Diplomata*, t. II, p. 120, 146, 171, 204, 214, 259, 275, 278, 399, 429, 444. *Vita Adelæ*, I, Mabillon, III, 532.
[3] *Diplomata*, n° 312.
[4] *Diplomata*, t. I, p. 206 ; t. II, p. 138 et 325.
[5] Ibidem, t. I, p. 206 ; II, 142, et 276 ; Grégoire, *Hist.*, III, 35.

sans doute les Florus ont été jadis nombreux. Plus nombreux encore les Priscus, les Flavinius, les Campanius, qui ont autrefois donné leurs noms à tant de Prisciacus, de Flaviniacus, d'Albiniacus, qui se trouvent disséminés dans toutes les provinces de la Gaule. Ils dataient de plusieurs siècles. On pouvait dire de toutes ces propriétés ce qu'un hagiographe dit de l'une d'elles : « la haute antiquité l'avait appelée Miliciacus »[1] ; ou ce que Grégoire de Tours dit d'un autre domaine : « à qui les anciens avaient attaché le nom de Navicellis »[2]. Nous pouvons donc être assurés que toute cette catégorie de noms romains venait de l'époque romaine.

l n'en faudrait pas conclure que ces propriétés fussent restées toujours dans les mains de familles romaines. Des Francs, des Wisigoths, des Burgundes en avaient acquis plus d'une. Nous savons qu'une même terre pouvait passer d'un Romain à un Franc et revenir ensuite d'un Franc à un Romain. Mais il est digne d'attention qu'en passant ainsi d'une race à une autre le domaine gardât son ancien nom.

Les invasions et le règne des rois germains n'ont pas eu pour effet de changer les noms de terre. Dans aucune province on ne voit la trace d'une transformation générale des noms qui se soit faite au cinquième ou au sixième siècle. Dans la vallée du Rhin, la plupart des noms sont germaniques ; mais il n'est nullement certain que ces noms germaniques datent des invasions ; peut-

---

[1] *Vita Desiderii Cat. episc.*, 19 : *Ventum est ad prædium cui vetus antiquitas Miliciacum vocabulum indidit.*

[2] Grégoire, *Miracula Martini*, I, 29 : *Loco illi Navicellis nomen prisca vetustas indiderat.* Ce *locus* était un domaine, dont la propriété était alors disputée entre l'église de Tours et le fisc. — Cf. *Vita Agili*, 15, Mabillon, II, 322 : *Locus qui prisco vocabulo propter geminum lacunar Gemellus Mercasius nuncupabatur.*

être sont-ils plus anciens; une population germanique avait été établie dans ces provinces dès les premiers temps de l'empire, et beaucoup de noms peuvent venir de là.

Il ne fut pas rare d'ailleurs qu'après les invasions un Germain, devenu propriétaire d'un domaine, ait voulu lui donner son nom. Ainsi, un certain Huldric, dans le pays de Reims, appela sa propriété villa Huldriciaca[1]. C'est ainsi que nous trouvons une Childriciaca, une Laudardiaca, un Walliacus. Il est curieux que les Germains aient si bien imité l'usage romain de donner aux domaines des noms de propriétaires.

Le principal changement qui s'opéra dans les noms de terres à partir du septième siècle consista en ceci, qu'au lieu d'employer le suffixe romain *acus*, on préféra ajouter au nom d'homme le mot *villa*, *villare* ou *curtis*. On eut ainsi des séries de noms comme Maurontivilla, Silvestrivilla, Beruldivilla, Gundulfivilla, Gildulfovillare, Calvonecurtis, Godonecurtis, Ebraldocurtis, Aldulficurtis.

Même en Alsace et dans la région du Rhin les noms de terre ne furent pas dérivés de termes qui pussent s'appliquer à des communautés d'habitants; ils furent, en majorité, formés par des noms de propriétaires. C'est ainsi qu'on eut une Auduinovilla, un Ermembertovillare, un Maurivillare, un Audaldovillare, un Ratbertovillare, un Walthariovillare, une Warnugocurtis, une Sicramnocurtis, une Emmonevilla, un Ansulsisheim, un Folcoaldesheim, un Hodulsisheim, un Hariolfesheim, un Radolfesdorf, et tant d'autres de même sorte. Ainsi, sous des formes diverses, les noms res-

[1] *Diplomata*, t. I, p. 85.

tèrent comme les symboles du droit de propriété individuelle[1].

2° LA PERMANENCE DU DOMAINE

Presque tous ces noms que présentent les chartes mérovingiennes subsistent encore aujourd'hui et sont appliqués aux mêmes lieux. Par exemple, la villa Germiniacus, qui est mentionnée dans un diplôme de 650, est aujourd'hui le village de Germigny (Meuse). L'*ager* Solemniacensis est aujourd'hui Solignac en Limousin, et une autre propriété du même nom est Soulangy (Yonne)[2]. Trois villas que les chartes appellent Latiniacus sont aujourd'hui les communes de Lagny-sur-Marne, Lagny-sur-Loire, et Lagnieu dans le département de l'Ain. Trois autres, que les chartes mérovingiennes nomment Floriacus, sont aujourd'hui Floirac, près de Bordeaux, Fleury-sur-Loire et Fleury (Meuse)[3]. La villa Flauniacus est Flogny (Yonne), comme Novigentum est Nogent. Victoriacus, que cite Grégoire de Tours, est aujourd'hui Vitry; le nom est le même. Le fundus Juliacus en Limousin est Juillac. Le fiscus Isciacus, près de Paris, est Issy. La curtis Hennin est aujourd'hui Hennin. La curtis Badanæ est Badancourt. La curtis Baudavia est Bouviers. La curtis Campaniacus est Champigny. La villa Alteriacus est le village d'Aultray, en Bourgogne. Le domaine Elariacus est le village de Lar-

---

[1] Nous devons signaler d'ailleurs qu'à partir du septième siècle un assez bon nombre de noms de propriétaires furent remplacés par des noms de saints. Ainsi la *villa Catulliacus* devint Saint-Denis, la *villa Sithiu* Saint-Bertin, la *villa Casacaiani* Saint-Calais, du nom de Carilephus, la *villa Novientum* Saint-Cloud; et de même beaucoup d'autres.

[2] *Diplomata*, n°⁵ 254 et 363.

[3] Ibidem, I, p. 206; II, p. 142; II, p. 276.

rey et Cassiacus est Chessy. Nous remplirions des pages de pareils exemples. Les noms à radical germanique sont restés aussi : la villa Huldriciaca est Heutrégiville, comme Gundulfivilla est Gondreville.

On ne saurait calculer combien il y a en France de communes rurales qui portent l'ancien nom d'un propriétaire. Parce qu'il y a eu dans la Gaule romaine un certain nombre de Florus qui ont donné à leurs domaines le nom de Floriacus, nous avons vingt-neuf communes ou hameaux qui s'appellent Floirac, Fleury ou Fleurey. Du nom de Priscius, qui a formé le nom de terre Prisciacus, nous avons quatorze communes qui s'appellent Pressac, Pressy ou Précy. De villas appelées Saviniacus sont dérivés plus de trente Savignac, Savigny ou Sévigny. Des villas Ruffiacus viennent dix-huit Ruffiac ou Ruffy. Des Marciliacus viennent plus de trente Marcilly, Marcillé ou Marcillac. Huit communes du nom de Passy ou Pacy dérivent d'anciens domaines appelés Paciacus, comme six Flavigny ou Flavignac de Flaviniacus. Nous avons trente-huit communes du nom de Champagnac ou Champagny dont les noms viennent de ce que des propriétaires appelés Campanius ont donné ce nom à leurs domaines. Le nom Carentus ou Carentos, qui paraît gaulois, a formé le nom de terre Carantiacus, et nous avons quinze villages du nom de Carancy ou Charancey. Parce que les noms de Lucius, de Julius, de Marcius avaient été fort nombreux, nous avons aussi en France un grand nombre de Lussac ou Luçay, de Julliac ou Juilly, de Marsay ou Marsac.

Nous pouvons prendre aussi dans nos chartes mérovingiennes les noms de domaines qui ne sont pas dérivés de noms de propriétaires; nous remarquerons qu'ils se sont tout aussi bien conservés jusqu'à nos jours. La villa Asinariæ et la villa Canavariæ, citées dans un diplôme de 667, sont aujourd'hui Asnières et Chennevières. La villa Novavilla du testament de saint Remi est devenue La Neuville. Une autre Neuville dans le département de la Sarthe est une ancienne Novavilla, propriété de Bertramn. La commune de Voisines, dans l'arrondissement de Sens, est l'ancien domaine appelé Viciniæ[1]. Les nombreuses localités appelées Mézières sont d'anciens domaines qui s'appelaient Maceriæ[2]. Palaiseau près de Paris et Palz près de Trèves sont d'anciens Palatiolum[3]. Nous pourrions multiplier ces exemples à l'infini.

Ainsi les noms de terre sont passés de l'époque romaine à l'époque mérovingienne, puis de l'époque mérovingienne jusqu'à la nôtre, sans subir d'autres modifications que celles que la prononciation y a apportées peu à peu. Un bon nombre ont disparu parce que la piété des hommes les a remplacés par des noms de saints. Mais à cela près il ne s'est presque pas fait de changements, et chaque terre a gardé son nom pendant seize ou dix-huit siècles. Chaque terre a gardé aussi, sauf exceptions, son étendue et ses limites; la preuve de cela est que nous possédons assez souvent des listes de domaines voisins les uns des autres, et entre lesquels aucune autre localité ne trouve place; c'est dans la même situation que nous retrouvons aujourd'hui les villages qui portent les mêmes noms.

De tous ces faits une conclusion découle : ce qui est aujourd'hui une commune rurale était, il y a douze

---

[1] *Diplomata*, I, 132.
[2] Ibidem, nos 230, 365, 514, 608.
[3] Le Palatiolum voisin de Trèves est cité dans un diplôme de 732 comme propriété privée d'Adéla : *villam nostram Palatiolum* (*Diplomata*, n° 551).

siècles, un domaine. Ce sont les propriétés privées de l'époque mérovingienne qui ont formé plus tard les neuf dixièmes de nos communes[1].

Il est arrivé quelquefois que ce qui est mentionné comme villa dans nos chartes soit devenu une ville. Ainsi la villa Sparnacus, vendue par Eulogius à saint Remi, est aujourd'hui Épernay. La villa Clamiciacus, propriété d'un certain Godin au sixième siècle, est aujourd'hui Clamecy[2]. Il est arrivé aussi qu'une villa mérovingienne soit la mère de deux villages d'aujourd'hui : la villa Clipiacus a formé les deux villages de Clichy et de Saint-Ouen ; la villa Bidolidus a formé trois villages juxtaposés. Il est arrivé encore que deux villæ se soient réunies pour former plus tard un seul village. Enfin, beaucoup de petits domaines ont été absorbés par un domaine plus grand, et ont disparu de la carte du pays. Mais ces cas sont relativement peu nombreux et peuvent passer pour des exceptions. Ce qui est de beaucoup le plus fréquent et ce qu'on peut considérer comme le fait normal, c'est qu'un domaine de l'époque mérovingienne corresponde au territoire d'une commune d'aujourd'hui.

On se tromperait beaucoup si l'on pensait que le château moderne, avec les 200 ou 300 hectares qui l'entourent, soit tout l'ancien domaine mérovingien. Il n'en est qu'une partie, qu'un débris ; nos études ultérieures le montreront. Ce qui répond à l'ancien domaine, c'est à la fois le château, le village, et tout le territoire

---

[1] Il va sans dire qu'il faut excepter : 1° les villes qui existaient déjà sous l'empire ; 2° les bourgs et villages libres qui existaient déjà, mais qui n'étaient pas nombreux ; 3° les villages créés à partir du douzième siècle, les villes franches, etc.

[2] *Testamentum Palladii, Diplomata,* t. II, p. 37 : *Villam Clamiciacum quam Desiderius papa ex Godino per pecuniam visus est recepisse.*

de la commune. Tout cela, à travers les siècles, a plusieurs fois changé de face, et plusieurs révolutions, à la fois lentes et profondes, s'y sont accomplies. Mais c'est une vérité bien importante que le corps du domaine ait conservé son nom, sa forme extérieure, son unité.

Par là nous pouvons juger de l'étendue de ces villæ, quoique nos chartes ne l'indiquent jamais. Elle était assurément fort variable. Beaucoup d'entre elles sont aujourd'hui de simples hameaux dont la superficie ne dépasse pas 300 hectares. Si nous regardons, par exemple, les nombreuses villæ que Bertramn lègue par son testament, nous remarquons que la plupart d'entre elles ont disparu, ou sont aujourd'hui ce qu'on appelle des écarts. Mais il en est six qui sont encore des communes rurales : Colonica, Coulaines, d'une superficie de 381 hectares; Dolus, Dolon, d'environ 2000 hectares; Campariacus, Chemiré, qui en possède 1100; Monciacus, Moncé, qui en a 358; Blaciacus, Blossac près de Blaye; et Floriacus, Floirac, qui a 953 hectares. Pour la Bourgogne, nous avons la liste des propriétés que possédaient un certain Amalgaire et sa femme Aquilina avant 630[1]. Sur vingt-huit, il en est cinq dont on ne voit plus de traces bien sûres, quatre qui ne sont que de petits hameaux; dix-neuf sont des communes, dont la superficie varie depuis 450 jusqu'à 2600 hectares[2].

---

[1] *Diplomata*, n° 351 : *Waldelenus abbas suggessit quod genitor suus Amalgarius et genitrix sua Aquilina monasterio delegassent.... Besuam, Tilerias, Berias, Tregiam,* etc. Cf. *Chronicon Besuense*, édit. Garnier, p. 232-236.

[2] Ce serait aller trop loin de dire que le territoire d'une commune moderne soit toujours le même que celui de la villa correspondante. Il est clair que ce territoire a pu souvent se modifier par agrandissement ou par diminution. Je crois pourtant que, d'une manière générale et en réservant les exceptions, cette comparaison peut être pour nous un élément utile. La *villa Besua*, propriété d'Amalgaire vers 650, correspondrait aujourd'hui

Il n'y a donc aucune uniformité dans l'étendue des domaines. La villa peut avoir la superficie d'un petit hameau ou celle d'un grand village.

Elle contient ordinairement des terres de toute sorte. Presque toutes les chartes énumèrent les éléments économiques dont elle se compose; elle comprend des maisons, des champs de céréales, des vignes, des prés, des forêts, des pâquis. Toutes les cultures s'y rencontrent, et il s'y peut trouver aussi des terres incultes; les cours d'eau qui la traversent lui appartiennent.

Elle forme une unité par soi-même. Elle est indépendante. Elle ne fait jamais partie d'un village ou d'une communauté; on chercherait en vain un indice de cela dans toutes nos chartes. Elle ne se rattache pas non plus à une ville, et fait seulement partie de la cité administrative régie par le comte. Sauf cela, elle est un corps complet et ne dépend que de son propriétaire.

3° VILLÆ INDIVISES.

Petit ou grand, le domaine appartenait le plus souvent à un seul propriétaire. Les exemples de cela sont innombrables. La villa Bertiniacus, en 475, appartient à Perpetuus, et avant lui elle était la propriété d'un certain Daniel, qui la lui a vendue[1]. Dans le pays de Reims, après la conquête franque, la villa Sparnacus restait intacte et appartenant tout entière à un certain Eulogius,

---

au territoire de Bèze, qui a 2230 hectares. Comparer encore : *Tileriæ*, Til, 2611 hectares; *Vetusvineæ*, Viévigne, 1342; *Beria*, Beire, 1925; *Vendovera*, Véronnes, 1532; *Auxiliacus*, Oisilly, 595; *Blaniacus*, Blagny, 756; *Attiviacus*, Athée, 943; *Noviliacus*, Neuilly, 457; *Marcenniacus*, Marsannay, 1282; *Cocheiacus*, Couchey, 1269; *Gibriacus*, Gevray, 2400; *Caciacus*, Cessey, 1150, etc.

[1] *Diplomata*, n° 49, t. I, p. 24.

qui la vendit à l'évêque[1]. La villa Clamiciacus appartenait tout entière, vers 610, à un certain Godinus, dont les héritiers la vendirent à l'église. Une villa Iscomodiacus, aujourd'hui Écommoy, commune de plus de 2000 hectares, a été achetée par Hadoindus à un certain Anserus[2]. Léodébode a acquis par échange le grand domaine de Fleury-sur-Loire[3]. Pauliacus, aujourd'hui Pouilly-sur-Loire, appartient tout entier à Vigilius, Maceriæ à Huntbert, qui le tient de sa grand'mère Audeliana[4]. Condatum, aujourd'hui Condé-en-Barrois, commune de plus de 1800 hectares, est la villa de Wulfoald, qui l'a achetée à un certain Hertellion[5]. La villa Tiliniacus appartenait à la mère de Léodger, et il y avait plusieurs générations que ce domaine était dans cette famille[6]. Solemniacensis appartenait à Eligius, Marciacus à Ermembert, Germiniacus à Grimoald, Satelliacus à une femme nommée Amathilde, Potentiacus à Adalsinde, Tauriciacus à Ermélène, Malbodium à Aldégunde, Gundulfocurtis à Wandemir, Lectericus à Iddana, Raddanecurtis à Ingramn, Pauliacus à Leotheria, Hauxiacus à Ansbert[7]. La grande villa Stain, dans le diocèse de Verdun, est la propriété de Léodane, qui la tient de son père[8].

Dans le Nord et l'Est les propriétés sont, en général,

[1] *Diplomata*, I, 185.
[2] *Testamentum Hadoindi, Diplomata*, n° 300.
[3] *Charta Leodebodi, Diplomata*, n° 358 : *Agro Floriaco quem cum (ab) rege Chlodoveo et Balthilde regina visus sum de rebus meis comparasse.*
[4] *Diplomata*, n°˚ 303 et 365.
[5] Ibidem, n° 375.
[6] *Testamentum Leodegarii, Diplomata*, n° 382 : *Tiliniaco villa quæ de jure materno ab avis et proavis mihi competit.*
[7] *Diplomata*, n°˚ 254, 256, 316, 327, 328, 331, 338, 412, 451, 452, 457.
[8] Ibidem, n° 464.

moins étendues que dans le Centre et le Midi. Mais là encore nous trouvons de nombreux domaines qui n'appartiennent qu'à un seul propriétaire. Adroald, dans le pays de Thérouenne, fait donation de sa grande villa Sithiu et de toutes ses dépendances[1]. En Toxandrie, la villa Waderlo, aujourd'hui Waerle[2], est la propriété d'Angilbald, qui la donne à un évêque[3]. Alfheim est aussi une propriété patrimoniale[4]. Dans ce même pays nous voyons Ansbert être propriétaire de deux villas et faire don de six groupes d'esclaves dans l'une, de sept dans l'autre[5]. Dans le diocèse de Trèves, Stancheim est une villa qui appartient à une femme « avec ses manses, terres, esclaves, prés, forêts »[6]. Dans le même pays, Monhove est la propriété de Hédénus, et Palatiolum est celle d'une femme[7]. Dans l'Alsace, la villa Hodulsisheim appartient à Bodalus; Heimonviller, Gildulfowiller, Hirzfeld appartiennent à Eberhard[8]; Enaldowiller à Véroald, Altdorf à une femme, Haganbach à Wérald, qui le tient de son père; Audowinovilla à Ermembert, « avec ses églises, ses marses, champs, prés, forêts, pâquis, eaux et cours d'eau »[9]. Burgheim appartient tout entier à Liutfrid, Westhof à Nordoald, Cazfeld à Herpoald[10]. Nous ne citons qu'un petit nombre d'exemples[11].

[1] *Diplomata*, n° 312.
[2] Telle est du moins l'opinion de Pardessus.
[3] *Diplomata*, n° 461.
[4] Ibidem, n° 474 cf. n° 481.
[5] Ibidem, n° 483.
[6] Ibidem, n° 459.
[7] Ibidem, n°ˢ 458 et 461.
[8] Ibidem, n°ˢ 592, 554, 557.
[9] Ibidem, n° 579; *Codex Wissemburgensis*, n°ˢ 192 et 205
[10] *Codex Wissemburgensis*, n°ˢ 3, 10, 14, 17.
[11] Nous devons appeler l'attention sur un singulier emploi de la proposition *in* dans nos chartes, surtout à partir de la fin du septième siècle.

NATURE DU DOMAINE RURAL.

Ainsi beaucoup de villæ étaient entières et indivises dans les mains de simples particuliers. Il en était de même, à plus forte raison, de celles du roi. Le roi mérovingien ne possédait ni un vaste territoire, ni des cantons entiers; il possédait des villas, répandues dans toutes les provinces[1]. Le nombre de ces villas royales, qu'on appelait des *fisci* comme au temps de l'empire et qui venaient en grande partie du fisc impérial, ne nous est pas connu. Les chartes nous font surtout connaître celles dont les rois se sont dessaisis pour les donner à des églises ou à des monastères. Mais de cela même on peut tirer quelques vérités importantes.

D'abord, ce que les rois donnent est toujours une villa, c'est-à-dire un domaine composé de « manses,

---

On la trouve maintes fois devant le nom de la villa, en sorte que l'on est d'abord porté à croire que l'auteur de l'acte ne vend ou ne donne qu'une terre quelconque *dans* cette villa; et cela est vrai lorsqu'il y a le mot *portio* ou quelque terme de même nature. Mais on peut constater dans beaucoup d'actes que, par un abus du langage vulgaire, *in* s'est simplement ajouté comme préfixe au nom du domaine. Lorsque vous voyez écrit, par exemple, *Ego Nordoaldus, donamus villas juris nostri nuncupantes in Vestove, in Decejugariis, in Chraftestate*, il est clair que *Nordoaldus* donne trois *villæ* entières et que la préposition *in* fait partie du nom et se confond avec lui (*Codex Wissemburgensis*, n° 17). De même, quand l'auteur de la chronique de Saint-Bénigne écrit que le roi Gontran donna *in Biciso, in Plumberias, in Siliniaco, in Campiniaco*, etc. (édit. Bougaut, p. 29), on sent bien que ce sont là des *villæ* royales que Gontran donne dans leur intégrité. De même quand Odila dans son testament donne *curia in Hermersheim*, il est visible qu'elle donne Hermersheim tout entier « avec ses appendices et les trois villages de Heimersdorf, Brunstat et Hirsunge » (*Diplom.*, n° 510, p. 518). Autres exemples, dans les *Diplomata*, n°ˢ 369, 558 et 576, et dans le *Codex Wissemburgensis*, n°ˢ 16, 52 : *Dono in Chudzinchof in integrum*. — Neugart, 150 : *Villas nuncupantes in Wigaheim et in Trisinga;* 131 : *Locos nuncupantes in Wezinvillare et in Tochinvillare*. — *Codex Fuldensis*, 82 : *In villis denominatis in Ostheim et in Coneshaim*. De même au n° 148 et ailleurs. Il faut donc, chaque fois qu'on rencontre la préposition *in* devant un nom de terre, regarder par le contexte s'il s'agit d'une partie de domaine ou d'un domaine entier.

[1] Voyez Marculfe, I, 39.

esclaves, colons, champs, vignes, forêts, prés, terres cultivées ou incultes, eaux et cours d'eau »[1]. Ensuite, les noms de ces villas royales méritent d'être observés. Nous voyons Clovis faire don à Euspicius de trois propriétés du fisc qui s'appellent Miciacus, Cambiacus et Latiniacus[2]. Childebert Ier fait don du fiscus Isciacus[3] Ce que le roi Gontran donne au monastère de Saint-Marcel de Chalon, ce sont des *villæ* telles que Siliniacus, Plumberiæ, Campiniacus, Corcellæ, Flaviniacus, Berbiriacus[4], Gergiacus, Alciatus, Mercures, Floriacus, Vermiacus[5]. Les propriétés que donne Dagobert Ier s'appellent Cannæ, Cresciacus, Regiodola, Baudiliacus, Villa Vallis, Argenteriæ, Aquaputa, Tauriacus, Malliacus, Curtis Patriacus. Ces noms, on le voit, ressemblent tout à fait aux noms des terres des particuliers. Le roi n'a pas de dénominations spéciales pour ses domaines.

Bien plus, la plupart de ces noms sont évidemment antérieurs au temps où ces domaines sont entrés dans le domaine public, puisque ce sont des noms d'anciens propriétaires. Ils sont entrés les uns après les autres dans le fisc des empereurs ou dans celui des rois, les uns par achat, d'autres par déshérence, d'autres par confiscation; et on n'a pas songé à leur enlever les noms qu'ils portaient lorsqu'ils étaient propriétés privées.

C'est que les villas du roi ne sont pas d'autre nature que celles des particuliers. Elles ont même étendue,

---

[1] *Diplomata*, n° 163.
[2] Ibidem, n°° 87 et 88. L'authenticité des deux diplômes est fort douteuse; mais ce qui n'est pas douteux, c'est la donation elle-même; elle est confirmée par la *Vita Maximini*, et le monastère de Saint-Mesmin a certainement possédé les trois terres.
[3] Ibidem, n° 163, et dans beaucoup d'autres.
[4] *Chronicon S. Benigni*, p. 29-30.
[5] *Diplomata*, n° 191.

même constitution intime, mêmes cultivateurs; et le droit de propriété ne s'y exerce pas d'une manière différente. Nous voyons assez fréquemment le roi et un particulier faire entre eux échange de deux villas[1]. Quelquefois le nouveau propriétaire d'une villa royale se plaît à lui laisser le nom de *fiscus*, comme étant sans doute plus honorable. Il est visible d'ailleurs qu'il n'y a aucune différence de nature entre les deux terres échangées, et que chacune d'elles, en passant à un nouveau maître, reste ce qu'elle était sous l'ancien[2].

Il en est de même pour les terres des églises ou des monastères. Le domaine ecclésiastique n'était aussi qu'un composé de villas. Toutes ces villas ou presque toutes sont venues de donations, et ces donations n'ont eu lieu qu'à une époque où les domaines ruraux étaient déjà constitués depuis longtemps. On peut donc dire que toutes les propriétés ecclésiastiques ont été des propriétés laïques; et elles sont restées telles que les laïques les avaient faites. L'église n'a même pas changé leurs noms, sauf des exceptions; elle leur a presque toujours laissé le nom des propriétaires anciens. Quelquefois le donateur avait stipulé que les obligations des serfs qu'il donnait avec sa terre ne seraient pas augmentées, et l'église respectait cette volonté[3]. La propriété ecclésiastique ne différait par aucun caractère essentiel de la propriété laïque. On voyait quelquefois

---

[1] Exemple d'échange, *Diplomata*, t. II, p. 142.

[2] Ainsi un *ager Solemniacensis* a été donné par le roi à un laïque, lequel devenu évêque le donne à l'église; entre ces trois états aucune différence (*Diplomata*, n° 254). De même la *villa Latiniacus* appartient successivement à des laïques, puis au roi, enfin à un monastère (*ibid.*, 410).

[3] On voit un exemple de cela dans le Polyptyque de Saint-Germain-des-Prés, au sujet de l'*alodium Germani*. Autre exemple dans le *Codex Wissemburgensis*, n°s 12 et 78.

une église et un particulier faire échange de deux villas. Une même terre passait des mains d'un laïque dans celles d'un abbé, pour revenir ensuite dans celles d'un laïque; et en ce cas la formule disait « qu'elle serait possédée par le propriétaire nouveau comme elle l'était naguère par le couvent et comme elle l'avait été jadis par l'ancien propriétaire »[1].

Villas des particuliers, villas du roi, villas des églises formaient dans toute l'étendue de la Gaule un nombre incalculable de domaines qui couvraient tout le pays, qui se touchaient et se mêlaient sans dépendre les uns des autres, et qui se ressemblaient d'ailleurs entre eux, chacun d'eux étant cultivé toujours par une population inférieure, et appartenant chacun à un seul propriétaire.

CHAPITRE VIII

Quelques modifications du domaine rural

1° LES VILLÆ PARTAGÉES; LA PORTIO.

Quoique la villa fût en principe la propriété d'un homme, il arrivait assez souvent qu'elle fût partagée

---

[1] *Formulæ Sangallenses*, Zeumer, p. 385; c'est un acte d'échange entre l'abbé de Saint-Gall et un laïque. Celui-ci écrit: *Dedi villam... ut rectores ejus loci eamdem eo jure possideant sicut ego et progenitores mei per succedentium temporum curricula potestative possedimus.* Et plus loin: *Accepi villam... ut qualem potestatem ille et filius ejus* (les anciens propriétaires) *in eo loco habuerunt, talem ego...*

entre plusieurs. Le terme *portio*, quelquefois *pars*, se rencontre fréquemment dans les textes. Nous devons en observer l'emploi et la signification.

Dans les formulaires d'époque mérovingienne, le mot *portio* se trouve huit fois avec le sens très visible de part d'une succession[1]. Onze fois il signifie très nettement la part d'une villa[2]. C'est ce second sens qu'il a presque toujours dans les chartes; il en est près de deux cents qui mentionnent et décrivent « une portion de villa ». Il résulte de là cette première vérité que le fractionnement du domaine rural était un fait assez fréquent. C'est de la nature de ce fractionnement qu'il importe de nous rendre compte; nous y verrons l'un des usages les plus singuliers et les plus caractéristiques de cette époque.

Il faut d'abord écarter l'idée que la *portio* serait un « lot » que des propriétaires en commun posséderaient alternativement par une sorte de roulement annuel. Rien qui ressemble à cela ne se trouve dans aucun de nos deux cents textes. Ce qu'on trouve au contraire dans tous, sans aucune exception, c'est que la *portio* est une propriété privée et héréditaire. « Je tiens d'héritage de mes parents, dit la formule, la portion que je possède en telle villa[3] ». Et plusieurs chartes disent formellement

---

[1] *Andegavenses*, 1 : *Illas portiones quem ex alote parentum.* — *Turonenses*, 22 : *Matris vestrae portionem recipiatis....* 25 : *Accepit in portione sua villas illas.* — Marculfe, II, 12. — *Merkelianae*, 23 et 24.

[2] Marculfe, II, 6 : *Dono portionem meam in villa.* — *Supplem. ad Marc.*, 2, Zeumer, p. 107 : *Portionem aut villam suam vendidit.* — *Senonicae*, 41 : *In agro illo portio mea.* — *Merkelianae*, 9 : *Res sitas in termino illo portiones meas.* — *Lindenbr.*, 2 : *Dono omnem rem portionis meae in loco illo, id est mansos tantos.* — Marculfe, I, 30 : *Dedit nobis omnem portionem suam quod in villa illa habere visus est.*

[3] Marculfe, II, 6 : *Portionem meam in villa nuncupante illa, quidquid de alode parentum...* — II, 1.

que la portion vient d'héritage[1]. On peut aussi acheter ou vendre une portion[2]. Rigobert, évêque de Reims, achète une partie de la villa Campaniaca et une partie de la villa Bobiliniaca[3]. Abbon a acheté plusieurs *portions* à Waldebert et à Rigaberge.

Le propriétaire d'une portion la vend, la lègue, la donne comme il veut : « Je donne, disent les formules, ma portion dans la villa qui porte tel nom. » Grimo écrit dans son testament : « Je lègue la portion que j'ai dans la villa Madriacus ; je lègue ma villa Marciacus pour autant que ma portion contient[4]. » De même Arédius : « Je lègue ma portion de l'*ager* Sisciacensis[5]. » Engelwara fait donation « de sa part de la villa Hollinius, au pays de Tournai »[6]. Wulfoald et sa femme Adalsinde écrivent : « Nous donnons les portions que nous avons dans la *curtis* Biscryblata, sur la Meuse, portions que nous avons achetées de Waldrade, de Godane et de Chrodlinde[7] ». « Nous donnons, écrit Bertrade, dans Romanovilla, la moitié de notre portion, et dans Bursæ tout ce qui est notre part[8]. » Un certain Ébroin donne, outre plusieurs *villæ* entières, « la portion qu'il a dans la villa Hommi »[9]. Pareils exemples sont nombreux dans les chartes de

---

[1] Tardif, n° 48.
[2] *Supplem. ad Marculfum*, 2, Zeumer, p. 107 : *Portionem aut villam suam vendidit.*
[3] Flodoard, *Hist. Rem. eccl.*, II.
[4] *Testamentum Grimonis*, dans Beyer, *Urkund. des Mittelrh.*, n° 6 : *Portionem meam de Madriaco quæ mihi legibus debetur cum... villa mea Marciaco quantum portio mea continet cum....* Cet acte est de 636. — Cf. *Diplomata*, n° 534, Tardif, n° 17 : *Illa portio de illa villa.*
[5] *Diplomata*, n° 180, t. I, p. 137.
[6] Ibidem, n° 457.
[7] Ibidem, n° 475.
[8] Ibidem, n° 516 : *Donamus de Romanovilla de nostra portione medietatem..., de Bursis quidquid est de nostra parte totum.*
[9] Ibidem, n° 519.

toutes les régions, même dans celles de la vallée du Rhin[1]. Ils mettent en toute évidence que la portion de villa était un objet de pleine propriété privée.

On peut constater encore dans nos chartes mérovingiennes que la portion de villa n'est pas ce que nous appellerions aujourd'hui une parcelle; elle n'est pas un petit champ qu'un paysan cultiverait de ses propres mains. Quand Arédius écrit qu'il lègue sa portion du Sisciacus, il ajoute que cette portion comprend « une maison de maître, une chapelle, d'autres constructions, des champs, des forêts, des prés et pâquis, des colons »[2]. Godin fait don « de sa portion de la villa Albiniacus comprenant maisons, constructions, manses, courtils, champs, prés, forêts, eaux et cours d'eau et toutes appartenances »[3]. Bertramn a acheté une portion du Bruciagus et « il y a construit des maisons et installé des esclaves »[4]. Burgundofara lègue « sa portion de la villa Campelli comprenant esclaves, vignes, prés, forêts »[5]. Léodébode fait donation de sa part du Littidus « comprenant maisons, constructions, esclaves, vignes, forêts, champs, prés, pâquis »[6]. Vigilius lègue sa portion du Cassiacus, qu'il a achetée du fils de Doléna « avec

---

[1] *Urkundenbuch der Abtei S. Gall*, n° 146, etc.; *Codex Wissemburgensis*, n°ˢ 218, 220, 226, 239, etc.

[2] *Testamentum Aredii*, n° 180 : *Portionem nostram de agro Sisciacensi, hoc est domus et oratorium cum reliquis ædificiis, agris, silvis, pratis, pascuis et accolis.*

[3] *Charta Godini*, n° 186 : *Portio nostra in villa seu agro Albiniaco casas, ædificia, cum mansis, curtis, campis, pratis, silvis, aquis, accessis omnibus.*

[4] *Diplomata*, t. I, p. 198 : *Portio in Brucciago ubi domos ædificavi et mancipia stabilivi.*

[5] *Diplomata*, n° 257.

[6] *Charta Leodebodi*, n° 358 : *ortionem meam quæ est infra agrum Littidum cum domibus, ædificiis, mancipiis, vineis, silvis, campis, pratis, pascuis.*

manses, serfs et serves, esclaves, champs, forêts, prés », et il lègue aussi sa portion du Compesciacus « avec manses, constructions, habitants, serfs et serves, champs, prés, pâquis, terres cultivées ou incultes, eaux et cours d'eau et toutes appartenances »[1]. Il en est de même dans les régions toutes germaniques du Nord-Est. Dans le bassin de la Moselle, Irmina fait donation « de sa part de la villa Eptern acus, c'est-à-dire de tout ce qu'elle y possède par héritage de son père et de sa mère en maisons, constructions, manses, esclaves, vignes, terres, champs, prés, forêts, pâquis, eaux et cours d'eau, bergers, vachers, porchers avec leurs troupeaux, et ses dépendances qui sont les deux terres plus petites de Badalingus et de Mathofovillare »[2]. Wulfoald donne sa portion d'une *curtis*, et cette portion comprend « esclaves, manses, champs, prés, forêts »[3]. Ces exemples, que l'on pourrait multiplier, montrent assez que la *portio* était une propriété de quelque importance[4].

Les chartes donnent même à penser que, très souvent, la villa n'est partagée qu'entre deux, trois ou quatre propriétaires; car la *portio* est souvent appelée « une moitié », « un tiers », « un quart ». Arédius

---

[1] *Charta Vigilii*, n° 363 : *Portionem meam in villa Cassiaco quam femina Dolena et filius suus Ado mihi vendiderunt, cum mansis, servis et ancillis, mancipiis, campis, silvis, pratis.... Portionem in Campisciago cum mansis, habitatoribus, servis et ancillis, pratis, pascuis, cultis et incultis....*

[2] *Diplomata*, n° 448 : *Dono portionem meam in villa Eternaco, quantumcunque ex successione paterna vel materna mihi obvenit, tam in domibus quam ædificiis, mansis, mancipiis, vineis, terris, campis, pratis, silvis, pascuis et cum appenditiis suis, id est Badalingo Mathofovillare.*

[3] Ibidem, n° 475.

[4] Voyez encore la *portio* du *Simpliciacensis*, n° 358; la *portio* du *Fontanæ*, n° 480; et les *portiones* signalées dans le testament d'Adéla, n° 551, dans le testament d'Abbon, n° 559.

lègue une moitié du Criciensis; Bertramn a acheté une moitié du Vatilononnus; Palladius donne le tiers du Sissina[1]. La portion que Léodébode possède dans le Columnensis est le quart du domaine; celle d'Ephibius dans la villa Parthénis en est le tiers[2]. Dans la région du Wahal, Rohingus, qui est propriétaire du domaine de Winlendecheim, en donne « la moitié, qui comprend maisons, églises, esclaves, et toutes appartenances »[3]. En Alsace, Rantwig possède la moitié de Pruningovilla et la moitié de Mastresheim[4].

Si nous cherchons quels sont les motifs qui ont fait partager ainsi la villa, nous trouvons souvent ces motifs indiqués dans nos chartes. Celui qui est le plus souvent mentionné est le partage d'une succession entre frères ou parents. La villa Murocinctus, dont parle Bertramn dans son testament, était indivise vingt-cinq ans auparavant, et elle ne s'est trouvée partagée en trois que parce que le père de Bertramn avait trois fils[5]. Nous voyons dans ce même testament que la villa Castalione avait été partagée entre le père de Bertramn et un certain Sigilénus; or nous lisons quelques lignes plus bas que ces deux hommes étaient parents, et nous pouvons penser que c'est un partage de succession qui a divisé le domaine[6]. La villa Umbriacus est partagée entre deux frères, Basilius et Baudegundus[7]. Le Paldriacus, dans le voisinage de Fontenelle, est aussi le patrimoine de deux frères, Bertoald et Radamast[8]. L'*ager* Cultura a été

---

[1] *Diplomata*, nos 180, 230, 273.
[2] Ibidem, nos 358 et 439.
[3] Ibidem, n° 539, t. II, p. 349.
[4] *Codex Wissemburgensis*, n° 52.
[5] *Testamentum Bertramni, Diplomata*, t. I, p. 204.
[6] Ibidem, p. 201.
[7] Ibidem, p. 199.
[8] *Vita Ansberti*, 5. Bollandistes, février, II, 556.

divisé en deux moitiés par un frère et sa sœur, Magnulfe et Ingoberge[1]. Le testament de Burgundofara, écrit en 631, est surtout instructif sur ce point; on y voit quatre *villæ* qui sont divisées chacune en quatre *portiones*; mais trente ans auparavant ce fractionnement n'existait pas, et les quatre domaines appartenaient intégralement à Hagnéric, père de Burgundofara. Hagnéric en mourant a laissé deux fils et deux filles; la succession a été partagée également, et, au lieu que chacun des quatre enfants prît un domaine, ils ont préféré partager chaque domaine en quatre[2].

D'autres fois le fractionnement de la villa est venu de ce que l'homme qui en était le propriétaire unique en a vendu une partie. Aucune loi ni aucune coutume ne s'opposait à cette sorte de vente partielle. Ainsi nous voyons que Léobébode a acheté d'Arégisile « une portion du Simpliciacensis »[3]. Ainsi Bertramn a une portion de la villa Tauriacus parce qu'il a acheté cette portion à Audéric[4]. Darmundus, qui possède quatre domaines, vend à une abbaye les deux tiers de chacun d'eux[5]. La villa Biscryblata, dans le pays de Verdun, appartenait à trois femmes, peut-être parentes, qui ont vendu leurs parts à Wulfoald[6].

D'autres fois encore, la source du fractionnement a été une donation. Le propriétaire a donné à une église la moitié de sa villa. C'est ainsi que Bobolenus, qui possédait la villa Colonica, en a légué une moitié à l'église et a laissé l'autre moitié à ses héritiers

---

[1] *Diplomata*, t. I, p. 198.
[2] *Testamentum Burgundofaræ*, n° 257, t. II, p. 16.
[3] *Diplomata*, t. II, p. 144.
[4] Ibidem, t. II, p. 210; de même au n° 358.
[5] *Diplomata*, n° 470, t. II, p. 277.
[6] Ibidem, n° 475, t. II, p. 281.

naturels[1]. Arédius partage sa villa Griciensis entre l'église Saint-Martin de Tours et un monastère du Limousin[2]. Amalgaire fait donation du Parnatiacus tout entier et de la moitié seulement du Balatunna[3]. Bertrade donne au monastère de Prum la moitié de ce qu'elle possède dans Romairovilla[4]. Ébroin ne donne de sa villa Nitrus que trois familles d'esclaves avec les terres qu'ils cultivent, et une maison de maître[5]. Rohingus, de son domaine de Winlindecheim, ne donne que « la moitié des habitations, églises, esclaves et toutes appartenances »[6]. Il est clair que des donations ou legs de même sorte pouvaient être faits à des laïques.

Tels sont les seuls motifs de partage que nous trouvions dans les documents. Quant à faire venir ces *portiones* d'un partage qui serait le résultat de la conquête germanique, cela serait contraire à tous les textes.

Nous ne voyons pas une seule fois qu'un homme possède le tiers d'une villa parce qu'il descend d'un Romain dépossédé, ni qu'un autre en possède les deux tiers parce qu'il descend d'un Germain vainqueur. Non seulement cela n'est dans aucun texte, mais encore nos chartes démentent une telle hypothèse. Car, si vous regardez les *villæ* qui sont citées en nombre incalculable, ou bien vous les voyez rester toujours indivises, ou bien vous reconnaissez que le partage est seulement du sixième, du septième siècle, et qu'elles

---

[1] *Diplomata*, n° 230, t. I, p. 198.
[2] *Testamentum Arédii*, n° 180, t. I, p. 137.
[3] *Chronicon Besuense*, édit. Garnier, p. 257.
[4] *Diplomata*, n° 516.
[5] Ibidem, n° 519.
[6] Ibidem, n° 539 : *De loco vocato Winlindecheim, de materno jure ad me pertinente, medietatem de casis, domibus, ecclesiis, mancipiis et omnibus pertinentiis tradimus atque transfundimus.*

étaient encore intactes pendant la génération d'hommes qui a suivi l'établissement des Burgundes et des Francs[1].

Une autre hypothèse suivant laquelle les Germains, trouvant en Gaule de trop grandes propriétés, se seraient établis par groupes sur chacune d'elles, doit être également écartée. Les *portiones* que nous connaissons ne datent jamais de l'établissement des Germains. Elles n'ont pas été créées d'un seul coup. Elles se sont formées peu à peu, et le propriétaire de chaque part a été aussi bien un Romain qu'un Franc.

Existait-il quelque lien de solidarité entre les propriétaires des portions d'une même villa? On l'a cru. On a même été jusqu'à dire que ces hommes formaient une association et exploitaient le domaine en commun. Mais on a fondé cette grave affirmation sur une seule expression de Grégoire de Tours, qui pourtant ne dit rien de pareil[2]. C'est une méthode dangereuse que de construire une théorie sur un seul texte faussement interprété. Il fallait regarder les chartes. Elles nous montrent environ deux cents propriétaires de *portiones*; or chacun d'eux dispose de sa *portio*, la vend, la donne, l'échange, la lègue, sans jamais avoir besoin de l'autorisation des autres propriétaires. Il est visible dans ces chartes qu'il ne les consulte pas, qu'il n'a même pas à les prévenir. Jamais un seul mot n'indique qu'en cédant sa part, il sorte d'une association, ni qu'il ait là

---

[1] Voyez, par exemple, la *villa Sparnacus* qui est encore intacte après la conquête franque; de même, la *villa Blandibaccins* (*Diplomata*, t. I, p. 85); de même, la *villa Vitriacus* du père de saint Germain, la *villa Saponaria* et la *villa Butiniacus* du testament de Perpétue, et une foule d'autres au nord et au midi.

[2] Grégoire de Tours, *Hist.*, VII, 47, dit seulement que les ennemis de Sichaire, le poursuivant dans sa propriété, brûlèrent, en même temps que sa maison, celles des hommes qui avaient des parts de la même villa. — De là à dire qu'il y eût « une exploitation commune », il y a loin

plus légère obligation envers des associés. Il est visible aussi que le nouvel acquéreur n'a pas à solliciter son admission dans la villa. L'étude des textes écarte toutes ces théories que l'imagination et l'esprit de système ont inventées.

On aurait dû aussi faire attention que toutes les chartes qui nous montrent des *portiones*, montrent en même temps que chaque part comprend « des manses, des esclaves, des colons ». C'est que, de même que le propriétaire du domaine entier ne cultive pas de ses propres mains, de même le propriétaire d'une *portio* ne met pas non plus la main à la charrue. C'est le serf ou le colon qui cultive. Le propriétaire d'une moitié ou d'un quart possède simplement la moitié ou le quart de ces serfs et de ces colons.

On a fait cette autre hypothèse : chaque petit chef barbare se serait installé sur un grand domaine et en aurait distribué des parts à ses compagnons, qui auraient continué à vivre autour de lui. J'ai cherché des textes qui justifient cette hypothèse, et je n'en ai pas trouvé un seul. Que l'on regarde toutes les chartes où il est fait mention de *portiones*, jamais les propriétaires de ces *portiones* ne dépendent d'un chef. Ces trois ou quatre propriétaires sont, ou bien des frères qui se sont partagé un patrimoine, ou bien deux hommes dont l'un a vendu à l'autre une partie de sa terre ; quelquefois une église possède une moitié et un laïque l'autre moitié. Pas une seule fois l'un de ces copropriétaires n'est un chef au-dessus des autres. Qu'on regarde d'ailleurs les milliers de chartes qui concernent la propriété foncière, on verra bien de quels hommes se compose l'intérieur du domaine. Toujours c'est un propriétaire entouré d'esclaves, d'affranchis, de colons ; jamais ce n'est un chef entouré de compagnons ou de soldats. Cette hypothèse d'une distribution hiérarchique et militaire du sol au moment de la conquête est un pur produit de l'imagination moderne. Elle était commode à ceux qui voulaient se dispenser de recherches longues et difficiles; mais elle est contraire à tous les documents, et ne supporte pas un moment d'examen.

Si l'on veut saisir la vraie origine de ce fractionnement du domaine en portions, il faut remonter au régime rural des Romains, que nous avons étudié plus haut. Nous avons constaté (voyez pages 21-22) que le *fundus* romain pouvait, par l'effet d'une vente ou d'un partage de succession, se diviser en parts; en ce cas, le domaine entier conservait son nom, ses limites, son unité, et chacun des propriétaires possédait « une part », dont il pouvait d'ailleurs disposer à son gré. Cet usage s'est continué en Italie après l'Empire romain. Nous voyons dans les actes de l'église de Ravenne que les domaines de cette église étaient souvent divisés en *portiones*, chacune d'elles comprenant quelques *unciæ*, c'est-à-dire quelques douzièmes de l'ensemble[1]. Cela se retrouve encore dans des chartes du royaume lombard[2].

C'est ce même usage que nous voyons dans toute la Gaule mérovingienne. Il n'était écrit dans aucun code de lois; mais la raison pour laquelle il se maintenait s'aperçoit bien. Elle est dans la constitution organique du domaine rural. A mesure que nous observerons cette constitution dans la suite de nos études, nous constaterons qu'un domaine était un corps très complexe et

---

[1] Voy. Marini, *Papiri diplomatici*, 1805, pages 125, 127, 137, 147, actes de 564, 587, 625, 630, etc.

[2] Voy., par exemple, un acte de 754, dans la Patrologie latine, t. LXXXVII, col. 1386 : *Trado portionem meam de casale Palatiolo, cum casas massaricias, familias, vel adjacentias, cum vineis, olivetis silvis....*

très fortement lié. Démembrer un tel corps pour en faire deux ou quatre domaines distincts eût été d'une exécution fort difficile. Non seulement il eût fallu des noms nouveaux, alors que chacun des copropriétaires pouvait tenir à l'ancien nom qui figurait dans les anciens titres, non seulement il eût fallu une nouvelle opération de bornage, mais c'était surtout la situation des tenanciers qui faisait la difficulté d'une division complète; chaque tenure, comprenant plusieurs sortes de terres, était enchevêtrée parmi d'autres tenures; tout le sol eût été à remanier, toutes les redevances à modifier, toutes les cultures à changer. Or le domaine vivait sur de vieilles habitudes auxquelles il n'eût pas été sage de toucher. C'est pour cette raison, apparemment, qu'en présence de lois qui ordonnaient le partage égal des successions et qui autorisaient toute sorte de donation et de vente, le domaine pourtant continuait à former un corps unique, sur lequel il s'établissait seulement des portions, des moitiés ou des quarts[1].

[1] Cet usage des *portiones* se retrouve aussi dans les pays germaniques, soit qu'ils l'aient emprunté à la Gaule comme ils lui ont emprunté son droit et ses formules, soit que cela vienne de l'antique constitution du domaine germanique, que nous connaissons peu. Les chartes d'Alsace et de la vallée rhénane en font très souvent mention. Quelques érudits ont imaginé, à la seule vue du mot *portio*, qu'il s'agissait de l'antique partage du sol d'un village. C'est une erreur. La *portio* ne se trouve pas dans des villages, mais dans des domaines. Presque toujours elle a pour origine un partage de succession; ainsi Liutfrid a une *portio* de la villa Burgheim parce qu'il a dû partager avec son frère Ebroard (*Codex Wissemburgensis*, n° 10); de même en Alamannie une femme possède un tiers dans une villa; c'est qu'elle avait deux frères, Osulf et Hunolf, et que la succession a été partagée (Neugart, n° 166). Il y a de nombreux exemples de cela (Neugart, n°˚ 139, 228, 246, 254, 421, etc.; *Codex Fuldensis*, 189). D'autres fois les *portiones* sont la conséquence de ventes ou de donations partielles. D'ailleurs, dans ces pays germaniques aussi bien que dans la Gaule centrale, chacun est pleinement propriétaire de sa *portio* et peut l'aliéner à sa fantaisie. Ajoutons qu'il est fréquent que le même homme possède des *portiones* dans plusieurs domaines différents et assez éloi-

On peut se demander si dans cette sorte de partage le sol du domaine était réellement et géométriquement divisé. J'incline à croire que ce cas était rare; je n'en connais que deux exemples[1]. Ce qui me paraît avoir été plus fréquent, c'est que le domaine restât physiquement indivis, quoique la propriété, la jouissance et les revenus en fussent partagés. Cela semble résulter des expressions qui sont le plus souvent employées; on dit : Je donne ma portion, ma moitié, mon tiers de telle villa ; on ne dit pas : Je donne la partie de droite ou la partie de gauche, la partie qui confine à telle rivière ou à telle colline. Jamais une détermination topographique. On dit encore : Je donne ma portion ou ma moitié « qui comprend maisons, esclaves, terres en labour, vignes, prés, forêts »[2]. Ces expressions, qui reviennent sans cesse, impliquent que chaque portion comprenait toutes les natures de terre qu'il y avait dans la villa. Or il est difficile d'admettre que l'on ait découpé toutes les terres en labour, toutes les vignes, tous les prés, toutes les forêts. L'opération eût été difficile, nuisible à la culture et contraire aux intérêts des colons. Le partage de tous les revenus était au contraire la chose la plus facile, puisque le domaine était cultivé par des serfs ou colons dont le nombre était déterminé et dont les redevances étaient fixes. On pouvait partager aussi le domaine

---

gnés les uns des autres (Zeuss, n°⁸ 60, 62, 73, etc.; Neugart, n°⁸ 130, 144, 155, 160, 193, etc.; *Codex Fuldensis*, n° 87, etc.; *Codex Laureshamensis*, n° 40).

[1] Le premier est du sixième siècle; Césaire a divisé réellement son *ager Ancharianus* (*Diplomata*, 1, p. 106). Le second est du septième; c'est la *divisio prædiorum inter Theudilanam et Maurinum* (*Diplomata*, n° 253).

[2] Voyez, par exemple, dans le *Codex Wissemburgensis*, n° 203 : *Dono... portionem in Gairoaldovilla..., cum casis, terris, mancipiis, vincis, silvis, pratis, pascuis, aquis aquarumque decursibus, totum et ad integrum.*

d'après le nombre de manses qu'il contenait, les manses étant à peu près égaux, sinon pour l'étendue, du moins pour le revenu. S'agissait-il d'une villa de vingt manses à partager entre quatre cohéritiers, chacun d'eux en prenait cinq. Je ne vois que ces deux modes de partage qui aient pu être d'une opération facile. Le second me paraît indiqué assez clairement par quelques chartes; au lieu de dire : Je donne un tiers ou un quart, elles disent : « Je donne tel nombre d'esclaves avec leurs familles[1]. » Or nous verrons plus loin que donner les esclaves, c'est donner les manses qu'ils occupent. Un partage suivant le nombre de manses a donc été usité.

Mais la forêt, qui existait dans presque tous les domaines, ne pouvait pas être divisée de la même façon. L'usage voulait qu'elle restât matériellement indivise. Chacun en était propriétaire en proportion de la part qu'il avait dans la villa. Celui dont la portion dans la villa était d'un tiers, était propriétaire de la forêt pour un tiers. De là vient cette « communauté de forêt », *communio silvæ*, qui est mentionnée dans quelques lois et dans un certain nombre de chartes, et qu'il ne faut pas confondre avec les droits d'usage dans une forêt. La *communio silvæ* est toujours une indivision ou une communauté entre deux ou plusieurs propriétaires qui se sont partagé la villa[2].

---

[1] *Diplomata*, n° 483 : *Dono... de rebus meis propriis in loco Diesne casatas sex cum sala, curtile meo, cum sex mancipiis et infantibus eorum;* — n° 585 : *Dono... in loco Eresloch..., casatas tres cum sala et curtile meo;* — n° 500 : *Cum servis et ancillis octo;* — n° 519 : *In loco Nitro villa nostra casatos tres, terras cum sala, et adjacentia..., et in villa nostra Rinheri casatos quatuor cum terris et portiones de silva.*

[2] Cela est surtout bien marqué dans les chartes de la région du Rhin. Ainsi un certain Henricus donne *particulam hereditatis suæ communionemque in silva* (Lacomblet, n° 6). — Liutger donne à un autre personnage du même nom une partie d'un domaine et *omnem communionem mecum*

Nous pouvons remarquer encore que, lorsqu'une villa s'était trouvée partagée par l'effet d'une succession ou d'une vente, on s'appliquait volontiers à en rétablir l'unité. Bertramn se plaît à dire dans son testament qu'il a réussi à réunir dans ses mains les trois parts de la villa Murocinctus, et qu'il a eu le même bonheur pour la villa Blaciacus. Ainsi la villa se fractionnait et se reconstituait tour à tour. Nous ne savons pas s'il existait un droit de retrait ; nous ne le trouvons pas dans les lois ; mais ce retrait s'opérait naturellement par rachat ou par nouvel héritage.

En résumé, l'intégrité de la villa était l'état normal et régulier ; mais cette propriété pouvait, comme toute autre, ou se morceler ou se réintégrer, conformément à toutes les règles du droit privé. Sous le régime d'une législation qui rendait très faciles le transfert et le partage des immeubles, le sol subissait un perpétuel va-et-vient, au milieu duquel le domaine conservait toutefois son nom, son unité, et pour ainsi dire sa physionomie constante. Il ne faut pas d'ailleurs que ces *portiones* nous fassent penser nécessairement à de petits propriétaires. Vigilius, qui écrit son testament en 670, possède cinq *villæ* entières et des portions dans vingt-sept autres. Adalgysèle est propriétaire de quatre villæ et de vastes portions dans dix autres domaines[1].

---

in silva (Ibidem, n° 8). — *Habeat silvam communem cum suis coheredibus* (Formulæ Sangallenses, Zeumer, p. 403). — *Accepimus ab eo jugera 105 et de silva juxta æstimationem nostræ portionis* (Neugart, n° 461). — *Dedi partem hereditatis meæ, id est hovam integram... et scara in silva juxta formam hovæ plenæ* (Lacomblet, n° 7). C'est toujours la proportion entre la part de forêt et la part qu'on possède dans la villa.

[1] *Testamentum Adalgyseli seu Grimonis*, dans Beyer, n° 6.

2° LES PETITES PROPRIÉTÉS.

Si nous poussons nos recherches plus à fond, nous apercevons, dans l'intérieur de la villa, des propriétés plus petites encore que les *portiones*. Nous devions commencer par dégager des documents le fait capital qu'ils contiennent, à savoir, la prédominance du grand domaine rural; mais il faut aussi faire attention à quelques faits secondaires qu'ils mentionnent moins souvent. On y verra que la petite propriété n'avait pas complètement disparu.

Une formule du recueil d'Anjou est relative à la vente « d'une petite vigne »; une autre à la vente d'un champ de blé; une troisième à la vente d'un manse et d'une terre qui s'y rattache; une quatrième à la cession « d'une maison avec meubles et immeubles »[1]. Le contexte montre manifestement que ce ne sont ni des tenanciers ni des colons qui opèrent ces ventes; ce sont des propriétaires, et ils vendent à titre perpétuel. Voilà donc manifestement la petite propriété.

Seulement, ces mêmes formules donnent lieu à une autre remarque. Il y est dit que l'objet vendu est situé « dans une villa[2] ». Or il est visible que le vendeur n'est pas le grand propriétaire de la villa; et ce grand propriétaire n'est pas non plus l'acquéreur. Donc il peut y avoir des propriétaires et des propriétés au milieu

---

[1] *Formulæ Andegavenses*, 4, 21, 25, 40.
[2] *Andegavenses*, 4 : *Vendidi illam viniolam... in fundo illa villa* (*illius villæ*); — 21 : *Vendidi campellum... in villa illa*; — 25 : *Mansum et terram in fundo illa villa*; — 40 : *Cedo tibi membrum de casa cum mobile et immobile, in fundo illa villa* — 54 : *In fundo illa villa*; — 58 : *Ego qui commaneo illa villa...*

même de la villa. Une formule nous montre deux de ces petits propriétaires qui échangent leurs champs entre eux[1]. Onze autres formules mentionnent des ventes ou donations de petites pièces de terre[2]. Le cas était donc assez fréquent. Et toujours le texte de ces formules marque expressément qu'il s'agit de biens possédés en propre, qui viennent d'héritage et qui sont transférés à perpétuité.

Ces faits sont confirmés par quelques chartes du sixième et du septième siècle. Nous voyons, par exemple, que Perpétuus, propriétaire de la villa Saponaria, y avait acheté un champ d'un certain Aligarius ; il y avait donc eu au moins un petit propriétaire dans cette villa[3]. Ailleurs, Arédius, qui donne sa villa Sisciacus à un couvent, donne en même temps à un autre couvent cent arpents à prendre dans cette même villa ; il y aura donc désormais une petite propriété au milieu du grand domaine[4]. Bertramn, dans le grand nombre de ses legs, compte « de petites vignes et des prés » dans le domaine appelé Calimarcensis dont il n'est pas propriétaire. Enfin il s'est présenté un cas qui a été assez fréquent pour qu'on en fît une formule : c'était que le propriétaire d'un grand domaine donnât à un de ses serviteurs une pièce de terre dans l'intérieur de ce même domaine, et la lui donnât en pleine propriété et à titre héréditaire[5].

De tout cela on peut conclure qu'il y avait quelque-

---

[1] *Andegavenses*, 8.
[2] *Andegavenses*, 37, 54, 58 ; *Arvernenses*, 6 ; *Turonenses*, 8 et 42 ; Marculfe, II, 21 ; II, 36 ; *Senonicæ*, 5 ; *Merkelianæ*, 3 et 11 ; *Bignonianæ*, 12.
[3] *Diplomata*, n° 49, t. I, p. 24.
[4] Ibidem, t. I, p. 137 et 141.
[5] Marculfe, II, 36.

fois dans un grand domaine quelques parcelles appartenant à de petits propriétaires. Quand nous avons dit que le régime du grand domaine prévalait, nous n'avons pas entendu que ce domaine eût toujours une régularité parfaite; des exceptions et des accidents de toute nature pouvaient s'y rencontrer et faire que la petite propriété y eût encore quelque place.

L'existence de parcelles libres au milieu du domaine peut tenir à des causes très diverses. Il est possible qu'au temps déjà lointain où le grand domaine s'était constitué par agglomération, il ait dû respecter quelques petites terres qui s'y sont trouvées enclavées. Il a pu arriver aussi que, par l'effet naturel de plusieurs partages de succession, une part du domaine se soit trouvée morcelée au point de former de très petites parcelles. Il est arrivé encore que le propriétaire du grand domaine, ayant besoin d'argent, en ait vendu quelques lots. Il est arrivé enfin, comme nous le voyons par une formule, que le propriétaire ait donné un morceau de sa terre à un serviteur ou à un ami en récompense de services rendus[1].

Nous lisons dans plusieurs formules, mais dans un seul formulaire, celui d'Anjou, une phrase ainsi conçue : « Je vends à telle personne cette vigne ou ce champ qui est situé sur le territoire de tel saint, dans la villa portant tel nom[2]. » On a été très frappé de ces expressions ; on s'est demandé ce que c'était que le territoire

---

[1] Marculfe : *Pro respectu fidei ac servitii tui.*

[2] *Andegavenses*, 4 : *Illa viniola residet in territurium Sancti illius, in fundo illa villa*; — 8 : *Campo... et est super territurio Sancti illius.* — 21 : *Campellum... est super territurio Sancti illius in villa illa*; — 22 : *Super territurium Sancti illius in villa illa*; — 40 : *In fundo illa villa super territurium Sancti illius*; — 54 : *Super territorium Sancti illius in fundo illa villa.* — *Turonenses*, 8 : *Infra terminum Sancti illius.*

d'un saint, et l'on a construit sur cela plusieurs théories ingénieuses. L'explication est fort simple si l'on rapproche cette phrase de deux autres toutes semblables. Au n° 25 du même formulaire, un homme vend la vigne ou le champ qu'il possède « dans telle villa, sur la terre de l'église d'Angers ». Au n° 37, un homme vend une maison et une terre qu'il possède « sur le territoire de l'homme illustre portant tel nom ». Ces trois exemples se rapportent à des faits de même nature. Ce qu'une formule appelle « le territoire d'un saint » est le territoire d'un couvent; car on sait que la propriété appartenait moralement au saint que le couvent avait pour patron. Ce qu'une autre formule appelle « la terre de l'église d'Angers » est la propriété de l'évêque. Enfin ce que la troisième formule appelle « le territoire de l'homme illustre portant tel nom » est le domaine d'un laïque figurant parmi les grands[1].

Quelques-uns ont cru voir dans ces expressions du formulaire d'Anjou une sorte de constitution de pouvoir supérieur qui serait déjà quelque chose de féodal. Nous ne le pensons pas. Cela serait contraire à tout l'ensemble de nos documents. Nous savons avec une pleine certitude qu'au septième siècle aucun « homme illustre » ne possédait une province ou un canton entier; toutes nos chartes montrent que les plus grands parmi les laïques ne possédaient que des *villæ*. De même « la terre d'une

[1] *Territorium* est, dans cette langue, un terme vague; il se dit d'une grande province, *territorium arvernicum*; mais il se dit aussi d'un simple domaine, comme on le voit dans Marculfe, II, 1, et dans les *Sangallenses*, 21, Zeumer, p. 289. Je crois que dans ces formules d'Anjou *territorium* n'a pas un autre sens que *terra* qui en prend la place au n° 25. Il se dit particulièrement du territoire d'une villa; exemples : *Diplomata*, n° 266 : *Villam Baviam cum territorio suo*; Marculfe, II, 1 : *In illo territorio portiones meas*; II, 21 : *Vendidi campum juris mei situm in territorio ill.* (*illo* ou *illius*).

église » ne signifiait pas un diocèse, mais seulement les *villæ* qui appartenaient à l'évêque. De même encore, nous savons qu'un monastère ne possédait jamais un canton entier, mais seulement une série de *villæ* distinctes, séparées, disséminées en plusieurs provinces. Dès lors, ce que la formule nomme « le territoire du saint » ne peut être que l'une des villas dont le couvent est propriétaire[1]. Cela est si vrai qu'à côté de l'expression « territoire du saint » la formule indique qu'on doit écrire le nom de la villa. Quelques chartes précisent et confirment cette interprétation. Nous voyons, par exemple, que Lonégisile a élevé une construction « sur un territoire de l'église du Mans »; or ce territoire s'appelle la villa Busiacus et appartient en effet à l'évêque[2].

Il résulte des diverses formules que nous venons de citer, que, dans l'intérieur même d'un domaine d'église ou d'un domaine laïque, il pouvait se trouver encore de petites propriétés. Un curieux exemple de cela nous est encore fourni par une formule d'Anjou; on y voit une famille de pauvres gens qui sont des personnes libres, qui possèdent un petit champ ou une petite vigne dans une villa, et qui sont réduits par la misère à se faire esclaves d'un homme plus riche, à qui ils livrent à la fois leur terre et leur personne[3].

---

[1] La *Turonensis*, 8, dit : *Infra terminum Sancti*. Or nous avons vu que *terminus* a très souvent le sens de *villa*.

[2] *Diplomata*, n° 238 : *Illud monasteriolum qui est situs in territoriis S. Dei genitricis Mariæ et SS. martyrum Gervasii et Protasii* (c'était le titre de l'église du Mans), *in loco qui dicitur Busiacus*. Sur le domaine de *Busiacus*, cf. *ibid.*, p. 222. — De même, dans le recueil de Beyer, les n°ˢ 5, 12, 26 mentionnent des constructions élevées *in territorio S. Petri Trevirensis*, c'est-à-dire sur des propriétés de l'évêque de Trèves.

[3] *Formulæ Andegavenses*, 25.

Reste à savoir si ces petites propriétés enclavées dans une grande étaient pleinement indépendantes. Sur quinze formules, il y en a sept qui nous feraient pencher pour l'affirmative[1]. Elles montrent que le petit propriétaire a le droit de vendre, d'échanger, de léguer, de donner sa terre; elles disent expressément « qu'il a plein pouvoir d'en faire ce qu'il veut »[2]; elles ne laissent apercevoir à nul indice qu'il ait à demander l'autorisation d'un supérieur ou qu'il soit soumis à rien qui ressemble à un domaine éminent. Mais d'autre part il y a huit formules qui signalent « le droit » du grand propriétaire, surtout quand ce propriétaire est le saint d'un couvent[3]. « On a la faculté, y est-il dit, de vendre, de léguer, de disposer librement de la terre, mais sans préjudice des droits du saint »; et elles ajoutent même : « du saint à qui cette terre appartient »[4]. Il semble donc qu'au-dessus du petit propriétaire qui dispose de son bien, il existe un propriétaire supérieur, qui est celui du grand domaine qui l'enveloppe.

Aucune de ces formules n'explique en quoi consiste « ce droit », ni en quoi se marque la dépendance. Le petit propriétaire ne doit-il qu'un simple aveu, une reconnaissance de supériorité, une déférence morale? ou bien exige-t-on de lui des redevances réelles et des services effectifs? Nous l'ignorons. Il n'existait certai-

---

[1] Ce sont les *Andegavenses* 4, 22, 25, 37, 54; l'*Arvernensis* 6, et Marculfe, II, 21.

[2] *Quidquid de ipsa vinea facere voluerit, liberam in omnibus habeat potestatem faciendi.*

[3] Ce sont les *Andegavenses* 1 c, 8, 21, 40, 58; les *Turonenses* 8 et 42; Marculfe, II, 36.

[4] *Andegavenses*, 8 : *Absque præjudicio Sancti, cujus terra esse videtur*; de même aux n°ˢ 21 et 58. — Ibidem, 1 c : *Salvo jure Sancti illius, cujus terra esse videtur;* de même au n° 40, et dans les *Turonenses*, n° 8.

nement pas de règle générale sur ce point, et il ne pouvait y avoir que des conventions individuelles. Le petit propriétaire pouvait avoir intérêt, comme nous le verrons en étudiant plus tard d'autres séries de faits, à acheter de quelque manière la protection du couvent. Si le propriétaire du grand domaine était un laïque, il pouvait ne donner un lot de sa terre que sous des conditions déterminées. La formule que nous avons sur ce sujet est curieuse en ce qu'elle est faite à plusieurs fins, de telle sorte que le donateur eût à choisir entre trois alternatives. Il pouvait écrire que le donataire et ses héritiers « ne devraient aucune rente, aucune part des fruits, aucun droit de pâture, aucune corvée ni charroi »[1]; ou bien il pouvait, par une simple omission de cette phrase, rendre cela exigible; ou bien enfin il pouvait limiter les obligations du donataire et de ses héritiers à un seul service bien défini, par exemple à la culture de ce qu'on appelait une *riga*, c'est-à-dire d'une petite bande de la terre du maître[2].

Ainsi, tantôt cette propriété était pleinement indépendante, tantôt elle était assujettie à quelques services. Il est d'ailleurs impossible de dire lequel des deux cas était le plus fréquent.

Il y a encore à faire une remarque sur la nature de ces petites propriétés. Si quelques formules et deux ou trois chartes mentionnent « une vigne », « un champ », « une pièce de terre » ou « tel nombre d'arpents », d'autres formules et la plupart des chartes s'expriment

---

[1] Marculfe, II, 36 : *Ut nulla functione aut reditus terræ vel pascuario aut agrario, carpera, aut quodcunque dici potest, exinde solvere nec tu nec tua posteritas debeatis.*
[2] *Nisi tantum (si ita vult) riga.*

autrement. Un donateur écrit : « Je donne tel nombre de *manses* avec les hommes qui y habitent ou qui y sont attachés, avec les constructions, terres, prés, bois[1]. » Un époux constitue la dot de sa fiancée en ces termes : « Je te donne tel nombre de *manses* avec les hommes qui y sont et dont voici les noms, avec terres, forêts, champs, prés, terres de pâture, vignes, moulins[2]. » Deux frères se partagent une petite succession, et chacun d'eux prend pour sa part « un manse que tel colon habite[3] ».

De même dans les chartes. Vigilius donne « sept manses » de la villa Bonortus « avec leurs dépendances, revenus, terres et esclaves[4] ». Aloinus donne trois *hobæ*, c'est-à-dire trois manses, dans une villa, et quatre dans une autre[5]. Arnulf donne deux manses dans Liedesvilla et trois dans Beruldivilla, chacun d'eux avec les terres en labour, les prés, les bois qui y sont attachés[6]. Le clerc Audouin a acheté de Léodéfrid « deux petits manses » dans deux *villæ* différentes, chacun « avec ses constructions, terres, esclaves[7] ». Ailleurs

---

[1] Lindenbrogianæ, 1 : *Donamus in perpetuum, in loco nuncupante illo, mansos tantos cum hominibus ibidem commanentibus vel aspicientibus, cum domibus, curtiferis, puteis vel fontibus, terris tam cultis quam incultis, silvis, campis, pratis....* — De même aux nos 2, 3, 6.

[2] Lindenbrogianæ, 7.

[3] Senonicæ, 29 : *Econtra accepit ille mansum illum ubi accola commanet.*

[4] Diplomata, t. II, p. 153 : *In villa Bonorto, quam per multam pecuniam dando in proprietate recepi, mansos septem cum adjunctis, appendiciis, beneficiis, vineis, pascuis, silvis, servis et ancillis.*

[5] Ibidem, n° 396, t. II, p. 187.

[6] Ibidem, n° 469, t. II, p. 276 : *Dono in Liedesvilla mansum indominicatum..., mansum alium mansionarium cum terris aratoriis... pratoque. Item in Beruldivilla....*

[7] Ibidem, n° 473, t. II, p. 279 : *Audoinus clericus dicit quod ab Leodefrido mansellos duos in loca nuncupantia Childriclacas et ad Taxmetas... data pecunia per venditionis titulum comparassit.*

nous voyons un abbé acheter dans la villa Aiziriacus un seul manse[1]. Amalgaire fait donation, dans la villa Patriniacus, « d'un manse d'une grande valeur avec ses dépendances »[2]. En Alsace, deux petits propriétaires font échange entre eux, et chacun donne à l'autre « dans telle villa, deux manses avec leurs champs, prés et bois »[3]. Boronus donne « le manse entier que tient le colon Bobo »[4]. Dans les environs de l'abbaye de Saint-Gall on voit souvent des propriétaires faire don à cette abbaye « d'une *hoba* où habite tel serf portant tel nom, avec les terres qui dépendent de cette *hoba* »[5]. Tous les cartulaires de la vallée du Rhin sont remplis de petites donations de cette sorte. Il en est de même dans le bassin de l'Escaut et de la Meuse. Bertilende en Toxandrie donne cinq tenures avec leurs cinq familles d'esclaves[6]. Engelbert en donne trois avec trois familles et, dans une autre villa, une seule tenure avec un esclave et ses enfants[7]. Quelquefois, au lieu de dire qu'on donne une terre, on donne l'esclave ou le colon qui la cultive. Charoinus écrit qu'il donne Sigimund avec sa hoba et sa femme, Wulchaire avec sa femme, ses enfants, sa hoba et tout son avoir[8]. Ainsi font Erloinus, Ebroinus et cent autres[9]. Un certain Potto donne à Saint-Gall « les serfs Gundaharane, Rifred,

---

[1] *Chronicon S. Benigni*, p. 79 : *Mansum unum cum omni terra ad eum pertinente, in villa Aziriaco.*
[2] *Chronicon Besuense*, édit. Garnier, p. 244.
[3] *Formulæ Argentinenses*, 3, Zeumer, p. 338.
[4] *Diplomata*, n° 536.
[5] Zeumer, p. 408, Rozière, n° 364 : *Trado... unam hobam, in qua ille servus habitat, cum omnibus appendiciis suis quidquid ad illam hobam excoli debet, ædificiis, mancipiis, pascuis, silvis....*
[6] *Diplomata*, n° 476. De même, n° 483.
[7] *Ibidem*, n° 485.
[8] *Codex Wissemburgensis*, n° 1.
[9] *Diplomata*, n°ˢ 513, 519.

Winifred, Liudulf, avec terres, champs, prés, forêts, troupeaux »[1].

Plusieurs vérités se déduisent de ces observations. La première est qu'il y avait un certain nombre de domaines qui étaient très morcelés. La seconde est que ce morcellement n'arrivait pas à produire un village, et que ces petits propriétaires ne ressemblaient pas aux paysans d'aujourd'hui. Ils n'étaient pas, en général, des cultivateurs; leurs terres, si petites qu'elles fussent, était habituellement labourées et moissonnées par des esclaves ou des colons qui y vivaient à demeure, et le propriétaire n'en avait que la redevance. Enfin, le domaine ou la villa se trouvait divisée pour la culture en manses de tenanciers, et cela d'une manière permanente, en sorte que le propriétaire était à peu près obligé, dans ses actes de transfert, de respecter cette division. Il était difficile de vendre un champ isolé, il était facile de vendre les diverses pièces de terre qu'occupait un esclave. Cela s'expliquera mieux quand nous décrirons la condition de ces tenanciers et la constitution intime de ces tenures.

5° DE CE QU'ON APPELAIT *finis* OU *marca*.

De même qu'il arrivait assez souvent qu'un domaine se fractionnât en quelques portions ou même se morcelât en parcelles, de même il arrivait aussi que plusieurs domaines se groupassent entre eux pour former une seule propriété. Mais cela venait uniquement de ce que le riche propriétaire d'une grande villa en achetait plusieurs petites autour de lui. En ce cas, les petites

---

[1] *Diplomata*, n° 540; de même, n° 556.

villæ ainsi acquises ne perdaient pourtant pas leur nom ; elles gardaient une sorte d'individualité. On disait seulement, dans la langue du temps, qu'elles « dépendaient » de la grande villa.

C'est ainsi que, vers 510, Grégorius donne à l'église de Saint-Bénigne de Dijon le grand domaine appelé Saciacus « avec ses appendices, qui sont les treize *villæ* Corleius, Isiadus, Rumiliacus, Fraxinus, Cambéria, Linerolus, Brucialis, Bruciacus, Cernadus, Bona curtis, Juvenadus et Longus campus »[1]. En 565, Elaphius écrit qu'il possède la villa Migauria « avec les *villulæ* qui en dépendent »[2]. La villa Longus vicus contient dans ses *fines* les *villæ* Fedenniacus, Postenniacus, et quatre autres ; le tout, en 610, est la propriété d'une femme[3]. En 650, Grimoald est propriétaire de la villa Germiniaca « avec ses appendices », parmi lesquels il compte la terre de Turune, qu'il a achetée de Gérétrude et qui comprend maisons, esclaves, champs, prés et vignes[4]. En 656, Vidéric fait donation de la villa Hasteriensis avec ses appendices, qui sont d'autres *villæ*[5]. Dans le pays de Thérouenne, Adroald est propriétaire du grand domaine de Sithiu « et des *villæ* qui en dépendent, à savoir Magnigeleca, Viciacus, Tatingivilla, Fabricinius, Alciacus, Launardiacavilla, Franciliacus »[6].

Il faut faire attention que cette subordination de terres à d'autres terres venait uniquement de ce qu'un même homme se trouvait propriétaire des unes et des autres. C'était aussi sa seule volonté qui décidait

---

[1] *Chronicon S. Benigni*, édit. Bougaut, p. 16.
[2] *Diplomata*, t. II, p. 423.
[3] Pérard, p. 8. *Chronicon S. Benigni*, p. 40-41.
[4] *Diplomata*, n° 316.
[5] Ibidem, n° 325.
[6] Ibidem, n° 312.

laquelle de ces terres serait le chef-lieu de l'ensemble[1]. On se tromperait beaucoup si l'on se figurait qu'il y eût là une situation permanente et que telles terres fussent pour toujours sujettes à d'autres terres. Rien de semblable ne se voit dans les documents. Si, à la mort du propriétaire unique, cet ensemble se trouvait partagé, la terre cessait d'être dépendante, chaque propriétaire étant propriétaire au même titre et complètement. Aucune subordination des propriétaires entre eux ne s'aperçoit dans les documents d'âge mérovingien.

Pour désigner les grands domaines, quelques noms nouveaux apparaissent dans la langue du septième et du huitième siècle.

C'est d'abord le terme *potestas*. Ce mot avait désigné d'une manière générale le droit de propriété, de telle sorte qu'on pouvait écrire dans tout acte de transfert d'immeubles : « Je transporte cette terre en votre propriété, *trado et transfundo in tuam potestatem*. » Il entra dans l'usage d'appliquer ce mot au domaine lui-même. Dans une charte de 667, le domaine de Milly est appelé *potestas* Melliacus[2]. L'auteur de la chronique de Saint-Bénigne appelle le grand domaine de Cessay *potestas* Saciacus[3]. L'expression devint plus fréquente au septième siècle.

D'autres fois nous voyons de grands domaines être désignés par le mot *finis* ou son synonyme *terminus*. On sait et nous avons vu que le domaine, tel qu'il avait

---

[1] Cette subordination s'exprimait dans la langue du temps par le mot *aspicere*. *Villa Redonatiaco quæ ad Bonalfa semper aspexit* (*Diplom.*, I, p. 209). — *Villam Barisiacum cum universis villulis ad se aspicientibus* (*Diplom.*, n° 340).

[2] *Diplomata*, n° 358, t. II, p. 144.

[3] *Chronicon S. Benigni*, p. 15-16.

été constitué à l'origine, avait toujours ses limites, c'est-à-dire une ligne de pierres ou d'arbres marqués qui l'enveloppait. Les mots *terminus* et *finis* ne s'étaient d'abord appliqués qu'à cette ligne de limites. Par une dérivation naturelle et bien connue en philologie, les hommes s'habituèrent à les employer pour désigner tout le sol compris dans ces limites, c'est-à-dire le domaine entier. On avait commencé par écrire dans toutes les chartes : « Je vends ce domaine avec tout ce qu'il contient et toutes ses limites, *cum omni termino suo, cum finibus et terminis suis*[1]. » On finit par appeler le domaine lui-même *finis* ou *terminus*.

C'est ainsi que Bertramn lègue sa petite terre de Fontanæ, sise, dit-il, dans le grand domaine d'Alonne, *infra terminum* Alaunensem[2]. Il possède aussi des vignes dans le *terminus* Calimarcensis[3]. D'autres chartes mentionnent le *terminus* Valarensis dans le Limousin[4], le *terminus* Elariacus qui n'est autre que la villa du même nom[5], le *terminus* Clariacensis[6]. Une autre montre le petit domaine Cadolaicus enclavé dans un domaine plus grand qui est le *terminus* Vernensis ou la villa Vernum[7].

Dans d'autres provinces, c'est le terme *finis* qui prévaut. Ainsi Wulfoald est propriétaire d'une terre appelée Castilio, qui est située dans un domaine plus grand qu'on appelle *finis* Vindiniaca[8]. Rocolenus fait donation de sa propriété appelée Villare, qui est située dans la

---

[1] Marculfe, I, 14; II, 4, etc.
[2] *Diplomata*, n° 230, t. I, p. 209.
[3] Ibidem, p. 202.
[4] Ibidem, t. II, p. 10.
[5] Ibidem, t. II, p. 132.
[6] Ibidem, t. II, p. 143.
[7] Tardif, n° 45; *Diplomata*, n° 478, t. II, p. 286.
[8] *Diplomata*, t. II, p. 281; cf p. 165.

finis Maliacus[1]. La *finis* n'est pas autre chose qu'un domaine, et, le plus souvent, un très grand domaine. On peut s'en convaincre en observant combien il est fréquent qu'un même domaine soit appelé *villa* et *finis*. La *finis* Longoviana, par exemple, est appelée dans le même acte villa Longoviana[2]. La *finis* Pauliacensis de la chronique de Bèze est appelée aussi villa Pauliacus[3]. La *finis* Cossiniacensis de la chronique de Saint-Bénigne est la même chose que la villa Cossiniacus[4]. Dans un même acte, le même domaine est appelé *villa* Baciacus et *finis* Baciacensis[5]. Ne pensons pas que la *finis* soit un canton, un territoire quelconque; dans nos chartes mérovingiennes, la *finis* est toujours un domaine; elle appartient à un propriétaire, et ce propriétaire dispose d'elle à son gré.

Même les chartes d'Alsace expriment assez souvent l'idée de domaine par le mot *finis*. Buxovillare, par exemple, est à la fois *finis* et *villa*, et cette finis « qui comprend manses, terres, champs, forêts » est la propriété d'Amalsinde, puis de son fils Radolf[6]. La « finis ou villa » Cazfeld est la propriété de Herpoald, qui en donne une partie au monastère de Wissembourg[7]. Une autre finis porte le nom significatif de Munefridivilla[8]. Erlafrid fait donation de sa finis Mallonevillare, com-

---

[1] *Chronicon S. Benigni*, p. 68; voir Pérard, 9.
[2] *Diplomata*, n° 554, t. II, p. 365.
[3] *Chronicon Besuense*, édit. Garnier, p. 281 et 255-258.
[4] *Chronicon S. Benigni*, p. 80 et 106.
[5] *Chronicon Besuense*, p. 262.
[6] *Codex Wissemburgensis*, n° 37 : *Ego Radolfus... in* VILLA *quæ dicitur Buxuvillare quantumcunque in ipsa* FINE *genitrix mea Amallind mihi moriens dereliquit, tam terris, mansis, casis, campis, pascuis, silvis...*
[7] *Codex Wissemburgensis*, n° 3.
[8] Ibidem, n° 187.

prenant manses, champs, prés et forêts[1]. Lonenbach est à la fois « finis » et « villa »[2].

Le mot *marca* est germanique, suivant toute vraisemblance, comme le mot *finis* est latin. L'histoire de ce mot mérite quelque attention, et elle doit être faite suivant l'ordre des temps. On l'a embrouillée à plaisir en intervertissant les époques. De ce que *marca*, au douzième siècle, s'est dit d'une certaine catégorie de terres communes à tout un village, on a conclu qu'il avait eu déjà le sens de « terres communes » au sixième siècle et l'on a construit sur cette erreur tout un système. C'est une mauvaise méthode. La signification d'un mot, à chaque époque, doit se déduire de l'emploi qui, à chaque époque, a été fait de ce mot, et de l'idée que les hommes y ont attachée[3].

Le texte le plus ancien où nous trouvions le mot *mark* est la traduction de la bible par Ulfilas; il traduit le grec τὰ ὅρια, et a visiblement le sens de limite[4]. Nous le rencontrons au sixième siècle avec ce même sens de limite, mais appliqué à la limite qui sépare les États de deux rois[5], limite qui dans ce cas particulier ne peut pas être formée de terres vagues et communes. En réalité, il signifie limite dans la double acception qu'on donna toujours à ce mot, limite d'une propriété privée, ou limite d'un État[6]. La loi des Ripuaires l'em-

[1] *Codex Wissemburgensis*, n° 266.
[2] *Ibidem*, n° 148.
[3] Aime-t-on mieux s'en rapporter à l'étymologie, la racine *mark* signifie ce qui distingue, ce qui sépare, c'est-à-dire justement le contraire de l'idée de communauté. Voyez Schlegel, *Codex juris Islandorum qui nominatur Gragas*, t. II, p. 55 : *Mark, nota disjunctiva ad proprietatem discernendam.*
[4] *Ulfilas*, Mathieu, VIII, 34; Marc, V, 17, et VII, 31.
[5] *Marii Aventici chronicon*, édit. Arndt, p. 15 : *In marca Childeberti, id est Avenione, confugit.*
[6] Nous n'insisterons pas sur le sens de limite d'État; voyez *Lex Ala-*

ploie comme limite d'une propriété privée[1]. La Loi des Bavarois dit en termes formels que l'allemand *marca* est synonyme du latin *terminus*[2]. Elle appelle *commarcani* deux propriétaires voisins qui ont commune limite, cette limite consistant en arbres marqués, en tertres ou cours d'eau; c'est la définition même de la *marca*[3]. Un diplôme de 661 décrit les limites d'un domaine *per fines et marchias*, employant à la fois deux mots synonymes, suivant l'usage du temps[4]. Dans les chartes du centre de la Gaule, on vend un domaine *cum terminis suis*; dans les chartes de la vallée du Rhin, on le vend *cum terminis vel marchis suis*[5].

Après avoir signifié limite d'un domaine, *marca* signifia le domaine lui-même; c'est précisément ce qui était arrivé à ses synonymes *finis* et *terminus*. Ainsi

---

mannorum, 47; *Lex Baiuwariorum*, XIII, 9, édit. Pertz, p. 316; *Capitularia*, édit. Borétius, p. 51, 139, 167.

[1] *Lex Ripuaria*, LX, 5 : *Si extra marcam in sortem alterius fuerit ingressus*. Nous avons vu plus haut le sens de *sors*; *extra marcam* signifie en franchissant la limite, et s'oppose à *infra terminationem* du paragraphe précédent. *Marca* et *terminatio* sont deux mots synonymes.

[2] *Lex Baiuwariorum*, XIII, 9, Pertz, III, 316 : *Si foras terminum duxerit, hoc est foras marca*.

[3] *Lex Baiuwariorum*, XII, 8 : *Quoties de commarcanis contentio oritur, ubi evidentia signa non apparent in arboribus aut in montibus nec in fluminibus..., cui Deus dederit victoriam, ad eum designata pars pertineat*. — Il est clair que cet article suppose qu'en général la limite est bien marquée, quoiqu'il vise le cas où « les signes anciens » auraient disparu. Cf. XII, 4.

[4] *Diplomata*, n° 341.

[5] *Codex Laureshamensis*, n° 6. — *Urkundenbuch der Abtei S. Gallen*, n°ˢ 185 et 186. — Neugart, *Codex Diplomaticus Alemaniæ*, n°ˢ 284, 406, 570. Cf. *Chronicon Besuense*, p. 251, ligne 1. — On dit *in marca ejus villæ* (*Codex Fuldensis*, 223), comme on dit ailleurs *in termino ejus villæ*. — Le sens de limite resta attaché au mot *marca*. Il s'appliqua quelquefois à un territoire assez large qui enveloppait un domaine ou même une ville. Ainsi nous voyons, au *Codex Fuldensis*, n° 86, une femme qui fait don de trois pièces de vigne *infra marca Moguntiæ*, dans la banlieue de Mayence. Mais notons bien que cette *marca* n'était pas terre commune.

nous lisons que le domaine de Vesthof est « une villa ou une marca »[1]. On dit indifféremment la villa ou marca Hephenheim[2]. Haganbach est appelé villa dans une charte et marca dans une autre[3]. Dans la même charte, Nivora est appelé à la fois villa et marca[4]. Il en est de même des domaines de Hovoltesheim, Busolteshof, Mestaresheim, Alunga, Hatana, Augia, Bouxvillare, Godomaresteim et d'une foule d'autres[5].

Pour peu qu'on lise les chartes d'Alsace du huitième et du neuvième siècle, on ne peut s'empêcher de remarquer que les mots *villa* et *marca* sont absolument synonymes et s'appliquent aux mêmes terres; des deux, c'est *villa* qui est le plus souvent usité; quelquefois les deux le sont ensemble[6].

Dans les documents du septième, du huitième et de la première partie du neuvième siècle, nous rencontrons 51 fois le mot *marca*; pas une seule fois il ne s'applique à une terre commune; pas une seule fois l'idée de communauté ne se lie à lui; toujours au contraire il s'applique à une terre qui y est décrite comme terre de propriété privée. Nous mettons à part les exemples où il a conservé son ancien sens de limite, et ceux où il s'applique à des provinces frontières, *marca Hispanica, marca Britannica, marca Aquita-*

---

[1] *Codex Wissemburgensis,* n° 5.
[2] *Codex Laureshamensis,* n° 16.
[3] Comparer *Codex Wissemburgensis,* n°˙ 1 et 192.
[4] *Codex Wissemburgensis,* n° 151.
[5] Ibidem, n°˙ 20, 24, 27, 30, 56, 156, 158, 160, 161, 172, 175, 199.
[6] Ibidem, 87 : *In villa vel in marca quæ dicitur Bruningovilla;* — 151 : *In villa vel marca quæ vocatur Nivora;* — 156 : *In villa vel marca quæ dicitur Liutolteshufa;* — 158 : *In villa vel marca nuncupante Meistaresheim;* — 160 : *In villa vel marca quæ vocatur Alunga.* — Dans le *Codex Fuldensis,* 14, la *villa Wacharenheim* est appelée deux lignes plus bas *marca Wacharenheim.*

nica, marca Forojuliensis, et plus tard marche d'Autriche, marche de Brandebourg. Mais ces provinces qu'on appelait *marches*, c'est-à-dire pays frontières, n'étaient pas des terres communes.

La marca, dans nos chartes, est exactement décrite comme la villa; elle comprend « terres arables, vignes, prairies, forêts, pâquis ». Elle est cultivée, non par des communautés de paysans libres, mais par des serfs[1]. C'est un domaine rural, semblable à tous les domaines ruraux de l'époque.

Comme la marca est une propriété, elle suit toutes les règles du droit de succession. Ermenrad est propriétaire de la marca Munefridovilla, qu'il tient d'héritage de sa grand'mère Guntrude[2]. Deux ou plusieurs propriétaires se la partagent, comme nous avons vu pour la villa; chacun d'eux y possède alors une *portio*, et cette portion comprend des terres de toute nature, champs en labour, vignes, prairies, forêts. La marca se transfère par vente ou donation. Otmar et sa femme Imma, en 713, font donation de tout ce qu'ils possèdent dans la marca Bettunis « en manses, esclaves, champs, prés, forêts et pâquis »[3]. Théodlinde donne tout ce qu'elle possède en champs, prés, forêts, esclaves dans la marca Lorencenheim; et elle a acquis cette propriété « partie par héritage et partie par achat »[4]. Dans la marca Gerlaigovilla, vers l'an 680, une portion com-

---

[1] Les mots *cum mancipiis* se trouvent partout où il y a *marca*; l'un ne va pas sans l'autre. Voyez, par exemple, au *Codex Wissemburgensis*, n° 202 : *Druclegisomarca cum mancipiis ibidem commanentibus;* — n° 151 : *In marca Nivora... hobæ 7 et mancipia 15;* — n° 156 : *Dono... in marca Ringinheim mancipia his nominibus;* — n° 172 : *In marca Augia, mancipia 44;* — n° 175 : *Mancipia 9*.
[2] *Codex Wissemburgensis*, n° 169.
[3] Ibidem, n° 202.
[4] Ibidem, n° 141.

prenant « champs en labour, prés, forêts », appartenait à un propriétaire qui la donna en dot à sa femme Eppha, laquelle plus tard en fit donation à un monastère[1]. Tous ces actes de vente, de donation ou d'échange sont absolument libres ; jamais l'ancien propriétaire ne consulte une communauté quelconque ; jamais le nouvel acquéreur n'a à solliciter le droit de s'établir.

Nous avons constaté plus haut que la villa portait, le plus souvent, le nom d'un propriétaire primitif. Le même fait peut être constaté pour la marca. Nous notons les noms de la Dructegisomarca, de la marca Munefridovilla, de la marca Bettunis, de la marca Gerlaigovilla, de la marca Pruningesvillare, de la marca Berganesvillare, de la marca Buozolteshufa, de la villa ou marca Godomarestein[2]. Or il faut noter que tous ces noms de propriétaires sont anciens, car ils ne sont plus les noms des propriétaires du huitième siècle.

Une charte nous décrit en traits fort nets la constitution intime d'une marca. On y voit un manse de maître, neuf manses serviles, trente-neuf esclaves et une forêt, le tout appartenant à un seul maître[3]. Une autre marca renferme un manse de maître, vingt-deux manses serviles et une forêt[4]. Cette constitution intérieure était tout à fait celle de la villa.

Quelquefois la marca est un très grand domaine duquel dépendent plusieurs villæ. Nous avons fait la même observation pour la villa. Mais si grande que soit cette marca avec ses dépendances, elle n'en est pas moins une

---

[1] *Codex Wissemburgensis*, n° 6.
[2] Ibidem, n°* 7, 151, 199, 202. etc.
[3] *Codex Laureshamensis*, n° 33.
[4] Ibidem

propriété privée. Dans un diplôme du septième siècle nous voyons un roi faire don à un monastère de sa marca Burensis « qui comprend sept villæ, avec terres cultivées ou incultes, vignes, moulins, prés, pâquis, forêts, eaux et cours d'eau »[1].

Nous nous arrêtons au milieu du neuvième siècle. A partir de là, le mot *marca* change d'acception. On le rencontre appliqué à une forêt qui est limitrophe de deux ou trois domaines et qui peut quelquefois être commune aux propriétaires de ces domaines. Bientôt l'idée de biens communaux s'attachera au mot marca. Dans les textes du douzième siècle, il se dit presque toujours d'une certaine partie de l'ancien domaine qui était devenue commune aux tenanciers pour la jouissance. C'est dans les faits de l'histoire sociale du onzième siècle qu'il faut chercher l'explication de ce changement. Les érudits qui, trouvant cette signification de biens communs dans des textes du douzième siècle, l'ont transportée aux époques plus anciennes, ont commis l'une des plus graves erreurs que l'esprit de système ait introduites dans l'histoire. Pour nous, nous devons constater, par l'observation de tous les textes du sixième au neuvième siècle, dans lesquels se trouve le mot *marca*, que pas une seule fois l'idée de communauté n'y est jointe. La marca, comme la finis, n'est d'abord que la limite d'un domaine, elle est ensuite ce domaine lui-même.

[1] Beyer, *Urkundenbuch für... mittelrheinischen territorien*, n° 7.

CHAPITRE IX

Les hommes du domaine ; les esclaves.

1° LES SOURCES DE L'ESCLAVAGE.

Sur ce domaine rural que nous venons d'observer, vivait une petite population de cultivateurs non propriétaires, dans laquelle nous devons distinguer plusieurs classes d'hommes. Étudions d'abord celle des esclaves.

L'esclavage était une institution aussi germanique que romaine. Il y avait eu des esclaves dans l'ancienne Germanie, et c'est par eux que la terre avait été cultivée[1]. L'esclavage se continue dans l'époque mérovingienne. Observez les deux séries de législations qui ont alors gouverné les hommes : d'une part, les lois germaniques, la Loi des Burgundes, la Loi salique, la Loi ripuaire, la Loi des Wisigoths, ou celle des Alamans ; d'autre part, les codes romains en vigueur à la même époque, le code Théodosien, la *Lex Romana* des Burgundes, la *Lex Romana* des Wisigoths ; dans ces deux séries de législations vous voyez l'esclavage ; et l'esclavage a exactement, dans ces divers codes, la même nature et les mêmes règles.

Les esclaves gardent après les invasions le même nom qu'ils avaient eu dans la société romaine ; on les appelle des serfs, *servi*, souvent *mancipia*, au féminin

---

[1] Tacite, *Germanie*, 24.

servæ, ancillæ. Nous les trouvons quelquefois désignés par le terme germanique de *vassi,* lequel n'a pas à cette époque d'autre sens que celui d'esclave, mais qui, semble-t-il, s'applique surtout aux esclaves domestiques[1].

Ces esclaves ou serfs étaient de toute race. Déjà sous l'empire romain il y avait eu des « esclaves barbares » à côté des « esclaves provinciaux »[2]. De même sous les Mérovingiens il y eut des esclaves indigènes et des esclaves germains. La Loi des Burgundes parle de l'esclave « de naissance barbare », par quoi elle entend un esclave germain[3]. La Loi ripuaire parle de l'esclave ripuaire[4]. Bertramn, qui écrit son testament en 615, dit qu'il a des esclaves, « les uns de naissance romaine, les autres de naissance barbare »[5]. Il entend par les uns des esclaves nés en Gaule, par les autres des esclaves venus de pays germanique. Il ajoute qu'il a acheté « des

---

[1] Loi salique, manuscrit 4404, tit. 35, § 6; dans Pardessus, p. 19; dans Hessels, col. 55 : *Si quis vassum ad ministerium aut fabrum aut porcarium occiderit.* — De même dans le manuscrit 9653 et dans celui de Wolfenbuttel, Hessels, col. 56 et 58. — Cf. Lex Alamannorum, LXXXI, 3, Pertz, t. III, p. 75 : *Siniscalcus, si servus est et dominus ejus duodecim vassos infra domum habet.* — Marculfe, II, 17 : *Dispensare ad vassos vestros vel bene meritos vestros.* — Codex Wissemburgensis, n°° 17 et 159 : *Vassallos meos et puellas meas de intus sala mea.* — Diplomata, n° 476 : *Dono vassalos sex cum tribus puellis.*

[2] Code Théodosien, III, 4, 1 : *Hoc enim non solum in barbaris sed et in provincialibus servis jure præscriptum est.*

[3] Lex Burgundionum, X : *Si quis servum natione barbarum occiderit.* — La *Vie de saint Epfadius* parle d'esclaves *tam romani quam burgundiones* (Bouquet, III, 381).

[4] Lex Ripuaria, LVIII, 18 : *Si ingenua Ripuaria servum Ripuarium secuta fuerit.* — Ibidem, 10 : *Si tabularius ancillam Ripuariam acceperit, generatio ejus serviat.*

[5] Testamentum Bertramni, dans les Diplomata, n° 230, t. I, p. 212-213 : *Famulos meos qui mihi deservire videntur tam de natione romana quam de barbara.* Nous n'avons sans doute pas besoin de faire observer que dans cette phrase *natio* ne signifie pas nation, mais naissance; l'esclave n'appartenait jamais à une nation.

esclaves barbares », c'est-à-dire germains[1]. Les auteurs du temps nous montrent plusieurs fois des esclaves qui viennent, en effet, de la Germanie. Un simple « négociant », nommé Christodore, possède deux esclaves saxons[2]. Le biographe d'Eligius nomme trois de ses esclaves, Thillo qui était Saxon, Tituenus qui était Suève, et Buchinus qui était né, dit-il, dans un pays encore païen[3]. Paul Diacre rappelle que durant toute cette époque « on amena de la populeuse Germanie d'innombrables troupes d'esclaves, qui furent vendus à prix d'argent aux populations de la Gaule et de l'Italie »[4].

Nous possédons dans les chartes beaucoup de listes de noms d'esclaves; on y lit autant de noms germaniques que de noms romains. Saint Remi, par exemple, a des esclaves qui s'appellent Baudeleif, Albovich, Alaric, Manachaire, Marcoleif, Leudochaire, Dagalaïf, Sunnoweife, de même qu'il en a qui s'appellent Profuturus, Prudentius, Provincialis, Amantius, Placidia, Ambrosius, Cæsaria. Dans le testament d'Arédius, écrit en 573, nous trouvons des noms tels que Léomer, Heldemod, Frangomer, Gariabaude, Léotchar, Gundomer, Léobaude, et nous en trouvons d'autres tels que Castorius, Faustinus, Silvius, Aquilinus, Artémia, Amazonia. Dans le testament de Bertramn, les esclaves se nomment Chinamund, Chrodorinde, Théodeginde, Austrechaire, Léodégisile, Baudasinde, ou bien Euménès, Julianus, Maurellus.

Ce n'est pas qu'un nom germain prouve absolument

---

[1] Ibidem, p. 213 : *Quos postea de gente barbara comparavi.*
[2] Grégoire de Tours, *Hist.*, VII, 46.
[3] *Vita Eligii*, I, 10. Comparer *Vita Tillonis*, dans Mabillon, II, 994, où il est dit que Tillo, né d'une famille libre chez les Saxons, avait été amené et vendu en Gaule.
[4] Paulus Warnefridi, *Hist. Langobardorum*, I, 1.

que l'esclave qui le porte soit de naissance germanique, ni qu'un nom romain prouve une naissance romaine. Mais la fréquence des noms germaniques dans la classe servile implique la fréquence des Germains dans cette classe. Si la servitude avait été le partage d'une seule race, on n'y trouverait pas si habituellement des noms appartenant aux deux races. La vérité est que la servitude était une condition où toutes les races indistinctement tombaient et se confondaient. Ceux qui ont supposé que les serfs du moyen âge étaient les fils des Gaulois et que les maîtres étaient les fils des Germains, ont commis une double erreur, qui a faussé toute notre histoire.

Un propriétaire romain pouvait posséder des esclaves germains, comme un propriétaire germain pouvait posséder des esclaves romains. Les auteurs des chartes, qui avaient à la fois des esclaves des deux races, ne font aucune différence entre eux. Nous pouvons même noter que dans ces chartes les noms romains et les noms germains ne forment pas deux listes séparées; ils sont pêle-mêle dans une même liste. D'où nous pouvons penser que, sur le sol aussi, ils ne formaient pas deux catégories et vivaient ensemble. Il n'y a d'ailleurs qu'à observer les familles d'esclaves ; on y remarquera très souvent que le mari peut porter un nom germain et la femme un nom romain. Dans le testament de saint Remi, une Placidia est la femme d'un Mellaric, et une Saparégisilde est la femme d'un Flavianus. Pareils exemples sont innombrables.

Les lois n'établissent non plus aucune différence entre les deux races d'esclaves. La Loi salique et la Loi ripuaire règlent la situation de l'esclave et punissent ses délits sans jamais s'occuper de sa race. Quand il s'agissait de déterminer le prix des esclaves en cas de meurtre, on les distinguait, non d'après leur race, mais d'après leur genre de travail, c'est-à-dire d'après ce qu'ils rapportaient au maître. Dans la Loi des Burgundes, par exemple, l'esclave laboureur avait le prix de 30 *solidi*, l'esclave charpentier en avait un de 40, l'esclave forgeron de 50, l'esclave orfèvre de 150. On voit par là qu'un esclave romain, s'il était orfèvre, pouvait valoir aux yeux de la loi autant que cinq esclaves germains qui étaient laboureurs[1].

Il n'est pas douteux que ceux qui étaient esclaves avant les invasions ne soient restés esclaves après elles. Les Germains n'eurent pas la pensée d'abolir l'escla-

---

[1] *Lex Burgundionum*, Pertz, t. III, p. 538, tit. X, c. 2-6 : *Si alium servum*, ROMANUM *sive* BARBARUM, *aratorem aut porcarium occiderit, 30 solidos solvat. Qui aurificem occiderit, 150 solidos solvat. Qui fabrum argentarium occiderit, 100 solidos solvat. Qui fabrum ferrarium occiderit, 50 solidos solvat.* Comparez la *Lex Romana Burgundionum* (Papianus), tit. II, c. 6, Pertz, p. 597 : *Si servus cujuscumque occisus fuerit, secundum servi qualitatem domino ejus pretia cogatur exsolvere; hoc est, pro actore centum solidos* (même disposition dans la *Lex Burgundionum*, L, 2), *pro ministeriale 60, pro aratore aut porcario 30, pro aurifice electo 100, pro fabro ferrario 50, pro carpentario 40*. — On remarque, à la vérité, dans la *Lex Burgundionum*, X, 1, une disposition qui vise particulièrement l'esclave germain, *servum natione barbarum;* mais il faut faire attention qu'il n'est question dans ce paragraphe que du *ministerialis* ou de l'*expeditionalis*. L'*expeditionalis* est un esclave qui accompagne son maître à la guerre, et cet esclave germain n'a pas son analogue romain; quant au *ministerialis*, il a ici un wergeld de 60 solidi; or, si vous regardez la *Lex Romana* correspondante, Papianus, tit. II, § 6, vous y trouvez un *ministerialis* qui est ici un Romain et qui a le même wergeld. On se tromperait sur le sens des mots de la Loi burgunde, *servum natione barbarum*, si l'on croyait qu'ils donnent un avantage à l'esclave germain en général; il n'y a quelque avantage que pour l'esclave barbare qui combat à côté de son maître; encore est-il mis au-dessous de l'esclave orfèvre. — Comparez *Lex Wisigothorum*, VI, 1, 5. — La Loi salique ne fait aucune distinction entre les esclaves quant au prix du meurtre; voy. XXXV, 6; la Loi ripuaire ne les distingue pas d'après la profession, mais d'après la dignité du maître, c'est-à-dire que l'esclave du roi ou d'une église a un wergeld triple; voy. VIII, IX et X.

vage ; ils ne songèrent même pas à affranchir parmi les esclaves des Romains ceux qui étaient de leur race. Nous devons donc croire que chaque domaine conserva ses anciens esclaves, qui s'y perpétuèrent par l'hérédité.

Mais la société romaine usait volontiers de l'affranchissement, et la société mérovingienne fit de même. Nous voyons surtout que les testateurs donnaient la liberté à une partie de leurs esclaves. Le nombre des affranchissements fut si grand, que l'on ne comprendrait pas que la classe servile n'eût pas été épuisée bien vite, si l'on ne savait que d'autres sources vinrent incessamment en réparer les pertes.

C'était, en premier lieu, la guerre. On sait que les rois francs ne cessèrent presque pas de combattre les Germains. Or le droit public des populations germaniques permettait de réduire les vaincus en servitude. Aussi voyons-nous dans les écrivains du temps qu'au retour de chaque campagne on ramenait des captifs. C'est ainsi que beaucoup de Thuringiens, d'Alamans, de Saxons, de Slaves vinrent en Gaule et firent souche de serfs[1]. La guerre civile produisait les mêmes effets. Les rois francs, souvent en lutte entre eux, faisaient des captifs, sans distinguer d'ailleurs entre hommes de race franque et hommes de race romaine; les uns

---

[1] Voyez l'exemple de la Thuringienne Radegonde, fille de rois, qui fut amenée en Gaule avec le butin et tirée au sort (*Vita Radegundis* à Fortunato, c. 2; Grégoire, *Hist.*, III, 7). — Saint Remi, dans son testament (*Dipl.*, I, p. 83), dit avoir racheté d'esclavage une femme nommée Sunnoweifa et son fils Leubérède, qui avaient été auparavant des personnes libres; il y a apparence que c'étaient des prisonniers de guerre. — Frédégaire, *Chronique*, c. 87 : *Omnem populum qui gladium evasit, captivitati deputant.* — Voyez aussi dans la *Vie de saint Eusicius* (Bouquet, III, 429), à la suite d'une expédition de Childebert contre les Wisigoths, des milliers de captifs amenés d'Espagne en Gaule.

et les autres devenaient esclaves et étaient vendus[1]. Il arrivait aussi que les otages que les rois se donnaient entre eux, et qui appartenaient aux meilleures et plus riches familles, fussent à la première querelle réduits en servitude[2]. Ajoutez à cela les violences particulières. Le genre de crime qui consistait à s'emparer de la personne d'un homme libre et à le vendre comme esclave fut fréquent à ces tristes époques. Le malheureux pouvait s'adresser à la justice ; mais s'il avait été entraîné loin de son pays et de sa famille, il lui était presque impossible de prouver sa liberté native.

La seconde source de l'esclavage était le commerce. Il y avait des marchands qui amenaient régulièrement en Gaule des troupeaux d'esclaves de la Germanie et de l'île de Bretagne. Frédégaire parle d'une jeune fille nommée Bilichilde que Brunehaut « avait achetée à des marchands » et dont le roi Théodebert fit sa femme[3]. L'auteur de la Vie de saint Gaugéric nous montre « un marchand qui conduit une troupe d'esclaves enchaînés pour les vendre »[4]. Un écrivain du sixième siècle nous parle d'esclaves « qui sont espagnols, scots, bretons,

---

[1] Grégoire, *Hist.*, VI, 31 : *Ingressus exercitus Desiderii per Turonicum captivos abduxerunt.* — Ibidem, VII, 1 : *Cum Mummolus multos captivos ab ea urbe duxisset, prosecutus ille* (l'évêque Salvius) *omnes redemit.* — Ibidem, VIII, 30 : *Animas in captivitatem subdentes.* — Frédégaire, *Chronique*, c. 20 : *Pluritas captivorum ab exercitu Theuderici et Theudoberti exinde ducitur.* — Ibidem, 37 : *Hominum multitudinem in captivitatem duxerunt.* — *Vita Fidoli*, c. 4 (Bouquet, III, 407) : *Pueros atque adolescentes puellasque exercitus vinctis post terga manibus secum ducens, per diversa loca pretio accepto distrahebat.* — *Vita Betharii*, 9, 10 (Bouquet, III, 429-430). — *Vita Salvii*, 6, 10.

[2] Grégoire de Tours, *Hist.*, III, 15.

[3] *Chronique* de Frédégaire, 35 : *Bilichildem quam a negotiatoribus mercaverat.* — Les marchands d'esclaves sont mentionnés dans les formules : *Senonicæ*, 9.

[4] *V. S. Gaugerici*, Acta Sanctorum, 11 août : *Negotiator pueros captivos vinculis constrictos venumdandos duxit.*

vascons, saxons, burgundes »[1]. Un autre parle de gens qui traversaient le pays menant des esclaves à vendre : saint Berchaire leur en achète seize d'un seul coup[2]. Éligius, dit son biographe, était ardent à délivrer les esclaves ; il allait attendre sur le rivage les bateaux qui apportaient cette marchandise humaine ; il y avait des jours où il en rachetait vingt, cinquante, et jusqu'à cent ; or ces hommes étaient de toutes races : il y avait parmi eux des « Romains, des Gaulois, des Bretons, même des Maures ; mais ce qu'il y avait le plus c'étaient des Saxons ». Car « en ce temps-là, ajoute le biographe, les Saxons arrachés à leur pays étaient emmenés comme des troupeaux et dispersés dans toutes les provinces »[3]. Bathilde, qui devint reine, avait été ainsi amenée en Gaule comme esclave, et « cette fille de race saxonne avait été vendue à vil prix »[4].

Une troisième source qui alimentait l'esclavage était le droit pénal. La servitude était un des châtiments que la loi prononçait contre certains crimes. L'incendie, l'avortement, le sortilège, l'empoisonnement et même plusieurs genres de vols étaient punis de cette peine[5].

---

[1] Fortunatus, *Vita Germani*, c. 74 : *Hispanus, Scotus, Britto, Vasco, Saxo, Burgundio, cum ad nomen Beati concurrerent undique, liberandi jugo servili.*

[2] *Vita Bercharii*, Bouquet, III, 589-590, c. 14 et 17 : *Pretio a prætereuntibus suscepit captivas puellas octo..., simul cum ipsis suscepit pretio viros octo captivos.*

[3] *Vita Eligii*, c. 10 : *Ubicumque venumdandum intellexisset mancipium, dato pretio, liberabat.... Usque ad viginti et quinquaginta redimebat. Nonnunquam agmen integrum usque ad centum animas, cum navi egrederentur, utriusque sexus, ex diversis gentibus venientes liberabat, Romanorum scilicet, Gallorum atque Britannorum, necnon et Maurorum, sed præcipue ex genere Saxonum, qui abunde eo tempore velut greges a sedibus propriis evulsi in diversa distrahebantur.*

[4] *Vita Balthildis*, Acta SS. ord. S. Bened., II, 776 ; *Balthildis vili pretio venumdata... cum esset ex genere Saxonum.*

[5] *Lex Burgundionum*, XLVII. — *Lex Wisigothorum*, II, 1, 7 ; VII, 6,

En cas de rapt ou d'adultère, le coupable devenait l'esclave de la famille qu'il avait outragée, et cette famille pouvait à son choix le mettre à mort ou le vendre[1].

On sait que beaucoup de crimes se rachetaient à prix d'argent; c'était ce qu'on appelait la composition. Mais si nous regardons les sommes qui sont marquées dans les Lois, nous voyons qu'elles sont exorbitantes. Le meurtre d'un homme libre, par exemple, se rachetait deux cents pièces d'or, et le prix s'élevait en certains cas à six cents et même à dix-huit cents. Il fallait donc être fort riche pour composer. Que devenait le coupable s'il était pauvre? La Loi salique prononce que, s'il ne peut payer, et si aucun de ses parents ne veut ou ne peut payer pour lui, et s'il ne trouve personne qui veuille lui fournir la somme, il sera mis à mort[2]. D'autres législations prononcent qu'il deviendra l'esclave de la famille lésée[3]. La Loi des Burgundes déclare qu'en cas de rapt le coupable qui ne peut payer le prix de son

---

2; IX, 2, 8-9; VI, 2, 2. — *Lex Baiuwariorum*, VII, 18; VIII, 4. — *Vita Desiderii Cat.*, 5 : *Alii ob hoc servituti addicti sunt.*

[1] Grégoire de Tours raconte un exemple de l'application de cette peine, *Hist.*, VI, 36. — *Lex Burgundionum*, 36 : *Adulteram subdi jubemus regiæ servituti.* — *Lex Wisigothorum*, III, 3, 1; III, 4, 14. — Chez les Alamans et les Bavarois, la violation du repos dominical était punie de la servitude (*Lex Alamann.*, XXXVIII, 4; *Lex Baiuwariorum*, VI, 2).

[2] *Lex Salica*, LVIII : *Si quis hominem occiderit, et, tota facultate data, non habuerit unde totam legem impleat..., si eum in compositionem nullus ad fidem tulerit, hoc est ut eum redimat de quod non persolvit, de sua vita componat.*

[3] *Lex Wisigothorum*, VI, 4, 2 : *Si non habuerit unde componat, ipse sine dubio serviturus tradatur.* — *Lex Baiuwariorum*, I, 11 : *Si non habet tantam pecuniam, se ipsum et uxorem et filios tradat in servitium.* La Loi ajoute : *usque dum se redimere possit;* mais cette réserve était bien illusoire; ce n'est pas dans l'esclavage que l'on pouvait acquérir l'énorme somme dont il est parlé dans ce même article de loi. — La servitude comme conséquence d'une condamnation judiciaire est encore indiquée dans la Loi des Bavarois, XVI, 11 ; t. III, Pertz, p. 323.

crime, sera adjugé aux parents de la jeune fille et que ceux-ci en feront ce qu'ils voudront[1]. Les lois franques paraissent ne punir les crimes que de peines pécuniaires ; qu'on regarde au fond si l'on ne voit pas bien que, pour quiconque n'était pas très riche, la vraie peine était ou la mort ou l'esclavage[2].

En cas de vol, la loi fixe une composition ; mais les chiffres sont encore bien élevés. Le voleur qui a dérobé un bœuf doit payer mille quatre cents deniers d'argent[3]. Celui qui a volé deux deniers dans une maison est frappé d'une amende de mille deux cents deniers. Il n'est pas ordinaire qu'un voleur possède de telles sommes. Alors il devient l'esclave de celui qu'il a volé, et on lui fait écrire une lettre ainsi conçue : « Comme j'ai commis un vol à votre préjudice et que je ne puis transiger avec vous, je renonce à ma qualité d'homme libre et je me place en votre service de telle façon que vous fassiez de moi tout ce que vous faites de vos autres esclaves[4]. » Nous possédons une autre formule du même

---

[1] *Lex Burgundionum*, XII, 2 : *Sexies puellæ pretium raptor exsolvat. Si raptor non habuerit unde solutionem suprascriptam solvere valeat, puellæ parentibus ut faciendi de eo quod ipsi maluerint habeant potestatem.*

[2] C'est ce qui est dit expressément dans un *additamentum* à la Loi ripuaire, c. 3 : *Homo ingenuus qui multam quamlibet solvere non potuerit et fidejussores non habuerit, liceat ei semetipsum in wadium ei cui debitor est mittere usque dum multam quam debuit persolvat* (Borétius, *Capit.*, p. 177, anno 803).

[3] *Lex Salica*, III, 5 : *Si quis bovem... furaverit, MCCCC dinarios qui faciunt solidos XXXV, culpabilis judicetur.* — Ibidem, XI, 5 : *Si quis ingenuus casam effregerit et quod valet 2 dinarios furaverit, MCC dinariis qui faciunt solidos XXX, culpabilis judicetur.*

[4] *Formulæ Andegavenses*, 2 : *Quod res vestras furavi et aliter transigere non possum, nisi ut integrum statum meum in vestrum debeam implicare servitium, ergo constat me... ut quidquid de me facere volueritis, sicut et de reliqua mancipia vestra, in omnibus habeatis potestatem faciendi quod volueritis.* — Cet acte prenait la forme d'une vente ;

acte où il ne s'agit que d'un vol de grain ou de vin :
« Je suis entré par effraction dans votre cellier ou votre
grange et j'ai dérobé de votre grain ; vous m'avez cité
devant le comte, et le tribunal a jugé que je devais vous
payer telle somme ; mais comme je ne la possède pas,
il m'a convenu de placer mon cou sous votre bras et de
vous livrer la chevelure de ma tête en présence de
témoins, en sorte que désormais je serai à votre service, j'obéirai à vous ou à vos agents, et si je commets
quelque faute, mon dos subira les mêmes châtiments
que vous infligez à vos autres esclaves[1]. »

Un autre cas était fréquent. Un coupable, un meurtrier avait été arrêté, jugé par le comte, et condamné
à mort ; car la peine de mort était fort usitée sous les
Mérovingiens[2]. Mais les lois et les usages permettaient,
soit au coupable de se racheter lui-même, soit à un autre
de le racheter, en payant au fonctionnaire royal un prix
fixé. Le coupable, ainsi arraché à la mort, devenait
l'esclave de celui qui l'avait sauvé[3]. Cela faisait l'objet
d'un acte écrit entre les deux hommes. La lettre était
ordinairement rédigée suivant cette formule : « A l'instigation du mauvais esprit et par ma fragilité, je suis
tombé en grave chute, dont j'ai encouru le péril de
mort ; mais au moment où j'étais déjà dévolu au supplice, votre bonté m'a racheté par argent, et vous avez
donné votre bien en échange de mon crime. Et moi,

---

il était appelé *venditio*, et le coupable paraissait recevoir la somme à
laquelle il avait été condamné et qu'il ne payait pas.

[1] Formules, édit. de Rozière, 464 ; Zeumer, *Bignonianæ*, 27.

[2] Pour les preuves, voyez notre volume de la *Monarchie franque*,
p. 459 et suiv.

[3] On trouve déjà un exemple de cela dans le testament de saint Remi
(*Diplomata*, t. I, p. 85) : *Friardus quem, ne occideretur, quatuordecim
solidos comparavi*.

n'ayant pas d'autre moyen de reconnaître votre bienfait, je vous fais abandon de ma qualité d'homme libre, en sorte qu'à partir de ce jour je ne me détacherai pas de votre service et ferai tout ce que font vos autres esclaves; j'obéirai à vos intendants en toute chose. S'il m'arrive jamais d'essayer de me soustraire à votre service, vous aurez pleine faculté de me châtier ou de me vendre[1]. » Les formules pareilles qui nous sont parvenues sont assez nombreuses pour que nous jugions combien cette sorte de marché a été usitée[2]. Quelquefois c'était un prisonnier qui était racheté de la prison et qui devenait l'esclave de celui qui l'en avait tiré. Il pouvait être entendu qu'il ne serait esclave que jusqu'à ce qu'il eût gagné par son travail et payé à son maître le prix que celui-ci avait versé[3]. Ainsi, le droit pénal de l'époque, directement ou indirectement, par l'effet de la loi ou par suite de l'usage du rachat, entraînait beaucoup d'hommes dans la servitude.

Il faut encore compter, parmi les sources qui alimentaient l'esclavage, la servitude volontaire ou consentie. Il se pouvait que l'homme libre renonçât à sa liberté. Il pouvait la vendre, comme on vend un objet dont on est propriétaire. Les vieilles lois germaniques autorisaient ce marché[4]. Les lois romaines l'interdisaient; mais elles laissent voir qu'il se pratiquait quelquefois malgré elles. A l'époque mérovingienne, il se passait

---

[1] Marculfe, II, 28.

[2] *Formulæ Andegavenses*, 3. — *Senonicæ, app.*, 6. — *Arvernenses*, 5.

[3] *Formulæ Bignonianæ*, 27 : ... *In ea ratione ut interim quod ipsos solidos vestros reddere potuero*.... — C'est ainsi que saint Remi, qui a racheté Friard pour 14 sous, lui fait grâce de 2, et décide qu'il payera les 12 autres à une église (*Testam. Remigii*, p. 83).

[4] Tacite, *Germanie*, 24 : *Victus* (l'homme qui a perdu au jeu) *voluntariam servitutem adit; venire se et alligari patitur*. — Tacite signale ce cas de servitude volontaire; il ne dit pas que ce fût le seul.

publiquement, et il en était dressé un acte écrit[1].

Quelquefois l'homme se vendait pour avoir de l'argent. Il écrivait une lettre ainsi conçue : « Au magnifique seigneur un tel, moi un tel, et ma femme. Il est reconnu que nous vous avons vendu et vendons notre état de personnes libres, avec tout notre avoir, c'est-à-dire avec tel manse, telle terre, telle vigne, et tout ce que nous possédons dans telle villa ; en conséquence de quoi nous avons reçu de vous un prix convenu, consistant en tel nombre de sous d'or ; dorénavant, vous qui êtes notre acheteur, vous aurez le droit de faire de nous et de nos héritiers tout ce que vous voudrez, et cet acte de vente sera formé à perpétuité[2]. »

Il arrivait parfois que la vente ne fût qu'une forme d'emprunt. La législation ne prononçait pas expressément que le débiteur insolvable deviendrait l'esclave du créancier[3]. Mais il pouvait arriver qu'un emprunteur ne trouvât de l'argent qu'à condition de donner en gage sa liberté. Il écrivait alors un acte appelé *obnoxiatio* : « Sur ma demande, et dans un besoin pressant, tu m'as mis dans la main tel nombre de sous d'or, et, comme je n'ai pas moyen de te les rendre, je fais cet engagement envers toi, de telle sorte que tu fasses de moi tout ce tu fais de tes esclaves, et que tu aies le plein droit de

---

[1] *Andegavenses*, 17 : *Dum cognitum est quod homo, nomen ille, venditione de integro statu suo ad hominem, nomen illum, et conjuge sua illa....* — Cette formule vise d'ailleurs le cas où l'homme qui s'est vendu redevient libre et où son acheteur devrait lui restituer son acte de vente. — *Formulæ Wisigothicæ*, 32.

[2] *Formulæ Andegavenses*, 25.

[3] Il semble que l'on pratiquât l'emprisonnement pour dettes, l'emprisonnement dans la maison du créancier ; cela ressort d'un récit de Grégoire de Tours, dans les *Miracula Martini*, III, 47, p. 252 ; voyez aussi ce qu'il raconte de saint Enoch, mort en 576, qui donnait beaucoup aux pauvres et qui en racheta plus de 200 *a nexu servitutis debitique onere* (*Vita Patrum*, XV, 1).

me vendre, de m'échanger, ou de me châtier[1]. » Cette sorte de vente pouvait n'être que temporaire ; si la somme n'était pas trop forte, l'emprunteur pouvait stipuler dans l'acte qu'il la rembourserait en tel nombre d'années, et il n'était esclave que jusqu'au terme convenu[2]. Il pouvait même quelquefois n'engager et ne livrer que la moitié de sa personne, *status sui medietatem*, ce qui signifiait qu'il ne devait au maître qu'un certain nombre de jours par semaine, jusqu'à ce qu'il eût remboursé la dette[3]. On pense bien que tous ces emprunteurs ne réussissaient pas à s'acquitter, et que beaucoup d'entre eux tombaient réellement, et leur famille après eux, dans cette **servitude** complète ou dans cette demi-servitude.

D'autres vendaient leur liberté à cette seule fin d'être nourris et vêtus leur vie durant ; et ils écrivaient : « Sans y être contraint par aucune violence, et de ma pleine volonté, je renonce à mon état d'homme libre[4]. » Le Code des Frisons signale des hommes « qui, soit par une volonté spontanée, soit par besoin, ont fait cession de leur liberté »[5]. La Loi des Bavarois déclare qu'aucun homme libre ne doit perdre sa liberté, « à moins qu'il ne la livre lui-même par sa volonté spontanée »[6]. Grégoire de Tours parle d'hommes pauvres qui, pour

---

[1] *Formulæ Senonicæ*, 4. — Cf. *Lex Salica*, addit., édit. Merkel, p. 48. — Voyez aussi un capitulaire de 803, Borétius, p. 114, c. 8.

[2] *Formulæ Andegavenses*, 18 ; *Senonicæ*, 24.

[3] *Formulæ Andegavenses*, 38 ; Marculfe, II, 27.

[4] *Formulæ Andegavenses*, 19.

[5] *Lex Frisionum*, XI, 1 : *Si liber homo spontanea voluntate vel forte necessitate coactus, nobili seu libero seu etiam lido in personam et servitium lidi se subdiderit.*

[6] *Lex Baiuwariorum*, VI, 3 : *Quamvis pauper sit, libertatem suam non perdat, nisi ex spontanea voluntate alicui tradere voluerit, hoc potestatem habeat faciendi.*

être nourris, se font esclaves[1], et un concile du commencement du septième siècle croit devoir s'occuper des hommes libres qui se sont vendus pour argent[2]....
« Ils se vendaient, est-il dit, pour argent ou pour quelque autre bien[3]. » Nous pouvons conjecturer que plus d'un se fit l'esclave d'un propriétaire pour avoir place sur son domaine et obtenir quelques champs ou quelques vignes à cultiver.

La dévotion pouvait être parfois une source d'esclavage. Un malade avait demandé sa guérison à l'intervention d'un saint; guéri, il se faisait l'esclave de ce saint, c'est-à-dire de l'église ou du couvent où ce saint était particulièrement honoré[4]. Quelquefois l'intérêt, prenant la forme de la dévotion, déterminait l'homme à se donner à l'église; on avait ainsi l'existence assurée et une protection certaine[5]. L'obéissance envers l'abbé était ordinairement douce et l'on vivait tranquille sur

---

[1] Grégoire, *Hist.*, VII, 45 : *Subdebant se pauperes servitio ut aliquantulum de alimento porrigerent.* — Cf. capitulaire de Pépin, dans Borétius, p. 40, art. 6: *Si quis.... pro inopia fame cogente se vendiderit.*

[2] Sirmond, *Concilia Galliæ*, I, p. 619, art. 14 : *De ingenuis qui se pro pecunia aut alia re vendiderunt.* Le concile veut obliger les maîtres à rendre à ces hommes leur liberté aussitôt que ceux-ci auront payé la somme autrefois reçue.

[3] Ibidem : *Pro pecunia aut alia re.* Dans la langue mérovingienne, le mot *res* se dit le plus souvent d'un bien foncier.

[4] Voyez, par exemple, la *Vita Melanii*, Bollandistes, janv., I, 330 : *Qui sanitate recepta cum omnibus suis S. Melanii se tradidit obsequiis atque ejus servitio adhæsit.... Qui cum per merita sancti se intellexisset sanatum, se Pontificis tradidit obsequiis, cujus etiam progenies usque in hodiernum diem ejus ecclesiæ excubiis jugiter inservit.* — Grégoire de Tours, *Gloria conf.*, 101 (103) : *Qui cum sanitatem recipiunt, statim se tributarios loco illi faciunt, ac recurrente circulo anni pro reddita sanitatis gratia tributa solvunt.*

[5] Voyez des exemples dans le Polyptyque de Saint-Maur à la suite de celui de Saint-Germain-des-Prés, Guérard, p. 287 et 288, n°⁸ 20 et 22 : *Ingelburgis B. Petro se tradidit.... Hisenburgis gratanter se condonavit S. Petro ut in posterum cum filiis suis sub servitutis jugo teneatur.* — Voyez le Polyptyque de Saint-Germain, IV, 34 ; XX, 47, etc.

la terre d'un couvent. Ces esclaves volontaires n'étaient pas soumis à tous les caprices; l'acte par lequel un homme s'était donné stipulait ordinairement la limite des obligations qui lui seraient imposées. Quelques exemples montrent que l'obligation se bornait à payer une redevance annuelle de quelques deniers[1]. Cette servitude était d'ailleurs héréditaire[2].

Il ne faut pas négliger, parmi les divers modes d'esclavage volontaire ou consenti, celui qui dérivait du mariage d'une personne libre avec une personne serve. La Loi salique et la Loi ripuaire prononcent que l'homme ingénu qui épouse une esclave devient esclave[3]. Elles disent de même que la femme libre qui s'unit à un esclave « perd son ingénuité[4] ». La Loi des Ripuaires avertit bien cette femme; elle veut que le roi ou le comte lui présente une épée et une quenouille; si elle prend l'épée, c'est pour tuer l'esclave et rester libre; si elle choisit la quenouille, elle épouse l'esclave et partage sa servitude[5].

---

[1] *Coloni qui se addonaverunt, debet unusquique denarios 4, et feminæ denarios 2.* Polyptyque de Saint-Remi, à la suite du Polyptyque d'Irminon, p. 290, n° 9.

Beaumanoir, ch. XLV, § 19 : Servitutes de cors si sont venues en mout manières... La seconde ci est parce que el tans cha en arrière, par grant dévotion, moult se donaient, eux et leurs oirs et leurs cozes, as sains et as saintes, et paiaient ce qu'il avaient proposé en lor cuers....

[3] *Lex Ripuaria*, LVIII, 15 : *Si Ripuarius ancillam Ripuarii in matrimonium acceperit, ipse cum ea in servitio perseveret.* — *Lex Salica*, XIII, 9 (1er texte, Pardessus, p. 9) : *Ingenuus si ancillam alienam priserit, similiter patiatur (id est, ingenuitatem suam perdat)*.

[4] *Lex Salica*, XIII, 8, 1er texte : *Si ingenua puella sua voluntate servum secuta fuerit, ingenuitatem suam perdat*. — *Lex Ripuaria*, LVIII, 16 : *Si Ripuaria hoc fecerit, ipsa et generatio ejus in servitio perseverent.* — Cf. *Lex Burgundionum*, XXXV; *Lex Wisigothorum*, III, 2, 2; *Lex Alamannorum*, 18, 3.

[5] *Lex Ripuaria*, LVIII, 18. Cela n'a lieu d'ailleurs que dans le cas où les parents de la femme s'opposent au mariage.

Toutes ces règles étaient conformes aux vieux usages de la Germanie[1]. Elles l'étaient aussi aux anciennes lois romaines[2]. Nous devons comprendre que la conception d'esprit que l'on avait au sujet de l'autorité du maître sur son esclave, conduisait à exiger, comme chose naturelle, que la personne qui épousait cet esclave devînt l'esclave du même maître. Ce maître seul pouvait adoucir la rigueur d'une telle règle en renonçant lui-même à son droit naturel sur la personne qui épousait son esclave. C'est ce qui arrivait quelquefois. Il écrivait alors une lettre ainsi conçue : « Comme tu as suivi volontairement mon esclave et que tu l'as accepté pour mari, je pourrais te prendre en servitude ainsi que les enfants qui naîtront de toi ; mais il m'a plu de t'écrire cette présente lettre par laquelle je déclare que les fils et les filles qui naîtront de vous resteront personnes libres, vivront dans l'état de liberté, comme s'ils étaient nés de parents ingénus[3]. » C'était là une pure concession du maître, et il pouvait se la faire payer. En général, chaque mariage avec une personne esclave faisait tomber une personne de la liberté dans la servitude, et donnait naissance à une nouvelle famille servile.

Telles étaient les sources très diverses qui alimentaient incessamment l'esclavage. Lors donc que nous voyons cette nombreuse classe de serfs qui va couvrir tristement le sol de la France durant de longs siècles, nous devons nous dire : Parmi ces serfs, les uns le sont

---

[1] Cela ressort de ce que nous disent les chroniqueurs des vieilles lois des Saxons qui interdisaient le mariage entre libre et esclave. Voyez *Translatio Alexandri*, § 1, dans les *Monum. Germaniæ Script.*, t. II, p. 675, et Adam de Brême, *ibidem*, t. VII.

[2] Paul, *Sententiæ*, II, 21 : *Si mulier ingenua alieno se servo conjunxerit, si quidem invito et denuntiante domino in eodem contubernio perseveraverit, efficitur ancilla.*

[3] Marculfe, II, 29, — *Senonicæ*, 6.

par naissance, et ils descendent des anciens esclaves de la Gaule romaine ou de la Germanie; d'autres le sont par violence, ayant été enlevés dans quelque guerre ou quelque razzia et amenés en Gaule; d'autres le sont par suite d'un crime commis, et l'origine de leur servitude a été une pénalité; il y en a enfin beaucoup qui descendent d'anciens hommes libres, lesquels ont consenti, pour des motifs divers, à entrer dans la condition servile, et ils y sont entrés, la plupart du temps, en écrivant une lettre constatant leur pleine volonté.

2° CONDITION LÉGALE ET CONDITION RÉELLE DES ESCLAVES.

De l'empire romain au royaume des Francs la condition légale des esclaves ne s'est pas sensiblement modifiée. L'esclave est toujours un objet de propriété, analogue, au moins en droit, à tout autre objet que les hommes peuvent posséder. Les lois barbares sont d'accord sur ce point avec les lois romaines. « Si quelqu'un, dit la Loi salique, a volé un esclave ou un cheval, il payera 1200 deniers au maître[1]. »

L'esclave pouvait être vendu. Nous avons plusieurs formules relatives à cette vente : « Je déclare que je t'ai vendu un esclave qui m'appartenait, portant tel nom, et je garantis qu'il n'est ni voleur, ni fugitif, ni débile, mais sain de corps et d'esprit; j'ai reçu de toi tel prix convenu, et désormais tu pourras faire de lui tout ce que tu voudras[2]. » Généralement, la vente avait lieu

---

[1] *Lex Salica*, X, 1 : *Si quis servum aut caballum furaverit, solidos 30 culpabilis judicetur.*

[2] *Formulæ Turonenses*, 9 : *Constat me tibi vendidisse servum juris mei, nomine illo, non furem, non fugitivum, sed sano corpore moribusque bonis instructum, unde accepi a te pretium, solidos tantos.* — De même, Marculfe, II, 22; *Lindenbrogianæ*, 15, etc. — Sur les vices

au marché, en public et devant témoins, et l'on écrivait ceci : « Il est notifié que tel homme, dans tel marché, a acheté un esclave valant tel nombre de sous d'or[1]. » Mais cette règle n'était pas absolue, et la vente d'un esclave pouvait avoir lieu dans une maison privée et sans nulle publicité[2].

L'esclave pouvait être donné ou légué comme toute espèce d'objets. Un prêtre écrit dans son testament en 573 : « Je fais don à tel monastère des esclaves susnommés, afin que cette donation rachète mes péchés[3]. » Un homme écrit : « Je donne à saint Vincent et à saint Germain une esclave nommée Adhuide, pour le salut de mon âme[4]. » Nous voyons maintes fois un testateur faire le partage de ses esclaves, affranchir les uns, distribuer les autres à ses héritiers ou les léguer à une église.

L'esclave étant un objet de propriété ne peut pas être propriétaire. Jamais on ne le voit posséder une terre en propre[5]. Pour lui il n'existait pas d'hérédité. Il n'hérite pas de ses parents. Un jour cette question fut posée : Un homme libre est devenu esclave par suite de son mariage avec une esclave ; ne peut-il pas hériter

---

rédhibitoires qui entraînaient la nullité de vente, voy. *Lex Baiuwariorum*, XV, 9.

[1] *Formulæ Senonicæ*, 9.

[2] C'est ce que marquent, dans la formule même que nous venons de citer, les mots *vel in quocunque loco*.

[3] *Testamentum Aredii, Diplomata*, t. I, p. 139.

[4] Polyptyque de Saint-Germain, XIX, 1 *bis*.

[5] Je ne puis me ranger à l'opinion de B. Guérard (*Polypt. d'Irminon, Prolégom.*, p. 305), qui croit, d'après un décret de Clotaire II, art. 9, qu'il y avait des serfs qui possédaient des biens fonciers. C'est que Guérard se fiait à la leçon de Baluze, qui écrivait : *Si quis de potentioribus servis qui per diversa possident.* Les manuscrits portent *servus* et non *servis* (Borétius, p. 6, c. 42), et dès lors la construction de la phrase est : *Si quis servus cujuslibet de potentioribus qui per diversa possident.*

de ses parents qui sont restés hommes libres? Cela parut impossible; il fut répondu que, si la succession de ses parents s'était ouverte avant que cet homme tombât en servitude, sa part d'héritage appartenait aussi bien que sa personne à son maître; mais si la succession ne s'ouvrait qu'après le jour où il était devenu esclave, il ne comptait pas parmi les héritiers et sa part venait en accroissement aux autres parents[1].

Il est vrai que l'esclave pouvait avoir un pécule, *peculium*[2]; le mot est le même qu'au temps des Romains, et les règles qui régissent ce pécule sont aussi les mêmes. Il peut comprendre toute sorte d'objets: des troupeaux, des meubles, de l'argent, une maison, un champ, même d'autres esclaves[3]. Mais la possession de ce pécule n'est garantie à l'esclave par aucune loi. En droit, ce pécule appartient à son maître; aussi voyons-nous dans les chartes et dans les formules que le maître dispose de ce pécule[4]. S'il affranchit l'esclave, il peut lui laisser son pécule ou le garder pour lui, à son choix[5]. S'il vend ou s'il lègue son esclave, il décide de ce que le pécule deviendra. Seulement, nous devons remarquer que dans nos textes, presque sans aucune excep-

[1] *Capitula Legi Salicæ addita*, Behrend, p. 114, Borétius, p. 292.
[2] Dans les chartes, *peculium* est souvent écrit pour *pecus* ou *pecora*; c'est le mot *peculiare* qui est plus ordinairement employé pour désigner le pécule.
[3] C'est ce qu'on voit par une formule des *Lindenbrogianæ*, 9, où un esclave affranchit un autre esclave qu'il possède; il ne le fait d'ailleurs que *cum permissione domini sui*.
[4] *Formulæ Andegavenses*, 45 : deux maîtres, mariant deux de leurs esclaves, se partagent à l'avance les droits au pécule qu'ils pourront acquérir. Cf. *Lex Romana Burg.*, VI, 4, et *Lex Wisigothorum*, IX, 1, 16; X, 1, 17.
[5] Il pouvait aussi, comme on le voit dans la Loi des Wisigoths, V, 7, 14, ne lui laisser son pécule qu'en lui défendant de l'aliéner: ce qui revenait à s'en réserver la succession.

tion, il n'use de son droit que pour décider que l'esclave gardera son pécule. Aucune loi non plus ne prononce que le pécule passera aux enfants de l'esclave; l'impression qui ressort des chartes est qu'il leur était ordinairement laissé, au moins en grande partie.

Une personne esclave ne pouvait pas épouser une personne libre[1]. Cette règle, qui était déjà dans le droit romain, se retrouve dans tous les codes barbares[2]. Si une femme libre épouse son propre esclave, elle est punie de mort, ou tout au moins mise hors la loi, et nul ne peut la recevoir ni lui donner du pain[3]. Si un homme libre s'unit à sa propre esclave, ses enfants ne sont pas légalement ses enfants : ils sont ses esclaves; veut-il qu'ils soient libres, il doit les affranchir publiquement; encore ne seront-ils pas ses héritiers naturels : il faudra qu'il fasse un testament en leur faveur[4]. Arrivait-il qu'un homme libre épousât une esclave sans

---

[1] Ce principe est rappelé dans la *Lex Romana Burg.*, XXXVII, 7, et dans la *Lex Romana Wisig.*, IV, 8, *interpretatio.*

[2] *Lex Salica*, XIII. 8. *Lex Ripuaria*, LVIII, 16.

[3] *Lex Salica*, LXIX : *Si quis mulier cum servo suo in conjugio copulaverit, omnes res suas fiscus adquirat et illa aspellis fiat; si quis eam occiderit, nullus mortem illius requirat;... si quis de parentibus panem aut hospitalem dederit, solidos 15 culpabilis judicetur.* — *Lex Burgundionum*, XXXV : *Si ingenua puella servo se conjunxerit, utrumque jubemus occidi.* Cf. *Lex Wisigothorum*, III, 2, 2 ; *Lex Langobardorum*, Rotharis, 195 et 222. La rigueur d'une telle loi étonne d'abord; on se l'explique si l'on songe à tout un ensemble d'idées qui régnait alors sur l'esprit; d'une part, cette femme devait être *in potestate mariti*; de l'autre, cet esclave était *in potestate dominæ*; il y avait là une contradiction, une incompatibilité qui choquait toutes les règles des mœurs.

[4] Cela se dégage nettement de la *Senonica* 42 : *Dulcissima filia mea, dum..... ego te in ancilla mea generavi, et postea ante regem jactante denario te ingenuam dimisi, et tu minime in hereditate mea sociare poteras, ego hanc cartulam hereditoriam in te fieri rogavi ut de rebus meis in hereditate succedas.* — *Lex Baiuwariorum*, XV, 9 (alias, XIV, 8) : *Si de ancilla habuerit filios, non suscipiant portionem inter fratres.* — Le maître avait d'ailleurs la ressource d'affranchir son esclave avant le mariage, ainsi que l'explique la Loi des Lombards, Rotharis, 222

savoir qu'elle fût esclave, il pouvait, dès que l'erreur était constatée, rompre le mariage et renvoyer la femme, à moins qu'il ne préférât la racheter à son maître[1].

Ainsi l'esclave ne pouvait se marier, sauf de rares exceptions, que dans sa classe. Il devait d'ailleurs, pour se marier, en obtenir la permission de son maître. Cette règle était ancienne; elle se conserva sans contestation comme chose naturelle. Les lois n'avaient pas besoin de la mentionner; c'est dans les actes des conciles que nous la trouvons. Les évêques réunis à Orléans en 541 reconnurent que l'Église n'avait pas le droit de marier deux esclaves sans le consentement de leurs maîtres[2]. Grégoire de Tours raconte l'histoire d'un maître qui punit cruellement deux de ses esclaves pour s'être mariés sans son consentement[3], et, plus tard, nous voyons Éginhard écrire à un ami pour lui demander la grâce de deux de ses esclaves qui avaient commis « le délit » de se marier sans sa permission[4].

L'esclave ne pouvait se marier qu'avec un esclave du même maître. C'était encore là une de ces règles qu'il n'était pas besoin d'insérer dans les lois[5]. Supposez une union de deux esclaves appartenant à des maîtres

---

[1] Voyez le capitulaire de Verberie, art. 6, Borétius, p. 40.

[2] 4ᵉ concile d'Orléans, a. 541, c. 24, Sirmond, I, 265 : *Quæcunque mancipia sub specie conjugii ad ecclesiæ septa confugerint ut per hoc credant fieri posse conjugium, minime eis licentia tribuatur..... Propriis dominis reddantur... dominis libertate concessa si eos voluerint propria voluntate conjungere.*

[3] Grégoire de Tours, *Hist.*, V, 3.

[4] Einhardi *epistolæ*, 16, éd. Teulet, t. II, p. 26 : *Quidam homo vester venit... veniam postulans pro eo quod conservam suam, ancillam vestram, sibi in conjugium sociasset sine vestra jussione. Precamur benignitatem vestram... si delictum ejus venia dignum fuerit inventum.*

[5] Lettres de Grégoire le Grand, XII, 25 : *Nec filios suos in conjugio sociare præsumat, sed in ea massa cui lege et conditione ligati sunt, socientur.*

différents : la cohabitation sera impossible, et la femme qui aura un maître ne pourra pas obéir à un mari. Une telle union était donc interdite en principe. En pratique, elle était possible si les deux maîtres étaient d'accord pour l'autoriser. Mais il se présentait alors une assez grande difficulté : ce n'était pas d'arranger le service de telle façon que chacun des deux esclaves servît son maître ; rien n'était plus aisé ; mais c'était de déterminer quels seraient les droits de chaque maître sur le pécule commun des deux esclaves, et surtout auquel des deux maîtres leurs enfants appartiendraient. Les lois ne s'occupaient pas de la question et n'avaient pas à s'en occuper. Il fallait donc que les deux maîtres fissent entre eux une convention particulière. Nous trouvons dans les formules un des types de convention qui furent usités en pareil cas : « Par amour de la paix, disent les deux maîtres, nous sommes convenus que, des enfants qui naîtront, deux tiers appartiendront au maître de la servante, et un tiers au maître de l'esclave ; et que, du pécule qui sera acquis durant le mariage, le maître de l'esclave aura les deux tiers et le maître de la servante le tiers[1]. »

En principe, l'esclave faisait partie de la maison, non de la société. Il n'avait en conséquence ni droits politiques ni droits civils. Ni la loi ni la justice publique n'existaient pour lui. Quand le droit civil s'occupe de lui, c'est toujours au point de vue du maître et pour assurer son droit de propriété sur lui. Il interdit le vol de l'esclave, comme il interdit la fuite de l'esclave. Quand vous voyez les lois barbares punir d'une peine pécuniaire le meurtre d'un esclave, il faut bien entendre

---

[1] *Formulæ Andegavenses*, 45. La Loi du roi des Wisigoths Chindasuinte règle les choses à peu près de la même façon, X, 1, 17.

que la somme est payée, non à ses enfants, mais à son maître[1]. C'est pour cela que le prix de l'esclave varie suivant sa profession, c'est-à-dire suivant les revenus qu'il rapportait par son travail ou suivant sa valeur vénale[2]. Le maître est indemnisé de même pour les coups et blessures que l'esclave a reçus et en proportion de la détérioration que sa personne a subie[3]. De même encore, le viol commis sur une esclave est puni d'une peine pécuniaire et la somme est payée au maître[4]. Tout cela était la conséquence naturelle et forcée des principes qui régissaient l'esclavage et qui régnaient dans la législation, comme ils régnaient dans l'esprit des hommes. On n'aurait même pas compris que la loi fit donner l'indemnité à l'esclave, puisqu'on ne concevait pas que l'esclave pût acquérir. La loi ne pouvait prononcer d'indemnité qu'en faveur du maître, et elle n'avait pas d'autre moyen de protéger l'esclave.

Il n'y avait pas de juridiction possible pour l'esclave. Il ne pouvait pas accuser son maître. La Loi romaine défendait au juge de l'écouter; que le maître fût coupable ou non, l'esclave était d'abord puni de mort[5]. Cette interdiction subsista sous les rois barbares[6]. Les conciles eux-mêmes ne songèrent pas à la faire dis-

---

[1] *Lex Salica*, XXXV, 5. — *Lex Ripuaria*, VIII, IX. — *Lex Wisigothorum*, VI, 5, 9 : *Compositio erit a percussore domino servi reddenda;* 20 : *Si servus servum occidit, servi dominus domino servi persolvat.*

[2] *Lex Burgundionum*, X. — *Lex Romana Burg.*, II, 6.

[3] *Lex Wisigothorum*, VI, 4, 9 : *Si ingenuus servum alienum debilitaverit, alterum paris meriti servum domino dare non moretur.* — *Lex Ripuaria*, XXIV, XXV, XXVI, XXVII.

[4] *Lex Salica*, XXV, 3 : *Si ingenuus cum ancilla aliena mæchatus fuerit, domino ancillæ DC dinarios culpabilis judicetur.*

[5] Code Théodosien, IX, 6, 2-3.

[6] *Lex Romana Burg.*, VII, 5 : *Ne servus dominum, præter solum crimen majestatis, accuset.* — *Edictum Theoderici*, 48 : *Neque in civilibus neque in criminalibus causis vocem possunt habere legitimam.*

paraître. L'esclave ne pouvait pas non plus être accusé en justice par son maître; et cela résultait du même principe, à savoir qu'il ne pouvait pas se produire d'action judiciaire entre le maître et son esclave.

N'étant pas justiciable des juges publics, l'esclave n'avait d'autre juge que son maître. Soit qu'il eût commis une faute contre son maître, soit qu'il en eût commis une contre une autre personne de la maison du maître, par exemple contre un compagnon d'esclavage, c'était le maître qui jugeait. Le droit de vie et de mort que le maître exerce sur son esclave n'est pas par essence un pouvoir arbitraire, c'est une juridiction; c'est même la seule juridiction qui semblât possible[1]. Quand un homme libre se fait esclave, il déclare par écrit que, s'il commet quelque faute, son maître aura la faculté de le châtier et de le ramener au bon ordre, *disciplinam imponere*[2]. Le maître peut donc, comme un juge sans appel, condamner son esclave au fouet, aux coups, à la prison; il peut le mettre aux fers. Toutefois il ne doit pas aller jusqu'à le frapper de mort; cette règle, que les empereurs avaient établie, fut maintenue sous les Mérovingiens[3]; mais il faut reconnaître qu'elle n'avait guère de sanction légale[4].

Le droit de justice du maître sur ses esclaves était compensé par sa responsabilité. S'il était juge des fautes que l'esclave commettait contre lui-même ou

---

[1] Ce principe est bien exprimé dans la Loi des Wisigoths, VII, 2, 21 : *Si servus domino suo vel conservo aliquid involaverit, in domini potestate consistat quid de eo facere voluerit, nec judex se in hac re admisceat.*

[2] Marculfe, II, 28; *Senonicæ*, 4; *Merkelianæ*, 26.

[3] *Edictum Chlotarii*, art. 22. — *Lex Wisigothorum*, VI, 5, 12.

[4] Grégoire de Tours, *Hist.*, V, 3, montre un maître mettant à mort un esclave, et il ne dit pas qu'il ait été poursuivi.

contre ses autres esclaves, il répondait en justice de toutes celles qui étaient commises hors de sa maison. En cas de crime contre un étranger, il fallait avant tout que le maître livrât au juge l'esclave coupable; c'était lui qui avait la charge de l'arrêter, de le garder, de le conduire au tribunal; s'il ne le faisait pas, il était traité comme étant lui-même le coupable, et c'est lui qui portait la peine¹. Si l'esclave faisait défaut, le maître réparait le dommage causé². Si l'esclave était convaincu d'avoir volé un objet d'une valeur moindre d'un tiers de sou, le maître était tenu de payer trois sous d'or³. Si l'esclave avait tué un homme libre, le maître commençait par livrer son esclave à la famille du mort, et il payait en outre la moitié de la composition⁴. S'il avait tué un esclave, le maître devait payer la composition due pour le mort au maître de cet esclave⁵. En théorie, c'est le maître qui est coupable, et c'est lui qui porte la peine.

On voit que la condition légale de l'esclave n'avait pas beaucoup changé depuis l'antiquité. Sa condition réelle

---

¹ *Pactus pro tenore pacis*, 5 : *Si servus in furtum inculpatur, requiratur a domino... Si dominus servum non praesentaverit, legem unde inculpatur componat.* — *Childeberti II decretio*, art. 10 : *Qui servum criminosum habuerit... et praesentare noluerit, suum weregildum omnino componat.* — *Lex Salica*, XL, 9, Pardessus, p. 22 : *Si servum suum noluerit suppliciis dare, omnem causam vel compositionem dominus servi in se excipiat, non quale servus, sed quasi ingenuus, totam legem super se solviturum suscipiat.*

² *Pactus pro tenore pacis*, art. 12.

³ Ibidem, art. 6.

⁴ *Lex Salica*, XXXV, 5, manuscrits 4404 et 18237, Wolfenbuttel et Munich : *Si servus ingenuum occiderit, ipse homicida pro medietate compositionis hominis occisi parentibus tradatur; et dominus servi aliam medietatem compositionis se noverit soluiturum.* — L'édit de Chilpéric, art. 6, est moins sévère : il oblige seulement le maître à jurer qu'il n'a eu aucune part au crime ; il n'a alors qu'à livrer son esclave (Borétius, p. 8).

⁵ *Lex Ripuaria*, XXVIII : *Si servus servum interfecerit, dominus ejus 36 solidis culpabilis judicetur*

se modifia davantage. L'Église chrétienne eut en cela quelque influence. Ce n'est pas qu'elle réprouvât l'institution de l'esclavage. Il est visible que les ecclésiastiques possédaient au moins autant d'esclaves que les laïques. Elle n'encourageait aucune révolte. Elle ne pensait pas à prêcher l'égalité des conditions humaines. Elle partageait les idées alors régnantes sur la légitimité de l'esclavage, et ne paraissait même pas se douter qu'il pût disparaître un jour. Son rôle entre les esclaves et les maîtres fut très simple. Elle disait aux esclaves : Obéissez à vos maîtres, comme l'Apôtre l'ordonne. Puis elle disait aux maîtres, sans contester aucunement leurs droits : Soyez justes et bons envers vos esclaves[1]. Et elle ajoutait cette raison : Sachez bien que votre esclave et vous, vous avez un même maître, qui est Dieu[2]. Elle disait encore au maître : Ne dédaigne pas ton esclave, parce qu'auprès de Dieu il est peut-être plus que toi[3].

Or cette pensée si simple eut un immense effet. Ce n'est pas qu'auparavant la religion païenne eût absolument dédaigné l'esclave; elle avait des fêtes pour lui, elle exigeait que le maître lui accordât des jours de liberté, et la loi du repos dominical est antérieure au christianisme. Mais ce que le christianisme enseignait de nouveau, c'était que le maître et l'esclave seraient jugés, et que l'esclave pourrait se trouver incomparablement au-dessus du maître durant toute une éter-

---

[1] *Servi, obedite dominis vestris, sicut Apostolus jubet, fide bona et corde simplici. Et vos, domini, eadem facite in servis, conservate in eis justiciam et misericordiam.* (Sermon attribué à saint Boniface, dans la Patrologie, t. 89, p. 853.)

[2] Ibidem : *Scientes quod illorum et vester dominus in cœlis est.*

[3] C'est ce que le biographe d'Eligius met dans sa bouche : *Ne despicias servum, quia forsitan melior est apud Deum quam tu.* (Vita Eligii, II, 15.)

nité. Peut-on calculer combien une telle croyance, régnant avec la même force dans l'esprit du maître et dans l'esprit de l'esclave, a dû adoucir l'autorité du maître et a dû relever l'esclave ? Celui-ci fut un chrétien ; il fut baptisé comme son maître, et ce fut quelquefois le maître qui tint le fils de son esclave sur les fonts baptismaux[1].

Songeons bien que le premier progrès à opérer n'était pas de conférer des droits à l'esclave ou de lui donner tout à coup du bien-être ; il fallait le relever à ses propres yeux, lui donner une âme d'homme, le rendre capable, je ne dis pas d'orgueil, mais de vertu et de grandeur. C'est ce que fit la nouvelle religion.

On est frappé de voir combien l'Église, dans ses conciles, s'occupe de l'esclave. Lui qui n'était rien dans le droit civil, prend tout de suite une grande place dans le droit religieux. L'Église interdit de le vendre à des Juifs, de le vendre à des païens, de le vendre à des étrangers[2]. Elle tend à établir, comme précaution en faveur de l'homme, que la vente ait lieu en public, en présence d'un magistrat ou d'un prêtre[3]. Elle excommunie le maître qui frappe de mort son esclave, même coupable[4]. Elle fait profiter l'esclave de son droit d'asile. Si un esclave, même coupable d'un crime, s'est réfugié dans une église, elle ne le rend au maître

---

[1] Grégoire de Tours, *Hist.*, X, 28 : *Domini proprios famulos de sacro fonte suscipiunt.*

[2] Concile de Reims, a. 630, c. 11 : *Ut christiani Judæis vel gentilibus non venumdentur.... Si paganis aut Judæis vendiderit, communione privetur et emptio careat firmitate.* — Concile de Châlon, a. 650, c. 9. — Concile de Leptine, a. 743, c. 3. — Cf. Lettres de Grégoire le Grand, IX, 109 et 110. — Capitulaire de 779, art 19, Borétius, p. 51.

[3] Capitulaire de 779, art. 19.

[4] Concile d'Agde, a. 506, c. 62. — Concile d'Albon, a. 517, c. 34. — *Lex Langobardorum*, Rotharis, 272.

qu'après que celui-ci a juré de faire grâce[1]. Elle ne peut élever un esclave à ses dignités ecclésiastiques, parce que ce serait une situation impossible que celle d'un prêtre qui aurait un maître ; mais dès qu'un maître a affranchi son esclave, elle n'a aucun scupule à faire de cet ancien esclave un prêtre[2]. Elle ne permet pas qu'un esclave entre dans les ordres malgré son maître ; mais s'il est arrivé qu'il y ait été admis par erreur, elle ne l'en fait pas déchoir, et préfère rendre au maître deux esclaves à la place de celui qu'il a perdu[3]. Elle rachète volontiers des esclaves pour en faire des moines et des religieuses[4]. Elle élève volontiers ses propres esclaves à la cléricature[5].

Il s'est opéré d'ailleurs, sans révolte et sans bruit, un immense changement dans l'existence de l'esclave. L'antiquité ne connaissait pas pour lui le mariage ; elle ne lui accordait que l'union sexuelle, sans lien moral et sans effets de droit. La religion nouvelle déclara que

[1] Concile d'Orléans de 511, c. 3. — Concile d'Albon de 517, c. 39. — Grégoire de Tours, *Hist.*, V, 3 : Deux esclaves se sont réfugiés dans une église ; le prêtre dit au maître : *Non poteris eos recipere nisi fidem facias ut.... de omni pœna corporali liberi maneant.*

[2] Troisième concile d'Orléans, c. 26 : *Ut nullus servilibus conditionibus obligatus ad honores ecclesiasticos admittatur, nisi prius aut testamento aut per tabulas legitime constiterit absolutum.* — Exemple d'esclaves devenus clercs, dans la *Vita Germani*, 14.

[3] Premier concile d'Orléans, c. 8 : *Si servus, nesciente domino, diaconus aut presbyter fuerit ordinatus, ipso in clericatus officio permanente, episcopus cum domino duplici satisfactione compenset.* — Il y a eu d'ailleurs sur cette question des solutions diverses ; voy. *Corpus juris canonici*, édit. Friedberg, t. I, p. 208-210.

[4] *Vita Bercharii*, 14 et 17 : Le saint rachète 8 esclaves pour en faire des moines, 8 femmes esclaves pour en faire des religieuses.

[5] L'abus même se produisit. Un capitulaire de 789, art. 72, recommande de ne pas faire entrer dans les ordres trop de fils de serfs (Borétius, p. 60). Un capitulaire de 805, art. 11, enjoint de ne pas admettre dans les monastères trop de serfs, de peur que la culture des terres ne soit abandonnée (Borétius, p. 122).

le mariage était le même pour l'esclave que pour l'homme libre. Il avait lieu dans l'église et sous la bénédiction du prêtre. Dès lors un mariage d'esclaves était aussi indissoluble et aussi sacré qu'un mariage de personnes libres[1].

Cela eut de grandes conséquences. L'existence de l'esclave en fut transformée. Il eut une famille. Il acquit la dignité et la force que donne une famille groupée autour d'un homme. Sa femme eut droit au respect du maître lui-même; la Loi des Lombards prononce que le maître qui a déshonoré la femme de son esclave perd cet esclave et sa femme, qui deviennent libres de plein droit[2]. Nous ne trouvons pas la même disposition dans les autres codes du temps; mais il n'est pas douteux que l'Église n'ait en tout pays fait respecter le mariage d'esclaves[3].

Il y a des détails qui sont en apparence insignifiants et qui pourtant décèlent toute une révolution intime. Dans l'antiquité, les enfants des esclaves étaient seulement réputés enfants de la mère; c'était la conséquence

---

[1] L'Église applique ce principe à tous les cas possibles. Si un maître prétend rompre le mariage de son esclave, elle le lui interdit (2ᵉ concile de Chalon, a. 813). Si les deux esclaves appartiennent à deux maîtres différents, l'Église veut « que chacun continue à servir son propre maître, mais qu'ils restent unis dans le mariage ». (Ibidem, c. 30.) Si un homme libre a épousé une esclave, il n'aura plus le droit de la renvoyer pour épouser une femme libre, sauf le cas où il y aurait eu erreur sur la personne (Décision du pape Zacharie, dans le *Corpus juris canonici*, p. 1093).

[2] *Lex Langobardorum*, Liutprand, 140.

[3] Est-il besoin de dire que l'on ne trouve nulle part le moindre indice d'un prétendu « droit du seigneur », qui est une invention de l'imagination moderne. Le *jus primæ noctis* fut un droit pécuniaire de 2 ou 4 deniers que le serf payait pour obtenir la permission de se marier, et il devait le payer avant la première nuit. Nous n'insistons pas; nous affirmons seulement qu'il n'y a pas dans tous les documents de l'époque un seul mot qui suppose « le droit du seigneur ».

forcée du principe qu'il n'y avait pas légitime mariage entre esclaves. Avec le mariage légitime les enfants appartinrent au père. Dans tous nos textes du septième et du huitième siècle, c'est comme enfants du père et de la mère qu'ils figurent[1]. Dès lors la famille de l'esclave fut constituée à la ressemblance de la famille du maître. Il ne fut pas nécessaire que les lois conférassent à l'esclave l'autorité maritale et paternelle, et, de fait, elles ne pouvaient la lui conférer, puisque, au point de vue légal, il était, lui et les siens, en puissance de maître. En pratique, il eut presque toujours cette autorité. Sa femme et ses enfants vécurent autour de lui. Le ménage d'esclaves, dans son existence intérieure, commença à ressembler au ménage de personnes libres. Nous verrons plus loin un autre progrès.

CHAPITRE X

Les affranchis.

1º CAUSES DIVERSES DE L'AFFRANCHISSEMENT.

A côté de l'esclave, dans la même villa, sur la même glèbe, sous l'autorité du même maître, nous trouvons l'affranchi, c'est-à-dire l'ancien esclave devenu à peu

[1] De là quelques changements dans le droit. Jusqu'alors, quand un esclave avait épousé l'esclave d'un autre maître, il avait paru naturel que les enfants appartinssent à la mère, c'est-à-dire au maître de la mère. Désormais il n'en est plus de même; pour concilier les droits des maîtres avec ceux du père, on adopta une règle nouvelle, qui est que les enfants seront partagés : ce qui est, notons-le bien, la reconnaissance formelle des droits du père jusque-là méconnus.

près homme libre. L'affranchissement avait été une pratique aussi germanique que romaine; il n'y avait pas de motif pour qu'elle ne se continuât pas après les invasions.

Les causes qui faisaient sortir l'homme de la servitude étaient aussi nombreuses que celles qui l'y faisaient tomber. En premier lieu, l'esclave pouvait se racheter à son maître, s'il s'était acquis par son travail un pécule suffisant[1]. Il recevait alors de son maître une lettre de rachat, *carta redemptionalis*, dont la formule nous a été conservée : « Comme tu m'as toujours bien servi, en considération de ta fidélité, j'ai résolu de te permettre de te racheter de mon service, et tu t'en es racheté; tu m'as donné tel nombre de deniers d'argent ou de sous d'or, somme convenue; en conséquence, je fais écrire cette lettre de rachat, afin que tu sois libre à perpétuité[2]. » Quelquefois l'esclave, au lieu de se racheter lui-même, se faisait racheter par un tiers à qui il remettait lui-même, sur son pécule, le prix de l'affranchissement[3]. D'autres fois il était racheté gratuitement par une personne charitable qui consacrait ses aumônes à l'affranchissement des esclaves; ce fait est si souvent mentionné dans les écrits du temps, et surtout dans les Vies de saints, que nous ne pouvons pas douter qu'il n'ait été fréquent.

---

[1] *Lex Ripuaria*, LVIII, 1 : *Qualiscumque.... servum suum pro pretio liberare voluerit.* Cf. *Lex Wisigothorum*, V, 4, 16 ; *Lex Baiuwariorum*, XV, 7 ; *Lex Frisionum*, XI, 2. — Notons que le rachat n'était jamais de droit pour l'esclave : le maître n'acceptait le pécule de son serf que s'il le voulait bien, par la raison qu'en droit strict le pécule était déjà la propriété du maître.

[2] *Formulæ Senonicæ*, 43.

[3] Cette sorte de marché était acceptée, pourvu qu'on ne trompât pas le maître sur l'origine de la somme payée ; voy. *Lex Wisigothorum*, V, 4, 16, et *Lex Baiuwariorum*, XV, 7.

Souvent aussi le maître lui-même, spontanément et sans recevoir aucun prix, affranchissait son esclave. Nous avons reconnu que l'Église chrétienne ne réprouvait ni n'attaquait l'institution de l'esclavage ; mais il faut reconnaître aussi qu'elle recommandait aux maîtres d'affranchir leurs esclaves. Nous devons songer que l'esclave était une propriété, un capital, et qu'en un temps où personne ne doutait que cette propriété ne fût tout à fait légitime, il fallait un certain esprit de renoncement pour s'en dessaisir. La religion encourageait ce renoncement. Alors le maître écrivait qu'il affranchissait tels et tels esclaves « pour le salut de son âme », ou bien « pour diminuer le poids de ses péchés », ou encore « pour mériter l'indulgence de Dieu au jour du terrible jugement »[1]. Ainsi l'Église, sans condamner expressément l'esclavage, faisait de l'affranchissement une œuvre pie.

Deux formules curieuses nous montrent que c'était l'habitude des rois, lorsqu'il leur naissait un fils, d'affranchir trois serfs de chaque sexe dans chacun de leurs domaines « pour attirer sur l'enfant la bonté de Dieu »[2]. Il est permis de penser que beaucoup de grands propriétaires imitaient cet exemple.

Souvent l'affranchissement était la récompense de la longue fidélité ou d'un acte de dévouement de l'esclave[3]. Plus souvent le maître, généreux après sa mort, affranchissait quelques esclaves par testament. Il n'était pas

---

[1] *Formulæ Turonenses*, 12. — *Bituricenses*, 9. — *Senonicæ*, 1. — *Merkelianæ*, 14. — *Lindenbrogianæ*, 10.

[2] Marculfe, I, 39 : *Dum nobis Divina Pietas de nativitate filii magnum gaudium habere concessit, ... jubemus ut per omnes villas nostras tres homines servientes in utroque sexu in unaquaque villa ingenuos relaxare faciatis.* — Idem, II, 52.

[3] Grégoire, *Hist.*, III, 15. — Marculfe, II, 33 : *Pro respectu fidei et servitii tui.*

rare que l'on affranchît un serf ou une serve pour rendre son mariage possible avec une personne libre[1]. Enfin il arrivait parfois qu'un enfant intelligent et instruit fût tiré de la servitude pour devenir clerc et s'élever plus tard à la prêtrise, même à l'épiscopat[2].

Il est d'une grande importance d'observer les formes diverses sous lesquelles l'affranchissement était conféré; car de là sont venues des différences notables dans la condition des affranchis.

2° DE L'AFFRANCHISSEMENT DEVANT LE ROI.

Le mode d'affranchissement le plus solennel dans ses formes et le plus complet dans ses effets était celui qui s'accomplissait en présence du roi. Nous avons vu déjà que dans la société romaine il existait un affranchissement par l'autorité publique, c'est-à-dire par l'empereur en personne, ou par un consul, ou par un gouverneur de province[3]. Nous trouvons de même à l'époque mérovingienne un affranchissement devant l'autorité souveraine, laquelle n'est plus représentée que par le roi.

Voici comment les choses se passent : L'esclave est amené devant le roi par le maître lui-même ou par son mandataire[4]. Le maître commence par affranchir son

---

[1] *Formulæ Merkelianæ*, 31.

[2] *Formulæ Merkelianæ*, 44. — *Senonenses*, 9.

[3] Sur l'affranchissement par l'empereur, *in conspectu nostro*, voyez une loi de 319 au Code Justinien, VII, 10; cf. VI, 7, 2, et VII, 1, 4. — Sur l'affranchissement par le consul, Paul au Digeste, XL, 1, 4; Ulpien, *ibid.*, XL, 2, 5, et 1, 6; Cassiodore, *Epistolæ*, VI, 1 : *Consul solvebat famulos jugo servili.* — Sur l'affranchissement par les gouverneurs de provinces, Gaius au Digeste, XL, 2, 7 ; Paul, *ibid.*, XL, 2, 17 ; Code Justinien, VII, 1, 14; VII, 10, 7.

[4] *Lex Ripuaria*, LVII, 1: *Si quis libertum suum per manum propriam seu per alienam....*

esclave « et le délier de tout lien de servitude »[1]. L'esclave tenait dans sa main un denier; le maître lui secoue la main de manière à faire sauter le denier[2]. Tout cela fait, le roi, qui a été témoin, écrit une lettre pour confirmer l'affranchissement. La lettre royale est écrite suivant une formule ainsi conçue : « Nous, roi des Francs. Comme un tel se présentant devant nous et devant nos grands, faisant sauter le denier, suivant la Loi salique, a renvoyé libre un sien esclave portant tel nom, nous confirmons aussi cet affranchissement par la présente ordonnance, et nous prescrivons que, de même que les autres esclaves qui par un titre pareil en présence des princes ont été déclarés libres, celui-ci soit pleinement, en vertu de notre ordre, par la grâce de Dieu et par notre grâce, avec l'aide du Christ, libre à tout jamais et sûr de sa liberté[3]. »

On a pu remarquer que dans cette lettre la Loi salique est alléguée, et il en est de même dans presque tous les documents où l'affranchissement devant le roi est mentionné. Cependant, si nous cherchons dans le texte qui nous est parvenu sous le nom de Loi salique la règle de cette sorte d'affranchissement, nous ne la trouvons pas. Il y est fait seulement une allusion dans un article où la loi punit l'homme qui a ainsi affranchi un esclave qui ne lui appartenait pas[4]. C'est donc surtout par les formules que nous pouvons apprécier le caractère de l'acte, et il en faut observer le détail.

---

[1] *Formulæ Bignonianæ*, 1. — *Merkelianæ*, 40. — *Marculfe*, I, 22. — *Senonicæ*, 12.

[2] *Jactante denario*. *Jactante* est pour *jactato*; c'est ainsi que la langue mérovingienne a dit *nuncupante* au lieu de *nuncupato*.

[3] *Formulæ Senonicæ*, 12.

[4] *Lex Salica*, XXVI, 2 : *Si quis servum alienum per denarium ante regem ingenuum dimiserit..., 1400 dinarios culpabilis judicetur*. On comprend combien cette fraude était préjudiciable au vrai maître.

Ce qui frappe les yeux d'abord, et ce qui a été le plus vite remarqué, c'est l'emploi du denier. Était-ce là une vieille formalité symbolique de l'ancienne Germanie? La chose est possible. Nous n'irons pas jusqu'à dire, ainsi qu'on fait toujours, qu'elle soit certaine. Les anciens Germains ne connaissaient ni monnaie ni argent, et l'on ne voit pas bien pourquoi ils auraient adopté pour symbole d'acte une monnaie d'argent. Il faut apporter beaucoup de prudence dans l'interprétation des formules mérovingiennes. Quand je lis : « Nous avons fait sauter le denier, ou la drachme, ou le sesterce suivant la Loi salique »[1], doit-il entrer dans mon esprit que les vieux Bructères et les Chamaves comptaient par drachme, par denier ou par sesterce ? Il vaut mieux songer à l'extrême confusion qui, à partir du sixième siècle, s'est faite dans les idées, dans les usages, et surtout dans la langue de ces hommes.

Si l'emploi du denier venait d'une vieille tradition germanique, nous le trouverions chez tous les Germains. Or on le chercherait vainement chez les Burgundes, chez les Goths, chez les Alamans, chez les Saxons, chez les Bavarois, chez les Lombards. Tous ces peuples ont un affranchissement équivalent, mais qui ne s'opère pas par le jet du denier. Cette formalité paraît être inconnue à tous les peuples germains. Les rois mérovingiens sont les seuls qui l'appliquent. C'est par ces rois mérovingiens que l'affranchissement par le denier s'est transmis à leurs successeurs, les Carolingiens, lesquels l'ont, à leur tour, répandu dans les parties de la Germanie et de l'Italie qui leur étaient soumises.

L'affranchissement par le denier est-il plus ancien

---

[1] Il est curieux qu'on lise ces mots, à côté de *secundum legem salicam*, dans une des *Sangallenses, addit.* 2, Zeumer, p. 434.

que les autres modes d'affranchissement? C'est une supposition que l'on a faite; mais les documents ne disent pas cela. Observez ces documents dans leur ordre chronologique; vous remarquerez que la Loi salique mentionne à peine l'affranchissement par le denier, que la Loi ripuaire en parle davantage, qu'il ne figure dans la Loi des Bavarois que par une addition qui y a été introduite par Charlemagne[1]. La plus ancienne charte qui le signale est de 631; mais aucune autre des chartes mérovingiennes n'en parle, et c'est surtout dans les chartes carolingiennes qu'il faut le chercher; nous en avons une de Louis le Pieux, deux de Charles le Chauve, une de Lothaire, une d'Eudes, une de Louis IV de Germanie et une de Bérenger en 912[2]. De même pour les formules; la plus ancienne sur ce sujet appartient au recueil de Marculfe, c'est-à-dire au septième siècle; toutes les autres sont du huitième et du neuvième[3], en sorte qu'on dirait qu'au lieu d'être une vieille coutume qui irait s'affaiblissant, cet emploi du denier ressemble plutôt à une coutume qui se développe et qui a sa plus grande vigueur au temps des premiers Carolingiens. En tous cas, aucun de ces textes ne signale l'affranchissement par le denier comme une vieille coutume, *vetus consuetudo*; et ce qui permet de croire qu'ils ne l'attri-

---

[1] *Capitularia*, édit. Borétius, p. 158, c. 4 : *De denarialibus, ut si quis eos occiderit, regi componantur.*

[2] Historiens de France, IX, 360; IX, 440. — Goldast, *Rerum alamannic. script.*, t. II, p. 27. — Muratori, *Antiquitates Italiæ*, I, 847; I, 850. Il y a encore d'autres exemples.

[3] Ainsi la *Merkeliana* 40 est visiblement d'âge carolingien, puisqu'elle porte les mots *Rex Francorum et Langobardorum*. La *Senonica* 42 est de la seconde moitié du huitième siècle. Puis vient une *formula imperialis* n° 1; une *formula Sangallensis* qui contient le nom de Charles le Gros; une autre dans Neugart, n° 440, portant la date de 886; de même une charte de 906, Neugart, n° 658.

buaient pas à une époque païenne, c'est que les évêques eux-mêmes s'en servaient[1].

Il ne faut donc pas se hâter d'affirmer que l'affranchissement par le denier soit un vieil usage germanique. Le plus sage est de rester dans le doute, et, sans se préoccuper outre mesure de l'origine qu'il peut avoir, d'en observer de près la nature et les effets. Or il y a, dans ce qu'on appelle l'affranchissement par le denier, trois choses plus importantes que l'emploi même du denier.

La première est la présence du roi en personne. En vain jetterait-on le denier en toute autre circonstance, par exemple dans une assemblée générale du peuple, ou devant les plus élevés des grands, cela ne serait d'aucun effet, cela ne constituerait pas l'affranchissement par le denier.

La seconde est la présence du maître de l'esclave, ou tout au moins de son mandataire. Or c'est lui qui est dans l'acte le personnage principal; car c'est lui seul qui prononce l'affranchissement. Les formules le disent expressément; ce n'est pas le roi qui affranchit. Il n'affranchirait pas sans la volonté du maître.

La troisième est la lettre royale. Elle est une condition nécessaire de cette sorte d'affranchissement. La Loi ripuaire le dit : « Si un maître, personnellement ou par mandataire, en présence du roi selon la Loi ripuaire, a renvoyé son esclave libre, *et que l'esclave ait reçu la lettre constatant cet acte*, nous ne permettons pas, dit le roi, que cet esclave retombe en servitude, mais nous voulons qu'il reste libre comme les autres Ripuaires[2]. »

---

[1] Marculfe, I, 22. C'est un *vir apostolicus*, c'est-à-dire un évêque, qui affranchit un esclave par le denier. — De même *Eligius redemptos captivos coram rege statuens jactatis ante eum denariis chartas eis libertatis tribuebat* (*Vita Eligii*, I, 10).

[2] *Lex Ripuaria*, LVII, 1 : *Si quis libertum suum.... ingenuum dimiserit*

La lettre royale est donc un des éléments nécessaires de cet affranchissement. Ce n'est pas à dire que ce soit le roi qui donne la liberté; mais il l'atteste et la confirme.

Or il n'est pas inutile de remarquer que l'écrit royal n'est pas appelé de l'un des mots qui signifiaient lettre; il n'est appelé ni *epistola*, ni *carta*; il est appelé *auctoritas*, et *præceptum* ou *præceptio*. Ces deux mots, dans la langue mérovingienne, se disaient des ordonnances royales, des actes de commandement ayant force obligatoire et impliquant l'obéissance des sujets. Il y a donc ici plus qu'une attestation; il y a l'expression d'une volonté souveraine. C'est le maître, à la vérité, qui a affranchi, parce que le roi n'a jamais le droit d'affranchir l'esclave d'autrui; mais c'est le roi qui, ensuite, a fait de cet affranchissement un acte officiel et public.

Ce caractère, bien visible dans toutes nos formules, se montre avec une clarté singulière dans trois d'entre elles, où il s'agit d'esclaves qui appartenaient préalablement au roi. Nous y voyons que le roi commence par affranchir son esclave, ainsi que ferait un simple particulier; et ce n'est qu'ensuite que, prenant le ton de roi, il confirme son propre affranchissement[1].

C'est cette confirmation par *autorité* royale, c'est cette volonté du souverain qui donne à ce mode d'affranchissement par le denier son caractère si particulier et sa haute valeur. Tout autre affranchissement est inférieur à celui qui a pour « titre »[2] une sorte d'ordonnance royale; aussi voyons-nous que le maître qui avait

---

per denarium, et ejus rei cartam acceperit, non eum permittimus in servitio inclinare, sed sicut reliqui Ripuarii liber permaneat

[1] C'est ce qu'on voit dans la *formula imperialis* 1.

[2] *Per talem titulum*, Marculfe, I, 22; *Senonicæ*, 12. Notez que le mot *titulus* ne peut pas s'appliquer au jet du denier; le terme désigne l'acte écrit.

une première fois affranchi son esclave par l'un des autres modes, pouvait plus tard présenter ce même homme devant le roi pour lui conférer l'affranchissement supérieur[1]. C'est ainsi que, dans la société romaine, le maître qui avait affranchi d'abord son esclave par une simple lettre, pouvait plus tard le présenter devant le magistrat revêtu de l'*imperium* pour lui donner une liberté plus complète et irrévocable.

3° DE L'AFFRANCHISSEMENT DANS UNE ÉGLISE.

Les anciens connaissaient l'affranchissement dans les temples. L'esclave, amené par son maître, était donné ou vendu à la divinité, avec cette clause « qu'il serait libre ». Sous cette forme, il y avait un affranchissement à peine déguisé, et le dieu n'intervenait que pour être le protecteur et le garant de la liberté. L'acte était gravé sur la pierre et conservé dans le temple[2].

Ce même mode d'affranchissement, simplifié dans ses formes, fut usité entre les chrétiens. L'empereur Constantin lui donna une valeur légale. Il prononça que l'esclave affranchi par son maître dans une église serait citoyen romain aussi complètement que s'il avait été affranchi avec toutes les formes solennelles du vieux droit[3]. Les seules conditions qu'il exigea furent que

---

[1] *Lex Ripuaria*, LXI, 3.

[2] Orelli-Henzen, *Inscriptions latines*, n°ˢ 3016, 3018, 6592. — Wescher et Foucard, *Inscrip. recueillies à Delphes*, 1863. — Decharme, *Inscript. de Béotie*, 1868. — Wallon, *Hist. de l'Esclavage*, liv. I, ch. 10.

[3] Une première loi de Constantin n'a pas été insérée dans les Codes; il y est fait allusion au Code Justinien, I, 13, 1 : *Jamdudum placuit ut in ecclesia catholica libertatem domini suis famulis præstare possint.* — La seconde loi, de 316, est au Code Justinien, I, 13, 1. — La troisième est au Code Théodosien, IV, 7, 1 : *Qui religiosa mente in ecclesiæ gremio servulis suis concesserint libertatem, eamdem eodem jure donasse vi-*

l'affranchissement aurait lieu devant la foule des fidèles, en présence des plus hauts dignitaires de l'Église, et qu'il en serait fait un acte écrit que les principaux ecclésiastiques signeraient¹.

Les formes de cet affranchissement sont décrites par saint Augustin : « Tu veux donner la liberté à ton esclave; tu le conduis par la main dans une église; on fait silence; tu donnes lecture de ta lettre d'affranchissement, ou bien on te demande quel est ton désir, et tu déclares que tu veux l'affranchir parce qu'il t'a toujours servi avec fidélité². » Suivant un autre écrivain de la fin du cinquième siècle, le maître aurait simplement demandé à l'évêque qu'il affranchît l'esclave, et c'est l'évêque qui aurait lui-même prononcé la liberté, ou qui tout au moins en aurait rédigé l'acte³.

Tout cela se retrouve dans la Loi des Ripuaires. « Si un Franc ripuaire veut, pour le salut de son âme ou en recevant un prix, affranchir son esclave suivant la Loi romaine, il doit le conduire dans l'église, en présence des prêtres, des diacres et de tous les fidèles, et le remettre dans les mains de l'évêque avec des tablettes, et l'évêque doit faire écrire ces tablettes par l'archidiacre suivant la Loi romaine, qui est celle de l'Église; dès lors l'esclave est et doit demeurer libre ainsi que sa postérité⁴. »

---

deantur quo civitas romana solemnitatibus decursis dari consuevit. — Cf. Sozomène, *Hist. eccl.*, I, 9.

¹ Code Justinien, I, 13, 1 : *Sub aspectu plebis, assistentibus Christianorum antistibus..., interponatur scriptura in qua ipsi vice testium signent.*

² Saint Augustin, *Sermones*, XXI, 6, dans la Patrologie, XXXVIII, 145.

³ On peut voir sur ce sujet une curieuse lettre d'Ennodius, *Opuscula*, 8, édit. Vogel, p. 132.

⁴ *Lex Ripuaria*, LVIII, 1. — Cf. *Lex romana Burgund.*, III ; *Libertates servorum qui cives romani efficiuntur eas esse servandas quæ...*,

Nous avons une série de formules mérovingiennes relatives à cette sorte d'affranchissement. Dans l'une d'elles, un diacre atteste que « telle personne a, dans telle église, par le présent acte écrit sur des tablettes, rendu libre et affranchi par la vindicte tel esclave, conformément à la constitution de l'empereur Constantin »[1]. Dans une autre, c'est le maître qui parle : « Pour qu'après ma mort mon âme trouve grâce devant le tribunal du Christ, je suis entré dans l'église de Saint-Étienne en la cité de Bourges, et devant l'autel, en présence des prêtres et des principaux citoyens, j'ai affranchi par la vindicte tels et tels de mes esclaves, d'après la constitution de l'empereur Constantin ; je veux donc qu'à partir de ce jour ces esclaves soient absolument libres et ingénus, qu'ils vivent où ils voudront, qu'ils soient citoyens romains[2]. »

Voilà donc des actes qui s'opèrent, sous les Mérovingiens, en vertu d'une loi impériale. Les formules en sont toutes romaines. On est surpris d'y rencontrer l'expression « affranchir par la vindicte ». On se tromperait beaucoup si l'on prenait cette expression à la lettre. Il est évident par l'ensemble de ces formules qu'il n'y a pas ici de *vindicte*, puisqu'il n'y a ni tribunal ni procès fictif. Mais ces formules sont composées d'éléments divers, souvent disparates, et les hommes qui les écrivaient d'âge en âge ne se préoccupaient pas du vrai sens de chaque ligne. Les premiers qui avaient rédigé la formule d'affranchissement dans l'église avaient apparemment copié en partie la formule de la vindicte.

tabulis in ecclesia recitatis secundum mandatum manumissoris, subscriptis a sacerdotibus, firmitatis robur accipiant, secundum legem a Constantino principe latam.
[1] *Senonicæ, appendix,* 2 et 3.
[2] *Bituricenses,* 9 ; *Turonenses,* 12 ; *Arvernenses,* 3.

Leur erreur même a une grande signification. Elle nous montre que la vindicte devant le juge disparaît de la pratique, et qu'elle fait place à l'affranchissement devant l'évêque[1].

4° AFFRANCHISSEMENT PAR TESTAMENT ET PAR LETTRE.

Le droit romain reconnaissait comme légal l'affranchissement par testament. Quand le maître avait écrit qu'il voulait que tel de ses esclaves, qu'il nommait, fût libre après sa mort, la liberté était acquise à cet esclave dès le jour où, le testament ayant été lu, la succession était acceptée. Après les invasions, les Romains conservèrent cet usage et les Germains l'adoptèrent.

La Loi romaine rédigée chez les Burgundes prononce que l'esclave déclaré libre par un testament conforme aux lois devient un citoyen romain[2]. Les codes germaniques, à l'exception de la Loi des Wisigoths[3], négligent de traiter ce sujet; mais les actes de plusieurs conciles constatent que ce mode d'affranchissement est demeuré légal[4].

---

[1] Quelques érudits modernes ont beaucoup discuté sur un prétendu affranchissement *per hantradam* (J. Havet, *Revue hist. du droit*, 1877; Marcel Fournier, *Essai sur les formes et les effets de l'affranchissement*, 1885). Il est bien vrai qu'ils ont trouvé l'expression *per hantradam* dans un texte qui passe faussement pour être la Loi des Chamaves; mais il suffisait de lire l'article avec attention pour voir qu'il s'agissait d'un affranchissement dans l'église. Cela est bien contraire à l'opinion de M. Havet, qui imagine d'y voir un procès fictif devant un magistrat dont il n'est pas question. A notre avis, il s'agit ici d'une forme particulière de l'affranchissement dans l'église, sans *carta*, mais avec la présence de onze témoins touchant de la main l'autel.

[2] *Lex romana Burgundionum*, III.

[3] *Lex Wisigothorum*, V, 7, 1.

[4] Concile d'Orange de 441, c. 7. — Concile d'Agde de 452, c. 22. — Concile de Mâcon de 585, c. 7 : *Indignum est ut qui noscuntur manumissi aut per epistolam aut per testamentum, a quolibet inquietentur.*

Cela est attesté d'ailleurs par les testaments de l'époque mérovingienne qui nous sont parvenus. La première clause du testament de Perpétuus, écrit en 475, est que les esclaves de sa villa Saponaria soient affranchis[1]. Rémigius écrit en 533 : « Je veux que Enia et le plus jeune de ses fils, nommé Monulf, jouissent de la liberté... Babrimodus et sa femme Mora resteront serfs, mais leur fils Manachaire jouira du bienfait de la liberté.... J'ordonne que Cartusio et Auliaténa soient désormais libres[2]. » Nous lisons dans le testament de Bertramn, écrit en 615 : « Voici les noms de ceux de mes esclaves que je veux être libres : Lébigisile avec sa femme et ses fils, Chinimund, Chrodosind avec sa femme et ses enfants, Théodégund et son fils Lupus et sa fille, Eumène avec sa femme et ses fils, Gawiulf..., les fils de Maurellus, Baudesind, Maurus, Austechaire, tous ces hommes, soit romains, soit barbares, je veux qu'ils soient libres et qu'ils jouissent de leur pécule[3]. » Même chose dans le testament d'Ansbert, écrit en 696, dans celui d'Erminétrude, écrit en 700, dans celui d'Abbon, écrit en 739[4].

Le maître pouvait enfin, de son vivant, affranchir par simple lettre, sans aucune forme solennelle. Cet usage existait dans la société romaine ; il devint très fréquent dans la société mérovingienne. Grégoire de Tours dit que la reine Ingoberge affranchit par lettres beaucoup d'esclaves[5]. La Loi des Burgundes met pour condition à cet affranchissement que la lettre soit signée par

---

[1] *Diplomata*, n° 49, Pardessus, I, p. 24.
[2] Ibidem, n° 119.
[3] Ibidem, n° 230, I, p. 212.
[4] Ibidem, n°ˢ 437, 452, 559.
[5] Grégoire, *Hist.*, IX, 26 : *Multos per cartulas liberos relinquens.*

quelques témoins[1]. Le deuxième concile de Mâcon recommande aux évêques de prendre la défense de ceux mêmes qui ont été affranchis par une simple lettre[2]. Un capitulaire de 803 montre que l'affranchissement par lettre est devenu un mode légal, et cela est confirmé par la Loi des Bavarois[3].

La lettre pouvait être conçue ainsi : « J'ai pensé que, pour le repos de mon âme, je devais rendre libre un mien esclave portant tel nom, et l'affranchir du joug de servitude à cause de sa longue fidélité. En conséquence, je t'accorde l'entière ingénuité, afin que tu sois comme les autres ingénus, que tu vives pour toi, que tu travailles pour toi[4]. » Dix-sept formules de cette nature nous sont parvenues. Un tel nombre peut faire juger combien l'affranchissement par lettre était fréquent, et la provenance de ces diverses formules laisse voir qu'il était également usité dans l'Anjou et dans l'Auvergne, dans la cité de Cologne et dans le pays des Alamans[5]. Il n'est pas douteux que des millions de lettres d'affranchissement n'aient été faites sur ces modèles, durant quatre siècles. Elles ont péri avec les serfs qui les avaient obtenues. Quelques testaments en font mention. Eligius, dans le sien, rappelle qu'il a affranchi par lettre, *per cartulam*, plusieurs des serfs de sa villa Solemniacensis[6]. Bertramn nous fait savoir qu'il avait l'habitude, à chacune des grandes fêtes religieuses de l'année, d'affranchir quelques-uns de ses esclaves, et qu'il le faisait

---

[1] *Lex Burgundionum*, LXXXVIII.
[2] Deuxième concile de Mâcon, a. 585, c. 7.
[3] Capitulaire de 803, art. 7, Borétius, p. 114. — *Additam. ad legem Baiuwariorum*, art. 6, dans Borétius, p. 158.
[4] *Andegavenses*, 20 ; *Arvernenses*, 4 ; *Bituricenses*, 8 ; Marculfe, II, 32, 34, 52 ; *Senonicæ*, 1 ; *Merkelianæ*, 13 et 14, etc.
[5] *Formulæ Sangallenses*, 16.
[6] *Testamentum Eligii*, *Diplomata*, t. II, p. 11.

par lettre[1]. Plusieurs testateurs, comme Burgundofara et Irmina, rappellent qu'ils ont déjà affranchi des esclaves par lettres, *per epistolas*, et tiennent à confirmer cette liberté par leur testament[2]. Ce dernier trait donne à penser que l'affranchissement par testament avait quelque valeur de plus que le simple affranchissement par lettre.

5° QUE LES AFFRANCHIS N'ÉTAIENT PAS DISTINGUÉS ENTRE EUX D'APRÈS LA RACE.

Il est aisé de voir dans les documents, surtout dans les lois, que les affranchis restaient distingués entre eux suivant le mode d'affranchissement qui avait été employé. L'homme qui avait été affranchi devant le roi avec la formalité du jet du denier s'appelait toute sa vie un *denarialis*[3]. Celui qui l'avait été par testament ou par tablettes lues dans l'église restait un *tabularius*[4]. Celui qui n'avait d'autre titre qu'une simple lettre s'appelait un *epistolarius* ou un *cartularius*[5].

D'autre part, on ne distinguait jamais les affranchis suivant la race. La race est quelquefois indiquée pour les

---

[1] *Testamentum Bertramni*, ibid., t. I, p. 213 : *Illos vero quos pro singulis festivitatibus per epistolas relaxavi*.

[2] *Diplomata*, n°˙ 257, 443, 449.

[3] *Denarialis* ou *denariatus*. *Lex Ripuaria*, LXI, 5 ; LXIV (mss. B), 2. — *Capitulare legi Ribuariæ additum*, 803, art. 9, Borétius, p. 118.

[4] *Lex Ripuaria*, LVIII, 1, 2, 4, 5, 8, 9, 19. — Ceux qui avaient été affranchis dans l'église étaient quelquefois appelés *cerarii*, soit à cause du cierge de cire qu'on leur mettait en mains au moment de l'affranchissement (Grégoire, *Hist.*, X, 9), soit à cause de la redevance en cire qui était imposée à la plupart d'entre eux.

[5] *Decretum Vermeriense Pippini* (Borétius, p. 41), art. 20. — *Capitulare Aquisgranense*, art. 6 (Borétius, p. 171). — Voyez d'autres exemples dans Guérard, *Polyptyque d'Irminon*, prolégomènes, p. 377, et dans Ducange.

hommes libres; elle l'est quelquefois pour les esclaves; elle ne l'est jamais pour les affranchis.

On peut se demander, il est vrai, si ce n'est pas dans le mode d'affranchissement lui-même qu'on a tenu compte de la race. Ne serait-il pas bien vraisemblable que l'esclave qui est affranchi par le denier fût d'origine germanique, et que l'esclave que nous voyons affranchi par testament, par lettre, ou devant l'église, et dont le maître dit qu'il l'affranchit « suivant la Loi romaine », fût un esclave indigène ou romain? Les textes ne justifient pas cette hypothèse. D'une part aucune loi ne dit : Vous n'affranchirez par le denier que l'esclave barbare; vous n'affranchirez par lettre que l'esclave indigène. D'autre part, sur quarante-cinq formules d'affranchissement, il n'y en a pas une seule où l'origine de l'esclave soit mentionnée. Bertramn nous dit, il est vrai, dans son testament, que ses esclaves sont les uns romains, les autres barbares, mais il les affranchit tous indistinctement de la même manière. Quand c'est le roi lui-même qui affranchit par le denier et qui écrit la lettre qui atteste et confirme l'affranchissement, il ne dit pas qu'il se soit enquis d'abord de la naissance de l'esclave[1].

Il ne s'enquérait pas davantage de la race du maître. On ne voit à aucun indice qu'il y eût des modes d'affranchissement réservés aux maîtres germains ni d'autres modes réservés aux maîtres indigènes. Aucune loi ne dit que l'affranchi du Franc suivra la Loi franque, que l'affranchi du Romain suivra la Loi romaine, et nous ne voyons cela non plus dans aucune charte ni chez aucun

---

[1] *Diplomata*, I, 212-213. — Les autres testateurs, dans les listes d'esclaves qu'ils affranchissent, ne distinguent jamais ceux qui sont germains et ceux qui sont indigènes.

écrivain. Nous savons au contraire par la Loi ripuaire que le Franc peut affranchir son esclave « suivant la Loi romaine »[1]. Il peut, dit-elle encore, faire de son esclave « un citoyen romain »[2]. Un évêque n'est pas tenu d'user toujours de l'affranchissement dans l'église; il peut affranchir par le denier[3], et quoiqu'il vive lui-même suivant la Loi romaine, il peut écrire qu'il affranchit « suivant la Loi salique »[4]. Le roi n'accordait sans doute pas au premier venu la faveur d'affranchir son esclave avec la formalité du denier; encore pouvait-il l'accorder à des Romains aussi bien qu'à des Francs. Eligius était de naissance romaine[5]; il n'affranchit pas moins des esclaves par le denier[6]. D'autre part, je vois une femme qui allègue la Loi salique et qui apparemment est née Franque; mais un mariage avec un esclave l'a fait tomber en servitude; son maître lui fait une véritable lettre d'affranchissement, qui est toute romaine et par laquelle elle devient *civis romana*[7].

Ce qui démontre mieux encore que, dans le mode d'affranchissement, on ne regardait pas à la race de l'esclave, c'est que la Loi ripuaire prononce qu'un même esclave peut être successivement l'objet des deux modes d'affranchissement les plus opposés, et devenir d'abord

---

[1] *Lex Ripuaria*, LVIII, 1 : *Qualiscumque Francus Ribuarius servum suum..... secundum legem romanam liberare voluerit.*

[2] *Lex Ripuaria*, LXI, 1 : *Si quis servum suum libertum fecerit et civem romanum.*

[3] C'est ce qui ressort des mots *vir apostolicus* (c'est-à-dire *évêque*) de la formule de Marculfe, I, 22.

[4] Il fut assez rare que l'église affranchît ses esclaves par le denier; cela tient à une raison d'intérêt que nous verrons plus loin.

[5] Eligius (saint Éloi), fils d'Euchérius, est qualifié *romanus* par son biographe (II, 19).

[6] *Vita Eligii*, I, 10. Cf. *Testamentum Eligii*, Diplomata, n° 254 : *Libertis meis quos per denarium manumisi* (Pardessus, II, p. 11).

[7] *Formulæ Lindenbrogianæ*, 20, Zeumer, p. 281.

un *civis romanus* et ensuite un *denarialis*. Ce qui prouve aussi qu'on ne regarde pas à la race du maître, c'est que, d'après cette loi, c'est le même maître qui successivement fait de son esclave un *civis romanus* et un *denarialis*[1]. En quoi l'on remarque encore que le même affranchi a été d'abord un *Romanus* et a vécu « suivant la Loi romaine », et devient ensuite un *Francus* et vivra suivant la Loi franque. Tant il est vrai que la nationalité de l'affranchi dépend, non de sa race, mais de la sorte d'affranchissement qui lui a été conférée. Il est un *Romanus* dans un cas, un *Francus* dans un autre, et peut même être tour à tour un *Romanus* et un *Francus*[2].

Le choix du mode d'affranchissement ne dépendait que de la volonté du maître. C'est qu'il y avait là autre chose que de pures formes. Au fond, chacune de ces manières correspondait à un certain degré d'affranchissement et à une certaine mesure de liberté. Il appartenait donc au maître, et à lui seul, de décider jusqu'à quel point il voulait que son ancien esclave fût indépendant. Suivant qu'il voulait renoncer à tous ses droits sur lui ou en garder quelques-uns, il l'affranchissait devant le roi, dans l'église, ou par simple lettre[3]. Nous

---

[1] *Lex Ripuaria*, LXI, 1 et 3 : *Si quis servum suum libertum fecerit et civem romanum.... Si dominus ejus eum ante regem denariari voluerit, licentiam habeat.* La Loi salique montre aussi que le lite, qui est déjà un affranchi, peut devenir un *denarialis* (XXVI). M. Marcel Fournier, que ces deux textes gênent, les interprète d'une singulière façon; il soutient, par exemple, que le lite est un esclave. — La preuve que le même affranchi pouvait passer du rang de *tabularius* à celui de *denarialis* ressort encore de la *Lex Ripuaria*, LVIII, 1, qui interdit ce second affranchissement aux affranchis de l'église.

[2] M. Marcel Fournier a négligé ces faits pour soutenir que l'affranchissement par le denier n'était que pour les esclaves de race franque : ce qui est une conjecture bien téméraire. Je voudrais bien qu'il dît comment on distinguait les races au huitième siècle, surtout pour les esclaves.

[3] C'est pour cela qu'Eligius a affranchi les esclaves d'une même villa les uns par le denier, les autres par simple lettre.

allons voir combien la condition sociale de l'affranchi variait suivant le mode qu'on avait choisi pour l'affranchir.

CHAPITRE XI

De la condition des affranchis.

1° DE L'INFÉRIORITÉ PERMANENTE DES AFFRANCHIS.

L'homme qui cessait d'être esclave ne devenait pas pour cela un homme libre. Il restait un affranchi. La situation d'affranchi n'était pas un état momentané par lequel on passait de la servitude à la liberté; c'était un état permanent dans lequel on vivait et l'on mourait. C'était une condition sociale. Regardez toutes les législations qui ont été écrites du v° au viii° siècle, toutes partagent la population en trois grandes classes, celle des hommes libres, celle des affranchis, celle des esclaves.

L'inégalité entre les hommes libres et les affranchis avait été un principe constant dans la société romaine. Cette même distance reste marquée dans la société mérovingienne. L'infériorité de l'affranchi se reconnaît à deux signes : l'un est que l'affranchi n'a pas le droit d'épouser une femme libre[1]; l'autre est que le wergeld de l'affranchi, c'est-à-dire le prix que la loi assigne à

---

[1] Ou du moins la personne libre tombait dans la condition d'affranchi (*Lex Salica*, XIII, 8; XIV, 7; *Lex Ripuaria*, LVIII, 11; *Lex Wisigothorum*, III, 2).

sa personne, n'est jamais égal au wergeld de l'homme libre[1].

Dans la pratique de la société mérovingienne, les rangs n'étaient pas tellement fermés qu'il ne fût assez facile à un esclave même de s'élever de degré en degré jusqu'aux plus hautes fonctions. Il pouvait devenir comte et duc[2]; il pouvait devenir diacre, prêtre, évêque. Mais sa condition d'affranchi lui restait toujours. La loi mettait une différence entre le comte né libre et le comte qui n'était qu'affranchi; elle fixait le prix légal du premier à 600 solidi, celui du second à 300, la proportion demeurant la même qu'entre tout homme libre et tout affranchi[3]. De même, l'ecclésiastique qui avait une origine servile, avait un wergeld moindre que l'ecclésiastique né dans la liberté[4]. Toutes ces dispositions

---

[1] *Lex Ripuaria*, LXI, 1 2 : *Si quis servum suum libertum fecerit et civem romanum..., qui eum interfecerit* 100 *solidis multetur*. — *Lex dicta Chamavorum*, 3-5. — *Lex Wisigothorum*, VIII, 4, 16. — Dans la Loi des Bavarois, le wergeld du libre est de 160 sous, celui de l'affranchi de 40, celui de l'esclave de 20 (III, 13; IV, 11; V, 18; VII, 1 et 10). — Dans la Loi des Alamans, la composition du libre est de 160 sous, celle de l'affranchi de 80, celle de l'esclave de 40.

[2] C'est ce que montre la Loi ripuaire, LIII, 2. — Grégoire de Tours (*Hist.*, V, 49) en donne un exemple.

[3] *Lex Ripuaria*, LIII, 1-2 : *Si quis... comitem... interfecerit, ter ducenos solidos multetur. Quod si regius puer vel ex tabulario ad eum gradum ascenderit,* 300 *solidos multetur.* — *Lex dicta Chamavorum,* 7 : *Si comes occisus fuerit, in tres weregeldos* SICUT SUA NATIVITAS EST *componere faciat.*

[4] *Lex Ripuaria, codices* B, XXXVIII, 5 : *Si quis clericum interfecerit,* JUXTA QUOD NATIVITAS EJUS FUERIT, *ita componatur : si servus* (c'est-à-dire s'il est né serf), *sicut servum; si regius aut ecclesiasticus* (s'il est né affranchi du roi ou d'une église), *sicut alius regius aut ecclesiasticus; si litus, sicut litum; si liber, sicut alium ingenuum cum* 200 *solidis componat.* — Le même article dans les *codices* A est visiblement altéré; car il ne serait pas possible que l'ingénu clerc n'eût qu'un prix de 100 *solidi* quand le prix de l'ingénu laïque était de 200. — Cf. *Caroli magni epistola ad Pippinum,* Bouquet, V, 629 : *Si presbyter natus est liber, tripla compositione secundum legem suam fiat compositus* (c'est-à-dire trois fois son prix de naissance, soit 600 sous) ; *si autem presbyter servus natus fuerit, secundum illius nativitatem tripla compositione solvatur*

ne résultent pas du caprice de tel ou tel législateur; elles se sont imposées aux législateurs, parce qu'il n'entrait pas dans les esprits qu'un affranchi pût être l'égal d'un homme libre.

2° DU PATRONAGE DES AFFRANCHIS.

Si l'ancien esclave ne devenait pas l'égal des hommes libres, encore moins devenait-il l'égal de son ancien maître. Sauf deux exceptions que nous verrons tout à l'heure, la règle était que l'affranchissement ne brisait pas le lien de dépendance entre l'esclave et le maître. Il substituait seulement à la servitude le patronage. Ce principe était antique et aussi germain que romain. Il dérivait même d'une idée juste, c'est-à-dire d'une idée conforme à l'état social et aux conceptions d'esprit de ce temps-là. Cette idée était que l'homme qui cessait d'être esclave avait besoin d'un protecteur. En effet, la société politique, en dehors de laquelle il avait jusque-là vécu, ne lui offrait pas un assez sûr appui. Sa liberté récente se fût trouvée fort menacée. Quand on lit les lois du sixième et du septième siècle, on est surpris de voir combien il était facile de s'emparer de la personne d'un homme, de l'emmener comme esclave, de le vendre[1].

(c'est-à-dire trois fois 30 *solidi* d'après la Loi salique). — Nous trouvons la même règle dans la Loi des Alamans, XV, XVI; elle est appliquée même aux évêques, XI, édit. Lehmann, p. 77 ; XI, 1, éd. Pertz, p. 49 : *Si quis episcopum aliquam injuriam fecerit..., omnia tripliciter componantur sicut ceteri parentes ejus compositionem habebant.* — De même encore dans la Loi des Bavarois, I, 8 et 9 : *Si quis ministros ecclesiæ... occiderit, componat hoc dupliciter sicut solent componi parentes ejus... Monachi dupliciter componantur secundum genealogiam suam.* — La règle que nous indiquons est donc bien démontrée, et elle a été observée jusqu'à Charlemagne.

[1] *Lex Salica*, XXXIX, 2 et 3 : *Si quis ingenuum plagiaverit* (plusieurs manuscrits ajoutent *et vendiderit*). — *Lex Ripuaria*, XVI : *Si quis inge-*

Cela était facile pour un homme libre, plus facile encore pour un affranchi. On est frappé du grand nombre de procès qui portaient sur la condition de la personne, c'est-à-dire où le juge avait devant lui deux plaideurs, l'un qui prétendait être homme libre, l'autre qui le revendiquait comme son esclave[1]. Or la liberté était difficile à prouver. L'affranchi n'avait pas d'actes de l'état civil. On lui avait bien remis une lettre d'affranchissement, et cette lettre faisait foi en justice; mais elle pouvait se perdre ou être dérobée. La procédure ordinaire dans cette sorte de débats consistait à présenter au juge les parents de l'homme contesté; si ses parents étaient hommes libres, le juge prononçait en faveur de la liberté[2]. Mais précisément l'affranchi n'avait pas de parents libres; ses parents étaient esclaves, ils formaient donc une présomption contre lui. Ainsi cet affranchi n'avait par lui-même aucun moyen de défense et se trouvait exposé à retomber en servitude[3]. Il était donc nécessaire qu'il y eût quelqu'un pour le défendre, quelqu'un pour se porter garant de son état d'affranchi. Ce devoir incombait à celui-là même qui l'avait fait libre. L'ancien maître avait l'obligation d'être pour lui ce qu'on appelait un *auctor*[4], c'est-à-dire un répondant,

---

nuum extra solum vendiderit. — Lex Alamannorum, XLVI: *Si quis liberum vendiderit.* — Lex Baiuwariorum, XV, 5: *Si quis ingenuum vendiderit.* — Edictum Theodorici, 78: *Qui ingenuum plagiando vendiderit.*

[1] *Lex Ripuaria*, LXVII, 5: *Pro ingenuitate certare.* — Ibidem, LVII, 2 et 3. — *Lex Wisigothorum*, V, 3-7. — *Lex Baiuwariorum*, XVI, 11. — *Lex romana Burg.*, XLIV.

[2] *Formulæ Lindenbrogianæ*, 21; *Senonenses*, 2 et 5; *Merkelianæ*, 28.

[3] Cette crainte est exprimée dans beaucoup de formules d'affranchissement. Andegavenses, 23: *Si quis contra hanc ingenuitatem agere conaverit.* — Marculfe, II, 32: *Si quælibet persona contra hanc ingenuitatem tuam venire conaverit aut te in servitio inclinare voluerit, divina ultio illum prosequatur.* — Senonicæ, 1. — Lindenbrogianæ, 9. — Merkelianæ, 14.

[4] *Lex Ripuaria*, LVII, 2: *Si auctorem habuerit, auctor cum adducat.* —

un défenseur dans tous les procès et contre toutes les violences[1].

La langue mérovingienne exprimait le devoir de protection du patron par les termes latins *patrocinium*, *defensio*, ou par le terme germanique *mundeburd*. Mais la protection n'allait pas sans l'autorité. Le patron avait au moins autant de droits sur son affranchi qu'il avait de devoirs. La subordination de l'affranchi était désignée par les termes latins *obsequium*, *libertaticum*, ou par le terme germanique *litimonium*.

C'était donc un principe universellement admis, sauf les exceptions que nous dirons plus loin, que l'affranchi restât soumis à l'ancien maître. Il n'était plus un esclave, mais il demeurait un serviteur. Il continuait à compter dans la *familia*, c'est-à-dire dans la domesticité du maître. Nous trouvons cette règle dans les actes des conciles; nous la trouvons aussi dans les lois des Burgundes, des Wisigoths, des Lombards[2]. La Loi des Burgundes ajoute même ce détail significatif : si un esclave, que son maître a vendu à l'étranger, devient libre et rentre dans le pays, il n'y rentre pas comme homme libre et il doit prendre pour patron l'ancien maître qui l'a autrefois vendu[3]. Tant il paraissait impossible que

---

LVIII, 6 : *Si auctorem suum, qui eum ingenuum dimisit, non invenerit..., domino restituatur.*

[1] Les idées que nous énonçons ici sont clairement exprimées dans les formules et les chartes. Marculfe, II, 32 : *Si tibi necessitas ad tuam ingenuitatem defensandam contigerit.* — Merkelianæ, 14 : *Pro tua ingenuitate defensanda.* — Bituricenses, 8 : *Non ad affligendum, sed ad defensandum.* — *Testamentum Aredii*: *Quos liberos fecimus tibi defensandos commendamus.* — *Testamentum Wideradi*: *Eorum patrocinia et defensionem constituimus.*

[2] Quatrième concile de Tolède, c. 70; sixième concile de Tolède, c. 9. — *Lex Burgundionum*, LVII. — *Lex Wisigothorum*, V, 7, 13. — *Lex Langobardorum*, Liutprand, 69.

[3] *Lex Burgundionum*, CVII, édit. Periz, p. 575, dans Walter, 2ᵉ addit.

l'affranchi ne fût pas sous la tutelle et l'autorité de quelqu'un.

L'autorité du maître avait pour sanction le droit de replonger l'affranchi dans la servitude. Il est vrai que les conciles avaient obtenu que cette peine ne fût prononcée que par le juge, et seulement en deux cas : le premier, si l'affranchi injuriait ou frappait son patron; le second, s'il refusait de reconnaître son état d'affranchi[1]. En pratique, l'affranchi était mal protégé par le juge, et sa liberté, vis-à-vis de son maître, était assez précaire. Il est assez visible qu'il était dans cette singulière situation que pour rester homme libre il devait obéir.

A l'autorité du patron sur la personne de l'affranchi s'ajoutaient des droits sur ses biens. Esclave, son pécule avait été légalement la propriété du maître. En l'affranchissant, le maître avait eu le droit de garder ce pécule. Les chartes et les formules montrent que presque toujours il le lui laissait; mais la règle était que l'affranchi ne pût ni l'aliéner ni le diminuer. Ce qu'il avait acquis dans la maison du maître ou ce qu'il pouvait acquérir plus tard par son travail, comme artisan, comme commerçant, comme médecin, revenait de plein droit au maître, à moins que celui-ci n'en eût décidé autrement[2]. Il est vrai que si l'affranchi laissait des enfants, nés d'un mariage légitime, l'usage constant voulait qu'ils fussent ses héritiers; mais s'il ne laissait

p. 349 : *Ut libertus sit, ... non alterius patrocinium nisi domini illius qui eum vendidit, se habiturum esse cognoscat.*

[1] *Lex Burgundionum*, XL, 1. — *Lex Wisigothorum*, V, 7, 9 et 10. — Concile d'Arles de 452, c. 34. — Abbon écrit dans son testament que si ses affranchis, qu'il lègue à une église, reniaient un jour leur condition et leurs devoirs d'affranchis, *in pristino servitio revertantur.*

[2] Ce droit du maître ressort des nombreuses formules où nous voyons le maître renoncer à son droit par sa seule volonté. Voyez d'ailleurs *Lex Wisigothorum*, V, 7, 13-14.

pas d'enfants, il n'avait pour héritier que son patron.

Cette règle n'est pas une pure invention de la cupidité; elle s'explique par les idées de l'esprit. On ne concevait pas en effet que l'affranchi, s'il ne laissait pas d'enfants, pût avoir d'autres parents. L'affranchissement, étant comme une sorte de naissance à la vie civile, avait rompu tout lien avec sa famille naturelle. Il n'avait plus aucune parenté légale avec des parents qui restaient esclaves. Il n'était pas possible qu'il eût des oncles, qu'il eût des frères. On considérait même que son patron était son père, puisqu'il l'avait fait naître à la vie civile. Le patron héritait donc de lui comme son plus proche parent. Les lois barbares sont d'accord sur ce point avec les lois romaines. L'une d'elles énonce même ce principe que « le patron succède à l'affranchi comme à un parent »[1]. Pour assurer au patron cette successibilité, le droit refuse à l'affranchi, en général, la faculté de tester.

Voici une autre conséquence du même principe. En cas de meurtre la peine de mort était remplacée par la composition c'est-à-dire par une somme payée à la famille de la victime. Or la famille de l'affranchi n'était pas l'ancien esclave qui avait été son père ou son frère suivant la nature. Sa famille était son patron, les fils ou les frères de son patron; c'était à cette famille que le prix du meurtre était payé.

3° EXCEPTION DU DENARIALIS ET DU CIVIS ROMANUS.

Les règles que nous venons d'énoncer souffraient deux exceptions. Il existait deux catégories d'affranchis

[1] *Lex Langobardorum*, Rotharis, 225 : *Patronus liberto succedit quasi parenti suo.* Cf. ibidem, 224.

qui n'étaient pas soumis à des patrons et n'étaient astreints à aucune dépendance.

C'étaient d'abord les hommes affranchis devant le roi par le denier. J'incline à penser que le jet du denier que l'esclave tenait dans sa main et offrait au maître, et que le maître faisait sauter dans la main de l'esclave, était une formalité symbolique par laquelle le maître renonçait à ses droits de patronage. Ce qui est certain, c'est que l'homme affranchi par le denier ne reconnaissait plus l'ancien maître pour son patron. Il ne lui devait rien. Jamais il n'est fait mention de l'*obsequium* du *denarialis*. Les sept formules qui nous sont parvenues sur cette sorte d'affranchissement ne contiennent aucune réserve, aucune limite à la liberté. L'affranchi est dégagé de toute obligation; la lettre royale le dit brièvement, mais nettement[1]. La loi d'ailleurs établit que le patron n'a plus le patronage, puisqu'elle dit qu'il n'a plus aucun droit sur la succession de l'affranchi; or le droit à la succession est le signe le plus certain du patronage[2].

On peut se demander si, à la suite de cette renonciation faite par le maître, les droits du patronage ne sont pas passés au roi. Sur ce point, il y a lieu de douter. L'article qui dispose que la succession de cet affranchi, à défaut d'enfants, échoit au fisc, ne spécifie pas si c'est à titre de patron que le roi hérite ou s'il ne s'agit ici que de la règle relative à toute succession vacante. De même en cas de meurtre de cet affranchi, on ne sait si c'est à titre de souverain ou à titre de patron

---

[1] Marculfe, I, 22; *Senonicæ*, 12.

[2] *Lex Ripuaria*, LVII, 4: *Si homo dinariatus absque liberis discesserit, non alium nisi fiscum nostrum habeat heredem.* — Cf. *Lex Langob.*, Rotharis, 224: *Si amund mortuus fuerit, curtis regia illi succedat, non patronus aut heredes patroni.*

que le roi en recevait le prix[1]. Ce prix était, d'après la Loi ripuaire, de 200 solidi. L'élévation de cette somme s'explique, soit parce que ce *denarialis* serait désormais l'égal des Francs, soit parce qu'il serait en patronage du roi. Mais la Loi salique, dans un article d'ailleurs obscur, ne paraît porter le prix légal du *denarialis* qu'à cent pièces d'or, ce qui est la moitié du prix d'un Franc[3].

Il faut reconnaître que la condition de cet affranchi nous est fort mal connue. Les écrivains ne parlent jamais de lui. La Loi salique et la Loi ripuaire en disent peu de chose. On a soutenu que le *denarialis* jouissait d'une liberté si complète « qu'il entrait aussitôt dans la nation des Francs »[4]. Cette affirmation dépasse les textes. Les mots *ut reliqui Ripuarii liber permaneat* n'ont pas un sens si absolu ; pareilles expressions se retrouvent en effet dans presque toutes les formules d'affranchissement, même dans celles où il est visible que l'affranchi n'obtient pas la liberté complète[5]. Quant à l'expression *bene ingenuus*, on la rencontre aussi dans toutes les formules. Le chiffre du wergeld, si l'on adopte celui de la Loi ripuaire, n'est pas encore une preuve

---

[1] Capitulaire de 801-813, a. 4, édit. Borétius, p. 158 : *De denarialibus, ut si quis eos occiderit, regi componatur.*

[2] *Lex Ripuaria*, LXII, 2.

[3] *Lex Salica*, XXVI : *Si quis alienum litum extra consilium domini sui ante regem per dinarium dimiserit, solidos centum.* Mais cette amende n'était peut-être que le prix du dommage causé au maître qui perdait un affranchi.

[4] Guérard, *Polyptyque d'Irminon*, prolégomènes, p. 374.

[5] Voyez la *Merkeliana* 14, où les termes les plus énergiques sont employés pour désigner la pleine liberté et où la dernière ligne prononce que cet affranchi sera en patronage et payera une redevance. Voyez aussi la *Sangallensis* 16, où des affranchis sont déclarés aussi libres « que s'ils étaient nés des plus nobles Alamans », et où ces mêmes affranchis sont à jamais tributaires d'un couvent. Voyez encore une *Augiensis* (Zeumer, p. 360).

suffisante; car on sait que plusieurs éléments bien divers entraient dans la fixation du wergeld. Enfin, aucune loi ni aucun texte ne marque que cet affranchi, qui pouvait être de race indigène, eût désormais le titre de Franc. Il y a d'ailleurs des signes qui marquent assez qu'il restait inférieur aux hommes nés libres; on l'appelait un *denarialis* toute sa vie, et même de père en fils; un texte législatif parle du *denarialis* de la troisième génération [1]. Il est douteux qu'il ait eu le droit de tester, et ce qui est certain, c'est qu'à la troisième génération seulement il pouvait se constituer un héritier par adoption [2]. Ce seul trait laisse apercevoir combien on le distinguait encore des vrais hommes libres et des vrais Francs. Mais il se distinguait aussi des autres affranchis en ce qu'il n'avait pas de patron.

Le maître pouvait encore renoncer à ses droits de patronage sans employer la formalité du jet du denier. Il lui suffisait d'indiquer sa renonciation dans une lettre; il fallait seulement qu'elle fût exprimée dans les termes les plus clairs et les plus indiscutables.

Il écrivait, par exemple, une lettre telle que celle-ci :
« Dans l'église de Saint-Étienne, en la cité de Bourges, devant l'autel, j'ai affranchi tel et tel esclave, et je les

---

[1] Capitulaire de 803, a. 9, Borétius, p. 118 : *Homo denarialis non ante hæreditare in suam agnationem poterit quam usque ad tertiam generationem perveniat.*

[2] C'est le vrai sens des mots *hereditare ad suam agnationem*. Ces mots ont été mal compris ; on a cru qu'ils signifiaient que le *denarialis* ne pouvait hériter de son père qu'à la troisième génération, ce qui est absurde. *Hereditare*, dans la langue du temps, ne signifie pas hériter ; il signifie faire un héritier et est synonyme de *heredem facere*. L'erreur n'aurait pas été commise si l'on avait regardé l'article qui précède immédiatement celui-ci et où se trouvent précisément les mots *heredem sibi facere*. *Hereditare in agnationem* est une expression analogue à *adoptare in familiam*.

délivre à partir d'aujourd'hui du joug de servitude, conformément à la constitution de l'empereur Constantin. Je veux que ces hommes soient désormais libres et tout à fait ingénus, qu'ils vivent pour eux, qu'ils travaillent pour eux, qu'ils aillent où ils voudront, qu'ils demeurent où ils voudront, qu'ils aient les portes ouvertes. Je veux qu'ils ne doivent à aucun de mes héritiers ou arrière-héritiers aucun service. On n'exigera d'eux ni de leur postérité aucun des devoirs d'affranchi, aucune des obligations dues aux patrons.... Ils auront le droit de faire un testament, et de recevoir aussi des legs de toute sorte de personnes, et comme citoyens romains ils vivront ingénus et tout à fait libres, eux et toute leur postérité[1]. »

Nous avons une série de formules semblables à celle-là[2]. Nous y voyons nettement que le maître renonce au patronage auquel sa famille aurait droit sur la famille de l'affranchi ; il ne se réserve aucune autorité sur lui, aucun droit sur sa succession. Dans quelques autres, il écrit que cet affranchi pourra, s'il veut, se donner un patron et le choisir lui-même[3].

Ces renonciations ne sont pas particulières aux affranchissements faits dans une église; on les trouve aussi dans des affranchissements faits par simple lettre. Ainsi le maître écrit : « J'affranchis tel esclave et le déclare aussi libre que s'il était né de parents libres. Son pécule lui appartiendra. Il ne devra aucun service à aucun de mes héritiers. Qu'il ait les portes ouvertes, qu'il aille

---

[1] *Formulæ Bituricenses*, 9, Rozière, n° 62.
[2] *Arvernenses*, 3. — *Turonenses*, 12. — *Senonicæ, appendix*, 3, Zeumer, p. 210. — *Senonenses*, 9. — *Merkelianæ*, 13 et 44. — *Lindenbrogianæ*, 10. — *Sangallenses*, 6.
[3] Voyez, par exemple, la *Turonensi*

du côté qu'il voudra, aux quatre coins du monde. Qu'il soit citoyen romain[1]. »

Presque toutes ces formules donnent à cet affranchi le titre de citoyen romain. L'une d'elles dit : « Qu'il soit introduit dans l'ordre des citoyens romains[2]. » Il est assez évident que ce titre de *civis romanus* n'avait pas le sens qu'il avait eu sous la république romaine. Aucune idée de droits politiques ne s'y attachait. Ce titre marquait un rang supérieur dans l'affranchissement, et par suite une condition supérieure.

Il ne s'y attachait non plus aucune idée de race, puisqu'on ne s'occupait jamais de la race de l'esclave. Quand on disait qu'un homme était « citoyen romain », qu'une femme était « citoyenne romaine », on voulait dire, non pas qu'ils fussent de race romaine, mais qu'ils étaient des affranchis. Nous ne devons pas croire non plus que le maître qui affranchissait ainsi son esclave fût un Romain de race. « Le Franc ripuaire, dit la Loi, peut faire de son esclave un citoyen romain[3]. » Ainsi les lois elles-mêmes reconnaissaient et consacraient ce titre de citoyen romain, qui se conservait depuis des siècles. Il passa de la société romaine à la société mérovingienne. De la Gaule il fut transporté en Germanie; nous y voyons des formules et des chartes conférer à des affranchis le titre de *civis romanus*, bien que ni ces maîtres ni ces affranchis ne fussent de race romaine[4].

[1] *Formulæ salicæ Merkelianæ*, 13.
[2] *Formulæ Arvernenses*, 4.
[3] *Lex Ripuaria*, LXI, 1.
[4] *Formulæ Augienses*, B, 42, Zeumer, p. 363. — *Sangallenses*, 6, Zeumer, p. 382. — La *formula imperialis* 35 se rapporte à un acte passé dans la ville de Maestricht.

1° DES OBLIGATIONS DES AFFRANCHIS.

De ce que nous avons d'assez nombreuses formules sur le *denarialis* et le *civis romanus*, il ne faudrait pas conclure que ces deux classes d'affranchis fussent très nombreuses. La plupart des affranchis restaient assujettis au patronage, et l'autorité du maître continuait à peser sur eux. Nous devons partir de ce principe que l'affranchissement n'avait d'autre source et d'autre titre que la volonté du maître. Ce maître était donc libre de déterminer lui-même jusqu'où devait porter son bienfait, c'est-à-dire quels droits il se réservait à lui-même. Ce n'étaient pas les lois qui déterminaient la condition et les devoirs des affranchis. C'était chaque maître qui, le jour de l'affranchissement, fixait quelle serait la mesure de la liberté et la nature des obligations de chaque affranchi.

Comme l'usage des actes écrits s'était fort répandu dans l'époque mérovingienne, il fut de règle que chaque lettre d'affranchissement marquât en termes précis la volonté du maître. Le texte de cette lettre devenait la loi de l'affranchi[1]. Ce principe est très nettement exprimé dans les documents de l'époque. La Loi des Wisigoths, par exemple, contient un titre « sur les conditions que l'affranchisseur a insérées dans la lettre remise à l'affranchi »[2]. Elle ajoute que si les termes n'en sont pas assez clairs, les débats seront portés

---

[1] Cette lettre d'affranchissement est appelée dans les textes *epistola libertatis, libertatis testamentum, testamentum ingenuitatis, carta manumissionis, epistola absolutionis*.

[2] *Lex Wisigothorum*, V, 7, 14 : *De conditionibus a manumissore in scriptura manumissi conscriptis*.

devant le juge. La Loi des Lombards dit que, « comme il existe plusieurs sortes d'affranchissement, il est nécessaire que l'affranchisseur marque dans une lettre comment il veut que son esclave soit libre »[1]. Le même législateur écrit un peu plus loin : « Tous les affranchis doivent vivre suivant les conditions que les maîtres leur ont faites, c'est-à-dire suivant ce que les maîtres leur ont accordé[2]. » La même règle se trouve indiquée dans maintes chartes mérovingiennes dont nous parlerons plus loin. Un testateur, par exemple, rappelle qu'il a affranchi quelques esclaves et qu'ils « doivent être libres suivant les termes des lettres qu'il leur a données »[3].

Or, quand ces hommes parlaient de liberté, ils n'entendaient pas une liberté vague et théorique; ils pensaient à des droits civils très nets et précis. Il s'agissait de savoir si l'ancien esclave quitterait ou non son ancien maître, s'il vivrait où il voudrait, s'il garderait ses biens, s'il aurait la faculté d'en acquérir, s'il pourrait transmettre par héritage ou par testament. Voilà ce que chaque lettre d'affranchissement devait déterminer.

Si le maître refusait ces droits à l'esclave, il n'avait pas besoin de le dire; c'était dans le cas où il les accordait, qu'il devait l'écrire. Car le principe était que

---

[1] *Lex Langobardorum*, Rotharis, 224 : *Hæc sunt quatuor genera manumissionum.... Necesse est ut qualiter liberum thingaverit, ipsa manumissio in cartula libertatis commemoratur.*

[2] C'est le sens de l'article 226 de Rotharis, qui a été quelquefois mal compris : *Omnes liberti qui a dominis suis libertatem meruerint, legibus dominorum et benefactoribus suis vivere debeant secundum qualiter a dominis suis propriis eis concessum fuerit.*

[3] *Sicut epistolæ eorum edocent* (Diplomata, I, 213). — *Secundum quod eorum epistolæ loquuntur* (Diplomata, n° 415, Pardessus, II, 212). — Marculfe, II, 17 : *Juxta quod epistolæ continent.* — *Edictum Chlotarii*, 614, art. 7 : *Juxta textus cartarum ingenuitatis.*

l'affranchi ne possédait aucun de ces droits, à moins que le maître n'eût spécifié formellement qu'il les aurait. C'est ainsi que nous devons comprendre, sans nul doute possible, nos nombreuses formules d'affranchissement. Celles qui accordent à l'affranchi la liberté complète, énoncent un par un les divers droits qu'il aura. Celles où nous ne trouvons pas cette énonciation se rapportent toujours à un affranchissement incomplet. Pour que tel ou tel droit ne soit pas conféré à l'affranchi, il suffit que le maître garde le silence sur ce droit. Pour qu'il conserve le patronage, pour soi et pour ses héritiers, c'est assez qu'il n'écrive pas qu'il y renonce.

Les nombreuses formules où nous voyons un maître céder ses droits de patronage à une église ou à un monastère, sont la preuve que ces droits de patronage lui appartiennent; pour faire cette cession, il a besoin de dire expressément qu'aucun de « ses héritiers ou arrière-héritiers » ne réclamera aucun service de l'affranchi, parce que ses héritiers et arrière-héritiers auraient droit à ces services à perpétuité, s'il n'en faisait cession à l'église.

Les chartes marquent avec une clarté parfaite cette continuation de la dépendance. Le maître pouvait mettre à la liberté de l'affranchi toutes les limites et toutes les conditions qu'il voulait. Il pouvait stipuler, comme le fait Perpétuus dans son testament, que ses esclaves seraient libres, « mais à la condition de servir librement »[1]. Cette expression, un peu vague pour nous, signifiait qu'au lieu d'un service d'esclave ils devraient un service d'affranchi; celui-ci était apparemment plus doux, plus borné, surtout plus honorable que celui-là;

---

[1] *Diplomata*, n° 49, I, p. 24 : *Volo liberos liberasque esse..., ita tamen ut libere serviant.*

mais l'obéissance aux héritiers du patron n'était pas moins obligatoire.

Un autre testateur, Ansbert, écrit en 696 : « Je veux que mes esclaves soient affranchis; ils devront à ma sœur le service d'affranchis[1]. » Une condition qui était quelquefois imposée à l'affranchi était d'entretenir le tombeau du maître, c'est-à-dire d'apporter, au jour anniversaire du décès, quelques cierges et de légères offrandes[2]. Une condition moins douce était que l'affranchi donnât, chaque année, quelques journées de travail à son ancien maître ou à ses héritiers. Le genre de travail était ordinairement celui auquel il avait été voué étant esclave. « Je veux qu'ils soient complètement libres, écrit Bertramn, à la condition que, le même service qu'ils m'ont fait, ils le fassent un jour chaque année à mon héritier[3]. » Une testatrice décide que son affranchi Gundefrid, qui était apparemment un laboureur, donnera un certain nombre de journées de labour avec ses bœufs[4]. Elle en affranchit un autre, nommé Vualachaire, et lui donne en même temps les bœufs dont il avait le soin étant esclave ; mais il aura la charge des transports du bois[5].

---

[1] *Testamentum Ansberti, Diplomata,* n° 437 : *De mancipiis, volo ut ingenui esse debeant et ut pro ingenuis, germana mea dum advivet, in suum debeant adesse obsequium.*

[2] *Testamentum Bertramni, Diplomata,* I, p. 214 : *Ut relaxentur a servitio et ipsis tam de sepultura mea quam de luminario et de cineribus meis sit cura uque ad ultimum diem eorum.* — Marculfe, II, 17 : *Oblata vel luminaria ad sepulcra nostra tam ipsi quam proles eorum implere studeant.* — Marculfe, II, 34 : *Oblata mea, ubi meum requiescit corpusculum, vel luminaria annis singulis debeat procurare.*

[3] *Testamentum Bertramni,* I, p. 213 : *Ut ministerium quale egerint, unusquisque annis singulis prædicta die observent.*

[4] *Testamentum Erminetrudis, Diplomata,* II, 257.

[5] Ibidem : *Vualacharium... ingenuum esse ea conditione jubeo ut ligna ad oblata faciendum ministrare procuret.*

Quelquefois l'affranchi avait à payer à l'ancien maître et à ses héritiers une véritable redevance. Un personnage nommé Abbon rappelle dans son testament que ses parents lui ont laissé des affranchis qui lui payent une rente, *impensio*, dont il ne dit pas d'ailleurs le chiffre. Il lègue ces affranchis à une église, en spécifiant qu'ils lui payeront la même redevance qu'ils ont payée jusqu'ici à sa famille[1].

On voit ordinairement dans les chartes que le maître qui affranchissait son esclave lui laissait son pécule. Mais ce qui était plus rare, c'est qu'il lui permît d'en disposer. Nous ne voyons jamais, dans les testaments qui nous sont parvenus, que le maître accorde à ses affranchis la faculté de tester. Par son silence, il réservait à sa famille ou à ses héritiers des droits éventuels sur la succession de l'affranchi. Tel affranchi pouvait acquérir des biens ; ils devaient revenir un jour, faute d'enfants, à la famille ou aux héritiers du maître. Il n'est pas douteux que ces successions possibles n'entrassent dans les calculs des testateurs. Le droit de patronage, avec l'hérédité qui en était la suite, était dans la société mérovingienne, comme autrefois dans la société romaine, un des éléments de la fortune des grandes familles. Les affranchis étaient une sorte de propriété ; on les donnait, on les vendait, on les léguait. Le père en mourant les partageait entre ses enfants. Tout testateur avait soin de régler à qui chacun de ses affranchis appartiendrait. Un riche donateur, en 696, fait don de 1400 serfs et en même temps de 500 affran-

---

[1] *Testamentum Abbonis, Diplomata*, t. II, 371 et 575. — De même dans le *Codex Wissemburgensis*, n° 58, un certain Ribald affranchit des esclaves et les donne à un monastère ; ils auront la protection du couvent, et pour cette protection ils payeront annuellement 4 deniers.

chis « qui font service en ce lieu[1] ». Maintes fois, enfin, nous voyons des testateurs ou donateurs léguer ou donner une terre avec « les tributs des affranchis » ou « avec ce que valent les affranchis, *cum merito libertorum* ». Ce sont vraisemblablement ces affranchis sujets à redevances que certaines lois appellent des affranchis tributaires.

5° QUE LA CONDITION D'AFFRANCHI ÉTAIT HÉRÉDITAIRE.

L'hérédité de la condition d'affranchi ne fut jamais une règle de droit. Aussi les lois ne disent-elles jamais, du moins en termes formels et exprès, que les obligations de l'affranchi passent du père aux enfants. Mais cela est marqué dans des actes et des formules, et la même vérité découle implicitement de plusieurs dispositions législatives.

Tel testateur, qui n'oblige ses affranchis qu'à l'entretien de son tombeau et à des offrandes légères, stipule que leur postérité y sera soumise comme eux[2]. Tel autre, qui leur impose une redevance annuelle, exprime clairement que cette redevance sera payée à perpétuité, soit à ses héritiers, soit à telle personne ou à telle église qu'il désigne. « Tu seras libre, dit un maître, à la condition que tu payes telle somme chaque année ; ceux qui naîtront de toi payeront la même somme et jouiront de la même liberté[3]. » « J'affranchis un esclave, dit un autre, qui payera chaque année deux deniers ;

---

[1] *Testamentum Ephibii, Diplomata*, II, 241.
[2] *Tam ipsi quam proles eorum*, Marculfe, II, 17. — De même dans le testament de Bertramn, I, p. 213 : *Et hoc observent quod et patres eorum.*
[3] *Formulæ Augienses*, B, 21.

qu'il soit libre à cette condition, lui et toute la race qui naîtra de lui[1]. »

Abbon écrit dans son testament qu'il possède des affranchis depuis au moins deux générations. Il les lègue à une église, et il stipule qu'ils seront à perpétuité soumis à cette église comme ils l'étaient à lui-même. Il prévoit le cas où, plus tard, des hommes appartenant à ces familles d'affranchis se montreraient rebelles et ingrats et voudraient échapper au patronage; il déclare alors que l'église aurait le droit de faire punir ces hommes en s'adressant au juge; et il ajoute que, si l'un d'eux voulait nier qu'il fût l'affranchi du monastère, on pourrait le ramener en servitude[2]. De telles précautions marquent assez que le patronage et toutes les obligations qu'il impose sont héréditaires.

Nous lisons dans la Loi ripuaire que, si une personne affranchie et une personne née libre s'unissent par mariage, les enfants qui naîtront d'elles tomberont dans l'état d'affranchi[3]. Comment expliquerait-on une pareille loi si la condition d'affranchi n'était pas héréditaire? La loi dit qu'elle l'est, même dans le cas où un seul des deux parents serait affranchi.

La loi des Ripuaires est encore plus claire lorsque, parlant de l'affranchi qui appartient à l'église, elle rappelle que lui et sa postérité doivent rester sous l'autorité de cette église et lui payer « la redevance de leur état », c'est-à-dire la redevance qui a été fixée par celui qui les a rendus libres et qui est la condition de leur

---

[1] *Formules*, édition de Rozière, n° 69 : *Denarios duos persolvat, sicque* (à cette condition) *ingenuus sit tam ipse quam omnis procreatio ex eo ortura.*

[2] *Testamentum Abbonis, Diplomata*, t. II, p. 375.

[3] *Lex Ripuaria*, LVIII, 11 : *Generatio eorum semper ad inferiora declinetur.*

liberté[1]. Or l'église n'avait pas, en matière de patronage, de privilèges particuliers. Ce qui est dit ici des affranchis d'église s'applique à tous les affranchis, ceux-là seuls étant exceptés que leurs maîtres avaient exemptés du patronage en les affranchissant. Il n'est donc pas douteux qu'une famille d'affranchis ne se perpétuât de génération en génération avec les mêmes droits et les mêmes devoirs que l'affranchisseur avait fixés pour elle.

Il ne faut pas que l'emploi de certains mots fasse illusion. Les textes signalent très fréquemment des hommes qu'ils appellent *liberi* et même *ingenui*. On se tromperait beaucoup si l'on croyait, à première vue, qu'il s'agit d'hommes qui sont nés libres. L'étude des textes montre que ces hommes sont souvent de simples affranchis. C'est que la langue de ce temps-là distingue peu le *liber* du *libertus* et prend aisément les deux mots l'un pour l'autre[2]. Quant au mot *ingenuus*, qui n'avait eu dans l'ancienne langue latine qu'une seule signification bien claire et bien arrêtée, il en a deux dans la langue des temps mérovingiens. Quelquefois il se dit de l'homme né libre et appartenant à une famille qui a toujours été libre. D'autres fois il se dit de l'homme qui vient d'être tiré de la servitude[3].

---

[1] *Lex Ripuaria*, LVIII, 1 (*codices* B) : *Tam ipse quam omnis procreatio ejus... omnem redditum status aut servitium tabularii ecclesiæ reddant.*

[2] Les exemples sont innombrables. Citons seulement le testament d'Arédius (*Diplomata*, I, 138), où les mots *liberi nostri* ne peuvent s'appliquer qu'à des affranchis ; le testament de Rufina (t. II, p. 241) : *Trado liberos qui obsequium faciunt quingentos.*

[3] Voici quelques exemples entre beaucoup. *Testamentum Remigii*, t. I, p. 84 : *Servos quos* INGENUOS *relaxavimus*. — Dans Grégoire de Tours, *Hist.*, VIII, 41, un esclave dit à son maître : *Promissum habui ut* INGENUUS *fierem*. — Les formules d'affranchissement portent presque toutes *servum illum volo ut* INGENUUS *sit*. Le mot *ingenuitas* est fréquemment employé pour désigner l'affranchissement. Dans les actes de vente et de dona-

Le savant Pardessus a bien vu que le terme *ingenuus* s'appliquait souvent à des affranchis; mais il a cru qu'il ne s'appliquait qu'à ceux d'entre eux qui avaient l'affranchissement supérieur. Les textes n'autorisent pas cette distinction. Dans mainte formule, nous lisons cette phrase, dite par le maître à son esclave : « Je veux que tu sois ingénu, bien ingénu, comme si tu étais né de parents ingénus; » cette belle phrase n'empêche pas que nous lisions, quelques lignes plus loin et dans la même formule, que cet affranchi restera soumis à des services et à des redevances héréditaires[1].

Ainsi, dans la même langue, dans le même temps, dans les mêmes pages, le terme *ingenuus* désignait un homme libre de naissance et désignait aussi un affranchi. Mais la confusion dans les mots n'entraînait pas forcément la confusion dans les faits et dans les conditions sociales, et, bien que la qualification d'ingénu fût prise par tous, les lois et les mœurs maintenaient une énorme distance entre l'ingénu par naissance et l'ingénu par affranchissement.

6° DES LITES.

Les anciens Germains avaient eu des esclaves et des affranchis. La condition sociale de ces derniers est indiquée par Tacite en quelques mots : ils sont de peu supérieurs aux esclaves[2]. Il ne dit pas de quel nom on les appelait; mais des annalistes postérieurs nous apprennent que chez les anciens Saxons on les appelait

---

tion, on cède une terre *cum hominibus tam* INGENUIS *quam servis*, et dans ces phrases il ne se peut pas que *ingenuis* désigne des hommes nés libres

[1] Voyez, par exemple, la *Sangallensis* 16.
[2] Tacite, *Germanie*, 25 : *Liberti non multum supra servos sunt.*

lassi ou *luiti* ou *lidi* et que ce nom avait le même sens que le mot latin *liberti*[1]. Les Germains qui s'établirent en Gaule y transportèrent ces lites et affranchirent des esclaves auxquels ils donnèrent ce nom. Nous retrouvons des lites dans toute la période mérovingienne[2].

Que le lite soit un ancien esclave affranchi, c'est ce qui ressort nettement de deux articles qui se suivent dans la Loi ripuaire : dans le premier, le législateur dit que l'on peut faire d'un esclave un affranchi citoyen romain ; dans le second, il dit qu'on peut aussi en faire un tributaire ou un lite[3]. Le lite est donc, comme le *civis romanus,* comme le *libertus,* comme le *tributarius,* un ancien esclave que son maître a tiré de la servitude.

La Loi salique mentionne aussi le lite, et elle en parle comme d'un homme qui n'est ni libre ni esclave[4]. La Loi des Alamans, celle des Frisons, celle des Saxons, placent le lite à égale distance de l'esclave et de l'homme né libre[5]. Le prix légal du lite est, dans la Loi salique, la moitié de celui de l'homme libre[6]. La Loi ripuaire établit une distinction plus profonde entre l'esclave dont le maître a fait un *civis romanus* et l'es-

---

[1] Nithard, IV, 2 : *Sunt qui lazzi illorum lingua dicuntur, latina vero lingua hoc sunt... serviles.*

[2] *Lex Salica,* XXVI. — *Lex Ripuaria,* LXII, 1. — *Lex Alamannorum,* XCV. — Diplôme de Charles Martel de 722, dans les *Diplomata,* t. II, p. 334. — *Charta Pippini* de 706 (ibidem, II, p. 273).

[3] *Lex Ripuaria,* LXI, 1 : *Si quis servum suum libertum fecerit et civem romanum.* — Ibidem, LXII, 1 : *Si quis servum suum tributarium aut litum fecerit.*

[4] *Lex Salica,* XXVI : *Si quis alienum litum..., si quis alienum servum...*

[5] *Lex Alamannorum,* XCV : *Si ingenua..., si lita fuerit..., si ancilla.* — *Lex Frisionum,* I, 11 : *Si quis homo, sive nobilis, sive liber, sive litus, sive servus.* — *Lex Saxonum,* II, 1-4.

[6] Cela me paraît ressortir de la *Lex Salica,* ms. 4404, XXVI : *Si quis alienum litum per denarium dimiserit,* 100 *solidos....* S'il s'agissait d'un esclave, le prix n'est que de 35 sous. — *Pactus pro tenore pacis,* art. 8 : *Litus medietatem ingenui legem componat.*

clave dont il a fait un lite. Le prix légal du premier est de 100 solidi, celui du second n'est que de 36, comme celui de l'affranchi tributaire[1].

Le lite est, comme tous les affranchis que nous avons vus, un homme dépendant, un homme en puissance d'autrui. Les lois montrent qu'il a un maître, *dominus*[2]. Il peut parfois figurer à l'armée, mais c'est à côté et sous les ordres de son maître, non pas comme homme libre sous le commandement du comte[3]. Il doit obéir aux ordres de ce maître à tel point, suivant la Loi des Saxons, qu'il n'est pas responsable des crimes que le maître lui fait commettre, en quoi il est mis sur le même pied que l'esclave[4].

Comme tous les affranchis d'ordre inférieur, le lite n'a pas la faculté de posséder en propre; le maître a un droit sur ses biens[5]. Aussi voyons-nous que le lite, c'est-à-dire les services et la succession éventuelle du lite, sont vendus et légués, à peu près comme on cède des esclaves[6].

7° DE CEUX QU'ON APPELAIT *ecclesiastici*.

Voici encore une catégorie d'affranchis. Le sens du mot *ecclesiasticus* dans la langue du temps n'était pas

---

[1] Comparer dans la *Lex Ripuaria* les titres LXI et LXII, le premier relatif au *civis romanus*, le second au *litus* et au *tributarius*.

[2] *Lex Salica*, XXVI : *Si quis alienum litum, extra consilium* DOMINI SUI...

[3] Ibidem : *Litum qui apud dominum in hoste fuerit. Apud dominum* signifie *cum domino. In hoste*, à l'armée.

[4] *Lex Saxonum*, II, 5 : *Litus, si per jussum vel consilium domini sui hominem occiderit, dominus compositionem persolvat.* — XI, 1 : *Quidquid servus aut litus, jubente domino, perpetraverit, dominus emendet.*

[5] Cela ressort de la *Lex Salica*, XXVIII, 2, Pardessus, p. 295 : *Res vero liti legitimo domino restituantur.*

[6] *Diplomata*, n° 467 : *Donamus villam... cum litis.* — N° 521 : *Donamus... una cum luitis.*

celui que nous attachons au mot ecclésiastique. Un membre du clergé à un degré quelconque ne s'appelait pas *ecclesiasticus*, mais *clericus*[1]. Celui qu'on appelait *homo ecclesiasticus*, celle qu'on appelait *femina ecclesiastica*, étaient d'anciens esclaves ou des descendants d'esclaves, qui restaient, à titre d'affranchis, sous la puissance d'une église et qui lui appartenaient.

Les églises possédaient des serfs, comme tous les propriétaires. Elles pouvaient user à leur égard de tous les modes d'affranchissement. Quelquefois elles faisaient d'eux des *denariales* ou des *cives romani*; le plus souvent, comme les autres maîtres, elles gardaient le patronage sur eux. Le concile d'Adge de 506 prononce que, si un évêque ou un prêtre affranchit des serfs de l'église qui lui est confiée, ces affranchis resteront sous l'autorité de l'église, et que, s'ils venaient à se rebeller contre cette autorité, ils pourraient être remis en servitude[2]. L'Église faisait donc comme tous les maîtres : en affranchissant ses esclaves, elle ne se dépouillait qu'à moitié; elle gardait des serviteurs et des sujets.

Il arrivait assez souvent qu'un évêque ou un prêtre affranchît ses esclaves personnels. En ce cas, il stipulait d'ordinaire que leur patronage appartiendrait à son église. L'abbé d'un monastère léguait les siens à son couvent. D'autres fois, c'était un laïque

---

[1] Sur le sens du mot *ecclesiasticus*, voyez *Lex Ripuaria*, X, 1 ; X, 2 ; XIV, 1 ; XVIII, 3 ; XIX, 2 ; XX, 2 ; XXII; LVIII, 1, 2, 11, 13 ; LXV, 2. — *Capitularia Caroli magni*, IV, 5 ; V, 8 ; V, 210. — *Feminæ ecclesiasticæ*, *Lex Ripuaria*, X et XIV. — Dans le testament de saint Remi (*Diplom.*, I, p. 86), *Albovichus ecclesiasticus homo* est visiblement un affranchi.

[2] Concile d'Agde, Mansi, VIII, 333 : *Libertos quos sacerdotes, presbyteri vel diaconi de ecclesia sibi commissa facere voluerint, actus ecclesiæ prosequi jubemus. Quod si facere contempserint, placuit eos ad proprium reverti servitium.*

qui avait affranchi ses esclaves et qui, par esprit de piété, transportait son droit de patronage à une église ou à un monastère. Il écrivait comme Widerad : « J'affranchis tels et tels esclaves et je prescris qu'ils aient leur patronage auprès du couvent de Saint-Præjectus[1]. » D'autres écrivaient : « Je veux que cet homme soit libre sous la tutelle et garde de tel saint[2]; » cela signifiait que l'affranchi appartenait désormais au couvent dont le saint était patron. D'autres fois l'affranchisseur disait expressément qu'il cédait son esclave au saint afin qu'il fût homme libre[3]. D'autres fois encore, des hommes qui étaient déjà dans la condition d'affranchis étaient légués par leur patron à une église : « Les affranchis que mon père m'a laissés, écrit Arédius, je te les remets, ô saint Martin[4]. »

Ce serait une erreur de croire que les *ecclesiastici* fussent toujours des hommes affranchis dans l'église. Nous voyons des esclaves affranchis dans l'église qui sont déclarés *cives romani*. Par contre, nous trouvons des esclaves qui sont affranchis par simple lettre ou par testament, et qui sont soumis à la condition d'*ecclesiasticus*. Tout cela dépendait uniquement de la volonté que le maître avait exprimée au moment de l'affranchissement[5].

Si l'on entre dans les idées des hommes de ce temps-là, on reconnaît que le patronage d'une église impli-

---

[1] *Diplomata*, n° 514 : *Libertos nostros.... ad casam S. Præjecti eorum patrocinia et defensionem constituimus.*

[2] *Andegavenses*, 20; *Bituricenses*, 8; *Merkelianæ*, 14.

[3] *Formules*, édit. de Rozière, n° 69.

[4] *Testamentum Aredii, Diplomata*, n° 180 : *Istos liberos nostros quos nobis genitor noster commendavit, tibi, S. Martine, commendo.*

[5] Toutefois la loi Ripuaire semble considérer comme *ecclesiastici* tous ceux qui ont été affranchis dans une église avec l'intervention de l'évêque ou de l'archidiacre.

quait d'abord pour cette église un devoir de protection. L'affranchisseur exprimait nettement cette pensée : « Je veux que tel esclave soit libre, et qu'il soit défendu par telle église[1]. » Eligius a affranchi des esclaves et, en mourant, il s'adresse à une église : « Je veux que ces affranchis, restant libres, aient votre protection et défense[2]. » Un autre écrit : « J'affranchis cet homme, et je veux qu'il ait la mainbour et défense du saint, non pour être opprimé, mais pour être défendu[3]. » « Qu'il sache bien qu'il sera sous la protection de notre église, non pour qu'on lui impose un service, mais pour qu'on le défende[4]. » Arédius écrit : « Je te remets mes affranchis, ô saint Martin, pour que tu les défendes; si quelqu'un veut les inquiéter ou exiger d'eux plus de service qu'il n'a été prescrit, protège-les[5]. » Un autre dit, s'adressant à l'esclave qu'il rend libre : « Tu ne devras ni à mes héritiers ni à personne aucun service, aucune obéissance d'affranchi; mais, si tu te trouves quelque jour dans la nécessité de défendre ta liberté, tu auras le droit de te faire défendre par l'église[6]. »

Mais la protection entraînait inévitablement la subordination du protégé. Si les églises défendaient leurs hommes en justice, elles possédaient aussi sur eux un pouvoir judiciaire. C'est ce que la Loi ripuaire reconnaît

---

[1] *Bituricenses*, 9 : *Se in ecclesia defendat.* — *Senonicæ*, app., 2, 3 : *Ab ecclesia defendatur.*

[2] *Testamentum Eligii, Diplomata*, II, p. 11 : *De libertis meis... in ingenuitate permaneant et vestram tuitionem vel defensionem in omnibus habeant.*

[3] *Bignonianæ*, 2 : *Mundeburdem vel defensionem ad basilicam sancti se habere cognoscat, non ad affligendum, sed ad defensandum.*

[4] *Bituricenses*, 8.

[5] *Testamentum Aredii* : *Defensandos commendamus.... si quis eis amplius præter hoc quod eis injunctum est in quolibet inquietare et dominare voluerit, tu, S. Martine, defendas.*

[6] Marculfe, II, 32.

plus formellement qu'aucune autre législation. Dans un article où elle a spécialement en vue les affranchis qui appartiennent à une église, elle prononce qu'ils ne doivent avoir aucun autre tribunal que celui de cette église[1].

Ce lien de patronage plaçait donc l'homme dans la dépendance de l'évêque ou de l'abbé. Il devenait pour toujours un affranchi d'église, un homme appartenant à l'église, *homo ecclesiasticus*, ou, comme on disait, un homme du saint, un homme de saint Martin ou un homme de saint Germain[2].

L'église ou le couvent, comme tout patron, héritait de ses affranchis lorsqu'ils mouraient sans enfants. De même en cas de meurtre de cet affranchi, la composition était payée, à défaut d'enfants, à l'église[3].

Le prix légal de l'*ecclesiasticus* n'était jamais le même que celui de l'homme né libre. On ne doit pas d'ailleurs être surpris que l'église, ayant intérêt à élever le plus possible la valeur d'hommes qui lui appartenaient, ait réussi à faire admettre dans les lois que ses affranchis, comme ceux du roi, auraient un prix supérieur à celui

---

[1] C'est le sens des mots *non aliubi nisi ad ecclesiam ubi relaxati sunt mallum teneant* (*Lex Ripuaria*, LVIII, 1). On a étrangement interprété ce passage quand, sous l'empire de certaines idées préconçues, on a voulu voir dans ce *mallus* une assemblée populaire. On n'a pas fait attention que l'église n'avait pas d'assemblées populaires, et qu'en tout cas ces *tabularii* si humbles n'en auraient pas fait partie. Nous avons établi ailleurs que *mallus* désigne toute espèce de tribunal. — Il suffit d'ailleurs de rapprocher cet article de la Loi ripuaire du canon 7 du concile de Mâcon de 585 : *Liberti... commendati ecclesiis... in episcopi tantum judicio defendantur.*

[2] *Andegavenses*, 26 : *Apud hominem sancti illius.* L'expression est fréquente dans le *Polyptyque de Saint-Germain.*

[3] *Lex Ripuaria*, LVIII, 4 : *Tabularius qui absque liberis discesserit, nullum alium quam ecclesiam relinquat heredem.* — *Lex Alamannorum*, XVII : *Qui ad ecclesiam dimissi sunt liberi, si occidantur, 80 solidis solvatur ecclesiæ vel filiis ejus.*

des affranchis ordinaires. L'*ecclesiasticus* vaut 100 solidi d'après la Loi ripuaire, tandis que le *tributarius* n'en vaut que 36[1].

Ce qui marque bien que ces hommes étaient pour l'église autant de serviteurs, c'est que l'église ne permettait pas qu'on les fît sortir de son patronage. La Loi ripuaire prononce qu'aucun de ces affranchis ne sera fait *denarialis*; la seule raison de cette interdiction est que l'église perdrait par là un serviteur[2]. De même l'église ne tolérait pas que ses affranchis lui fussent enlevés par d'autres patrons. Il est clair que, d'après tous les principes que nous venons de voir, enlever un affranchi à une église pour le prendre soi-même en patronage était un délit qui ressemblait à un vol. C'est ce qui explique cet article de la Loi ripuaire : « Si quelqu'un prétend prendre en son patronage un affranchi d'église sans le consentement de l'évêque, il payera une composition de 60 solidi, et, de plus, l'affranchi et tous ses biens seront restitués à l'église[3]. » La même loi prévoit le cas où un affranchi aura été dérobé pendant assez longtemps; peut-être même est-il mort sous un autre patron. Il n'importe; ses enfants, si on les retrouve, seront ramenés et rendus à l'église

---

[1] *Lex Ripuaria*, X, 1 : *Si quis hominem ecclesiasticum interfecerit, 100 solidos....* — De même, LVIII, 5.

[2] Ibidem, LVIII, 1. — Cela explique une phrase du testament de saint Remi; il a affranchi Albovic et a fait de lui un *homo ecclesiasticus*; plus tard il veut lui conférer un affranchissement supérieur, *ut libertate plenissima fruatur*; il le peut, mais à la condition de donner à sa place un autre affranchi à son église (*Diplomata*, t. I, p. 86).

[3] Ibidem, LVIII, 2 : *Si quis ecclesiasticum hominem contra episcopum defensare voluerit, 60 solidos et insuper hominem cum omnibus rebus suis ecclesiæ restituat.* — Le mot *defensare*, dans la langue du temps, signifie prendre en patronage : *defensare contra episcopum* est synonyme de *de mundebunde episcopi abstrahere* que l'on trouve un peu plus loin, LVIII, 13.

à qui ils appartiennent[1]. C'est assez dire que la condition d'affranchi d'église est héréditaire.

Ainsi chaque église épiscopale et chaque abbaye avait sur ses domaines, sans compter les esclaves, un nombre incalculable d'affranchis. Hommes de l'église ou du couvent, ils lui devaient certains services et certaines redevances qui étaient marqués pour chacun d'eux dans la lettre d'affranchissement. Un article de la Loi ripuaire décrit nettement la situation de ces affranchis : « Eux et tout ce qui naîtra d'eux seront à tout jamais sous le patronage de l'église, et ils devront à cette église la redevance de leur état et le service d'affranchi[2]. »

Ces hommes étaient si bien un objet de propriété pour l'église ou le couvent qui les avait en sa garde, qu'un concile décide que, si un évêque affranchit un serf de son église en lui donnant la liberté pleine et complète, c'est-à-dire sans réserver à l'église le patronage de cet affranchi, il devra, en compensation du préjudice qu'il porte à son église ou de la valeur dont il la prive, lui donner deux affranchis de même valeur et de même pécule[3].

8° DE CEUX QU'ON APPELAIT *homines regii*.

Nul ne possédait plus d'esclaves, et par suite plus d'affranchis que le roi. Ces affranchis du roi étaient appelés *homines regii*, *liberti regis* ou *fiscalini*[4]. Il faut

---

[1] *Lex Ripuaria*, LVIII, 13 : *Et generatio eorum ad mundeburdem ecclesiæ revertatur.*

[2] Ibidem, LVIII, 1 (codices B) : *Tam ipse quam omnis procreatio ejus... omnem redditum status aut servitium tabularii ecclesiæ reddant.*

[3] Quatrième concile d'Orléans, c. 9. — Quatrième concile de Tolède, c. 67 et 68.

[4] *Regius homo*, dans la *Lex Ripuaria*, IX; XI, 3; LVIII, 8; LXV, 2;

nous garder d'abord d'une erreur qui a été commise : ces *homines regii* ne doivent pas être confondus avec les *denariales*. Il se peut quelquefois que le roi affranchisse son esclave avec la formalité du denier et par lettre royale. Mais le plus souvent il affranchit comme simple particulier et se réserve tous les droits du patronage. Son ancien esclave reste sous son autorité; il est un *homo regius*, c'est-à-dire un homme appartenant au roi.

Nous avons une formule de cette sorte d'affranchissement. Le roi a d'abord écrit à ses *domestici*, 'est-à-dire aux fonctionnaires préposés à la gestion de ses domaines, une lettre ainsi conçue : « Comme la bonté divine nous a fait la grande joie de nous donner un fils, nous vous ordonnons d'affranchir par lettres de vous, dans chacune de nos fermes, trois esclaves de chaque sexe. » Puis, le fonctionnaire ayant choisi ceux qu'il juge dignes de l'affranchissement, remet à chacun d'eux une lettre écrite en ces termes : « Moi, *domesticus* du glorieux roi, préposé à ses domaines, à un tel, esclave de la maison royale en telle ferme. D'après l'ordre général que j'ai reçu, je te déclare, par ma présente lettre, affranchi de tout joug de servitude, en sorte que désormais, comme si tu étais né de parents libres, tu mènes la vie d'un homme libre, et que tu ne doives aucun service d'esclave ni à moi ni à ceux qui me succéderont, mais que, en vertu de cette lettre d'affranchissement, tu restes libre tous les jours de ta vie[1]. »

Il semble à première vue que cette lettre confère une liberté complète et sans réserve. Mais, en matière de textes mérovingiens, il faut se défier des apparences. Le

---

LXVI, 2. — *Regia femina*, ibidem, XIV, 1. — Le même homme paraît être appelé *puer regis* dans la Loi salique, XIII, 7 et LIV, 2.

[1] Marculfe, I, 39 ; II, 52.

mot *ingenuus* qui est écrit ici, les expressions « comme si tu étais né de parents libres »; ne peuvent pas nous faire illusion, puisqu'on les trouve, dans une trentaine de formules ou de testaments, appliqués à des affranchis qui restent formellement dans le patronage et dans la dépendance. Nous devons d'ailleurs partir de ce principe que le maître, lorsqu'il affranchit son esclave, garde l'autorité sur sa personne et des droits sur ses biens, à moins qu'il n'y renonce expressément. S'il veut conserver le patronage, il n'a pas besoin de le dire; c'est s'il y renonce qu'il doit le déclarer. Il garde tout ce qu'il ne dit pas qu'il abandonne.

Aussi, quand nous lisons une lettre d'affranchissement, devons-nous faire attention, non seulement à ce qui y est énoncé, mais encore et surtout à ce qui y manque. Or, dans cette lettre où un esclave du roi est affranchi, nous ne lisons pas, comme dans celles où l'affranchissement est complet, que « l'affranchi aura les portes ouvertes », « qu'il pourra aller où il voudra ». Cette simple omission signifie que l'esclave restera dans la domesticité du maître, *in familia*, et vraisemblablement qu'il ne pourra pas quitter la ferme. Nous n'y lisons pas que l'affranchi « emportera son pécule », « qu'il travaillera pour lui », « qu'il pourra faire un testament ». Cette omission signifie que le maître, c'est-à-dire le roi, conserve tous les droits que les particuliers possèdent sur les biens de leurs affranchis. Nous n'y lisons pas « que le maître renonce au patronage », ou que « l'affranchi ne sera soumis à l'*obsequium* envers aucun patron ». C'est la marque que le roi conserve tous les droits que le partage confère.

La Loi ripuaire parle, en effet, de ce patronage du roi sur ses hommes. « Si quelqu'un a tiré un homme du roi ou une femme du roi du patronage et mainbour du roi, il payera 60 solidi; de plus, l'homme ou la femme ainsi que leurs enfants seront ramenés dans la mainbour du roi[1]. » Les 60 solidi sont la peine due pour le délit qu'on a commis en enlevant d'une des fermes du roi un homme qui lui appartenait et qui avait cette valeur.

Ces hommes, sortis de la servitude, restaient donc dans la dépendance. Ils étaient assujettis, non pas au roi comme souverain, mais au roi comme simple particulier et comme maître. Affranchis du roi, ils n'étaient pas membres de la nation, ils restaient membres de la domesticité.

Le roi exerçait sur eux tous les droits qu'un patron avait sur ses affranchis. Il héritait d'eux à défaut d'enfants, et il avait une sorte de droit de propriété sur les objets meubles ou immeubles qu'ils possédaient[2]. Il les gouvernait dans chaque *villa* par ses *actores*, et au-dessus d'eux par les préposés au domaine.

Comme d'ailleurs, dans cette société mérovingienne, tout ce qui appartenait au roi était réputé supérieur à ce qui appartenait aux simples particuliers, ces affranchis du roi eurent naturellement une situation privilégiée au milieu des autres affranchis. Leur prix légal était le même que celui de l'homme qui avait reçu l'affranchissement complet et avait été déclaré *civis romanus*.

[1] *Lex Ripuaria*, LVIII, 12 et 13 : *Si quis hominem regium tabularium, tam baronem quam feminam, de mundeburde regis abstulerit, 60 solidos....*
[2] D'après la *Lex romana Burgundionum*, tit. III, l'affranchi du roi ne peut tester qu'en léguant au fisc la moitié de sa succession.

CONCLUSION.

On a pu compter, dans ce qui précède, les différentes sortes d'affranchis : le *denarialis*, qui est complètement homme libre et exempt du patronage; le *civis romanus*, qui peut aller où il veut, qui n'a pas de patron, qui possède en propre et peut tester; le simple affranchi, qui reste soumis à son ancien maître et qui, de père en fils, doit le service et l'obéissance; le lite, qui reste dans une position inférieure et qui continue à avoir un maître; l'homme d'église, qui subit le patronage et doit des services et des redevances; enfin l'homme du roi, qui appartient au roi à titre privé et qui descend d'un ancien esclave[1].

On voudrait savoir dans quelle proportion ces différentes classes d'affranchis étaient entre elles. Cela est impossible. On croira aisément que les *denariales* étaient peu nombreux; un mode d'affranchissement qui exigeait la présence du roi en personne, devait être assez rare. Le nombre des *cives romani* a pu être plus grand; toutefois nous ne devons pas perdre de vue que le

---

[1] Il n'est pas inutile de signaler les deux verbes qui sont le plus usités dans la langue du septième siècle pour marquer la dépendance de l'affranchi. L'un est *aspicere*: Testamentum Abbonis: *Libertos meos qui ad parentes meos aspexerunt, ad ecclesiam ut aspiciant jubeo.* — Testamentum Wideradi: *Liberti ad ipsa loca sancta debeant spectare.* — Formulæ Lindenbrogianæ, 7 et 16 : *Dono mansos tantos cum hominibus ibidem aspicientibus.* — L'autre est *pertinere*. Les lois lombardes appellent les affranchis *homines pertinentes* (Liutprand, 87 ; Aistulf, 11). Grégoire de Tours dit que des affranchis *ad basilicam S. Martini pertinent* (*De gloria confess.*, 101, 103). Saint Rémi écrit de deux de ses affranchis qu'ils doivent *pertinere ad Agathimerum, pertinere ad Actium.* Les exemples de cela sont très nombreux au huitième et au neuvième siècle. *Pertinere* a le sens de « dépendre d'un autre, appartenir à un autre », ce qui est l'essence de l'affranchi.

maître qui affranchissait ainsi son esclave faisait un véritable sacrifice, se dépouillait ou dépouillait ses héritiers. Il n'était pas dans la nature humaine que ce sacrifice fût très fréquent. Ce qui le fut, c'est que le maître, par un sentiment de pitié, renonçât au patronage pour le transférer à une église; mais cela ne faisait que des *ecclesiastici*.

Nous inclinons à croire que l'usage des affranchissements fit peu d'hommes libres et peu de propriétaires du sol. Ce qu'il produisit, ce fut une classe intermédiaire entre la servitude et la liberté. Il améliora l'existence de plusieurs millions de familles esclaves, mais il n'augmenta guère le nombre des familles indépendantes. Il ne fit ni des citoyens, ni des membres du corps politique, ni des sujets du souverain. Il fit des hommes sujets d'un autre homme, des familles sujettes héréditairement d'une famille, d'une église, d'un couvent. C'est par là qu'il a contribué à la structure de cette société qui deviendra la société féodale.

CHAPITRE XII

Les colons.

Il existait une troisième catégorie d'hommes dépendants : c'étaient les colons. Nous avons vu plus haut qu'il s'était formé sous l'empire romain une classe de petits cultivateurs, qui étaient de condition libre. Les uns avaient été amenés de Germanie; les autres descendaient de petits fermiers libres ou avaient été eux-mêmes fermiers; car la règle s'était établie qu'après avoir cultivé durant trente années la terre d'un même propriétaire, on devint colon de cette terre à perpétuité[1]. Ce qui signifiait, d'une part, qu'on ne pouvait plus enlever au colon la terre; d'autre part, qu'il ne pouvait plus la quitter.

De telles règles, qui paraissent étranges aux générations actuelles, s'étaient établies spontanément. Ce n'était pas l'autorité impériale qui les avait créées; elle n'avait fait que les confirmer, à la fin, et les garantir. Ce n'étaient pas non plus les propriétaires fonciers qui les avaient imaginées, et imposées par l'oppression. Elles découlaient tout naturellement de l'intérêt du sol. La plupart des grandes règles qui régissent l'existence humaine naissent d'elles-mêmes d'un intérêt de conservation qui est dans toute société. Il faut qu'une société vive, et elle prend les moyens qui s'offrent à elle. Il fallait que la terre fût cultivée; le colonat s'offrit comme le plus légitime et surtout le plus certain d'assurer la culture.

Le grand mouvement des invasions n'eut aucun effet sur le colonat. N'étant pas de création impériale, il n'y avait pas de motif pour qu'il disparût avec l'empire. Les Germains entrés en Gaule ne virent aucune raison pour le supprimer, et les colons n'ont pas profité des invasions pour s'affranchir. Ni l'esprit germanique ni l'esprit chrétien ne réprouvaient l'institution du colonat. Aucun concile n'en demanda l'abolition. Un concile rappela aux colons que leur devoir était de rester toujours sur leurs terres[2].

---

[1] Code Justinien, XI, 48, 19 et 23. C'est à cause de cette règle que nous voyons dans les *Monumenti Ravennati* que les fermiers faisaient toujours des baux de vingt-neuf ans. Une année de plus, ils devenaient colons.

[2] Deuxième concile de Tolède, de 619, c. 3, *Mansi*, X, 558 : *De colonis agrorum, ut ubi esse quisque cœpit, ibi perduret.*

Les lois dites barbares reconnaissent le colonat. La Loi des Burgundes parle des esclaves et des colons comme de deux classes qui vivent ensemble dans l'intérieur d'un même domaine, mais qu'on ne confond pas[1]. La Loi des Alamans parle « des hommes libres appartenant à une église et qu'on appelle colons ». Elle distingue nettement ces colons des serfs, et elle leur attribue un prix légal fort supérieur[2]. La Loi des Bavarois place le colon assez près du serf; encore montre-t-elle qu'on ne le confond pas avec lui[3].

Ni la Loi salique ni la Loi ripuaire ne parlent du colon, du moins sous ce nom. Mais les colons sont mentionnés dans un grand nombre de chartes de l'époque mérovingienne. La langue du temps les appelait indifféremment *coloni* ou *accolæ*[4]. Il n'est presque pas d'actes de

---

[1] *Lex Burgundionum*, XXXVIII, 10 : *Quod de Burgundionum et Romanorum omnium colonis et servis volumus custodiri*. Tout ce titre est relatif aux gens de la villa. Cf. VII : *Cum crimen objectum fuerit seu servi seu coloni.*

[2] *Lex Alamannorum*, édit. Pertz, VIII, 6 : *Si quis liberum ecclesiæ quem colonum vocant occiderit.* — XXIII : *Liberi ecclesiastici quos colonos vocant... sicut et coloni regii....*

[3] *Lex Baiuwariorum*, I, 13. Les colons et les serfs sont réunis dans la même rubrique : *De colonis vel servis ecclesiæ qualiter serviant.* Mais on remarquera que dans le corps de l'article ils sont séparés; les trois premiers paragraphes concernent les colons, le quatrième les serfs.

[4] Le terme *accola* a deux significations dans les textes. Souvent il désigne un étranger qui vient s'établir sur le domaine, et est à peu près synonyme de *advena*. C'est un tenancier d'une nature un peu particulière. — Mais, dans beaucoup de textes, je crois, malgré l'opinion de Guérard, qu'il n'a pas d'autre sens que *colonus*. Les formules et les chartes les comptent dans l'énumération des éléments du domaine, les vendent ou les lèguent avec lui. Marculfe, I, 13 : *Villas concessimus..., hoc est terris, domibus, ædificiis, accolabus, mancipiis, vineis, silvis*, etc. — De même, ibidem, I, 14, et II, 3. — Andegavenses, 7 : *Hoc est locello... campis, terris, mancipiis, accolabus, pratis*. — Ibidem, n° 41. — Turonenses, 1(b) : *Terra juris mei cum terris, accolabus, mancipiis, libertis, vineis, silvis.* — Ibidem, 26 : *Cum accolabus, mancipiis, libertinis.* — Senonicæ, 42 : *In terris, mansis, domibus, mancipiis, litis, libertis, accolabus.* — Merkelianæ, 9 : *Terris, domibus, mancipiis, litis, libertis, accolabus, vineis,*

donation ou de testament où nous ne lisions que telle villa est donnée ou léguée « avec les colons » ou encore « avec le revenu des colons »[1].

Ce qui caractérise la condition légale et sociale du colon, c'est d'abord qu'il n'est pas esclave, c'est ensuite qu'il n'est pas un homme indépendant. Il n'a pas le droit de s'éloigner de la terre, et, par cela seul, il dépend du maître. S'il s'enfuit ou s'il passe chez un autre maître, il est poursuivi et il est ramené soit par la force, soit en vertu d'un arrêt judiciaire.

Nous possédons deux formules mérovingiennes de cette sorte de jugement. Elles nous font assister à des procès où un homme est réclamé comme colon par un autre homme qui est ou qui dit être un maître. « Est fait savoir que tel homme, portant tel nom, en tel canton, s'est présenté au tribunal public par-devant tel comte et les *boni homines*. Il citait en justice tel homme, soutenant que le père et la mère de cet homme avaient été ses colons, et que lui devait l'être aussi, et qu'il s'était soustrait contre tout droit au colonat. Les juges demandèrent au défendeur s'il pouvait prouver qu'il n'était pas colon ; il répondit qu'il ne pouvait donner aucune preuve, et il se reconnut colon du demandeur. En foi de quoi, les juges l'ont remis dans les mains de celui-ci[2]. » Ailleurs, le défendeur résiste mieux : « Je ne suis pas colon, dit-il ; car je suis né d'un père libre

---

silvis. — Il est visible dans ces exemples que les *accolae* ne sont pas des étrangers, qu'ils font partie du domaine, que le propriétaire les vend avec lui ; en un mot, ils tiennent tout à fait la place qu'occupent les *coloni* dans des textes analogues. — Voyez encore le *Testamentum Aredii*, le *Testamentum Hadoindi*, la *Charta Vigilii*, le *Placitum Childeberti* de 702, la *Charta Ansberti*, le *Testamentum Wideradi* de 721.

[1] *Charta Nizezii, Diplomata*, II, 184 : *Cum merito accolarum*. — *Formulae Senonicae*, 42 : *Cum merita accolonarum*.

[2] *Formulae Senonicae*, 20.

et d'une mère libre, et je suis prêt à en faire le serment. » Alors le débat est vidé suivant la même procédure que s'il s'agissait d'un serf; il faut que l'homme qui est mis en cause prouve que ses parents étaient libres, et il le prouve en amenant au serment ses douze plus proches parents, huit du côté paternel et quatre du côté maternel [1]. — Ces deux formules nous montrent très clairement la situation légale du colon. Il est colon nécessairement si son père ou sa mère l'était. La justice publique, au besoin, le rend à son propriétaire.

L'autre côté de sa situation, celui par lequel il est assuré de conserver toujours sa terre, nous apparaît d'une façon moins expresse dans les textes. Nous ne connaissons pas d'actes de jugements prononcés contre des propriétaires qui auraient évincé leurs colons. On comprend que cette sorte de procès ait été plus rare, ou que les actes en aient été moins bien conservés. Nous possédons du moins un jugement qui fut prononcé entre des colons demandeurs et leur propriétaire défendeur [2]. Il montre que les colons avaient le droit d'agir en justice, même contre le propriétaire. On peut remarquer aussi dans les termes de ce jugement que les colons parlent « de leurs ancêtres » comme occupant les mêmes manses, et cela suffit à montrer que la tenure était héréditaire [3].

Ces colons étaient réputés hommes libres, et nous verrons plus loin que la qualification d'*ingenui* leur est

---

[1] *Andegavenses*, 10; *Merkelianæ*, 28; *Senonenses*, 2; *Lindenbrogianæ*, 21.

[2] On trouvera cet acte de jugement à la suite du *Polyptyque d'Irminon*, édit. Guérard, p. 344.

[3] Il faut remarquer dans cet acte les mots : *Eorum antecessores ad longum tempus fecerant...*; *legem eis non conservabat quomodo eorum antecessores habuerant.* Et plus loin : *Per singula mansa.*

fréquemment appliquée. Ils n'en étaient pas moins dépendants. Attachés légalement à la terre, ils étaient par voie indirecte attachés au propriétaire de la terre, et ils l'appelaient du nom de maître. Nous verrons ailleurs quelle était leur situation réelle sur le sol.

En résumé, l'esclavage, l'affranchissement, le colonat sont passés, sans aucun changement essentiel, de l'époque romaine à l'époque mérovingienne.

CHAPITRE XIII

Division du domaine en deux parts. Le « dominicum ». Les manses.

De ce que nous avons vu jusqu'ici, il ressort que le propriétaire du sol était en même temps un propriétaire d'hommes. Il possédait des esclaves, il possédait aussi des affranchis. Le domaine était vaste; il ne pouvait le cultiver lui-même. Il faisait donc cultiver sa terre par ses hommes. Voilà le fait général qui domine tout le moyen âge.

Mais il y a plusieurs manières de faire travailler ses hommes sur sa terre. On peut les faire travailler collectivement, toujours ensemble, labourant en commun, moissonnant en commun. Un autre procédé est de distribuer à chacun d'eux chaque année un lot qu'il cultivera seul à ses risques et périls et dont il payera au maître une partie du produit. Un troisième procédé est de leur distribuer les lots de terre une fois pour toutes, afin que chacun d'eux ait le même champ toute sa vie et même héréditairement. Ces trois procédés produisent des conséquences fort différentes pour l'existence de la population rurale. Suivant que l'un ou l'autre prévaut, cette population se forme ses habitudes, sa vie matérielle et morale, et à la longue sa condition sociale sera fort différente, ses progrès dans la liberté et le bien-être fort inégaux. Il est donc important d'observer, au début du moyen âge, quel est celui des trois procédés qui a prévalu en Gaule.

Nous avons vu plus haut que, dans les siècles qui précédèrent les invasions germaniques, la Gaule avait adopté les habitudes romaines. Les domaines ruraux y étaient constitués comme dans le reste de l'empire. Or les habitudes romaines en matière de culture avaient passé par deux phases bien distinctes. Au temps de Caton et de Columelle, le domaine avait été cultivé par le groupe d'esclaves travaillant en commun au seul profit du maître; mais, sous l'empire, des pratiques nouvelles s'étaient introduites peu à peu. Souvent le propriétaire donnait à un esclave un petit lot à cultiver séparément; il faisait la même chose, et plus souvent, pour ses affranchis; plus souvent encore il distribuait sa terre entre des colons. Ainsi le travail en groupe, sans disparaître tout à fait, perdait peu à peu du terrain, et la tenure individuelle se substituait insensiblement à la culture collective et impersonnelle.

Ce mouvement se continua après les invasions. Les Germains n'étaient pas pour l'arrêter; eux-mêmes dans leur propre pays étaient habitués à ce mode d'exploitation du sol. Tacite avait remarqué que chez eux l'esclave rural avait son domicile propre, et qu'il avait aussi un lot de terre qu'il cultivait à ses risques et profits, à charge de remettre au propriétaire une partie des produits[1]. Ainsi, d'une part le mouvement naturel de l

---

[1] Tacite, *Germanie*, 25.

société romaine vers ce genre de culture, d'autre part la prédilection des Germains pour les mêmes pratiques, voilà les deux causes qui ont fait qu'à l'époque mérovingienne l'usage de la tenure individuelle a prévalu.

Une habitude que nous avons déjà aperçue dans la société romaine était que le propriétaire se réservât une partie de son domaine pour son habitation et pour son agrément; et il la faisait exploiter lui-même par un *villicus* et quelques esclaves; il divisait le reste du domaine en parcelles ou lots sur chacun desquels il plaçait soit un petit fermier, soit un esclave, un affranchi ou un colon. Cette même division du domaine en deux grandes parts se retrouve à l'époque mérovingienne. Le propriétaire se réserve la maison principale, et autour d'elle une certaine étendue de terres en parcs, jardins, champs, vignes, prés et forêts. C'est ce que les textes appellent le *dominicum*, la *terra dominicata* ou *terra indominicata*, c'est-à-dire la terre réservée au maître[1]. Il partage le reste en petits lots, qu'il distribue à ses hommes; ce sont autant de tenures.

Cette division du domaine en deux parts devient d'un usage général. Elle est bien marquée dans les chartes, les formules et les polyptyques. Nous voyons,

[1] Voyez dans le *Polyptyque de Saint-Germain*: *Casa dominica*, XVII, 1; *Cultura dominicata*, XI, 1; *Cultura dominica*, XXV, 3; *Curtis dominica*, XI, 2, XIII, 1, et XXV, 3; *Vinea dominica*, VI, 3; VI, 53; *Hortus dominicus*, VI, 51; *Terra dominicata*, V, 1; XXI, 1; *Mansus dominicatus*, VII, 1; VIII, 1, etc. Il peut paraître singulier que les mots *dominicatus* et *indominicatus* soient synonymes. Ils le sont exactement et sans nul doute possible. Cela ressort de tous les textes; citons seulement le *Polyptyque de Saint-Germain*, où l'on trouve au § 1 de chaque chapitre un manse dominical bien décrit et qui est appelé tantôt *mansus dominicatus* (II, 1; III, 1; VII, 1; VIII, 1; X, 1; XVI, 1), et tantôt *mansus indominicatus* (IX, 1; IX, 158; IX, 278; XI, 1; XII, 2). On y trouve également *Terra dominicata*, V, 1, et *Terra indominicata*, IX, 4.

par exemple, un fiancé donner à sa fiancée, dans une villa, l'habitation du maître, *mansum indominicatum*, avec les terres, vignes et bois qui y sont attachés[1]. Un autre, dans le pays de Chartres, donne à sa fiancée « un manse dominical avec quatre manses serviles ou dépendants »[2]. Ailleurs, un donateur distingue dans sa villa Herinstein le manse de maître et les soixante-dix manses qui en dépendent[3]. Une femme fait donation spéciale, dans la villa Cucenniacus, de sa maison de maître, *casa indominicata*, et elle y ajoute des vignes, *vineas indominicatas*[4]. Huntbert donne de même « des maisons de maître, avec les terres et esclaves qui y sont attachés »[5]. Un autre donne dans sa villa Nugaretum le manse de maître avec toutes ses dépendances[6]; un autre encore, dans sa villa Aziriacus, donne six lots de colons et le manse de maître[7]. Hartwig a échangé une maison de maître et quatre manses serviles contre une autre maison de maître de laquelle six tenures serviles dépendent[8].

Les polyptyques surtout sont très nets sur cette division en deux parts. Prenez, par exemple, le modèle qui paraît avoir été donné par Charlemagne pour la confection de ces registres, et vous voyez qu'on doit écrire d'abord la *casa indominicata* avec l'indication des terres qui s'y rattachent, puis le nombre des manses qui sont aux mains des tenanciers[9]. Dans le polyptyque de Saint-

[1] Formules, Rozière, n° 225.
[2] Ibidem, n° 231 : *Mansum juris mei indominicatum cum quatuor mansis servilibus seu aspicientibus*.
[3] Ibidem, n° 140.
[4] *Diplomata*, n° 177.
[5] Ibidem, n° 365.
[6] Ibidem, n° 414.
[7] *Chronique de saint Bénigne*, édit. Bougaut, p. 101.
[8] *Codex Wissemburgensis*, n° 3.
[9] *Appendice au Polyptyque d'Irminon*, édit. Guérard, p. 299.

Germain-des-Prés, chaque domaine se présente d'abord avec la description et l'étendue du manse dominical; puis vient l'énumération des manses des tenanciers[1]. Il en est de même dans les polyptyques de Saint-Remi, de Sithiu, de Saint-Maur. Dans les chartes du Nord et de l'Est, la même distinction est faite en des termes différents : la maison du maître avec ses dépendances est désignée par le mot *sala*, et les tenures par le mot *casatæ*[2].

Il est difficile de juger quelle était la proportion entre la part du maître et la part qu'il confiait à ses hommes. Visiblement, il n'y avait aucune règle générale sur ce point. Chaque propriétaire à l'origine avait fait ce partage comme il avait voulu. Nous avons des chiffres pour un petit nombre de domaines. Voici un exemple du sixième siècle : Vers 550, dans le diocèse d'Auxerre, un nommé Eleuthérius possède le domaine de Vitriacus. Dans ce domaine il y a une part qui est son *dominicum*; cette part comprend, outre les constructions et la cour, environ 120 hectares de terres labourées, 53 arpents de vignes, 52 arpents de pré, et une forêt. Le reste du domaine est distribué entre des colons, dont nous ignorons le nombre[3]. Le polyptyque de Saint-Germain, rédigé au commencement du neuvième siècle, décrit un état de choses qui certainement est plus ancien. Nous y voyons, par exemple, que le domaine de Verrières, à quinze kilomètres de Paris, comprend : 1° pour le

---

[1] *Appendice au polyptyque d'Irminon*, p. 297-298.

[2] *Diplomata*, n° 476 : *Casatas quinque cum sala et curticle meo*. — N° 483 : *Casatas sex cum sala*. — La *sala* avait ordinairement sa domesticité particulière : *Vassi et puellæ de sala* (*Codex Wissemburgensis*, 17).

[3] Ce fait ancien est relaté dans un chapitre du *Polyptyque de Saint-Germain-des-Prés* (X, 1), sur l'antiquité duquel M. Longnon a énoncé dans son édition récente (1886, p. 155, n. 1), des doutes très fortement motivés.

manse domanial, 257 bonniers de terre en labour, c'est-à-dire à peu près 300 hectares, 95 arpents de vigne, 60 arpents de pré, et une grande forêt; 2° pour les tenures, 280 bonniers de terre en labour, 200 arpents de vigne, 117 arpents de pré[1]. Le domaine de Villeneuve-Saint-Georges a un *dominicum* de 172 bonniers de terres labourables, 91 arpents de vignes, 166 arpents de pré, et une grande forêt; il a en tenure 375 bonniers de terres labourables, 255 arpents de vigne et 340 arpents de pré[2].

Nous avons dit que les *villæ* royales étaient organisées comme celles des particuliers. Au sixième siècle, la villa Palaiseau appartenait au roi. Elle avait un *dominicum* composé de 287 bonniers en labour, de 127 arpents de vigne, de 100 arpents de pré et d'une forêt dont la circonférence était d'une lieue; elle avait en tenure 490 bonniers de champs, 178 arpents de vignes et 160 arpents de pré. L'abbaye de Saint-Germain, en acquérant Palaiseau, ne paraît avoir rien changé à cette disposition[3].

Voici, dans une autre région, le domaine ou la villa de Bouconville. Le *dominicum* renferme environ 135 hectares de champs, une vigne cultivée par dix-huit vignerons, 4 grandes prairies, une petite forêt, un moulin; l'étendue de la terre en tenure n'est pas indiquée, mais nous savons qu'il y avait 34 tenanciers pour la cultiver[4]. Si l'on se rapproche de la frontière du nord, les domaines sont généralement plus petits; mais la distribution en est la même. La villa Businiaca contient

---

[1] *Polyptyque de Saint-Germain*, ch. V
[2] Ibidem, ch. XV.
[3] Ibidem, ch. II.
[4] *Polyptyque de Saint-Remi*, XIX, p. 63-65. Voyez de même les vingt-trois autres domaines de ce polyptyque.

un dominicum d'environ 25 hectares seulement, avec un potager, un parc, une chapelle et un moulin; la terre en tenure est distribuée en 19 parts, ce qui fait supposer une étendue de 100 à 150 hectares. La villa Madria a un dominicum un peu plus étendu; mais la part en tenure paraît fort réduite, puisqu'elle n'est occupée que par six tenanciers[1].

Aucune loi ni aucune convention écrite n'interdisaient au propriétaire de modifier la proportion entre sa part et la part de ses hommes. Mais nous ne trouvons pas d'exemples de pareilles modifications. Nous pouvons croire qu'elles étaient rares et exceptionnelles. La distribution du domaine en deux parts était faite pour toujours[2].

La terre en tenure ne formait pas une masse compacte qui fût cultivée en commun par tous les propriétaires. Non que l'on puisse affirmer que le cas ne se soit jamais présenté; au moins n'en trouve-t-on aucun exemple. Ce que l'on voit toujours, c'est que cette partie du domaine était distribuée en lots indépendants les uns des autres et sur chacun desquels vivait et travaillait un petit tenancier.

Ces lots sont ordinairement désignés dans la langue du temps par le mot *mansus*[3]. Ce terme de manse se

---

[1] Fragment du Polyptyque de l'abbaye de Saint-Amand, à la suite des *Prolégomènes du Polyptique d'Irminon*, p. 925-926. — Voyez aussi quelques chartes dans Pardessus, n°⁸ 451, 461, 464.

[2] On trouve assez souvent de petites *villæ* qui n'ont pas de *dominicum*; c'est qu'elles se rattachent à une plus grande, qu'elles en dépendent et ne font qu'un tout avec elles. Voyez, par exemple, la fin du chapitre IX du *Polyptyque d'Irminon*.

[3] *Diplomata*, n° 49 : *Quidquid in bonis habeo, sive agris, pratis, vineis, mansis*. — N° 163 : *Fiscum cum mansis*. — N° 357 : *Mansis, vineis, silvis*. — N° 375 : *Villa, hoc est mansis, confiniis, domibus, campis*. — Beaucoup d'autres exemples dans les chartes et dans les polyptyques.

retrouvera durant tout le moyen âge. Il est même resté jusqu'à nos jours dans la langue de quelques provinces sous la forme *mas* ou *mex*. Il vient visiblement de la langue que la Gaule parlait au temps de l'empire. Il a son origine dans le verbe latin *maneo*[1] et a ainsi la même étymologie que le mot *manant*. Le manant est l'homme qui habite ; le manse est l'habitation.

Au sens propre, *mansus* (quelquefois *mansio*) ne désigne que la maison. Aussi peut-il se dire d'une maison de ville, et l'on en a des exemples[2]. Le plus souvent, nous le trouvons appliqué à une demeure rurale, et alors il se dit aussi bien de la maison du maître[3] que de la maison d'un esclave. Mais, de même que le mot *villa*, qui ne signifiait originairement qu'une maison, s'appliqua insensiblement au domaine entier, de même l'usage s'établit de désigner par le mot *manse* à la fois la maison et toute l'étendue de terres qui s'y rattachait. Nous avons vu que l'on appelait *mansus dominicus* toute la part du maître ; on appela aussi *mansus servilis* tout le lot d'un esclave en maison et en terres, et l'usage vint même d'appliquer le mot *mansus* plutôt aux terres qu'à la maison[4].

L'unité de propriété était la villa ; l'unité de tenure était le manse[5].

---

[1] *Formulæ Arvernenses*, 1 : *In villa illa, manso nostro ubi visi sumus manere.*

[2] *Diplomata*, n° 350, t. II, p. 133 : *Eum mansum qui est infra muros civitatis Laudunensis.* On sait que dans cette langue *infra* a le sens de *intra*. — Flodoard, *Hist. rem. eccl.*, II, 10 : *Mansos quatuor infra civitatem remensem.*

[3] *Polyptyque de Saint-Germain*, XXII, 1; XXIV, 1 : *Mansum dominicatum bene constructum.*

[4] De là l'expression qui revient sans cesse dans le *Polyptyque de Saint-Germain* : *Tenet mansum habentem bunuaria tot de terra arabili.*

[5] De même que nous avons vu la villa quelquefois divisée en *portiones*, de même nous trouvons des manses qui sont partagés ; mais le cas est

Le manse en tenure était, sauf de rares exceptions, de peu d'étendue. Les 490 bonniers de terres labourables du domaine de Palaiseau étaient répartis en 117 manses, ce qui faisait une moyenne d'environ 4 bonniers par manse, c'est-à-dire de 5 hectares. Les 237 bonniers en tenure du domaine de Morsang sont distribués en 46 manses, ce qui fait une moyenne de 6 hectares pour chacun d'eux [1]. A Verrières, la moyenne ne dépasse pas 4 hectares. Mais nous voyons ailleurs beaucoup de manses qui comptent 10, 12, 15 et jusqu'à 30 hectares.

L'étendue de chaque manse n'était déterminée par aucune règle, par aucun usage. Elle dépendait uniquement de la volonté du propriétaire qui avait fait les lots et les avait concédés à ses hommes [2]. Aussi étaient-ils fort inégaux, même dans l'intérieur d'un domaine. A Verrières, le colon Godalric ne tient que 1 bonnier et demi, tandis que le colon Theudold en a 6 [3]. Ailleurs on voit des manses de 1 ou 2 bonniers, à côté d'autres qui en ont 12, 16, et parfois davantage [4]. La plupart du temps, le propriétaire avait fait des lots inégaux, par cette raison que ses hommes étaient de rang inégal :

---

relativement assez rare. — Dans quelques documents, le manse est appelé du nom de *factus* : *Factus ille ubi servus Maretomus mansisse visus est* (charte de 631, *Diplomata*, n° 253). — *Factos, id est mansos* (*Polyptyque de Saint-Maur*, à la suite de celui de Saint-Germain, édit. Guérard, p. 285) — *Quartam facti tenet* (*Capitularia*, édit. Borétius, p. 81).

[1] *Polyptyque de Saint-Germain*, ch. XVII.

[2] Guérard suppose une règle imposée par la coutume de chaque pays, et il parle de contenance réglementaire (*Prolégomènes*, p. 593-594) ; c'est une hypothèse qu'il ne faudrait pas pousser trop loin ; on constate au contraire que dans beaucoup de domaines les lots ne sont pas uniformes.

[3] *Polyptique de Saint-Germain*, V, 5 et 18.

[4] On trouve des manses de 35 et 36 bonniers (*Polyptyque de Saint-Germain*, IX, 142 et 143 ; XVI, 22), et même un de 60 bonniers (IX, 78).

esclaves, affranchis, ou colons. S'il visait à établir quelque égalité, il la cherchait plutôt dans la valeur et le produit des lots que dans leur étendue. Nous pouvons admettre en général qu'un manse était une quantité de terre suffisante pour nourrir une famille après les redevances payées.

Le manse pouvait contenir plusieurs sortes de terres : champs en labour, prés, vignes. Dans les villæ de l'abbaye de Saint-Germain, chaque tenancier a ordinairement les trois cultures[1]. Il paraît bien qu'à l'origine la plupart des propriétaires avaient trouvé naturel et avantageux que le tenancier eût à la fois ces trois sortes de terre, afin qu'il pût suffire à tous ses besoins.

Il est visible d'après cela que le manse ne formait presque jamais un tout compact. La vigne ne se trouvait guère à côté de la terre arable. Il est même douteux que la terre arable fût pour chacun d'un seul tenant. Il y a eu quelques pays en Europe où un usage à peu près constant voulait que chaque tenancier eût trois champs, en bonne, médiocre et mauvaise terre. Nous ne constatons pas avec certitude que cet usage ait existé en Gaule[2].

Si nous regardons les pays germaniques, il est curieux d'observer que cette constitution essentielle du domaine, partagé entre un dominicum et des tenures, s'y retrouve aussi vivace que dans le centre de la Gaule[3].

---

[1] De là la phrase qui revient sans cesse : *Tenet mansum habentem de terra arabili bunuaria 6, de vinea aripennum, de prato 2 aripennos.*

[2] On en trouve des exemples dans des cartulaires du dixième et du onzième siècle, et il est permis de supposer que ces faits remontent plus haut.

[3] Voyez, par exemple, le registre de Prum, n° 1 : *In Rumersheim mansa servilia 30, terra indominicata.* — N° 8 : *In Sarendorf mansum indominicatum 1, mansa servilia 11.* — Voyez aussi les n°ˢ 12, 32, 35, 43, etc.

24

Les noms seuls sont quelquefois changés ; l'expression manse dominical est souvent remplacée par le terme *sala* ou *terra salica*; le terme de manse servile est souvent remplacé par le mot *hof*, qui sous sa forme latine devient *hoba* ou *huba*[1]; mais la distinction entre les deux catégories de terres est toujours bien marquée. C'est ainsi qu'en Alsace Helpoald distingue dans sa villa Cazfeld les *hobæ* et la *terra indominicata*[2]. Un autre donne, dans la villa Oteresheim, un *curtile indominicatum* et quatre *hobæ* d'esclaves[3]. De même, Albéric donne dans la villa Altdorf d'abord la *terra salica* avec toutes les terres et forêts qui en dépendent, puis un certain nombre de « manses » avec leurs esclaves[4]. La villa ou domaine de Rumersheim contient une *terra indominicata* et trente manses serviles. Même les chartes alamanniques distinguent dans chaque villa ou domaine une *terra salica* et des *hobæ servorum*[5]. La *terra salica*

---

[1] La *hoba* n'est pas toujours une tenure d'esclave. Proprement, la *hoba* est l'unité de culture, comme la villa est l'unité de propriété. Le mot peut donc se dire aussi de la terre du maître. De même que nous voyons quelquefois un *dominicum* qui contient plusieurs *mansi*, nous voyons aussi en pays germanique un *dominicum* contenir plusieurs *hobæ*. Codex Laureshamensis, 33 : *Mansum indominicatum habentem hobas 3.* — N° 37 : *Tres hobas in dominico*. En traduisant *hoba* par tenure d'esclave, nous indiquons l'usage le plus fréquent.

[2] *Codex Wissemburgensis*, n° 3 : *In villa Cazfeldas hobas 4, excepta terra indominicata.* — N° 1 : *Dono hobas tres et mancipia super commanentia.* — N° 58 : *Liedulfi herba et ille ubi Muatharius manet.* — N° 131 : *Servum illum cum hoba sua.*

[3] Ibidem, n° 19 : *In villa quæ dicitur Oteresheim curtile unum indominicatum et hobas servorum quatuor.* — *Codex Laureshamensis*, n° 13 : *Dono hubas serviles 16, hubam et mansum indominicatum.*

[4] *Codex Wissemburgensis*, n° 193 : *Terram salicam cum decimatione, domibus, ædificiis, pratis, pascuis, silvis, aquis aquarumque decursibus, mansis et mancipiis.*

[5] Voyez, entre autres exemples, Neugart, n°s 70, 193, 204, 471, 531, 629.

est incontestablement la partie du domaine que le maître s'est réservée et qui comprend des champs, des prés, des vignes, des forêts. Les *hobæ* sont, en général, des manses d'esclaves ou de lites [1]. Elles contiennent quelques champs, des prés, une vigne [2].

Elles sont occupées et cultivées par des serfs ou des lites, et elles ont pour propriétaire le maître du domaine, ou, si le domaine est partagé, le maître de chaque portion [3]. Ainsi les mêmes usages ruraux et les mêmes

[1] *Codex Wissemburgensis*, 1 : *Dono hobas tres et mancipia super commanentia... Dono Suinnonem* (un serf) *cum sua hoba*. — N° 19 : *Hobas servorum quatuor*. — N° 36 : *Quod ipsi servi ad ipsas hobas tenent*. — N° 58 : *Liodulfi hoba*. — N° 131 : *Servum illum cum hoba sua*. — Neugart, n° 20 : *Trado in villa Liutfridingen Riholfum cum hoba sua et peculiare ejus*. — N° 150 : *Trado servum meum Otmund cum hoba sua in villa Pondorf*. — Lacomblet, n° 9 : *Dono in villa Ocanni hovum unam quam proserviunt liti mei*. — *Formulæ Sangallenses*, 21, Zeumer, p. 407 : *Hobam unam ubi servus ille habitat*.

[2] *Codex Wissemburgensis*, n° 15 : *Dono servum meum Witgisum cum hoba sua, id est, terris, casis, campis, peculiis*. — N° 1 : *Hoba cum campis, vineis, silvis*. — N° 19 : *Hobas septem, ex his duas vestitas, cum terris, pratis, pascuis, silvis*. — *Sangallensis*, 21, Zeumer, p. 407 : *Hobam... cum ædificiis, mancipiis, pascuis, silvis, aquis*. — *Codex Fuldensis*, 120 : *In villa Marchereshensem quidquid proprietatis habere videor, hoc est quatuor hobas in silvis, in campis, in pratis, in pascuis, in aquis, aquarumque decursibus, in molinariis, in ædificiis, in mancipiis*. C'est un propriétaire qui parle; il ne veut pas dire que l'esclave dans sa *hoba* possède tout cela; l'esclave n'a pas la forêt, l'eau courante, le moulin. Mais ce propriétaire possède une *portio* d'un domaine, et cette *portio* comprend une part de tout : forêt, eaux courantes, moulins, esclaves.

[3] La *hoba* ne correspond pas toujours exactement avec le manse servile de la Gaule. On voit des *hobæ* qui sont d'une grande étendue. Neugart en cite une (n° 557) qui est la propriété d'une femme et qui est cultivée par dix esclaves. — Dans Lacomblet, n° 9, une *hoba* est occupée par plusieurs lites. Il n'y avait pas plus d'uniformité pour les *hobæ* germaniques que pour les manses gaulois. Une règle pourtant semble générale : c'est que le propriétaire de une, deux, quatre *hobæ* dans un domaine est propriétaire en même temps d'une part proportionnelle dans la forêt qui fait partie de ce même domaine (entre autres exemples, Zeuss, n° 4; Lacomblet, n° 6, 7, 20; Neugart, n° 461). C'est la règle que nous avons vue en Gaule pour les *portiones*.

règles constitutives des domaines régnaient en Gaule, en Italie et dans une bonne partie de la Germanie.

On peut se demander si ce lotissement de la terre en tenure n'était pas temporaire. Il eût été possible qu'on établît comme règle qu'il serait renouvelé chaque année ou par périodes de quelques années, et qu'il serait refait soit par le propriétaire, soit par les tenanciers entre eux. Plusieurs érudits pensent qu'il en fut ainsi dans quelques contrées de l'Europe. Mais rien de pareil ne se voit en Gaule. S'il y eut ici ou là quelque domaine où la culture s'opéra par une rotation périodique des lots, aucun document d'âge mérovingien ne signale ce fait, qui ne serait qu'une exception. Il est bien vrai que le propriétaire avait en droit strict le pouvoir de modifier et même de refaire le lotissement primitif, mais nous ne voyons pas qu'il le refasse. Le terme même dont on appelait chaque lot, c'est-à-dire le mot manse, de *maneo*, être à demeure, porte avec lui l'idée de permanence.

Lorsque l'abbé de Saint-Germain fit écrire le registre des terres de l'abbaye, il ne fit pas un lotissement nouveau ; tout au contraire il confirma et consacra le lotissement ancien. Les tenanciers de chaque domaine furent appelés et ils affirmèrent avec serment quelle était l'étendue de chacun de leurs manses. Cela implique l'habitude et la règle de respecter le partage primitif[1].

On peut remarquer dans les documents du neuvième siècle que plusieurs tenanciers occupent des demi-manses, des tiers ou des quarts de manse[2], comme

---

[1] Voyez dans le *Polyptyque de Saint-Germain*, II, *in fine* : *Isti juraverunt*, etc. Cette formule est répétée à la fin de la plupart des chapitres. Cf. *Polyptyque de Saint-Remi*, IX, 19 ; XXVIII, 64.

[2] *Polyptyque de Saint-Germain*, I, 17 : *Baldricus tenet dimidium*

d'autres occupent un manse et demi ou deux manses[1]. Quelquefois un homme tient deux demi-manses, c'est-à-dire une moitié dans deux manses différents[2]. D'où vient cela? S'il y avait eu partage périodique ou si l'on avait refait le lotissement à chaque génération, chacun aurait, ce semble, exactement son lot, c'est-à-dire son manse. Il n'en a pas été ainsi. Tel tenancier a laissé deux fils, et le lot s'est trouvé partagé en deux; tel autre en a laissé trois, et le lot s'est partagé en trois. Ou bien encore, les deux ou trois enfants occupent en commun le même manse en le laissant indivis. D'autre part, une série de décès a pu faire qu'un homme fût héritier de deux familles, et il occupe alors deux manses. Quand nous étudierons les redevances, nous constaterons que toutes ces opérations étaient indifférentes au propriétaire. Pour lui, chaque manse primitif reste invariable; si on l'a partagé en deux, on a fait deux moitiés de manse, on n'a pas fait deux manses, et il ne gagne ni ne perd à cette légère modification.

Il pouvait arriver qu'un manse créé à l'origine pour un tenancier devînt vacant par l'extinction de la famille de ce tenancier; si on ne trouvait pas un tenancier nouveau, le manse restait vacant. Les registres distinguent toujours les manses occupés, *vestiti*, et les manses vacants, *absi*. Ajoutons que, même lorsqu'il se trouvait sur un domaine beaucoup de manses vacants, fût-ce dans la proportion d'un quart ou d'un tiers, on ne recommençait pas pour cela le lotissement.

En résumé, le caractère essentiel du manse en Gaule

---

mansum servilem; III, 10 : *Gyroardus tenet dimidium mansum*; II, 82 *bis*, 114 : *Leodardus tenet quartam partem de manso*. Et beaucoup d'autres exemples.

[1] *Polyptyque de Saint-Germain*, XXIV, 172.
[2] *Ibidem*, II, 84.

est d'être permanent; il est occupé par un même homme toute sa vie, par une famille de serfs ou de colons à travers toutes ses générations. La tenure est personnelle et héréditaire. De là vient que les paysans d'un même domaine ne formeront pas une communauté solidaire, ou du moins cela ne se produira que fort tard. Mais de là vient aussi que chaque famille aura sa vie assurée, sa terre à soi, ses intérêts, son individualité, son indépendance vis-à-vis des autres et vis-à-vis du maître lui-même.

CHAPITRE XIV

Les tenures serviles; le servage de la glèbe.

Les manses n'étaient distingués entre eux que d'après la condition sociale des hommes qui les occupaient. Il y avait donc des manses d'esclaves, des manses d'affranchis, des manses de colons.

On dit communément que l'esclavage a été remplacé par le servage de la glèbe. Cette formule n'est pas fausse, mais elle est vague et donne lieu à des malentendus. Il ne faudrait pas qu'elle fît supposer qu'il y ait eu transformation brusque ou changement de personnes. Le serf n'a pas précisément pris la place d'un esclave; c'est le même homme qui d'esclave est devenu serf. Ces termes mêmes, qui appartiennent à la langue actuelle, font illusion. Nous devons songer que le mot esclave n'appartient ni à l'antiquité ni à l'époque mérovingienne. Il n'est entré dans la langue que le jour où des multitudes de Slaves, *Sclavi*, ont été amenés comme prisonniers de guerre en Allemagne et en France. Au contraire les Romains avaient des « serfs », et c'est du nom de « serfs » qu'on a continué à appeler les mêmes hommes dans toute la période mérovingienne. Le serf attaché à la glèbe est simplement l'ancien serf; seulement, au lieu d'être soumis à toutes les volontés du maître, il n'est plus astreint qu'à des services ruraux; et, au lieu de travailler en commun, par groupes, sur toutes les parties du domaine tour à tour, sans aucun profit pour soi, il travaille isolément, sur un lot que le maître lui a concédé.

Or ce grand changement dans le mode de travail du serf s'est opéré peu à peu, non par l'effet d'une loi ou d'une mesure générale, mais par l'effet d'une pratique qui insensiblement s'est tournée en habitude. Cette pratique avait commencé dans la société romaine; elle se continua et se développa durant la période mérovingienne.

Il ne faudrait pas aller jusqu'à croire qu'au septième siècle tous les serfs fussent déjà des tenanciers. Les lois et les chartes mentionnent encore beaucoup de serfs qui sont bergers, veneurs, palefreniers, charpentiers [1]. Ce sont des hommes attachés à un métier et non pas à une terre. Elles signalent de même des ateliers de femmes serves qui travaillent en commun [2]. D'ailleurs aucune

---

[1] *Lex Salica*, X. — *Lex Burgundionum*, X et XXXVIII. — *Lex Alamannorum*, LXXXI. — *Charta Hedeni*, Pardessus, n° 458.

[2] *Lex Salica*, ms. de Wolfenbuttel, LXXVI, 8 : *Si ancilla ipsa cellarium domini sui vel gyneceum tenuerit*. *Gyneceum* est le nom qu'on donnait d'ordinaire à ces ateliers de femmes; Grégoire de Tours, *Hist.*, IX, 38 : *Quæ in gynecio erant positæ*. Le terme est ancien dans ce sens; voyez Code Théodosien, IX, 27, 7, et X, 20, 7. — Cf. *Lex Alamann.*, LXXXII; *Charta Eberhardi*, *Diplomata*, n° 544, p. 357; *Capitulare de villis*, c. 31, 43 et 49; *Specimen breviarii rerum fiscalium*, à la suite du Polyptyque d'Irminon, éd. Guérard, p. 298; Concile de Meaux de 845, c. 77.

loi ne défendait de vendre l'esclave sans la terre[1]. Surtout aucune loi ne défendait au maître de transporter son serf d'un de ses domaines à un autre, ou à plus forte raison d'une partie d'un domaine sur une autre partie. Il existait donc encore beaucoup de serfs qui n'avaient pas de tenure.

Mais l'usage de la tenure servile grandissait peu à peu et en dehors de toute loi. On aperçoit déjà dans les actes du sixième siècle des esclaves qui sont attachés à un lot de terre particulier et qu'on n'en sépare pas. Nous remarquons, par exemple, qu'un testateur ou un donateur désigne telle portion de sa terre par le nom du serf qui la cultive. Ainsi saint Remi lègue à un de ses héritiers « la vigne que cultive Bébrimode », à un autre « la vigne que cultive Mellaric », à un troisième « celle que soigne Catucio ». Plus tard, Arédius fait don de « cinq arpents de vigne que cultive le vigneron Provincianus »; et plus tard encore Erminétrude lègue « la vigne que cultive Imnérède »[2]. Si l'on peut, dans un acte tel qu'un testament, désigner une terre par le nom de l'homme qui la cultive, c'est que cet homme la cultive d'une manière permanente.

Les manses n'avaient pas de noms à eux comme les villæ[3]. Pour les désigner on donne le nom des serfs qui les occupent. On dit par exemple : «Le manse où habite

---

[1] Sur ce point, l'*Edictum Theodorici* est plus net qu'aucune autre législation; c. 142 : *Liceat domino ex prædiis rustica mancipia, etiamsi originaria sint, ad alia juris sui loca transferre..., alienare etiam homines illius conditionis liceat dominis absque terræ aliqua portione.* — Les lois franques ne contiennent pas une autorisation aussi formelle, mais elles ne contiennent pas non plus l'interdiction contraire.

[2] *Testamentum Remigii, Diplomata*, t. I, p. 82. — *Testamentum Aredii*, t. I, p. 138. — *Testamentum Erminetrudis*, ibidem, n° 452.

[3] Sauf de très rares exceptions.

le serf nommé Saxo[1]. » Nous voyons souvent qu'un donateur, au lieu de dire qu'il donne tel manse, écrit qu'il donne tel serf. Visiblement le manse et le serf sont tellement attachés l'un à l'autre, qu'il est indifférent de donner le manse ou le serf; l'un entraîne l'autre.

Voilà donc des tenures serviles, des manses d'esclaves. La langue courante du huitième et du neuvième siècle emploie l'expression *mansi serviles*. Elle se retrouve à chaque page des polyptyques de Saint-Germain, de Saint-Remi, de l'abbaye de Prum[2]. Il semble que tout polyptyque bien fait dût indiquer pour chaque manse s'il était servile ou ne l'était pas[3]. Les serfs qui y sont établis sont appelés *servi manentes*, serfs manants, ou encore *mansuarii*[4]. Quelques textes les appellent *servi casati*, expression qui offre le même sens que les précédentes[5]. Ces « manants » ou ces « casés » sont des

---

[1] *Diplomata*, t. II, p. 178 : *Mansellus alicus ubi Saxo servus commanere videtur.* — *Testamentum Abbonis*, ibidem, t. II, p. 374 : *In Ambillis ubi Gavioaldus servus noster manet.*

[2] *Polyptyque de Saint-Germain : Mansum servilem*, I, 7, 8, 13, 15, 16 ; IV, 26, etc. — *Polyptyque de Saint-Remi*, III, 2, 3 ; IV, 9, 10, 11, etc. — *Polyptyque de Saint-Maur*, 8, 11, 12, etc. — Registre de Prum, n°° 1, 8, etc.

[3] Cela ressort du *Specimen breviarii rerum fiscalium*, à la suite du Polyptyque de Saint-Germain, édit. Guérard, p. 298.

[4] *Capitulare de villis*, c. 59 : *Pullos et ova quos mansuarii reddunt.* Les *servi mansuarii* sont mentionnés dans le *Polyptyque de Saint-Germain*, XII, 13 et 14. — Cf. Marculfe, I, 22 ; Senonicæ, 12 ; Bignonianæ, 1.

[5] *Charta Ebroini*, Pardessus, n° 519 : *Dono, in villa nostra, casatos tres cum uxoribus et infantibus..., casatos quatuor cum terris et peculiari eorum.* — N° 520 : *Dono tres casatos cum omni peculiare eorum.* — *Formulæ Augienses*, 6 et 7 : *Trado curtem... cum casatis.* — *Capitulare episcoporum*, édit. Borétius, p. 52 : *Infra casatos homines.* — *Capitularia Anseyisi*, III, 80, édit. Borétius, p. 433 : *Homines casatos.* — *Statuta Corbeiensia*, c. 17, à la suite du Polyptyque d'Irminon, édit. Guérard, p. 334 : *Casati homines nostri.* — Neugart, n° 13 : *Casatos duos* ; 47 : *Casatos tres.* — Le *servus casatus* est aussi mentionné dans le *Codex Fuldensis*, n°° 197, 215, etc.

hommes qui, au lieu d'habiter en groupe dans les dépendances de la maison du maître, ont une demeure qui leur est propre et avec cette demeure une terre.

On forma même à cette époque le terme *casata*, qui désignait à la fois l'habitation du serf et les parcelles de terre qui y étaient attachées[1]. De là ces expressions que nous trouvons dans les chartes du nord de la France : Je te donne sept *casatæ* avec les esclaves qui les occupent; je te donne onze *casatæ* avec les esclaves et leur pécule[2]. On voit clairement qu'il s'agit de serfs qui sont fixés à demeure sur des lots de terre qu'on ne cède qu'avec eux.

Tous les serfs ne sont pas encore ainsi établis. Un acte législatif de 806 montre qu'on distingue encore « les serfs casés » et « les serfs non casés ». Il marque en même temps que les serfs casés sont comptés parmi les immeubles, et il explique que cela signifie qu'on ne peut pas les vendre sans la terre[3]. Seuls les serfs non casés sont comptés encore parmi les objets mobiliers que les marchands peuvent vendre[4]. Tous ces signes font assez voir que la tenure servile, c'est-à-dire l'établissement d'un serf à demeure sur un lot de terre, entre de plus en plus dans les habitudes.

---

[1] Capitulaire de 745, Borétius, p. 28, c. 2 : *Statuimus... ut annis singulis de unaquaque casata solidus... ad ecclesiam reddatur.* — Capitulaire de 779, p. 50, c. 13 : *Detur de 50 casatis solidus unus, de 30 casatis dimidius et de viginti trimisse uno.* On voit par là qu'on évaluait la valeur d'un domaine au nombre de *casatæ* qu'il contenait.

[2] *Diplomata*, n° 458 : *Donamus tibi tres casatas cum mancipiis..., septem hobas et septem casatas.* — N° 474 : *Undecim casatas cum mancipiis et peculio eorum.*

[3] *Charta divisionis imperii*, a. 806, c. 11, Borétius, p. 128 : *De venditionibus præcipimus ut.... Venditionem rerum immobilium, hoc est, terrarum, vinearum, silvarum, servorumque qui jam casati sunt.*

[4] Ibidem, c. 11, p. 129 : *Auro, argento, gemmis, armis ac vestibus et mancipiis non casatis, et his speciebus quæ ad negotiatores pertinent.*

Je voudrais préciser davantage et indiquer la proportion entre les deux catégories ; mais les documents ne le permettent pas. J'ai cherché aussi si quelque signe laissait voir que les serfs casés fussent plutôt d'origine germanique, et que les serfs non casés fussent plutôt d'origine romaine ; mais il n'y a pas un seul indice qui autorise cette distinction. On a quelques raisons de penser que c'est surtout sur les terres des églises et sur celles du domaine royal que l'habitude de la tenure servile s'est d'abord établie et a gagné ensuite les terres des particuliers ; mais cela même ne peut pas être démontré.

Le serf était donc mis en possession d'un manse, c'est-à-dire d'une petite maison et de quelques terres. C'était le manse servile. L'étendue des manses n'avait rien d'uniforme ; nous en voyons de 2 bonniers seulement, plusieurs en ont 12, la plupart en ont 4 ou 6. Benjamin Guérard a calculé que, sur les terres de Saint-Germain, 191 manses serviles contenaient 1050 bonniers de terres arables ; c'est une moyenne de sept hectares pour chacun d'eux, et à cela s'ajoutait presque toujours une petite vigne et un petit pré.

Si maintenant nous cherchons quelles étaient les conditions de cette sorte de tenure au septième siècle, nous ne devons pas nous attendre à trouver des règles fixes. Aucune loi ne déterminait les obligations du serf, et aucune coutume ne les avait encore arrêtées. Les conditions dépendaient de la volonté du maître qui avait concédé la tenure. Il n'y a pas lieu de penser qu'au moment de la concession un acte écrit ait été dressé. Nul contrat n'était possible entre un maître et son esclave. Le maître s'était contenté d'indiquer au serf quelles conditions il mettait à sa faveur, c'est-à-dire quelles seraient ses obligations, et cela faisait loi pour l'avenir.

Quelques chartes nous laissent apercevoir qu'à l'origine les conditions furent très diverses. Par exemple, Arédius, grand propriétaire dans le midi de la Gaule, déclare léguer à un monastère, outre des terres, un certain nombre de serfs[1]; or, pour beaucoup d'entre eux qu'il nomme, il détermine en même temps quels seront leurs devoirs envers le nouveau propriétaire. « Je lègue, à titre d'esclaves, Ursacius avec sa femme et ses fils sous cette condition qu'ils cultiveront quatre arpents de vigne (sur le dominicum)[2].... Je lègue aux moines, en même temps que mon domaine d'Excideuil, Parininius avec sa femme et ses enfants, Léomer avec sa femme et ses enfants, Armédius, Rusticus, Claudius avec leurs femmes et leurs enfants; eux aussi, je veux qu'ils cultivent sur la terre des moines quatre arpents de vigne; leurs femmes payeront chaque année dix deniers d'argent; on n'exigera d'eux rien de plus en aucun temps[3]. » Il assigne au même monastère le serf Valentinianus et décide « que cet homme cultivera quatre arpents pour les moines et rien de plus »[4]. Nous voyons déjà par ces lignes que le maître a fixé les obligations de ses serfs, et, comme testateur, il veut que ces obligations ne changent pas à l'avenir. Il ajoute : « Quant à leurs biens particuliers, c'est-à-dire aux petits champs et aux petites pièces de vigne qu'ils possèdent, je veux qu'ils conti-

---

[1] *Testamentum Aredii*, a. 572, Pardessus, n° 180.
[2] *Ursacium cum uxore et filiis tibi ad servitutem donamus, ea vero conditione ut quaternos aripennos vineæ colant.*
[3] *Quaternos aripennos vineæ monachis colant, uxores vero eorum decenos argentos singulis annis monachis desolvant, et nihil amplius ab eis ullus ullo tempore exigere præsumat.*
[4] *Quaternos aripennos colat monachis et nihil amplius.*

nuent à les posséder, sans que personne les trouble, à cette condition toutefois qu'ils ne se permettent jamais ni de les vendre, ni de les aliéner[1]. » Ainsi, le propriétaire du domaine d'Excideuil avait concédé à plusieurs de ses serfs quelques parcelles de terre, non en pleine propriété, cela n'eût pas été possible, mais en usufruit. Or le testament n'indique pas qu'ils eussent à payer pour ces petits lots une redevance ou une part des produits. Il semble bien qu'ils en jouissaient et les cultivaient à leur profit, n'ayant d'autre charge que de cultiver en même temps pour le profit du maître quatre arpents de sa vigne réservée.

Mais les conditions variaient sur un même domaine. Car dans le même testament Arédius ajoute : « Je lègue encore au monastère mes esclaves qu'on appelle esclaves colonaires, et leur redevance annuelle sera d'un tiers de sou[2]. » Voilà des conditions fort différentes des précédentes ; ces esclaves, qu'on appelle colons, ont visiblement une tenure, et pour cette tenure ils payent une redevance en argent ; mais ils ne paraissent pas astreints à cultiver la part du maître.

Il y a donc deux pratiques différentes : par l'une, le serf paye le prix de sa tenure en argent ou en produits, comme il payerait un fermage ; par l'autre, il le paye indirectement par un certain nombre de journées de travail sur le dominicum. Il est vrai que ces conditions marquées par Arédius pour quelques-uns de ses serfs sont particulièrement douces ; nous ne devons pas croire qu'elles fussent très communes en Gaule.

---

[1] *Peculiaria vero, eorum, campellos et vineolas, nullo inquietante, possideant, ea vero conditione ut nec vendere nec alienare præsumant.*
[2] *Addimus etiam mancipia quæ colonaria appellantur et nobis tributaria esse perhibentur... et reddant omnes singulis annis trientes.*

Le plus souvent les deux pratiques étaient combinées et l'on exigeait à la fois les redevances de la tenure et un travail sur le dominicum.

Nous trouvons l'expression très claire de cette double règle dans la Loi des Alamans et dans celle des Bavarois. On sait que ces deux lois ont été écrites au septième siècle, sous l'autorité des rois francs et surtout sous l'influence de l'Église. Il est singulier que l'Église ait réussi à introduire dans cette législation les règles qu'elle imposait à ses serfs, alors qu'en Gaule cette matière restait en dehors de toute législation. En tout cas, nous y pouvons voir quelles sont les règles que l'Église chercha à établir au septième siècle et qu'elle fit prévaloir presque partout.

« Les serfs d'église, est-il dit dans la Loi des Alamans, doivent rendre le tribut ordinaire de leurs tenures, 15 mesures de bière, un porc valant un tiers de sou, 80 livres de pain, 5 poulets, 20 œufs. Ils laboureront la moitié des jours sur leurs terres, l'autre moitié sur le dominicum[1]. »

« Le serf d'église, dit la Loi des Bavarois, doit des redevances en proportion de la terre qu'il possède. Il travaille trois jours sur le dominicum, trois jours pour lui. Si le propriétaire lui a donné des bœufs ou quelque autre chose, il doit pour cela un service supplémentaire dans la mesure du possible. Il ne faut pas d'ailleurs opprimer le serf[2]. »

---

[1] *Lex Alamannorum*, 22 : *Servi ecclesiæ tributa sua legitime reddant, 15 siclas cervisia, porcum valentem tremisse uno, pane modia duo, pullos quinque, ova 20.... Servi dimidiam partem sibi et dimidiam in dominico arativum reddant.*

[2] *Lex Baiuwariorum*, I, 3 ; Pertz, III, 280. Le titre entier paraît être partagé, assez obscurément d'ailleurs, entre les *coloni* et les *servi*. L'article 6 est ainsi conçu : *Servi autem secundum possessionem suam reddant tributa* (les *tributa*, dont il est parlé plus haut pour les colons,

Ainsi, lorsque le propriétaire a concédé sa terre à son esclave, il a exigé une sorte de prix de fermage qui consiste partie dans la part des fruits de la tenure, partie dans un travail sur la terre qu'il s'est réservée. Ayant fait deux parts de son domaine, il reçoit la rente de l'une et fait cultiver l'autre gratuitement. Telle est la combinaison qui a semblé la meilleure et qui a prévalu sous des formes assez variées.

Prenons le registre des cens de l'abbaye de Saint-Germain-des-Prés, nous y verrons les obligations individuelles de chaque serf. Ce registre n'a été écrit que dans les premières années du neuvième siècle; mais il est visible que ce n'est pas l'abbé Irminon qui a fixé les cens; on n'a fait que mettre en écrit les conditions établies pour chacun depuis un temps assez ancien, et ce sont les serfs eux-mêmes qui, sous la foi du serment, ont énoncé ces conditions. Nous remarquons même que beaucoup de ces domaines n'appartenant à l'abbaye que depuis cinquante ou quatre-vingts ans, les obligations du serf n'ont pas été fixées par l'abbé, mais par le propriétaire primitif. Aussi sont-elles fort diverses. Le serf Leuthaire qui occupe un manse de huit bonniers, c'est-à-dire de dix hectares, avec une petite vigne et un petit pré, n'a qu'une redevance de trois poulets et quinze œufs; mais il cultive quatre arpents de vignes dans le dominicum, il est astreint à des mains-d'œuvre[1], à des charrois, à la coupe des arbres; il a la faculté d'envoyer ses animaux dans la forêt, mais il paye pour cela deux

---

sont la dîme des produits); *opera vero tres dies in ebdomade in dominico operent, tres vero sibi faciant.... Tamen injuste neminem opprimas.*

[1] On appelait *manoperæ* toute espèce de travail à la main, battage de grain, sarclage des jardins, confection du vin, de la bière, du pain, réparation des bâtiments, clôture des cours ou des prés.

muids de vin[1]. Un autre serf nommé Maurus ne tient que deux bonniers de terre arable, deux arpents et demi de vigne et un pré; sa redevance est de quatre muids de vin, trois poulets, quinze œufs, deux setiers de graines de moutarde; il cultive huit arpents de la vigne du maître, et est astreint à des mains-d'œuvre, à des labours et à des charrois[2]. Un autre qui possède un peu plus de trois bonniers doit, outre les poulets et œufs, deux journées de labour par semaine sur le dominicum et la façon de quatre arpents de vigne[3]. Celui-ci, qui tient quatre bonniers et demi de champs, un arpent et demi de vigne et deux arpents de pré, a d'abord une redevance en poulets, œufs, moutarde et cent bardeaux pour refaire les toitures; il doit ensuite des labours, des charrois « où on lui commande », et il fait encore quatre arpents de vigne et quatre perches en labour sur le dominicum[4]. Celui-là, dont la tenure est plus petite, ne doit au propriétaire qu'un jour de travail par semaine, un poulet et cinq œufs chaque année[5].

Quelquefois les redevances et les services peuvent se racheter en argent. Voici huit serfs occupant huit manses; ils payent ensemble, au lieu des charrois, deux sous et huit deniers, et au lieu de fournir du lin, quatre sous et demi; aucune autre obligation ne leur

[1] *Polyptyque de Saint-Germain*, I, 7.
[2] Ibidem, I, 114 (édit. Longnon).
[3] Ibidem, VII, 62.
[4] Ibidem, VIII, 28.
[5] Ibidem, I, 20. — Les redevances varient à l'infini; il y a des serfs qui sont tenus de fournir jusqu'à 100 livres de morceaux de fer, provenant de vieux outils, faulx, couteaux, rasoirs, instruments de toute nature, qui étaient ensuite, dans la forge du propriétaire, transformés en outils neufs (*Polyptyque de Saint-Germain*, XIII, 64-108; *Polyptyque de Fulda*, à la suite des *Prolégomènes* de Guérard, p. 929; *Polyptyque de Corvey*, ibidem, p. 930). — Ce qui était plus fréquent, c'était l'obligation de fournir des bardeaux, des voliges, des tonneaux.

est imposée. Ces conditions, fort douces, étaient apparemment en usage sous les anciens propriétaires, avant que Godelhard fît donation de cette terre à l'abbaye[1].

Sur les domaines de Saint-Remi, tels serfs doivent pour leur tenure le labour d'environ deux arpents; ceux qui ont des bœufs fournissent deux corvées; chacun d'eux donne en outre trois poulets, quinze œufs et enfin « ils font le service qui leur est ordonné »[2]. Tels autres font le même labour, doivent neuf corvées dans l'année, une charge de bois, et fournissent un muid de vin et cent bardeaux, plus les charrois et les mains-d'œuvre[3].

Le registre de l'abbaye de Prum, qui est un peu postérieur à celui de Saint-Germain, nous montre des manses serviles qui doivent chaque année : un porc, une livre de lin, quelques poulets, cinq voitures de fumier, des charrois de vin et de bois, et, en outre, un travail de trois jours par semaine sur le dominicum[4]. D'autres doivent dix mesures de grain, quelques poulets, un porc, du lin, des bardeaux, deux charrois dans l'année; mais on ne signale pas qu'ils aient à travailler sur le dominicum; ils ont la faculté de faire paître leurs animaux sur la terre du maître, mais ils payent pour cela deux solidi[5].

---

[1] *Polyptyque de Saint-Germain*, XII, 2.
[2] *Polyptyque de Saint-Remi*, XI, 8.
[3] Ibidem, XII, 4.
[4] Registre de l'abbaye de Prum, dans Beyer, *Urkundenbuch zur Geschichte der Mittelrheinischen Territorien*, c. I, p. 144. — Ce registre a été rédigé en 893; il va sans dire que les redevances sont d'une époque antérieure.
[5] Registre de Prum, c. XLIV, p. 166. — Quelquefois le serf placé sur une tenure travaille à moitié, *laborat ad medietatem*, c'est-à-dire laisse la moitié de la récolte à son maître et garde l'autre moitié. C'est un véritable métayer. Mais le cas est rare; je ne le vois que dans un seul des domaines de Saint-Germain, celui de Corbon, XII, 10, 19, 22, 23, 26, 27, 32, 43, 44.

Dans le polyptyque de Saint-Bertin, le serf doit, le plus souvent, trois journées de travail par semaine, quelquefois deux journées seulement. Il en est qui ne doivent que seize, que vingt-quatre jours, dans la saison d'été[1]. D'après le cartulaire de Lorsch, l'obligation la plus fréquente était celle de trois journées[2].

On reconnaît dans beaucoup de cas que cette diversité tient à la différence d'étendue des manses. Mais dans beaucoup d'autres cas nous voyons des manses fort inégaux avoir des obligations identiques. On ne peut donc pas affirmer comme règle générale que les devoirs du serf fussent proportionnels à la valeur de la terre qui lui avait été concédée en tenure. Tout dépendait de la volonté du propriétaire qui avait fait les lots et qui avait pu avoir des raisons spéciales pour ne pas viser à l'égalité. Seulement, les conditions une fois établies restaient immuables pour le serf. Il était assez fréquent que le propriétaire qui léguait ou donnait un domaine fixât en même temps la mesure des obligations de ses serfs. Nous en voyons un décider que les serfs qu'il donne au monastère de Saint-Bénigne fourniront un jour par an le pain, le vin, la bière et tout ce qu'il faut d'argent pour les repas des moines[3]. Une femme donne des terres à l'abbaye de Saint-Gall et stipule que ses esclaves « ne seront pas astreints à trois jours de travail sur le dominicum, mais à deux seulement »; et cela fut observé durant des siècles[4]. Car la seule règle était celle de l'immutabilité.

On voit par ces exemples que les obligations des

---

[1] *Polyptyque de Sithiu*, à la suite de celui de Saint-Germain, édit. Guérard, p. 398-403.
[2] *Codex Laureshamensis*, nos 3667-3679.
[3] *Chronique de Saint-Bénigne*, édit. Bougaut, p. 60.
[4] Neugart, *Cod. diplom.*, n° 303, p. 247.

serfs étaient fort inégales, quelquefois légères, plus souvent rigoureuses. En tout cas ces obligations venaient du jour où le maître leur avait fait concession de sa terre. Or nul ne doutait que cette concession ne fût une faveur, et il était naturel que le propriétaire y attachât une sorte de prix de fermage. Comme il renonçait au service personnel de son esclave et en même temps à la jouissance personnelle d'un lot de sa terre, il paraissait fort légitime qu'il reçût à perpétuité la rente de son double sacrifice. Les redevances et les corvées des serfs de la glèbe n'ont pas d'autre source [1].

L'homme fut-il plus heureux comme serf qu'il n'avait été comme esclave? Cela me paraît incontestable, quoique les documents ne le disent ni ne puissent le dire. Se demande-t-on seulement si le serf eut à travailler moins ou davantage? Je crois plutôt qu'il travailla plus que quand il était esclave. Il eut à cultiver la terre du maître et la sienne. Il est possible que, pour beaucoup de ces hommes, le travail ait doublé. Mais toute une moitié de ce travail fut pour eux; ils en eurent la jouissance morale et les fruits matériels; ils y mirent leur cœur et en reçurent leur récompense.

Il est bien vrai que le serf, qui devenait ainsi une sorte de fermier, ne cessait pas pour cela d'être un serf. Il devait toujours l'obéissance au maître. Son prix légal n'était pas augmenté, et son mariage même demeurait subordonné à l'autorisation du maître. En droit, sa condition n'était pas changée, et cela tient à ce que sa transformation d'esclave en serf de la glèbe s'était faite en dehors du droit. En fait, le changement était grand. D'abord, la limite de ses obligations était fixée, et il

[1] Cela est si vrai, que le serf qui n'occupe qu'un demi-manse ne paye que la moitié du cens (*Polyptyque de Saint-Remi*, XVIII, 10).

eût paru monstrueux qu'elle fût dépassée. Puis il n'était pas toute la vie sous l'œil du maître ou de son intendant ; pour la culture de son lot de terre il était libre et maître de soi. C'était tout autre chose qu'au temps où il avait été confondu dans le groupe servile. Il avait son individualité, ses intérêts propres ; ses corvées faites, son temps lui appartenait ; la part de fruits payée, le reste était à lui. Il avait surtout sa demeure propre, et sa famille autour de lui.

En effet, la même transformation qui se fit pour l'homme se fit aussi pour la femme. La femme du serf casé ne travaille plus dans l'atelier commun du *gyneceum*. Elle n'est plus attachée, sauf de rares exceptions, au service personnel de la maîtresse, surtout du maître. Les devoirs de la servitude continue se sont changés pour elle en une obligation déterminée. Quelquefois elle doit un jour de travail par semaine. Le plus souvent elle doit annuellement le tissage d'une étoffe. Tantôt c'est une pièce de toile, appelée *camsilis*, et qui a de huit à douze aunes de long sur deux de large[1] ; tantôt c'est une étoffe de laine, à peu près de même grandeur, et qu'on appelle *sarcilis* ; ou bien encore ce sont quelques nappes ou des couvertures d'autel[2]. Souvent elles peuvent racheter cette obligation pour une somme fixe de 6, de 8, de 12 deniers[3]. En tout cas, si

---

[1] *Polyptyque de Saint-Germain*, XIII, 109 ; XX, 38. — Registre de Prum, n° 45.

[2] *Polyptyque de Saint-Germain*, XI, 13 ; XV, 70, 76, 82 ; XXIII, 27. — *Codex Laureshamensis*, n°° 3054, 3655, 3668. — Registre de Prum, n° 115.

[3] *Polyptyque de Saint-Germain*, XXV, 6 : *Uxor ejus aut facit sarcilem aut solvit denarios 12* ; cf. XXIII, 27. — Registre de Prum, n°° 10, 21, 23, 32, 35, 41, 45, 62, 105. — *Polyptyque de Saint-Amand*, dans Guérard, *Prolégomènes*, p. 925-926 : *Sunt ibi camsilariæ sex quæ redimunt camsiles denariis octo.* — Il y a des serves qui ne doivent que 2 deniers

elles font ce travail, c'est chez elles, dans leur maison, à côté de leurs enfants. Souvent même elles ne sont astreintes à aucun travail, à aucune obligation; et ce cas est de beaucoup le plus fréquent sur les terres de l'abbaye de Saint-Germain. Ainsi, la femme esclave n'a souvent d'autre devoir que de tenir son ménage; elle n'est plus esclave que de nom, elle est mère de famille.

Au sujet des enfants, il y a une remarque qui nous frappe. Ils ne doivent jamais aucun service. Dans l'ancien esclavage ils appartenaient au maître et travaillaient pour lui. Dans le manse servile ils n'ont plus de relations avec le maître. Les polyptyques nous montrent souvent des familles qui comptent plusieurs fils; les redevances et les corvées n'en sont pas augmentées. Regardez le polyptyque de Saint-Germain : le chef de famille qui occupe un manse doit être assez ordinairement un homme de cinquante ans; ses deux ou trois fils peuvent en avoir de 15 à 25. Ce sont autant de travailleurs. Mais ils travaillent pour leur père, soit qu'ils cultivent son manse, soit qu'ils fassent les corvées à sa place. Plus la famille serve est nombreuse, plus l'existence lui est douce et prospère. Qu'elle compte quatre membres valides, le père, la mère, deux fils, elle n'a pourtant que les obligations d'une paire de bras. Cela nous fait juger la distance qui sépare le servage nouveau de l'ancienne servitude.

Il est clair qu'aucune loi ni aucun contrat n'assurait au serf la possession de sa tenure. Mais pourquoi le maître l'en déposséderait-il? Les chartes et les poly-

(*Polyptyque de Saint-Remi*, XII, 5). D'autres doivent une redevance en vin et en volailles (*ibidem*, XIV, 12-13). — *Codex Laureshamensis*, n° 3671 : *Pro opere feminarum dat solidum unum... Unaquaque huba servilis pro opere feminarum dat denarios 15*; n° 3681 : *Hubæ lidorum unaquaque solvit pro opere feminarum unciam unam.*

ptyques montrent nettement que sa situation est assurée. Il vit sur son manse et y vivra toute sa vie.

Encore moins les lois disent-elles que la tenure soit héréditaire. A cela deux choses s'opposaient. D'abord le serf n'avait pas d'héritiers légaux ; ensuite la terre qu'il occupait n'était pas à lui. Lui mort, il n'est pas douteux que la terre ne revînt au propriétaire. Tel était le droit. Mais en pratique il est bien visible que les fils du serf le remplaçaient sur sa tenure. Il est probable qu'il y avait un moment où le maître reprenait la terre, mais qu'aussitôt il la rendait aux fils. Si cet usage ne s'établit pas en vertu d'une règle, il s'établit par suite de l'intérêt égal que les maîtres et les serfs y trouvaient. Les maîtres avaient besoin de garder des cultivateurs ; les serfs avaient le désir naturel de conserver une terre qu'ils connaissaient, où ils étaient nés, et qu'ils aimaient pour l'avoir travaillée.

Les polyptyques de Saint-Germain, de Saint-Remi, de Saint-Victor de Marseille, de l'abbaye de Prum ne disent nulle part que les tenures soient héréditaires, et personne à cette époque n'aurait osé le dire. Mais ils laissent voir, pour ainsi dire à chaque ligne, que la tenure du serf est assurée à sa famille. Ce n'est pas pour rien qu'à côté du nom de chaque serf on a écrit ceux de sa femme et de ses enfants. Il est visible qu'à chaque manse, dont l'étendue est fixée pour toujours, est attachée une famille qui devra payer toujours les mêmes redevances. On voit des femmes serves tenir des manses ; ce sont des veuves qui ont succédé à leurs maris, ou peut-être des filles qui ont hérité à défaut de frère[1].

Le manse était tellement héréditaire en fait, qu'il est

---

[1] *Polyptyque de Saint-Germain*, I, 25 ; IX, 237 ; XII, 10, 11.

venu un jour où on l'a appelé *hereditas, sors, alodium,* termes qui signifiaient patrimoine [1]. Ces expressions n'étaient certainement pas conformes au droit. Car le propriétaire du domaine était le vrai et seul propriétaire de chaque tenure; mais l'habitude d'hériter était si constante et si incontestée, qu'on finit par appliquer à la tenure servile les mots qui désignaient la propriété et l'héritage.

Un article du registre de Prum contient cette règle : « Si un tenancier vient à mourir, le meilleur de ses meubles appartient au propriétaire; quant au reste, le tenancier, avec la permission du propriétaire, en dispose entre les siens [2]. »

Le serf pouvait-il vendre sa tenure? Visiblement, il n'en pouvait pas vendre la propriété. Lorsque nous voyons, ce qui est assez fréquent, un homme libre vendre ou donner un ou deux manses, une ou deux *hobæ,* il s'agit toujours d'un homme libre qui en est propriétaire, non du serf qui les cultive. Le serf peut-il au moins céder sa faculté de jouissance, comme un fermier céderait son fermage? Les lois franques sont naturellement muettes sur ce point. Un article de la Loi des Wisigoths autorise le serf à vendre sa terre, pourvu que ce soit à un autre serf du même maître [3]. Cette restriction s'explique aisément; il pouvait être indifférent au propriétaire que deux de ses serfs échangeassent

---

[1] On trouve déjà dans les *Diplomata,* n° 586 : *Donamus vineas cum vinitoribus et illorum mansos et illorum* SORTES.

[2] Registre de l'abbaye de Prum, n° 55, dans Beyer, p. 176 : *Si quis obierit, optimum quod habuit seniori datur, reliqua vero cum licentia senioris disponit in suos.*

[3] *Lex Wisigothorum,* V, 7, 16, *antiqua*; il s'y agit spécialement des serfs du roi : *Servis nostris terras ad liberos homines non liceat venditione transferre, nisi tantummodo aliis servis nostris vendendi habeant potestatem.*

leurs lots ou se les vendissent l'un à l'autre; mais il était inadmissible que sa tenure passât aux mains d'un acquéreur qui n'aurait pas été son homme. Nous devons penser d'ailleurs qu'il était infiniment rare et presque incompréhensible qu'un serf vendît sa tenure; que fût-il devenu sans elle?

Si le serf jouissait à perpétuité de sa terre, il y était aussi attaché à perpétuité. Ces deux choses étaient corrélatives et inséparables. Comme serf, il n'avait pas le droit de s'enfuir du domaine et de se dérober à son maître. Comme tenancier, avait-il le droit de quitter sa tenure en disant au maître de la reprendre? Cela n'est pas impossible; mais alors il fût retombé dans la servitude personnelle, dans la servitude de tous les jours et de toutes les heures, sans profit ni compensation. Son intérêt indiscutable était de garder sa terre. Cette terre était, en fait, bien à lui; les arbres qu'il y plantait étaient pour ses enfants. Pourquoi l'aurait-il quittée? Je croirais volontiers qu'aussi longtemps que ce serf se souvint de la servitude antérieure, il s'estima heureux.

CHAPITRE XV

Tenures d'affranchis.

Nous avons vu plus haut que, parmi les divers modes d'affranchissement, il y en avait qui donnaient à l'ancien esclave la liberté complète, le *jus discedendi*, ou, comme on disait, « les portes ouvertes », avec tous les droits civils, y compris le droit de propriété. Mais il y avait aussi d'autres modes d'affranchissement, plus usités sans doute, qui retenaient l'affranchi sur le domaine du maître, dans sa *familia*, et sous son autorité. Les lois et les formules nous parlent également de ces deux classes d'affranchis; mais les chartes, qui sont les actes vrais, ne parlent guère que de la seconde.

Prenez les chartes de donation ou de vente; vous y remarquez presque toujours que l'auteur déclare « céder sa terre avec les serfs et les affranchis qu'elle contient ». Cela se trouve même, comme chose usuelle, dans les formules : « Il a donné, dit une formule de Tours, sa propriété comprenant terres, maisons, esclaves, affranchis, vignes, prés, forêts[1]. » « Je vends, écrit-on ailleurs, ce que je possède en tel lieu, en terres, maisons, esclaves, affranchis, vignes, forêts, prés, moulins[2]. » Un diplôme de 523 porte donation de plusieurs villæ « avec terres, esclaves, affranchis, vignes, bois d'oliviers, prés et forêts[3]. » Un autre, de 558, porte donation du domaine d'Issy « comprenant terres, vignes, forêts, prés, esclaves, affranchis »[4]. Nous lisons dans une chronique qu'au commencement du sixième siècle Grégoire, évêque de Langres, donne à un monastère treize villæ « avec les esclaves et les affranchis, et leur pécule »[5]. On voit ici que l'affranchi est placé bien près de l'esclave, et qu'au lieu d'avoir des biens en propre,

---

[1] *Formulæ Turonenses*, 26, Rozière, 302. C'est un acte d'échange : *Dedit ille locellum nuncupantem illum cum terris, domibus, accolabus, mancipiis, libertinis, vineis, silvis, pratis*. De même au n° 27, Rozière, 414.

[2] *Formulæ Merkelianæ*, 9, Rozière, 271.

[3] *Diploma Sigismundi*, Pardessus, I, 70.

[4] *Diplomata*, Pertz, n° 5, Pardessus, n° 163 : *Cum mansis, commanentis, agris, vineis, silvis, pratis, servis, inquilinis, libertis.*

[5] *Chronique de Saint-Bénigne*, édit. Bougaut, p. 16.

il ne possède comme lui qu'un pécule. Ansbert, en 696, fait don de sa villa Hauxiacus « avec champs, prés, forêts, esclaves, affranchis »[1]. « Je lègue, dit Abbon, tel et tel domaine, avec les esclaves, affranchis, qui y sont manants[2]. » Il en est de même dans les chartes d'Alsace; Boronus donne sa villa Papenheim avec ses esclaves et affranchis[3]; Hémon donne sa villa Bruningovillare avec ses affranchis et leur pécule[4].

De ces exemples, que l'on pourrait multiplier à l'infini, il ressort clairement qu'il existait dans les villas, à côté des serfs, une classe d'anciens serfs affranchis; que ces affranchis faisaient partie intégrante de la villa; qu'ils continuaient d'appartenir au propriétaire, qui les vendait ou les donnait avec son domaine. Ils étaient pour lui une source de revenus. Nous lisons dans plusieurs chartes : Je donne cette terre avec ce que rapportent les affranchis[5].

Ces affranchis, qui vivaient sur le domaine, descendaient presque toujours d'anciens esclaves ruraux qui y avaient eux-mêmes vécu. Le maître avait fait de son esclave un homme libre, mais en gardant le patronage et sans lui donner la faculté d'aller où il voudrait. Cet affranchi était donc astreint à rester toujours sur le domaine, et toujours sous l'autorité du propriétaire. C'est ce qu'une formule explique : « Ceux que nous avons affranchis devront, sous le nom d'hommes libres,

---

[1] *Diplomata*, Pardessus, n° 437, II, 237.
[2] *Testamentum Abbonis*, Pardessus, II, 376.
[3] *Codex Wissemburgensis*, n° 14.
[4] Ibidem, n° 45. — Le *Polyptyque de Saint-Remi* mentionne beaucoup de *liberti*, de *cartularii*, d'*epistolarii* vivant comme tenanciers sur le domaine.
[5] *Charta Nizezii*, Pardessus, II, 185 : *Tres villas... cum merito libertorum.* — Le mot *meritum* signifie la valeur d'une chose, ce qu'elle rapporte; il se dit du revenu d'une terre (Marculfe, I, 30).

resteı manants sur cette terre, et ils n'auront jamais le droit de s'établir ailleurs[1]. »

Mais en même temps le maître donnait à son affranchi un lot de sa terre. Cela allait de soi, pour ainsi dire. Que serait devenu l'affranchi s'il n'avait eu les moyens de vivre? Il était inadmissible qu'il travaillât avec le groupe servile, sous les ordres d'un intendant esclave. Il fallait donc qu'il eût une terre à lui, et les chartes montrent que la concession d'un lot de terre était presque inséparable de la concession de la liberté. Elles appellent ce don « la confirmation de l'affranchissement »[2]. Un concile de 506 montre déjà qu'il était dans les habitudes du temps, lorsqu'on affranchissait un esclave, de lui concéder « une petite terre, une petite vigne, une petite maison »[3]. Arédius en 573 affranchit des esclaves et leur assure la possession de quelques champs et de quelques vignes[4]. Erminétrude inscrit dans son testament les noms des esclaves qu'elle a affranchis et elle ajoute « qu'ils garderont leurs petits enclos, leurs jardins, leurs petites vignes »[5]. Abbon fait de même : « J'entends que ce que j'ai donné à mon affranchi Theudald, il le garde après moi[6]. »

---

[1] *Formules*, Rozière, n° 128 : *Volumus ut ingenui quos fecimus ... super ipsas terras pro ingenuis commaneant, et aliubi commanendi nullam habeant potestatem* (Zeumer, p. 476).

[2] *Testamentum Wideradi*, Pardessus, II, 525 : *Illas cessiones quas ad eorum ingenuitates confirmandas fecimus.* — Rozière, n° 128 : *Illas cessiones quas ad libertos nostros ad eorum ingenuitates firmandas fecimus....*

[3] *Concile d'Agde*, c. 7 (Mansi, VIII, 325) : *Si quis de servis ecclesiæ bene meritos sibi episcopus libertate donavit, collatam libertatem a successoribus placuit custodiri cum hoc quod manumissor in libertate contulerit... et modum in terrula, vineola, vel hospitiolo tenere....*

[4] *Testamentum Aredii*, Pardessus, I, 139 : *Cum campellis eorum et vineolis.*

[5] *Diplomata*, II, 257 : *Hos omnes cum omni peculiare eorum, tam areolas, hospitiola, hortellos vel vineolas,... liberos esse præcipio.*

[6] *Testamentum Abbonis*, Pardessus, II, 571.

Cependant il ne faut pas confondre cette sorte de concession avec une donation en pleine propriété. Celle-ci était beaucoup plus rare. Grégoire de Tours en offre un exemple, qu'il présente comme un fait curieux et exceptionnel : L'esclave Léon a sauvé le neveu de son maître; celui-ci lui donne l'affranchissement complet et une terre en toute propriété[1]. Cette générosité ne pouvait pas être très fréquente. Le plus souvent il s'agissait d'un simple usufruit. Il était stipulé que l'affranchi garderait la terre « sa vie durant », et qu'après sa mort elle reviendrait au propriétaire[2]. Il était stipulé aussi qu'il n'avait le droit ni de vendre ni d'aliéner en aucune façon cette terre[3]. Ce n'était donc pas la propriété qu'on lui en avait donnée.

Pour se convaincre d'ailleurs qu'il ne s'agit presque jamais d'un don de cette nature, il suffit d'observer que dans les chartes les biens possédés par ces affranchis ne sont pas désignés par les termes *dominium, dominatio, proprietas, res juris sui*, qui sont ceux par lesquels s'exprimait le droit de propriété; ils sont toujours appelés *peculium* ou *peculiare*. Ainsi ses biens et même sa terre ne sont pour lui, comme pour l'esclave, qu'un simple pécule.

Ce que les chartes montrent encore de la façon la plus nette, c'est que ces lots de terre qui étaient concédés aux affranchis n'étaient pas pour cela détachés de

---

[1] Grégoire de Tours, *Hist.*, III, 15 : *Leonem a jugo servitutis absolvens cum generatione sua, dedit ei terram propriam in qua liber vixit.*

[2] Rozière, 128 : *Dum advivunt, hoc teneant, et post eorum decessum ad ecclesiam revertere faciant.*

[3] *Testamentum Aredii* (Pardessus, I, 139) : *Ea conditione ut de campellis vel vineis vendere nec donare habeant facultatem.* — *Testamentum Wideradi*, Pardessus, II, 325 : *Quod eis per cartas dedimus aliubi vendere nec alienare habeant licentiam.* — Rozière, n° 128 : *Nullatenus aliubi vendere nec alienare habeant facultatem.* — Cf. *Lex Langob.*, Rotharis, 235.

la villa. Loin de former autant de petites propriétés particulières, ils continuaient à faire corps avec le grand domaine. Ils étaient donnés, vendus, légués avec lui. L'affranchi ne pouvait vendre; c'était le maître qui vendait ou donnait ce lot de terre avec son affranchi[1]. Il écrivait, par exemple : « Je veux que mes affranchis, les fils de Vualane, avec leurs biens, appartiennent à l'église que je fais mon héritière. Je donne à l'église mon affranchie Fredberge et ses petits-fils; ils sont manants dans ma terre de Parelianus; eux et leurs biens d'affranchis appartiendront à l'église[2]. » Il est donc certain que lorsque le maître avait affranchi son esclave et lui avait donné une terre, il ne s'était pas dessaisi complètement; de l'affranchi, il restait patron; du sol, il restait propriétaire.

Cette concession ressemblait beaucoup à une tenure. Souvent c'était une véritable tenure que le maître donnait. Abbon écrit : « Je veux que l'esclave Jocus, qui occupe une culture de colon, soit affranchi en vertu du présent testament, et qu'il continue à tenir la même culture à titre d'affranchi; mais qu'il obéisse au monastère que je fais héritier du domaine[3]. » Il n'est guère

---

[1] *Testamentum Abbonis*, Pardessus, II, 372 : *Ipsas libertas meas et ipsas res volo ut ecclesia habeat;* p. 371 : *Dono Brosiolas cum ingenuis;* p. 374 : *Dono Quonaone una cum ingenuis quos de Vuidigunde conquisivimus; dono loca.... cum libertis.*

[2] Ibidem, II, p. 378 : *Volo ut liberti nostri, filii Vualane, cum illas res quas ipsi Vualanæ dedimus ad heredem meam ecclesiam aspiciant. Dono libertam meam Fredbergam... cum nepotibus... qui in Pariliano manere videntur, ut libertica eorum res ad ipsam ecclesiam aspiciat volo ac jubeo.*

[3] Ibidem, II, 375, in fine : *Colonicas terras... quas Jocus in cessione... volo ut ipse per testamentum nostrum libertus fiat et ipsas colonicas sub nomine libertinitatis habeat, et ad heredem meam* (le monastère de Novalica) *sicut liberti nostri aspiciunt, ita et ipse facere debeat.* — Ibidem, p. 378 : *Volo ut Gislarannus libertus noster una cum colonicas quem illi*

douteux que beaucoup de ces affranchis ne fussent d'anciens serfs ruraux déjà établis sur des tenures. La faveur du maître changeait leur nom de serf en celui d'affranchi, et leur laissait d'ailleurs leur tenure sans rien changer à leur existence[1].

L'affranchi, comme le serf, avait à payer de quelque façon la rente de la terre qu'il occupait. A sa jouissance étaient ordinairement attachés des redevances ou des services. C'était le maître qui les fixait. Par exemple, saint Remi, en affranchissant un certain Vitalis, lui donne une vigne, et en même temps il lui impose une redevance perpétuelle, qui ne consiste d'ailleurs qu'en un repas annuel pour les prêtres de la ville de Laon et en une offrande à déposer sur l'autel aux jours de fête[2]. Arédius exige dans son testament que ses affranchis conservent « quelques champs et quelques vignes », mais il y met cette condition qu'ils payeront à ses héritiers, à perpétuité, cinq deniers d'argent et quelques petits présents suivant leur pouvoir; « rien de plus ne sera exigé d'eux »[3].

On voit qu'en fait ces affranchis étaient d'anciens esclaves dont le maître avait fait des tenanciers perpétuels. La tenure que le maître avait donnée à chacun

---

dedimus.... — Ibidem. p. 372 : *Colonicas quas ad libertos meos Theudoaldo et Honorio dedi.*

[1] *Testamentum Wideradi*, Pardessus, II. 325 : *Volumus ut quos ingenuos fecimus, quanticunque in ipsa loca commanent..., super ipsas terras pro ingenuis commaneant.* — Voyez le *Polyptyque de Saint-Remi*, notamment chapitre XX, où beaucoup d'affranchis, *epistolarii*, tiennent des manses serviles et payent comme les serfs.

[2] *Testamentum Remigii*, Pardessus, I, 83.

[3] *Testamentum Aredii*, Pardessus, I, 139 : *Cum campellis et vineolis... ita ut singulis annis terra pondo carræ inferant nostro, et singulis mensibus eulogias vicissim ad missas nostras revocent, et inferant in altario quinos argenteos, et donent exenia secundum quod paupertas eorum parare poterit; nihil amplius ab eis requiratur.*

d'eux ne pouvait pas être appelée un manse servile ; comme la langue ordinaire appelait l'affranchi *ingenuus*, sa tenure fut appelée un manse ingénuile[1].

Plusieurs documents donnent à ces affranchis le nom de *tributarii*. C'est que la redevance de la terre en tenure s'appelait *tributum*[2], et que cette terre elle-même s'appelait *terra tributaria*[3]. L'affranchi qui restait tenancier sous condition de redevance fut donc appelé un *tributarius*, et c'est le nom que les lois franques lui donnent. La Loi ripuaire distingue nettement les deux grandes catégories d'affranchis : d'une part, ceux que le maître a fait « citoyens romains », et à qui il a « ouvert les portes », c'est-à-dire qui ont pu quitter le domaine, vivre à leur guise et être eux-mêmes propriétaires ; d'autre part, ceux qu'il a retenus sur le domaine et qui sont désormais « ses tributaires ». La loi considère ces deux classes comme fort inégales : à la première elle assigne un wergeld de 100 solidi, à la seconde un de 36[4]. On voit assez que cet affranchi n'est pas bien loin du serf. La Loi salique fait la même distinction entre un affranchi qui possède en propre et un autre affranchi qui n'est que tributaire : elle accorde à l'un une valeur de 100 solidi, à l'autre une valeur de 45[5].

---

[1] Nous parlons de l'origine ; car dès le début du neuvième siècle nous voyons fréquemment dans les polyptyques un affranchi occuper un manse servile, et réciproquement.

[2] Le *tributum* était proprement la redevance. *Testamentum Bertramni*, p. 200: *Quidquid de villis in tributum annis singulis poterit obvenire.*

[3] Quatrième capitulaire de 819, c. 2 (Borétius, p. 287).

[4] *Lex Ripuaria*, LXI, 1-2, et LXII, 1 : *Si quis servum suum libertum fecerit et civem romanum, portasque apertas conscripserit... qui eum interfecerit centum solidis multetur.... Si quis servum suum tributarium fecerit, si quis eum interfecerit, triginta sex solidis culpabilis judicetur.*

[5] *Lex Salica*, XLI (XLIII): *Si romanus homo possessor, id est qui res in pago ubi commanet* PROPRIAS *possidet, occisus fuerit, is qui eum occidisse convincitur solidos centum culpabilis judicetur. Si quis roma-*

C'est que le premier, pleinement affranchi, est presque un véritable homme libre; le second, sous le nom d'affranchi, continue à avoir un maître et ne possède qu'une tenure dont il doit payer la rente[1].

Cette condition d'affranchi était-elle héréditaire? Si elle ne l'était pas légalement, elle l'était en pratique et nécessairement. Le maître avait décidé, ainsi qu'il est dit dans plusieurs de nos chartes, que ses affranchis et leur postérité garderaient toujours leurs tenures[2]. La condition qu'il y avait mise était perpétuelle aussi, et il allait de soi que la famille de l'affranchi était soumise à des obligations et comme à un fermage héréditaire.

Ainsi l'affranchi était assuré de la jouissance perpétuelle de sa terre; mais il y était aussi attaché à perpétuité. On pouvait dire qu'il appartenait au domaine. Un testateur écrit : « Je lègue ma *curtis* Valerignaca avec tous les affranchis qui appartiennent à cette *curtis*[3]. » L'affranchi, à qui l'on ne pouvait pas reprendre la terre, n'avait pas non plus le droit de la quitter. C'est ce que nous montre un testament de 739. Abbon, riche propriétaire dans le sud-est de la Gaule, déclare que, par suite d'invasions ennemies, beaucoup de ses affran-

---

num tributarium occiderit, solidos 45 culpabilis judicetur. On voit que ces deux articles de la Loi salique ressemblent fort, sauf une légère différence d'un chiffre, aux deux articles de la Loi ripuaire. Je crois que dans l'une comme dans l'autre il s'agit d'affranchis.

[1] L'expression *tributales* se trouve dans des chartes allemandes pour désigner cette classe d'hommes. Voyez Neugart, n° 225, t. 1, p. 190. — Voyez aussi quelques textes cités par Guérard, *Proleg. au Polypt. d'Irminon*, p. 368 et 971.

[2] Cette concession était quelquefois faite par un acte écrit, *per cartas* (*testamentum Wideradi*, Pardessus, II, 325). Cela constituait peut-être, au moins à l'origine, une différence essentielle entre la tenure d'affranchi et la tenure de serf.

[3] *Testamentum Abbonis*, Pardessus, II, 573.

chis, comme beaucoup de ses serfs, ont été dispersés ou se sont enfuis en divers pays; il ajoute que son héritier a le droit de les poursuivre et de les reprendre[1]. Dans un autre passage du même testament, il est dit que les affranchis et leurs enfants conserveront leurs terres, mais que, s'ils venaient un jour à refuser les redevances et les services, l'héritier aurait le droit de reprendre leurs terres et de les replonger eux-mêmes dans la servitude[2].

Un article de la Loi des Lombards explique très clairement cette situation, qui fut générale dans tout l'Occident : « Si un homme a disposé de ses biens en faveur d'une église, et s'il a affranchi les familles serves qui cultivent ces biens, ces affranchis doivent les redevances à l'église, à perpétuité, telles que les a réglées le maître, et, après eux, leurs fils et les fils de leurs fils[3]. »

Nous trouvons des affranchis, *liberti*, même dans les pays germaniques[4]. Mais nous les voyons le plus souvent sous le nom de *liti*, qui était le nom ancien. Il serait exagéré de dire que tous les lites, pas plus que tous les affranchis, fussent employés à la culture. Mais ceux que nous montrent les chartes sont toujours des

---

[1] *Testamentum Abbonis*, Pardessus, II, 378 : *Ubicunque agentes monasterii eos invenire potuerint, ut licentiam habeant in eorum revocare dominationem.*

[2] Ibidem, p. 375 : *Si ipse de monasterio sicut libertus se abstrahere voluerit, in pristino servitio revertatur, et ipsas colonicas ipsi monachi recipiant.*

[3] *Lex Langobardorum*, Aistulph, III, 12 : *Si quis res suas ordinaverit et dixerit eas habere loca venerabilia, et familias per quas res ipsæ excoluntur, liberas esse dixerit, ut in ipsis religiosis locis redditum faciant; secundum ipsius statuta reddant omni in tempore juxta domini sui præceptionem ipsi et filii filiorum illorum.*

[4] *Codex Wissemburgensis*, n° 14 : *Cum mancipiis, libertis*; n° 45 : *Mancipiis, libertis cum peculiare eorum.* — Neugart, n° 59 : *Cum mancipiis et libertis.*

cultivateurs attachés à la terre d'un maître[1]. Ils occupent des manses que l'on appelle manses lidiles[2]. Le maître les vend, les donne, les lègue avec sa terre[3]. Ils payent la redevance de leurs tenures, soit en parts de fruits, soit en corvées sur le dominicum; leurs redevances et leurs services, comme ceux des *liberti*, ne diffèrent pas notablement de ceux des serfs. Nous voyons dans le polyptyque de Saint-Germain que le lide Acfred, le lide Radoard et d'autres sont astreints à des travaux plusieurs jours par semaine, à des mains-d'œuvre et à des charrois « autant qu'il leur est commandé »[4]. Sur les terres de l'abbaye de Prum, la plupart des manses lidiles doivent, sans compter quelques légères redevances, trois jours de travail par semaine sur le dominicum. La condition de lide, comme celle d'affranchi, était héréditaire[5].

En résumé, toutes ces tenures d'affranchis ou de lites, issues de l'ancienne servitude, se rapprochaient beaucoup des tenures serviles et n'avaient avec elles, sauf le nom, aucune différence.

[1] *Polyptyque de Saint-Germain*, I, 13 : *Acfredus lidus tenet mansum....* De même, I, 14, 22, 23. — Ibidem, II, 114 : *Leodardus lidus S. Germani tenet quartam partem de manso.* — Ibidem, III, 45; VIII, 4, etc. — Lacomblet, n° 9 : *Hoba una quam proserviunt liti mei;* n° 4 : *Terram quam Landulfus litus meus incolebat et proserviebat.*

[2] *Polyptyque de Saint-Germain*, XIII, 41 : *Tenent mansum lidilem;* XIII, 56 : *Hildegaudus lidus tenet mansum lidilem.* On disait aussi : *Mansus lidus*, XIII, 39, 40. — Registre de Prum, n° 23, dans Beyer, p. 155 : *Mansa ledilia* 44 *in Mersch.* — Ibidem, n°ˢ 104, 105, 106, 108, 113, 114, 116.

[3] *Diplomata*, n° 521, charte du pays d'Utrecht : *Dono villam... cum luitis, mancipiis...* (Pardessus, II, 354).

[4] *Polyptyque de Saint-Germain*, I, 13 : *Acfredus lidus... facit in vinea aripennos* 3, *pullos* 3, *ova* 15; *manoperas, caplim, ubi ei injungitur.* — VI, 36 : *Radoardus lidus tenet mansum ingenuilem..., facit in vinea aripennos* 4, *in unaquaque hebdomada curvadas* 2, *manoperas, caroperas, quantum ei injungitur.*

[5] Ibidem, IX, 25 : *Isti tres sunt lidi quoniam de lida matre sunt nati.*

CHAPITRE XVI

Tenures de colons.

Il s'en faut beaucoup que tous les hommes de la villa fussent des serfs ou des descendants de serfs affranchis. La population si nombreuse que l'on a appelée plus tard du nom de *manants* ou de *vilains*, n'était pas issue tout entière de la servitude.

Les colons, *coloni* ou *accolæ*, sont signalés dans beaucoup de chartes, et la manière dont on parle d'eux montre qu'ils faisaient partie intégrante du domaine[1]. Nous avons vu plus haut, en effet, qu'ils ne pouvaient ni s'en séparer, ni en être séparés, quoique en principe ils fussent hommes libres. Leur culture était héréditaire.

Les colons ne sont jamais des hommes qui cultivent ensemble et en commun. Du moins les documents ne nous présentent aucun exemple de cette culture collective. Toujours le colon occupe, dans l'intérieur du grand domaine, un petit lot qui lui est propre, et qu'il appelle son manse[2]. Ce lot du colon s'appelle aussi *colonia* ou *colonica*, d'où est venu le mot français colonge[3].

---

[1] *Dono... villam meam... cum colonis* (ou *cum accolabus*), *Formulæ Turonenses*, 26 ; *Andegavenses*, 7 ; *Marculfi*, I, 13 et 14 (d) ; *Senonicæ*, 42 ; *Merkelianæ*, 9. — *Diplomata*, n°⁸ 254, 256, 285, 300, 351, 417, etc. — *Codex Wissemburgensis*, n°⁸ 205, 223, etc.

[2] *Polyptyque de Saint-Germain, appendix,* Guérard, p. 345 : *Per singula mansa*.

[3] Ainsi le testament de Vigilius mentionne la *colonica* ou tenure colonaire que tenait une femme nommée Quintilla (Pardessus, n° 363). Ainsi encore Widerad lègue la *colonica* que tient le colon Sicbert (Pardessus, n° 514, II, p. 324). Beaucoup d'autres lèguent ou donnent « telle villa avec les *colonicæ* qui en font partie ». *Testamentum Bertramni*, I, p. 205 :

Un propriétaire peut vendre ses tenures; il vend en même temps ses colons[1]. Il peut vendre ou léguer ses colons; il vend ou lègue en même temps ses tenures[2]. La cession du colon seul n'aurait aucun sens, puisque les redevances qu'il paye au maître tiennent également à ce qu'il cultive une tenure.

Ainsi le propriétaire peut changer; la famille du colon ne change pas. Elle reste toujours là. On peut voir dans le polyptyque de Saint-Germain que l'abbaye a acquis ses domaines à des époques diverses; les familles des colons qui les occupaient sous les anciens propriétaires les occupent encore. Prenez, par exemple, le domaine de Vitriacus : il saute aux yeux que les colons qui y vivent en 806 sont les descendants de ceux qui cultivaient le domaine d'Eleuthérius vers 550[3]. Le

---

Villam Pariliacum cum colonicas ad se pertinentes. — *Charta Theodetrudis*, I, p. 227 : *Villam Matrium cum colonicas suas ad se pertinentes.* — *Testamentum Hadoindi*, Pardessus, n° 500: *Dono villam Vernicellæ cum coloniis ad se pertinentibus.* — Marculfe, I, 30 : *Dedimus locellum... cum colonicas.* Cf. Grégoire, *Miracula Juliani*, 15 : *Colonicas basilicæ concupiscens.* — Quelquefois c'est l'ensemble des tenures colonaires que l'on appelle *colonia* ou *colonica*. *Testamentum Remigii*, Pardessus, I, 83. — *Testamentum Bertramni*, ibidem, p. 200, 202, 206 : *Colonica Villanova..., colonica Relate..., colonica Vincentia.* — *Testamentum Palladii : Coloniam Auduniacam.* — *Testamentum Vigilii : Colonica Ferrariæ.*

[1] *Testamentum Bertramni*, I, p. 200: *Tam in terris ac vineis quam colonis et servis.* — *Charta Ansberti : Cum colonis.* — *Testamentum Wideradi*, t. II, p. 524 : *Dono colonica... tenet illam Sicbertus... et ipsum Sicbertum cum uxore sua et infantes suos.*

[2] *Testamentum Remigii*, t. I, p. 81. — Cf. *Charta Aredii; Charta Nizezii.*

[3] *Polyptyque de Saint-Germain*, X, 1 : *Coloni vero qui ipsam inhabitant villam, ita adhuc sunt ingenui sicut fuerunt temporibus S. Germani, quatinus nulli hominum, aut vi aut voluntarie, sine præcepto abbatis aut arcisterii, aliquod exhibeant servitium... omnibus annis persolvant ad ecclesiam 8 sextarios olei aut 22 ceræ libras.* Quel que fût le nombre de colons, cette redevance collective était légère. Ce domaine était « l'aleu » de Germain, c'est-à-dire l'héritage qu'il tenait de son père Eleuthérius.

savant Guérard a remarqué que, s'il est arrivé quelquefois que l'abbaye ait repris une tenure, on a pris soin d'écrire en marge du registre que cette tenure était tombée en déshérence, *deest heres*[1]. Peu à peu la tenure ressemblera si bien à une propriété héréditaire qu'on en viendra à l'appeler un héritage[2]. Nous voyons assez fréquemment qu'un manse colonaire est entre les mains d'une femme qualifiée *colona*. C'est que la tenure est tellement héréditaire, qu'à la mort du colon, à défaut de fils, sa veuve ou sa fille a hérité. Cet héritage se transmettait-il de plein droit? Quelques faits que nous verrons aux époques suivantes permettent de croire que l'autorisation du vrai propriétaire était nécessaire, et que souvent il se la faisait payer. Mais cela ne paraît pas encore dans les textes mérovingiens.

Le colon cultivait sa tenure comme il l'entendait. Nous n'apercevons jamais qu'on surveillât, moins encore qu'on dirigeât, ses travaux. Les fruits étaient pour lui. Il devait seulement une redevance au propriétaire de sa terre. Parmi tous les textes du cinquième, du sixième, du septième, du huitième siècle, il n'y a pas une seule ligne qui présente l'idée que les obligations des colons aient été imposées à des faibles par des forts et aient par conséquent un caractère d'oppression. Ce qui est visible, au contraire, c'est que leurs charges étaient le prix dont ils payaient la jouissance du sol. De

---

[1] *Polyptyque de Saint-Germain*, XIV, 39, édit. Guérard, p. 156, note b. *Prolégomènes*, p. 501.

[2] *Miracula S. Benedicti*, I, 37 : *Quidam homo ex familia Sancti Benedicti mansiunculam ex leve structura, vimine scilicet ac genesta, super* HEREDITATEM *construxerat suam*. On trouve le mot *sors* appliqué à de simples tenures dans des chartes du neuvième siècle; ex. Lacomblet, I, 31. — L'édit de Pistes de 864, art. 30, appelle les manses des colons *hereditates*. — Le colon, étant homme libre, pouvait quelquefois être propriétaire; ex.: *Polyptyque de Saint-Germain*, IX, 257.

là cette phrase qui revient sans cesse : Un tel, colon, tient un manse de telle étendue, et il en paye tant, *solvit inde*. Nous voyons un colon, qui appartient à Saint-Germain, mais qui, ayant acquis une terre en propre, n'occupe aucun manse de l'abbaye ; il ne paye rien[1]. Ce qui est plus fréquent, c'est que deux ou trois colons occupent le même manse ; ils ne payent pas double ou triple redevance, ils ne payent que la redevance du manse[2]. D'autres qui n'occupent qu'un demi-manse n'ont aussi que la moitié des obligations d'un manse[3].

Cette redevance est donc un véritable prix de fermage. Elle a seulement ceci de particulier que le propriétaire ne peut jamais l'augmenter. Que la terre s'améliore avec le temps, que des plantations augmentent sa valeur, que par contre la valeur de l'argent diminue, le propriétaire n'a jamais le droit de rien ajouter au fermage. Ce que le premier colon a payé, ses petits-fils et toute sa postérité à toujours le payeront, et rien de plus. Nous avons l'acte d'un procès où un propriétaire, puissant abbé, fut cité en justice par les colons d'un domaine pour avoir voulu augmenter leurs redevances ; il n'obtint gain de cause que parce qu'il réussit à prouver, pièces en main, que les redevances étaient les mêmes qu'au siècle précédent[4].

---

[1] *Polyptyque de Saint-Germain*, IX, 257.

[2] Cette redevance est ordinairement appelée *tributum*. *Lex Alamannorum*, XXIII, 2 : *Si quis (colonus) tributum antesteterit*. — *Lex Baiuwariorum*, I, 13. — *Tributa* dans le sens de rentes des colons est dans Grégoire le Grand (*Lettres*, I, 44). — Dans le même sens, le *Polyptyque de Saint-Germain* emploie fréquemment le mot *census* ; ex. : IX, 59 ; IX, 231 ; quelquefois *reditus et census*, XII, 48 ; quelquefois *debitum*, IX, 253 ; XIII, 94 ; XXV, 8.

[3] Exemples dans le *Polyptyque de Saint-Germain*, III, 13.

[4] *Placitum de colonis villæ Antoniaci*, à la suite du *Polyptyque d'Irminon*, édit. Guérard, *Appendix* IX, p. 344.

On voudrait savoir avec exactitude en quoi consistaient les charges du colon. Mais une première remarque à faire, c'est qu'elles n'étaient fixées ni par une loi[1], ni par une coutume générale. Elles avaient été déterminées à l'origine par chaque propriétaire pour chaque colon qu'il avait admis sur son sol, et vraisemblablement elles avaient été consenties par ce colon, qui à ce moment, était absolument libre. De là vient que les conditions du colonat variaient d'un domaine à l'autre, et parfois, sur un même domaine, d'un colon à un autre. Mais, s'il n'y a jamais uniformité, il y a du moins des traits généraux qui se retrouvent presque partout et que l'historien doit dégager de la foule des cas particuliers[2].

La Loi des Bavarois contient et consacre le règlement que l'église fit, en ce pays, pour les colons de ses domaines. « Le colon d'église, y est-il dit, doit d'abord l'*agrarium*, c'est-à-dire que, s'il récolte trente boisseaux, il en doit trois, ainsi que la dixième partie de son lin et du miel de ses ruches[3]. En outre, il doit labourer, semer et moissonner sur le dominicum l'étendue d'une ansange, c'est-à-dire une bande de quarante pieds de large sur quatre cents pieds de long. Il doit encore plan-

[1] Peut-être dira-t-on qu'il faut faire exception pour les Codes des Bavarois et des Alamans. Mais j'incline à penser que les articles sur les charges des colons, qu'on lit dans ces lois, ne sont pas l'œuvre des législateurs alamans ou bavarois. Ils y ont été insérés par l'Église; aussi n'y est-il pas dit un mot des colons des particuliers.

[2] Les chartes du sixième et du septième siècle ne nous donnent aucune lumière sur les obligations des colons. Nous ne parlerons pas d'un diplôme attribué à Clovis; il est manifestement faux et d'une époque très postérieure (Pardessus, t. I, p. 38-40). Un passage de la *Vie de Désidérius de Cahors* montre des colons qui cultivent leurs vignes et qui doivent au propriétaire le dixième du vin récolté; mais il n'est pas dit qu'ils ne soient pas soumis en même temps à d'autres devoirs.

[3] *Lex Baiuwariorum*, I, 13, Pertz, p. 278 : *De colonis... qualia tribula reddant. Hoc est agrarium. Secundum quod habet donet : de 30 modiis 3 modios donet... Reddant fasce de lino, de apibus decimum vas.*

ter des vignes, les labourer, les provigner, les tailler et faire la vendange. Il doit enfin faire les charrois nécessaires, fournir au besoin un cheval, et contribuer à la réparation des granges et écuries du propriétaire[1]. » La Loi des Alamans, sans entrer dans ces détails, montre aussi que le colon doit à la fois des redevances, un travail sur les terres du maître, et l'obéissance à tous ses ordres[2].

Voilà le premier trait qui se dégage de nos documents. La redevance du colon se présente à la fois sous deux formes, une part des fruits de son manse, et un certain nombre de journées de travail pour le maître. Nous pouvons rappeler ici que, lorsque nous avons étudié le colonat dans l'empire romain, le seul document qui indiquât les charges des colons portait qu'ils devaient, d'abord une part de la récolte de leur tenure, *partem agrariam*, ensuite six journées de travail par an sur la terre réservée, deux de labour, deux de sarclage et deux de moisson[3]. Ces conditions étaient douces, mais on a des raisons de penser que les colons du domaine impérial étaient mieux traités que ceux des particuliers. En tout cas, la *pars agraria* du document romain se retrouve dans l'*agrarium* de la Loi des Bavarois et dans plusieurs chartes. L'obligation de labourer, semer et moissonner une ansange de seize ares correspond à peu près aux six journées de travail de l'ancien colon. La façon d'un arpent de vigne, les charrois, les réparations des bâtiments sont peut-être, mais on ne peut l'assurer, une aggravation des époques suivantes.

[1] *Andecenas legitimas, hoc est, pertica decem pedes habente, 4 perticas in transverso 40 in longo arare, seminere, claudere, colligere....*
[2] *Lex Alamannorum*, XXIII. Le paragraphe 2 parle des redevances, les paragraphes 3 et 4 des *operæ*.
[3] Voir ci-dessus, p. 77.

Les registres de Saint-Germain, de Saint-Remi, de l'abbaye de Prum nous donnent des renseignements plus précis, parce qu'ils sont individuels; et bien qu'ils n'aient été rédigés qu'au neuvième siècle, nous savons à n'en pas douter qu'ils représentent un état déjà ancien. Nous y voyons la situation de plus de 3000 familles de colons, avec l'état civil de chacune d'elles, l'étendue de son manse et la série de ses charges.

Nous remarquons en premier lieu que le colon, qui est un homme libre, occupe un manse ingénuile, tandis qu'à côté de lui le serf occupe un manse servile. Il est bien vrai que le temps apporte quelques dérogations à cette règle. Il a pu arriver qu'une famille de colons s'éteignît et que son manse, toujours qualifié d'ingénuile, fût concédé à un serf. Ce qui paraît n'avoir pas été très rare, c'est qu'un colon étant mort sans laisser de fils, sa veuve ou sa fille épousât un serf pour gérer la tenure[1]. Mais la règle primitive était bien qu'un manse servile fût entre les mains d'un serf, un manse ingénuile entre les mains d'un colon ou au moins d'un affranchi.

Existait-il une différence de nature ou une différence d'étendue entre le manse servile et le manse ingénuile? On n'en peut constater aucune. Tous ces manses sont composés de même, c'est-à-dire de terre arable, d'un peu de vigne et d'un petit pré. L'étendue en est fort inégale; mais on ne peut pas dire que les manses serviles soient en général plus petits que les manses de colons. Tel colon ne tient que deux bonniers, beaucoup en tiennent dix, quelques-uns vingt et davantage; vous

---

[1] Exemples dans le *Polyptyque de Saint-Germain*, I, 6; III, 47; IV, 9; VII, 14; VIII, 28, etc.

trouvez des manses de même étendue dans les mains des serfs.

Souvent les charges des colons sont les mêmes pour un même domaine ; d'autres fois elles varient, sans que l'on puisse constater que cette inégalité soit proportionnelle à celle des manses. Il y a des colons qui ne payent qu'une rente en argent ; l'un doit, pour 8 bonniers de terre, 3 sous chaque année, et rien de plus[1]. Un colon, pour une très petite tenure qui ne dépasse pas 50 ares, paye 1 sou[2]. A côté de lui, un autre tient 1 hectare et demi et ne paye que 6 deniers[3]. Un autre qui a moins de 1 hectare doit 4 sous[4]. Les colons de deux domaines, dont le nombre ne nous est pas indiqué, payaient tous ensemble la faible somme de 20 sous d'argent[5].

Le plus souvent, la redevance consiste partie en travail, et partie en argent ou en fournitures. Le colon Hildegaire, qui tient 5 bonniers de champ, 1 arpent de vigne et 1 arpent de pré, paye chaque année 3 sous d'argent et doit la culture de 6 perches[6]. Un autre, qui occupe 2 bonniers de champ et 3 arpents de vigne, paye 2 sous et ne cultive que 2 perches du propriétaire[7]. Un autre, qui tient 11 bonniers, doit d'abord 4 deniers, 5 boisseaux d'avoine et 6 poulets ; il fournit en outre 100 petites voliges et 100 bardeaux pour la réparation des toitures ; il doit enfin la façon de 6 perches, quelques mains-d'œuvre et quelques charrois[8].

[1] *Polyptyque de Saint-Germain*, IX, 151.
[2] Ibidem, VII, 70.
[3] Ibidem, VII, 71.
[4] Ibidem, I, 28.
[5] Ibidem, X, 2.
[6] Ibidem, VII, 76.
[7] Ibidem, VII, 75.
[8] Ibidem, IX, 9.

Le plus souvent le colon ne paye aucune somme d'argent ; mais il doit quelques fournitures et des travaux. Le colon Gaudebold, qui tient 6 bonniers de terre et moins de 1 arpent de vigne, ne donne de sa tenure que 3 poulets et 15 œufs ; mais il faut qu'il cultive 3 arpents de vigne du propriétaire[1]. Son voisin occupe 10 bonniers ; il fait 4 arpents de la vigne dominicale et doit en outre les mains-d'œuvre et les charrois qu'on lui commande. Le colon Gautselmus tient 12 bonniers de terre arable, 2 arpents de vigne et 3 arpents de pré ; il s'acquitte par la façon d'un champ de 6 perches, c'est-à-dire d'environ 15 ares, ce qui lui fait quelques journées de travail dans l'année ; il doit en outre fournir un cheval pour les charrois du propriétaire[2].

Voici d'autre part un colon dont la tenure est beaucoup moindre : il ne tient que 1 bonnier et 2 arpents ; il en doit une journée de travail chaque semaine sur la terre du propriétaire[3]. Sur le domaine de Palaiseau un colon occupe 6 bonniers de terre arable, 1 arpent de vigne, 2 arpents de pré ; il s'acquitte par la façon de 3 arpents de vigne du dominicum[4].

Souvent le colon donne une partie de sa récolte, quelques mesures de vin[5], une certaine quantité de lin[6],

---

[1] *Polyptyque de Saint-Germain*, I, 1.

[2] Ibidem, I, 38 : *Facit inde perticas 6, corvadas.* Ce qu'on appelle *corvada* au huitième et au neuvième siècle est proprement et surtout le labour. Le mot est synonyme de *aratura* (voyez Guérard, *prolégomènes*, p. 644-6). Toutefois je pense qu'il faut entendre ici par *corvadas* non seulement le labour, mais aussi les semailles et la moisson, c'est-à-dire tous les travaux à faire sur ces six perches. — *Donat paraveredum;* comparez *lex Baiuwariorum* I, 13 : *Paraveredos donent aut ipsi vadant ubi injunctum fuerit.*

[3] *Polyptyque de Saint-Germain*, I, 26.

[4] Ibidem, II, 61.

[5] *Polyptyque de Saint-Remi*, VII, 5.

[6] *Polyptyque de Saint-Maur*, 14. — Registre de Prum, n° 1, 7, 8, etc.

du grain ou du malt pour faire la bière[1], du houblon[2], de la moutarde, du miel[3], de la cire. Il y ajoute assez souvent des tonneaux, des douves, des échalas, des traverses pour la toiture, des cognées, des houes.

Mais ce qui est de beaucoup le plus fréquent, c'est qu'il travaille sur la terre du maître. Le principe qui paraît dominer tout est que la terre du propriétaire soit cultivée. Cette culture est le prix principal du fermage des tenanciers. Tantôt l'étendue à cultiver pour chacun ou le nombre de jours à donner est fixé à l'avance; tantôt il est indéterminé. L'un doit un jour de travail par semaine[4], un autre deux[5], un autre trois[6]. Beaucoup doivent « les corvées, les mains-d'œuvre, charrois, coupes d'arbres, autant qu'il leur en est commandé »[7]. C'est l'arbitraire du maître, ou, pour être plus juste, ce sont les besoins du domaine qui font la mesure de leurs obligations[8].

De tous ces faits, dont nous ne pouvons détailler

---

[1] *Polyptyque de Saint-Amand*, à la suite des *Prolégomènes* de Guérard, p. 925.

[2] *Polyptyque de Saint-Germain*, XIII, 64, 77, 89; XVI, 66; XX, 30, 33, 35, 42, 44.

[3] *Polyptyque de Corbie*, à la suite de celui de Saint-Germain, p. 335. — *Polyptyque de Saint-Bertin*, ibidem, p. 400, 402.

[4] *Polyptyque de Saint-Germain*, I, 26.

[5] Ibidem, VI, 35.

[6] Ibidem, VIII, 36.

[7] Ibidem, III, 2 : *Corvadas, carroperas, manoperas, caplim, quantun eis injungitur.* — IV, 2 : *Curvadas, carroperas, manoperas, caplim, ubi eis injungitur.* — VIII, 3 : *Corvadas, caplim, caroperas, manoperas, quantum ei jubetur.* Pareils exemples sont très nombreux. — *Polyptyque de Saint-Remi*, III, 3 : *Hunoldus ingenuus... facit omne servitium sibi injunctum.*

[8] Notons bien que ces paysans ne sont astreints à aucun service domestique. Ils ne doivent rien à la personne du propriétaire. Ils doivent servir sa terre, non seulement le lot qu'il en a en tenure, mais aussi son *dominicum*, c'est-à-dire le labourer, le moissonner, charrier les produits. S'ils font des gardes, *wactæ*, c'est sur le domaine et pour lui. Ils n'ont envers le maître aucun devoir personnel. Ils servent le domaine et non pas l'homme.

l'infinie variété, une remarque générale se dégage : c'est que le manse du colon ou manse ingénuile ne diffère pas essentiellement du manse servile, et que les obligations du colon ou de l'ingénu en redevances et en corvées sont aussi, le plus souvent, de même nature que celles du serf. D'où cette conséquence, qu'il ne faut pas être surpris que dans les siècles suivants les serfs et les colons en soient venus à se confondre.

Les registres du neuvième siècle les distinguent encore. Le jour où les tenanciers de chaque domaine furent convoqués en présence du représentant du propriétaire pour déclarer chacun son état civil, l'étendue de sa terre, et ses charges, chacun savait s'il était serf, affranchi, lide ou colon, et il était impossible de se tromper les uns les autres. Mais que valait cette distinction? Nous pouvons croire que les paysans entre eux y tenaient beaucoup, et que le colon marchait très fier devant le serf. Mais le fond de l'existence était le même pour tous les deux. Ils avaient même maître, payaient mêmes redevances, partageaient les mêmes corvées. Il se peut que la distance d'opinion fût encore grande entre eux ; mais dans la vie quotidienne ils se rencontraient et ils étaient égaux.

Sauf le titre d'homme libre et le souvenir d'une liberté très ancienne, aucun trait essentiel ne distinguait le colon du serf. Le serf ne pouvait pas quitter le domaine, le colon qui le quittait était poursuivi et ramené. Beaucoup de serfs payaient un impôt de quatre deniers appelé *capaticum* et qui était comme le rachat de leur tête; beaucoup de colons sont assujettis au même *capaticum*[1]. Les travaux les plus répugnants

---

[1] *Polyptique de Saint-Germain*, IX, 9 ; XII, 20, 24, 40, 41, 44 ; XIII, 15, 77.

ne sont pas réservés aux serfs; ils sont, la plupart du temps, partagés entre les serfs et les colons.

Il arriva bientôt qu'il fut impossible d'interdire le mariage entre les deux classes. Le registre de Saint-Germain mentionne des colons qui ont épousé des serves, et plus souvent des serfs qui ont épousé des femmes colones[1]. Le colon n'éprouve aucune répugnance à tenir un manse servile, et le cas est fréquent. Ce qui se voit encore assez souvent, c'est qu'un colon et un serf occupent ensemble le même manse[2]; voilà donc deux hommes qui peuvent différer par leur lointaine origine, mais qui vivent en commun, sont étroitement associés, et ne font pour ainsi dire qu'un seul homme. Après cela, faut-il s'étonner que les deux classes aient fini par se confondre presque partout pour former la classe des *villani* ?

A côté des colons proprement dits, on aperçoit sur les domaines plusieurs catégories d'hommes libres. Ainsi un capitulaire de Charlemagne mentionne des hommes qualifiés *franci*, c'est-à-dire pleinement libres, qui habitent dans les domaines du roi[3]. On peut bien supposer qu'il y en avait aussi quelques-uns sur les domaines de l'Église ou des particuliers. D'autres documents nous présentent des hommes qualifiés *ingenui*, et quoique ce terme s'applique fort souvent à des colons et à des affranchis, il y a grande apparence qu'il désigne ici des hommes tout à fait libres[4]. Ainsi la pré-

---

[1] *Polyptyque de Saint-Germain*, I, 6; III, 47, 54; IV, 9; VII, 14, 15; VIII, 28, etc.
[2] Ibidem, VII, 20; IX, 42, 75, 80; XIII, 78, etc.
[3] *Capitulare de villis*, c. 4, Boretius, p. 83. Après avoir parlé de la *familia*, le roi ajoute: *Franci autem qui in fiscis aut villis nostris commanent....*
[4] Nous parlons surtout des formules d'immunité où on lit: *Tam ingenuos quam et servientes.* Voyez, par exemple, *Diplomata*, n° 417.

sence de quelques hommes libres sur le domaine n'est guère douteuse. D'où venaient-ils, et quelle était leur situation? Présentons plusieurs faits qui nous sont fournis par les formules.

Il en est une où un propriétaire, pour récompenser un de ses « fidèles » de « sa foi et de ses services », lui fait don d'un lot de terre « dans les limites de sa villa ». La formule est à deux fins, comme il arrive souvent. Ce lot de terre peut être donné soit en toute propriété, *jure proprietario*, soit sous condition de redevance, *sub redditus terræ*. On voit bien que dans ce second cas le concessionnaire est désormais un tenancier[1].

Voici un autre cas. Le serf d'un domaine a épousé une femme libre. En droit, les enfants à naître doivent être serfs. Mais le maître accorde par lettre qu'ils ne le soient pas et qu'ils vivent, eux et leur postérité, dans le plein état de liberté, *in integra ingenuitate*. Mais en même temps cette lettre nous montre que ces enfants resteront à tout jamais sur le domaine, qu'ils en occuperont une tenure, et qu'ils payeront « la redevance annuelle de la terre »[2]. Voilà donc encore des hommes libres qui sont tenanciers. D'autres fois, et assez souvent, nous voyons des hommes libres qui ont épousé des femmes colones, et c'est manifestement pour prendre leurs tenures[3]. Tant il est vrai que tous les colons n'étaient pas colons malgré eux.

Ni les lois franques ni les actes ne nous montrent la

---

[1] Marculfe, II, 36: *Ego fideli nostro illi. Pro respectu fidei et servitii tui,... cedimus tibi locellum aut mansum illum infra terminos villæ nostræ... sub redditus terræ.*

[2] Ibidem, II, 29.

[3] *Polyptyque de Saint-Germain*, IX, 147; XIII, 6; XIV, 7; XVI, 88; XIX, 36.

pratique du fermage par contrat. Mais il y a eu certainement des hommes libres qui ont sollicité et obtenu des manses en tenure[1]. Or il y a ici plusieurs remarques à faire. En premier lieu, ces tenures libres ne semblent pas avoir été très nombreuses relativement aux autres. En second lieu, elles paraissent avoir eu ce caractère de perpétuité qui était alors la règle universelle. Enfin, ces tenures libres étaient sujettes aux mêmes conditions que les tenures serviles ou colonaires[2]. Que le manse fût occupé par un serf, par un colon, ou par un homme libre, ce manse devait à perpétuité les mêmes redevances et les mêmes corvées. Ainsi Radoinus, qui est qualifié *liber* et qui tient un manse, doit comme les autres labourer six perches du maître, faire deux corvées par semaine et les charrois qui lui sont ordonnés[3]. Le prêtre Godin tient un manse; il doit pour cela la façon de quatre arpents de la vigne du propriétaire[4]. Ces travaux apparemment n'étaient pas réputés honteux, ni tout à fait indignes d'un homme libre, dès qu'ils étaient le prix d'une tenure.

Il y avait encore des hommes qu'on appelait hôtes, *hospites*. Ces hôtes pouvaient être des serfs ou des colons; mais il s'en trouvait aussi qui étaient libres. C'étaient souvent des étrangers qui avaient obenu le droit de cultiver un petit lot de terre. Seulement l'*hospitium* n'était pas une tenure ferme; la concession en

---

[1] Voyez par exemple dans le *Polyptyque de Saint-Remi*, V, 2, un *Belitrannus* qui est qualifié *extraneus* ; c'est un homme libre qui est venu du dehors ; il a obtenu un manse, et il s'est soumis aux redevances et aux services des colons.

[2] C'est ce qu'on voit dans le *Polyptyque de Saint-Germain*, XIII, 6, et XVI, 88.

[3] *Polyptyque de Saint-Germain*, XIV, 7.

[4] Ibidem, I, 10. Il est clair que ce prêtre, comme tous les tenanciers, pouvait faire faire ces travaux par un autre homme.

était révocable à volonté. Ordinairement aussi, elle était plus petite que les manses serviles ou colonaires. D'ailleurs elle était assujettie à des obligations de même nature.

Ce qui frappe le plus en tout cela, c'est que, dans toutes ces tenures où le preneur était certainement un homme libre et ne s'engageait qu'en vertu de sa volonté, les conditions étaient sensiblement les mêmes que dans les autres tenures. Le colon ressemblait fort au serf, et l'homme libre au colon. Mêmes redevances presque toujours et mêmes corvées. C'est apparemment que ces redevances et ces corvées apparaissent aux yeux des hommes, non comme un acte de servitude ou d'oppression, mais comme le prix légitime de la terre dont ils jouissaient.

Seulement, la tenure, quelle qu'elle fût, mettait inévitablement l'homme dans la dépendance du grand propriétaire. Car c'était un principe universellement admis en ces temps-là que l'on dépendait d'un maître par ce seul motif qu'on occupait sa terre. L'homme pouvait être libre personnellement; mais il était sujet par la terre qui le portait et le nourrissait, par les redevances qu'il en payait, par les services manuels qu'il fournissait. Et cette subordination était héréditaire, sinon en droit, au moins en fait.

Il n'était pas nécessaire d'obtenir un manse pour dépendre du propriétaire. Si un étranger, homme libre, venait s'établir dans le village du domaine, par exemple pour y exercer un métier, il devait au propriétaire à titre de *manens* une redevance qui consistait en quelques deniers d'argent ou en quelques jours de travail[1].

---

[1] *Polyptyque de Saint-Remi*, XV, 27 ; XXII, 31 ; XVIII, 11 ; XXI, 6.

Les hommes de nos jours sont d'abord portés à croire que les charges de ces colons et de ces serfs étaient très lourdes, et telle a été aussi notre première impression. Une étude directe et attentive des documents fait concevoir une autre idée. Nous allons prendre quelques exemples dans nos polyptyques, et essayer de voir, par un calcul assez facile, ce que représentaient ces deniers dont il est parlé, ce que valaient tous ces travaux et ces services de corps. Les 5 000 ou 6 000 chiffres que nous donnent les polyptyques de Saint-Germain, de Saint-Remi, de Sithiu, de Prum, de Saint-Victor de Marseille, nous permettent de faire ce travail ; le premier est surtout important, parce qu'il nous donne à la fois l'étendue de chaque tenure et la série de ses redevances.

Mais d'abord il faut observer que, parmi les redevances qui sont énumérées, il en est deux que nous devons mettre à part. C'est en premier lieu celle que les polyptiques appellent *hostilitium* ; elle n'est pas une redevance de la tenure, elle est la représentation de ce que l'homme devrait au roi pour le service militaire. Peut-être ne date-t-elle que de Charlemagne ou de Pépin. Au lieu qu'à chaque guerre tous les hommes du domaine fussent mis en réquisition, les uns pour combattre, les autres pour fournir des vivres ou les transporter, on avait établi une sorte d'abonnement. Le tenancier payait chaque année, qu'il y eût guerre ou non, à son propriétaire une redevance relativement modérée ; puis, si la guerre venait, le propriétaire en supportait toutes les charges. Cette redevance annuelle variait : elle était de deux sous pour les uns, d'un sou pour les autres. Un troisième devait fournir dix mesures de vin. Ailleurs le colon devait, sur trois années, un bœuf la première, un porc la seconde, un mouton la troisième[1].

Il faut déduire en second lieu, ou du moins mettre à part, la redevance appelée *ligneritia* et *pastio*. Le propriétaire concédait à son tenancier, outre sa tenure en champs, vigne et pré, la permission de couper du bois dans sa forêt pour son chauffage ou pour ses constructions, et de faire paître quelques moutons ou quelques porcs sur ses *pascua* et dans ses chênaies. En échange de cette faculté, le tenancier devait une redevance qui consistait, tantôt à couper plusieurs charretées de bois pour le maître, tantôt à lui payer deux ou quatre deniers, tantôt enfin à fournir un certain nombre de mesures de vin[2].

Ces réserves faites, le reste des redevances était en réalité le prix de la tenure. Essayons de l'évaluer en valeur actuelle. Le calcul est relativement facile dans les cas où la redevance consiste en argent. Voici, par exemple, un colon qui tient un bonnier de terre en labour et un arpent; il paye pour cela six deniers[3]. Or le bonnier, à l'époque et dans le pays où ce polyptyque a été écrit, était une mesure agraire de 1 hectare 28 ares; l'arpent

---

[1] *Polyptyque de Saint-Germain*, III, 2, 3, 4, 5, 6, etc.; IV, 2, etc.; V, 3; VII, 26; VIII, 3; IX, 9, 10, 11, 12, 13, etc. Le droit s'élève par fois jusqu'à 4 sous, IX, 9; XVI, 3. — *Polyptyque de Saint-Remi*, XX, 16; VI, 2; XXII, 9; XXVIII, 2 et 69. — Dans le *Polyptyque de Saint-Maur*, cette sorte de redevance est appelée *camaticum*. — Guérard considère l'*hostilitium* comme une charge de nature privée; il l'est devenu, cela est incontestable; mais nous nous plaçons aux sixième et septième siècles, et à cette époque, ou il était une charge publique, ou il n'existait pas.

[2] *Polyptyque de Saint-Germain*, II, 2; III, 2; IV, 2; V, 3 et 28; VI, 3; IX, 9, 153, 155, 158; XIII, 1 et 39; XV, 3; XVIII, 3, etc. — *Polyptyque de Saint-Maur*, 14 et 16. — *Polyptyque de Saint-Remi*, 1, 2; IX, 2; XV, 2; XIX, 2; XX, 2, etc. — *Cartulaire de Saint-Victor de Marseille*, passim. — *Registre de Prum*, nos 25 et 45.

[3] *Polyptyque de Saint-Germain*, VII, 71 : *Framnus habet de terra arabili bunuarium 1, de vinea aripennum 1, inde solvit denarios 6.*

de vigne ne contenait que 12 ou 13 ares. Les six deniers formaient un poids d'argent d'environ 7 grammes et avaient la même valeur qu'auraient de nos jours 17 francs. Un fermage de 17 francs n'était pas bien lourd pour une terre de 1 hectare et demi.

Voici un manse de 13 bonniers de champs, c'est-à-dire de 16 hectares, 6 arpents de vigne et 6 arpents de pré. Il paye 5 sous et 4 deniers, ce qui vaudrait approximativement 180 francs d'aujourd'hui. Cela fait un fermage de 10 francs l'hectare [1].

Le nombre des manses qui payent leur redevance en argent est assez grand [2]. Notons cet avantage qu'ils ont. L'argent diminuera de valeur ; le sou et le denier deviendront de très petites monnaies, et leur redevance ira ainsi diminuant de siècle en siècle jusqu'à se réduire à rien.

L'évaluation est plus difficile lorsque la redevance se paye en travaux. Le colon Godebold tient un manse de 6 bonniers de champs, une petite vigne et un petit pré. Il s'acquitte par la façon de trois arpents de la vigne du propriétaire [3]. Si l'on songe que ces trois arpents ne faisaient en tout que 38 ares, et si l'on observe qu'une vigne de cette étendue exige environ 14 journées de travail dans l'année, on calculera que Godebold, tenancier de 8 hectares de terre, s'acquitte par 14 journées de travail. Il ajoute, chaque année, 3 poulets et 15 œufs. D'autre part, le colon Ebrulf dont la tenure est plus petite, doit la façon de 8 arpents, c'est-à-dire un travail d'une trentaine de jours [4].

---

[1] *Polyptyque de Saint-Germain*, VII, 6.
[2] *Polyptyque de Saint-Remi*, XIII.
[3] *Polyptyque de Saint-Germain*, I, 1. De même, II, 61 et 62
[4] Ibidem, II, 38.

Il en est qui doivent une corvée par semaine, d'autres deux et même trois. Nous pouvons traduire ces journées en sommes d'argent. Nous en avons d'autant mieux le droit que le tenancier pouvait ordinairement remplacer ses corvées par un prix déterminé en deniers ; ou bien encore il pouvait les faire faire par d'autres hommes qu'il payait. Or le polyptyque de Saint-Remi nous fournit l'indication des divers prix de journée, suivant la nature du travail. Les prix variaient depuis un tiers de denier jusqu'à un denier. La moyenne, qui est de deux tiers de denier, peut être exprimée en langage d'aujourd'hui par le chiffre de 1 fr. 75 centimes[1]. Prenons maintenant pour exemple le colon Bodo qui tient 11 hectares de terre arable, 2 arpents de vigne et 7 arpents de pré. Ses conditions sont qu'il doit trois jours de travail par semaine[2]. Notons que trois jours par semaine, après qu'on a retranché les semaines de Noël et de Pâques, les nombreuses fêtes, et surtout quand on a déduit les semaines où aucun travail agricole n'est possible, ne font pas plus de cent vingt jours dans l'année, probablement moins. Si Bodo se fait remplacer et qu'il paye chaque journée en un prix équivalent à 1 fr. 75 centimes d'aujourd'hui, ses trois jours de corvée par semaine se réduisent à environ 200 francs pour une terre de 12 hectares ; et si l'on ajoute quelques autres obligations qu'il a encore, on calcule que le fermage de sa tenure lui revient par hectare à 20 francs.

Une difficulté surgit de ce que le polyptyque, au lieu d'indiquer un nombre fixe de journées, se sert souvent de

---

[1] *Polyptyque de Saint-Remi*, XV, 27 : *Debent dies 9 aut denarios 4* ; XXII, 35 : *Debent unusquisque dies 3 aut denarios 1 et dimidium* ; XI, 2 : *In pratericia falcem 1 aut dabit denarium 1* ; XVIII, 11 ; XXII, 46 ; XXVI, 2.

[2] *Polyptyque de Saint-Germain*, VII, 4.

la formule « autant de travaux qu'on lui en ordonne », *quantum ei injungitur*[1]. Il est visible que cette formule donnait lieu à l'arbitraire. Il y aurait pourtant quelque exagération à soutenir que cette clause fût particulièrement onéreuse et tyrannique. Je prends, par exemple, un colon nommé Vulfardus du domaine de Nogent ; il tient 11 bonniers de champs, 2 arpents de vigne, 3 arpents et demi de pré. Sa redevance fixe consiste seulement en un labour de 9 perches, une fenaison de 1 arpent, la fourniture de 3 poulets, de 15 œufs et de 100 petites voliges ; mais le registre ajoute qu'il doit « corvées, coupes d'arbres, charrois et mains-d'œuvre autant qu'il lui est prescrit »[2]. La même clause est dite de 34 autres colons du même domaine et de 3 serfs : en tout 38 tenanciers qui doivent les services sur la terre du propriétaire. Mais si nous observons que, dans ce domaine de Nogent, la terre du propriétaire ne contient que 81 hectares, nous calculerons aisément qu'il n'y a pas là pour chacun des 38 tenanciers plus de douze à quatorze jours de travail par an. C'est à quoi se réduit cette clause, si menaçante d'aspect, de corvées à volonté.

Quelquefois nous voyons ces travaux rachetés, et ils le sont à très bas prix. Un lite a racheté toutes ses mains-d'œuvre pour un sou chaque année ; huit esclaves

---

[1] *Polyptyque de Saint-Germain*, III, 2 ; IV, 2 ; V, 3 ; V, 28, 53 ; VI, 3 ; VIII, 3 ; XIV, 3 ; XV, 3 ; XVI, 3, 52 ; XVII, 3 ; XVIII, 3.

[2] Ibidem, VIII, 3. — De même dans la villa Businiaca du *Polyptyque de Saint-Amand*, nous voyons que les tenanciers, qui sont au nombre de 19, doivent trois journées de travail par semaine, ce qui, pris à la lettre, ferait un total de 2280 journées ; or le *dominicum* ne contient que 16 bonniers de terre arable, dont un tiers reste en friche. La culture de 11 bonniers ou 14 hectares n'exigea jamais 2280 journées. Ce chiffre est donc fictif. Il signifie que le propriétaire est en droit d'exiger trois jours ; il ne signifie pas que les trois jours soient réellement imposés au tenancier.

ont racheté tous leurs charrois pour quatre deniers chacun. Beaucoup ont racheté les travaux de la moisson, *augustaticum*, pour un ou deux deniers[1].

Benjamin Guérard, un des grands érudits de notre siècle, a fait le calcul de ce que payaient tous les manses de l'abbaye de Saint-Germain. Il est arrivé à cette conclusion que le manse colonaire avait une étendue moyenne de 10 hectares et demi et payait 183 francs, ce qui mettait le prix de fermage du colon, par hectare, à 17 francs de notre monnaie. Le manse servile avait une étendue moyenne de 7 hectares et demi, et ses redevances et ses services peuvent être évalués à 162 francs; cela mettait le prix de fermage du serf, par hectare, à environ 22 francs d'aujourd'hui[2].

On voit tout de suite que le fermier d'aujourd'hui paye un prix beaucoup plus élevé que le tenancier du huitième siècle. Mais il ne faut faire aucun rapprochement entre les deux situations. La grande différence est que le fermage de ce tenancier, que nous avons évalué en argent, se payait surtout en services. Cette manière de s'acquitter peut être plus commode pour le paysan, qui aime mieux prêter ses bras qu'ouvrir sa bourse; mais elle a de bien graves conséquences; car elle implique forcément l'obéissance au propriétaire. Cela saute aux yeux dans les nombreux articles où il est dit que le paysan devra autant de journées qu'on lui en commandera. Cela n'est pas moins visible dans les autres arti-

---

[1] *Polyptyque de Saint-Germain*, IX, 266; XII, 2; IX, 6, 234, 236.

[2] B. Guérard, *Prolégomènes au Polyptyque de l'abbé Irminon*, p. 895, 897. — On ne peut pas évaluer de même les redevances du *Polyptyque de Saint-Remi*, parce que l'étendue des manses n'est pas indiquée; mais l'impression générale est que ces redevances ne sont pas fort élevées. Par exemple, le colon Teudoanus est soumis à des redevances et à des services qui, convertis en monnaie actuelle, ne feraient pas plus de 220 francs pour tout son manse (XVIII, 2; cf. II, 2; VI, 2; IX, 2, etc).

cles. Si le colon doit la façon de trois arpents de vigne, il appartient au propriétaire ou à son agent d'indiquer la vigne à faire. S'il doit deux jours par semaine, c'est le propriétaire ou son agent qui fixe les jours ; et pour chaque service il y a une surveillance et un contrôle. La volonté du maître apparaît ainsi à tout moment. Il faut toujours obéir et recevoir des ordres. De sorte que la redevance, qui n'est au fond que le prix très modéré de la jouissance d'une tenure, prend presque toujours l'aspect d'une servitude. La caractéristique du moyen âge, en ce qui concerne les classes inférieures, ce n'est pas l'oppression, mais c'est la sujétion.

CHAPITRE XVII

Les communaux de village.

Il y a toujours eu en France des communaux de village, c'est-à-dire des bois ou des pâquis dont les paysans avaient la jouissance en commun. Ils apparaissent très nettement dans les textes du douzième et du treizième siècle ; on les aperçoit déjà dans ceux de l'époque mérovingienne. Il importe d'examiner avec attention la nature de ces communaux. Des idées fort inexactes ont cours sur ce sujet. Beaucoup d'esprits modernes se sont figuré que ces communaux étaient une propriété collective des villageois, qu'ils avaient leur origine dans une antique communauté du sol, qu'ils étaient le faible reste de la propriété que les paysans avaient exercée sur l'ensemble des terres, et que les seigneurs féodaux en les dépouillant et en les asservissant leur avaient au moins laissé quelques terres vagues et quelques bois. Tout cela est de pure imagination [1].

Cherchons dans les documents du cinquième, du sixième, du septième siècle; nous n'y trouverons jamais que les paysans aient la propriété collective d'aucune terre. Ni la Loi salique, ni la Loi ripuaire, ni la Loi des Burgundes ne font allusion à un fait qui eût donné lieu à beaucoup de dispositions législatives, et dont aucun code n'aurait pu se dispenser de parler. Les chartes mérovingiennes mentionnent très souvent les bois et les pâquis, *silvæ*, *pascua*; mais toujours ces bois et pâquis sont enfermés dans les domaines. Ils ne sont pas à côté, en dehors. Ils appartiennent toujours au propriétaire de chaque domaine. Lorsque ce propriétaire donne ou lègue sa terre, il déclare donner et léguer ses forêts et ses pâquis. Il les lègue au même titre que ses champs et ses vignes. « Je lègue ou je donne telle villa, comprenant maisons, champs, vignes, prairies, pâquis, forêts, serfs et colons, avec toutes appartenances et dépendances. » Telle est la formule deux cents fois répétée; elle ne marque pas qu'il y ait la moindre différence entre la forêt et la vigne au point de vue du propriétaire. On peut même faire une autre remarque. Nous avons dit plus haut que le propriétaire avait partagé son domaine en deux pour en mettre une part en tenure; or nos polyptyques montrent que la forêt était toujours comprise dans le *dominicum*. Elle n'appartenait donc pas en propre aux paysans [2]. Un autre fait

[1] M. Armand Rivière a publié en 1856 un bon ouvrage sur les *Biens communaux en France*, mais il se trouve qu'il ne parle que des biens des villes, et tels qu'ils étaient constitués d'après la législation du Digeste. Les communaux de village ne pouvaient pas exister alors; ils sont d'une date très postérieure et d'une nature fort différente.

[2] Voyez notamment le *Polyptyque de Saint-Germain*, II, 1, III, 1; IV,

est encore bien significatif. Nous voyons plusieurs fois qu'un petit bois est compris dans le manse d'un colon ou d'un serf. Par exemple, le colon Leudo occupe 16 bonniers de terre arable et 1 bonnier de forêt ; de même le colon Vincuinus et plusieurs autres [1] ; un lide tient 1 bonnier et demi de bois taillis, *concidæ* [2]. Si quelques tenanciers ont ainsi la tenure d'un petit bois, tandis que leurs voisins n'en ont pas, c'est que les bois ne sont pas en commun.

Ajoutons que ces paysans étaient ou des colons ou des serfs et qu'ils ne pouvaient pas être propriétaires. Enfin les paysans d'un domaine ne formaient pas entre eux une communauté : la tenure était individuelle ; les redevances et charges l'étaient aussi, et aucun lien légal n'existait entre ces tenanciers. La communauté du village, *universitas villanorum*, n'apparaîtra que plus tard. Dès que ces paysans ne pouvaient pas être propriétaires et qu'ils ne formaient pas entre eux une commune, il est clair qu'ils ne pouvaient exercer aucun droit de propriété commune sur aucune partie de la terre de leur maître.

C'est donc ailleurs qu'il faut chercher l'origine et la nature des communaux : c'est dans la constitution intime du domaine et de la tenure, telle que nous l'avons étudiée.

---

[1] V, 1 ; VI, 1 ; VII, 3 ; VIII, 1, etc. De même dans le registre de Prum, n°⁸ 33, 34, 35, 45, 46, 58, 61, 63, 64, 66, 72, 73, 76.

[2] *Polyptyque de Saint-Germain*, IX, 58 : Un colon tient 12 bonniers de terre arable et 1 de forêt ; de même, IX, 47, 79, 83, 84. — IX, 46 : Le colon Eutharius tient 16 bonniers de terre et 1 bonnier et demi de *silva novella*, c'est-à-dire de forêt plantée par lui. — Autres exemples dans le même polyptyque, IX, 135, 136, 138 ; XIII, 2, 5, 17, 18, 19, 27, 43, 46, 55, 87, 93, 94.

[3] Ibidem, IX, 87. — Autres exemples de *concidæ* aux mains de petits tenanciers, dans le même polyptyque, IX, 88, 89, 91 ; XIII, 1, 9, 57, 76.

Nous avons vu que le propriétaire avait fait de son domaine deux parts, dont l'une avait été distribuée en lots de tenure. Il n'eût guère été pratique de diviser en petits lots sa forêt et ses pâquis. Cela n'eût pas été commode pour les paysans eux-mêmes. D'ailleurs le grand propriétaire romain avait eu le goût de la chasse; le propriétaire franc, qui le remplaça quelquefois, avait le même goût. Pour ces raisons diverses la forêt resta dans la part dominicale et les pâquis furent dans l'indivision.

Pour ce qui est de la constitution des manses, nous avons constaté que chacun d'eux se composait, le plus souvent, de plusieurs sortes de terres. Il était ordinaire que chaque tenancier eût une assez grande terre en labour, une petite vigne et un petit pré. Il semble bien que le principe qui présida à cette distribution fut que chaque tenancier pût se suffire à lui-même et eût tout le nécessaire. Ses terres arables lui donnaient son grain, ses légumes, le lin pour ses vêtements; sa petite vigne lui donnait sa boisson; son pré lui fournissait son lait. Pourtant ce n'était pas tout : il fallait encore qu'il eût quelques moutons et quelques porcs; il avait besoin aussi de bois, soit pour se chauffer, soit pour réparer sa cabane et son étable. Il était naturel et pour ainsi dire inévitable que les pâquis et la forêt du propriétaire servissent, au moins en partie, à satisfaire ces besoins évidents.

Visiblement, les paysans n'avaient aucun droit sur cette forêt et ces pâquis, mais le propriétaire pouvait leur en concéder la jouissance, en fixant d'ailleurs les limites de cette jouissance et en y mettant des conditions.

Comment se fit d'abord cette concession? Fut-elle gratuite, ou le propriétaire s'en fit-il payer le prix? Il est probable que les formes les plus diverses se produisirent. Les documents du troisième au cinquième siècle ne nous disent rien sur ce point. Pour toute cette constitution intime du domaine, les faits primordiaux nous échappent; nous n'avons de chartes qu'à partir du septième siècle, de polyptyques qu'à partir du neuvième, et, si nous pouvons entrevoir les faits primitifs, c'est seulement en vertu de la loi d'immutabilité que nous savons avoir été en vigueur en ces matières.

Prenons le registre de Saint-Germain; nous remarquons que, dans les domaines de Palaiseau, Verrières et plusieurs autres, tous les tenanciers payent chacun quatre deniers *pro ligneritia*, de même qu'ils payent un autre droit *pro pastione*. La *ligneritia* ne peut être que la faculté de prendre du bois dans la forêt du maître, comme la *pastio* ne peut être que le droit de faire paître quelques animaux sur sa terre. Le propriétaire a donc permis de prendre du bois, non pas à la volonté de chacun, mais dans une certaine mesure; non pas toute espèce de bois, mais seulement le bois mort et ce qu'on a appelé plus tard le mort-bois, c'est-à-dire les arbustes et les arbres ne portant pas fruits utiles. Cette concession, les tenanciers la lui ont payée; tantôt le prix était en argent, comme à Palaiseau et à Verrières, tantôt il était en nature et consistait en ce que chaque tenancier coupât aussi pour le maître une ou plusieurs charretées de bois[1].

Il en est de même de la paisson, *pastio* ou *pascuarium*; on appelait ainsi la permission donnée aux tenanciers d'envoyer quelques animaux, et surtout des porcs, dans les bois du propriétaire, pendant les trois

---

[1] *Polyptyque de Saint-Germain*, IX, 153-155, 158; XVIII, 3 et suiv.; XXV, 3 et suiv. — Le même droit de *ligneritia*, soit en argent, soit en nature, se retrouve dans le *Polyptyque de Saint-Maur*.

mois de la glandée. Cela est déjà mentionné dans la
Loi des Bavarois. Les colons avaient un droit de pâture ;
seulement ils le payaient par une redevance annuelle[1].
Dans la plupart des domaines de Saint-Germain, les
tenanciers ont cette faculté ; mais ils la payent d'une
redevance annuelle de deux muids de vin, quelquefois
de quatre muids, quelquefois de quatre deniers[2]. Dans
deux domaines, cette redevance pour la paisson n'est
pas mentionnée. Il n'en faut pas conclure que la paisson fût refusée aux paysans ; mais peut-être était-elle
gratuite, ou le prix en était-il confondu avec celui de
la tenure.

Il faut faire attention à la manière dont la valeur de
chaque forêt est indiquée dans les polyptyques. On
essaye d'abord d'en dire à peu près l'étendue ; « elle
a une lieue de tour », « qui en fait le tour fait deux
lieues », évaluation absolument vague et qui ne donne
pas l'étendue vraie ; on ne s'est pas donné la peine de
calculer cette étendue. Mais ensuite vient un autre
chiffre très net, celui des porcs que la forêt peut
engraisser. Telle forêt peut engraisser 500 porcs, telle
autre 900, telle autre 1100 ou 1500, tandis qu'il en
est qui ne peuvent engraisser que 200 porcs, que 150,
que 50. Ces chiffres si précis, et qu'on tient à inscrire
sur les registres, sont l'indice d'une habitude. Visiblement le nombre des porcs que les tenanciers pouvaient
envoyer n'était pas illimité. Outre ceux du maître,
chacun d'eux en envoyait ou 4 ou 8 ou davantage, mais
toujours un nombre déterminé. Cela n'est pas dit dans
le polyptyque de Saint-Germain ; mais notre conjecture
est confirmée par d'autres documents.

[1] *Lex Baiuwariorum*, I, 13 (14).
[2] *Polyptyque de Saint-Germain*, I, 1 ; II, 2 ; III, 2 ; IV, 2, etc.

Il n'était pas dans l'usage que le propriétaire mît sa forêt tout entière, surtout si elle était de quelque étendue, à la disposition de ses tenanciers. Très souvent il s'en réservait une partie pour ses besoins personnels ou ses plaisirs. Cela est surtout visible dans le registre de l'abbaye de Prum. Il y est dit expressément que, dans tel ou tel domaine, une partie de la forêt est en réserve (c'est ce qu'on appelait *foreste*), et que l'autre partie est « commune »[1]. Or par le mot « commune » on n'entendait certainement pas que cette partie de forêt fût la propriété collective d'un village ; car il n'y a pas ici de villages libres, mais seulement des domaines dont les habitants sont des serfs ou des lides. La forêt n'est commune que parce que le propriétaire en concède la commune jouissance suivant une mesure qu'il fixe lui-même et moyennant une indemnité qui lui est payée. Cette même distinction entre la forêt réservée et la forêt commune se retrouve dans les formules de Saint-Gall : « Je donne, y est-il dit, ma villa portant tel nom, telle que mes ancêtres et moi l'avons possédée en plein droit de propriété, c'est-à-dire avec ses maisons, vergers, champs, prairies, forêts communes ou forêts réservées, pâquis, esclaves. » Ici encore il est visible que ce qui est appelé forêt commune ne peut pas être la propriété collective de ces esclaves ; il s'agit d'un droit d'usage qui leur est concédé ; aussi le maître, dans cette formule, apparaît-il comme aussi bien propriétaire des forêts communes que des forêts réservées[2]. Un acte de la fin

---

[1] Registre de Prum, n° 55, dans Beyer, p. 175 : *Silva in Bastiberg forestum ad porcos 200 ; in Tegesceit communis ad porcos 200.* De même au n° 62 : *Silva in communi ad porcos 100, forestum ad porcos 150* ; n°⁸ 66, 82, 83 : *Silva communis ad porcos 600.* — Codex Wissemburgensis, n° 200 : *Et silva in communiis qua possunt saginari porci 200.*

[2] *Formulæ Sangallenses*, 11, Zeumer, p. 385 : *Dono villam... sicut*

du huitième siècle montre aussi la séparation entre « la forêt commune » et la forêt « qui reste propre au maître »[1].

Cette partie du dominicum où l'on concédait des droits d'usage aux tenanciers est appelée du terme de communaux, *communia*, dans un certain nombre de chartes du nord de la Gaule ou de la région du Rhin[2]. Par un acte de 687, Amalfrid et sa femme Childeberta font donation du domaine d'Honulfocurtis au monastère de Sithiu; suivant le style ordinaire des chartes, il est dit que ce domaine « dans toute son intégrité, y compris terres, manses, constructions, esclaves, champs, forêts, prairies, pâquis, moulins, *communaux*, tout sans nulle exception est donné au monastère »[3]. La lecture d'une telle charte ne laisse aucun doute sur la nature de ces communaux. Ils ne sont pas une terre commune à tous, une terre sans maître; ils sont dans l'intérieur du domaine. Ils ne sont pas non plus la propriété collective des paysans; car les paysans ici sont des *mancipia*, des esclaves, qui ne sauraient être propriétaires et qui appartiennent eux-mêmes à Amalfrid et à sa femme au même titre que leurs champs et leurs

---

ego et progenitores mei per succedentium temporum curricula potestative possedimus, id est domibus, pomariis, molinis, agris, pratis, silvis communibus aut propriis, pascuis, mancipiis, pecoribus.

[1] Dans Kindlinger, *Münsterische Beiträge*, II, 3 : *Est ibi silva communis... silva domini quæ singularis est.*

[2] Le mot se rencontre toujours sous la forme *communiis* (ablatif); il n'en faut pas conclure qu'il y ait eu un féminin *communiæ*. Dans cette langue, *communiis* est l'ablatif du neutre *communia*, comme *adjacentiis* l'est de *adjacentia*.

[3] *Diplomata*, Pertz, n° 56, Pardessus, n° 408 : *Cum omni integritate sua in se habente vel pertinente... una cum eorum terris, mansis, casticiis ibidem edificatis, mancipiis, campis, silvis, pratis, pascuis, farinariis, communiis, omnia et cum omnibus ad integrum ad monasterium transfirmaverunt.*

vignes; et ceux-ci en font donation au même titre. Seulement, Amalfrid et ses ancêtres avaient concédé que cette partie de leur terre fût commune à leurs serfs pour certains droits d'usage; et il n'est guère douteux que le nouveau propriétaire ne respecte cette situation.

Nous voyons de même, dans le pays de Flandre, un certain Sigerad vendre à un prêtre « toute la portion qu'il a du domaine de Rokasem consistant en prés, champs, esclaves et *communia* »[1]. De même encore dans le pays de Thérouenne une femme nommée Sigeberta vend ce qu'elle possède « en terres, manses, champs, forêts, prés, pâquis, communaux »[2]. Il est incontestable que celui ou celle qui vend ses *communia* parmi ses vignes, ses prés, et ses esclaves, est propriétaire de ces *communia* comme il l'est de ses autres terres et de ses hommes. Nous pourrions citer encore quelques autres actes; dans l'un d'eux, un donateur déclare « qu'il possède ses *communia* par droit d'hérédité, *jure hereditario* »[3].

Huit formules, c'est-à-dire huit modèles d'actes, mentionnent les *communia* parmi les parties d'un domaine qui appartiennent en propre à un vendeur ou

---

[1] Cartulaire de Saint-Bertin, n° 39 : *Ego Sigeradus, venditor,... vendo omnem rem portionis meæ in loco Hrokasem, in pago Flandrinse, id est tam terris quam et manso, pratis, campis, mancipiis, communiis, perviis, wadriscapis, peculiis, mobilibus et immobilibus.* — Acte semblable d'un certain Waldbert, *ibidem*, n° 41.

[2] Cartulaire de Saint-Bertin, n° 43 : *Tam terris, mansis, ædificiis, campis, silvis, pratis, pascuis, communiis.*

[3] Recueil de Lacomblet, t. I, p. 6. — Voyez encore un acte de 868 dans Beyer, *Urkundenbuch*, n° 110. — Dans le recueil de Zeuss, au n° 200, nous voyons un certain Lantfrid faire don au monastère d'une *silva in communiis* qui peut engraisser 200 porcs au temps de la glandée. Il est clair que cette *silva in communiis* est la propriété personnelle de Lantfrid, puisqu'il en fait donation; elle n'est en commun qu'avec les paysans du domaine et seulement pour la jouissance.

à un donateur. On lit dans l'une d'elles : « Je donne à mes neveux et à ma nièce un bien que je possède en tel canton et qui comprend tel nombre de manses avec constructions, terres, bois, prés, pâquis, *communia*, esclaves manants et dépendants, en un mot tout ce qui est ma propriété [1]. » Dans une autre formule qui se rapporte à une donation mutuelle entre époux, la femme déclare donner à son mari « ses biens situés en tel lieu, c'est-à-dire tel nombre de manses, avec maisons, constructions, terres cultivées ou incultes, bois, champs, prés, pâquis, *communia*, tout intégralement, tout ce qui est sa propriété » [2]. Le même terme se retrouve, et toujours employé de la même façon, dans une formule où un homme institue un héritier et lui fait cession de ses terres [3]; dans quatre autres où un propriétaire fait donation d'un bien foncier à une église [4]; et enfin dans une charte de composition où le coupable fait cession à sa victime d'une propriété « consistant en manses, hommes manants, terres arables, forêts, champs, prés, pâquis, communaux » [5].

---

[1] Formules, dans Zeumer, *Lindenbrogianæ* 14, dans Rozière, n° 172 : *Dono rem meam in pago illo, id est mansos tantos cum edificiis, una cum terris, silvis, campis, pratis, pascuis, communiis, et mancipiis ibidem commanentibus vel aspicientibus, quidquid in ipso loco mea videtur esse possessio vel dominatio.* — On sait que dans la langue du temps les mots *possessio* et *dominatio* sont ceux qui marquent le plein droit de propriété privée; *vel* n'est pas une disjonctive et a le sens de *et*.

[2] Formules, dans Zeumer, *Lindenbrogianæ* 13, dans Rozière, n° 251 : *Mansos tantos cum domibus, edificiis, curtiferis, terris tam cultis quam incultis, silvis, campis, pratis, pascuis, communiis, totum et ad integrum, quidquid sua fuit possessio vel dominatio.*

[3] Formules, dans Zeumer, *Lindenbrogianæ* 18, dans Rozière, n° 118 : *Terris, silvis, campis, pratis, pascuis, communiis et mancipiis ibidem commanentibus, quantumcunque mea videtur esse possessio vel dominatio.*

[4] *Lindenbrogianæ*, 1, 2, 4, add. 3; Rozière, 200, 202, 351, 346.

[5] *Lindenbrogianæ*, 10; Rozière, n° 242.

Dans tous ces actes il est dit en termes formels et énergiques que ces communaux sont la propriété d'un particulier, *mea est possessio vel dominatio*; ils n'appartiennent qu'à lui seul et ne lui sont pas communs avec d'autres hommes libres, puisqu'il les vend par sa seule volonté et sans consulter personne. Les actes disent encore qu'ils sont transférés de la propriété du vendeur ou du donateur dans celle de l'acheteur ou du donataire, *de meo jure et dominatione in vestrum jus et dominationem transfundo*. — Nous pouvons affirmer, d'autre part, qu'il n'existe pas un seul acte en sens contraire, pas un où le mot *communia* ait un autre sens. Jamais on ne le rencontre avec la signification de terre appartenant en commun à un village. Les *communia* sont toujours dans l'intérieur d'un domaine, et sont vendus, légués, donnés avec ce domaine. Ces ventes ou donations de communaux ne sont jamais faites par une communauté, mais toujours par un homme seul ou par une femme; toujours aussi les communaux sont vendus ou donnés à une personne seule, soit à un particulier, soit à une femme, soit à l'abbé d'un monastère, jamais à une communauté d'habitants. Nous observons même dans les quatorze actes que nous venons de citer que le domaine en question ne comporte aucune communauté d'habitants, puisque nous y lisons que ce domaine est occupé par des serfs, *servi, mancipia*, et qu'il n'y a pas place pour une communauté de paysans propriétaires[1].

[1] Il faut faire attention de ne pas confondre avec ces *communia* une certaine *communio silvæ* que nous rencontrons dans d'autres textes. Les chartes qui contiennent l'une s'expriment tout autrement que celles qui contiennent l'autre, et aucune confusion n'est possible. Les *communia* concernent des tenanciers serfs; la *communio silvæ* concerne des propriétaires. Cette *communio silvæ* se rattache au régime des *portiones*

Tous ces textes montrent assez clairement ce qu'étaient les communaux dans le domaine. Ce n'était pas précisément la même chose que les forêts et les pâquis, puisque les *pascua* et les *silvæ* sont nommés à côté des *communia*; mais c'était une partie des forêts et des pâquis, la partie que le maître avait voulu rendre commune. Il est bien entendu qu'il ne s'agissait jamais d'une communauté de propriété, mais seulement d'une communauté de jouissance. Il faut rapprocher ces textes de ceux qui nous montrent les serfs ou colons exerçant un droit de pâture ou un droit de couper du bois, soit gratuitement, soit moyennant redevance au propriétaire. Le domaine comprenait ordinairement trois parts. Le propriétaire gardait l'une dans sa main et l'exploitait à son profit exclusif; c'était le manse dominical. Il avait mis la seconde entre les mains de petits tenanciers, serfs ou colons ; c'étaient les manses serviles ou ingénuiles. Il restait une troisième part, qui comprenait les terres incultes ou de culture trop difficile; cette partie, ne pouvant guère être distribuée en tenures, était laissée par le propriétaire à l'usage commun des tenanciers. Tous ses tenanciers en jouissaient suivant certaines règles déterminées par le propriétaire, chacun d'eux pouvant envoyer tel nombre de moutons dans la prairie, tel nombre de porcs à la glandée[1].

---

que nous avons décrit plus haut. Lorsqu'un domaine, par succession ou autrement, s'était partagé, les deux, trois, quatre, dix propriétaires ont chacun, outre une part des terres en culture, une part dans la forêt. Suivant une règle qui était déjà dans la Loi romaine et dans la Loi des Burgondes, et qui est si naturelle qu'on peut croire qu'elle a existé partout, la part dans la forêt est proportionnelle à la part que chacun possède en manses. C'est ce qu'on voit dans beaucoup de chartes de la région rhénane, où quelques utopistes ont voulu voir un partage original entre paysans libres.

[1] Une charte du recueil de Neugart, n° 462, montre clairement cette

Tels sont les communaux de village, du quatrième au neuvième siècle. Ils se modifieront avec le temps et prendront plus tard un autre aspect, mais nous en avons marqué le vrai point de départ. Ils ne dérivent pas d'une prétendue propriété collective, dont on ne trouve nulle part aucun indice ; ils dérivent d'une jouissance concédée à des tenanciers par un propriétaire[1]. De

situation : *Trado... in villa Altenburch, hobas 5 et quidquid ad illam pertinet ad unamquamque hobam 10 porcos saginandos in proprietate mea in silva Lotstetin.* — Voilà une forêt qui est commune à des tenanciers pour la glandée, mais qui est incontestablement « la propriété » d'un propriétaire.

[1] Nous avons déjà en 1885, dans nos *Recherches sur quelques problèmes d'histoire*, attiré l'attention des érudits sur les *communia*. Nous faisions observer que, dans tous les textes où on les rencontrait, ils faisaient partie d'un domaine et non pas d'un village libre, qu'ils appartenaient toujours au propriétaire du domaine (ou de la *portio* de domaine), que ce propriétaire les vendait et les donnait librement sans consulter personne, et qu'enfin ce propriétaire déclarait expressément que ces *communia* étaient sa propriété.

M. Thévenin, dans un article inséré dans les *Mélanges Rénier*, 1886, a essayé de me contredire, parce que ces faits contredisaient son propre système sur la communauté germanique. Voici comment il s'y est pris : 1° Il a commencé par énumérer tous les textes, que nous citons, et où des propriétaires déclarent vendre les *communia* « qui sont leur propriété » ; mais quelle conclusion tirera-t-il de là ? Aucune. Une fois acquitté avec les textes, il n'en parlera plus, il n'en tiendra aucun compte, et il affirmera hardiment, contre tous ces propriétaires, que les *communia* ne doivent pas être leur propriété ; il n'a ainsi accumulé les textes que pour se mettre contre eux. — 2° A ces textes sur les *communia* il ajoute une trentaine d'autres textes sur la *communio silvæ* ; il ne paraît pas s'apercevoir que c'est tout autre chose. La *communio silvæ* est, en effet, l'indivision de la forêt contenue dans un domaine, lorsque ce domaine s'est trouvé divisé en *portiones*, c'est-à-dire quand les successions ou les ventes ont établi sur un même domaine deux ou plusieurs propriétaires. Cela n'a aucun rapport avec les *communia*, mais à l'aide de cette habile confusion M. Thévenin fait quelque illusion au lecteur inattentif. — 3° Il imagine que le mot *dominatio*, qui est employé dans la plupart de nos textes, signifie autre chose que la propriété. Voilà une affirmation qui a pu séduire quelques lecteurs absolument ignorants des textes ; mais tout homme qui les connaît sait fort bien que *dominatio* se rencontre un millier de fois dans les chartes, toujours avec le sens de propriété, sans aucune exception, et aussi bien dans les mains d'une femme que dans

même que presque tous nos villages sont issus d'anciens domaines, c'est aussi dans l'organisme intime de ces domaines que se trouve l'origine des communaux de village.

celles d'un évêque. C'est un terme synonyme de *proprietas, jus, possessio, potestas*; aucun érudit n'en a jamais douté. Pour M. Thévenin, c'est un terme spécial, qui ne s'applique qu'aux *communia*. Pourtant nous le trouvons dans des centaines de chartes où il n'y a pas de *communia*. Il soutient que *jus* et *dominatio* sont deux choses différentes; pourtant nous les trouvons presque toujours ensemble et appliqués à un même immeuble. Il veut que *dominatio* signifie « une dépendance d'un centre d'exploitation », ce qui est purement fantaisiste. Qu'il regarde seulement, entre mille exemples, dans le recueil de Pardessus, les n°° 179, 186, 230, 254, 300, 361, 365; dans le recueil de Zeuss, les n°° 10, 13, 42, 52, 56, 59, 151, 176; dans le recueil de Neugart, les n°° 10, 12, 36, 72, 84, 147, 176; dans le *Codex Fuldensis*, les n°° 55, 174, 224, 244; et qu'il dise s'il peut encore soutenir que *dominatio* signifie autre chose que le plein droit de propriété privée. Et c'est sur ce contre-sens arbitraire et voulu qu'il construit toute sa théorie. — Il prétend que *adjacentia* est la même chose que *communia*, quoiqu'il n'y ait aucun rapport entre les deux choses, et quoique cela soit démenti par un des textes mêmes qu'il cite, la *Lindenbrogiana* 2, qui énonce les deux choses comme distinctes. Qu'il regarde d'ailleurs le *Polyptyque de Saint-Remi*, XVII, 1; XVIII, 1; XIX, 1, etc., et il verra si *adjacentia* signifie des terres communes. — 4° Arrêté par le mot *legitimus*, lequel se trouve des milliers de fois dans nos chartes et qui signifie toujours conforme aux lois, il décide que *legitimus* doit signifier ce qui n'est pas conforme à la loi, ce qui existe en dehors des lois. On ne peut pas traiter la langue avec plus de désinvolture. — Je ne puis insister sur toutes les inexactitudes qu'il y a dans cet article. Il a merveilleusement les dehors de l'érudition; allez au fond, vous ne trouvez que méprises ou témérités conjecturales. C'est fort bien d'accumuler les textes, mais il faut aussi les comprendre, et surtout ne pas les interpréter à rebours. Il ne faut voir dans les textes que ce qui y est; mais aussi il faut y voir tout ce qui y est. Or M. Thévenin a certainement lu les textes qu'il cite, mais il n'y a pas vu trois choses: 1° Que chaque particulier déclare expressément que ces *communia* sont sa propriété; 2° Que ces *communia* ne sont jamais situés dans des villages libres, mais toujours dans des domaines; 3° Que les habitants de ces domaines ne sont pas des paysans libres, mais toujours des serfs, *mancipia*, ce qui exclut toute possibilité de propriété collective. Je crois que l'effort de M. Thévenin pour se débarrasser de quelques faits qui le gênent, est plus ingénieux qu'érudit.

CHAPITRE XVIII

Le gouvernement intérieur de la villa.

Après avoir étudié l'un après l'autre les différents éléments qui composaient le domaine, nous pouvons nous faire une idée d'ensemble de ce qu'était le domaine rural au septième et au huitième siècle. On l'appelait le plus communément du nom de *villa*, et cela aussi bien au Nord qu'au Midi, aussi bien dans la région Rhénane qu'en Aquitaine. L'étendue en était infiniment variable; mais l'organisation intime en était partout la même, sauf des exceptions toujours possibles, mais qui n'ont pas laissé de traces dans les documents. Regardez en Provence et en Anjou, regardez sur les bords de l'Escaut, de la Moselle et du Rhin, la villa est toujours constituée de la même façon.

Elle est un composé de terres et d'hommes. Les terres comprennent, en général, tous les éléments de culture : champs en labour, prés, vignes, bois, pâquis. Les hommes sont de conditions diverses, esclaves, lites, affranchis, colons, quelquefois hommes libres. Ces terres et ces hommes sont unis et associés par un lien indissoluble : ni la terre ne peut être enlevée aux hommes ni les hommes à la terre.

Au-dessus de ces terres et de ces hommes s'élève un propriétaire unique. Assez souvent, il est vrai, il est arrivé qu'un partage de succession ou une vente partielle ait divisé la villa. Elle se trouve alors répartie entre deux ou plusieurs propriétaires, d'ailleurs indépendants l'un de l'autre et ne formant pas une association.

Cette villa est une propriété héréditaire. Le propriétaire la vend, la donne, la lègue avec une pleine liberté. Que l'on prenne la région du Rhin et de l'Escaut ou celle de la Gironde et de la Loire, le droit de propriété y est de même nature; les actes de vente, de donation, de testament s'y font dans les mêmes formes. Le droit du propriétaire est sans limites et sans réserves. Parmi les diverses sortes de terres qui composent la villa, il n'en est aucune qui échappe à cette propriété complète, pas même la forêt, pas même le marais ou le sol inculte.

Cette villa ou ce domaine, quelquefois très vaste, ne formait jamais une masse confuse. Chaque homme avait sa place, chaque parcelle de terre avait son rang. Un organisme très simple et très régulier mettait l'ordre partout. Tout d'abord la terre était divisée en deux parts : celle que le propriétaire s'était réservée pour son exploitation personnelle ou pour sa jouissance, et celle qu'il avait concédée et distribuée en tenures à ses hommes. La part réservée s'appelait spécialement le manse du propriétaire, quoiqu'il fût aussi bien propriétaire de tout le reste et au même titre.

Ce manse domanial comprenait d'abord la maison [1] où il habitait avec sa famille quand il occupait son domaine ou qu'il venait le visiter. Cette maison, qui chez les Romains s'appelait *habitatio dominica* [2], est généralement appelée au moyen âge *casa* ou *domus dominica* [3].

---

[1] *Polyptyque de Saint-Germain.* II, 1, etc. : *Mansum dominicatum cum casa.*

[2] *Columelle,* IX, præfatio.

[3] *Formules de Rozière,* n° 225 : *Mansum indominicatum cum domo condigne ad habitandum.* — *Casa dominica, Polyptyque de Saint-Germain,* II, 1; III, 1; IV, 1, etc. — *Polyptyque de Saint-Maur,* 9.

Le nom de *sala* lui est aussi donné, surtout dans les régions plus germaniques du Rhin et de l'Escaut[1]. Les documents ne nous renseignent pas assez sur la physionomie de ces maisons. Le poète Fortunatus en vante plusieurs; il parle de portiques, de colonnes, de salles de bains, comme si rien n'était changé depuis l'empire[2]; mais cet écrivain parle une langue de convention dont il est difficile d'apprécier le degré d'exactitude. Il est peu vraisemblable que ces brillants palais aient subsisté longtemps. Les chartes ne donnent aucune description. Le peu que disent les polyptyques sur ce sujet donne plutôt l'idée de constructions vastes que de bâtiments élevés ou élégants. Peut-être ressemblaient-elles plutôt à nos grandes fermes qu'aux riches maisons de plaisance de l'empire. D'autre part il n'est jamais dit qu'elles fussent fortifiées; elles n'avaient par conséquent aucune ressemblance avec les châteaux féodaux de l'époque suivante. Ce n'étaient pas des demeures de guerriers; c'étaient des demeures de propriétaires fonciers et d'agriculteurs.

En avant de cette maison se trouvait une cour, que nous devons signaler parce qu'elle a eu une grande importance dans l'existence des hommes du moyen âge; on l'ap-

---

Fragment du *Polyptyque de Saint-Bertin*, art. 15. — *Polyptyque de Saint-Remi*, VI, 1, VII, 1, etc.

[1] *Lex Alamannorum*, LXXXIII, 1, édit. Pertz, p. 74, LXXXI, édit. Lehmann, p. 140 : *Si quis focum in noctem miserit ut domus incendat vel sala.* Ce qui donne à cet article son vrai sens, c'est que le paragraphe suivant parle de l'incendie d'une maison de serf, *servi domus*. L'incendie d'une *sala* est puni d'une amende de 40, celui d'une maison d'esclave d'une amende de 12 sous; l'une est à l'autre comme 40 est à 12. — *Charta Angelberti*, a. 709, Pardessus, n° 474 : *Quod mihi ex paterno jure provenit, hoc est casatas XI cum sala.* — *Charta Bertilendis*, a. 710, n° 476 : *Casatas 5 cum sala.* — *Breviarium*, à la suite du *Polyptyque d'Irminon*, p. 301 : *In fisco dominico salam regalem ex lapide factam optime.*

[2] Voyez dans Fortunatus la description de la villa Bissonnus, de la villa Præmiacum, de la villa Vereginis (*Carmina*, I, 18, 19, 20).

pelait *curtis*[1], ce qui était le même nom que dans l'empire romain[2]. Cette cour était ordinairement close de tous côtés, et l'on n'y entrait que par une ou deux portes[3]. Autour d'elle étaient les dépendances de la maison du maître, c'est-à-dire sa cuisine, son cellier, sa salle de bains, ses écuries, ses étables, ses granges, sa boulangerie, son pressoir ou sa brasserie[4]; quelques ateliers pour les travaux de menuiserie ou de charronnage, quelques cabanes pour ses serviteurs, un atelier pour quelques femmes serves qui filaient ou tissaient pour la famille; cet atelier s'appelait, d'un ancien mot grec, *gyneceum*[5].

Là aussi, ou non loin de là, se trouvait une église ou

---

[1] *Curtis dominica* (Polyptyque de Saint-Germain, IX, 9; XX, 3; XXV, 3). — *Mansus dominicatus cum curte* (Polyptyque de Saint-Remi, I, 1; II, 1, etc.). — Loi des Alamans, IX, X, XXXI. — Loi des Bavarois, X, 15; XXI, 6 : *Per curtes nobilium*. — Flodoard, Hist. Rem. eccl.: *Per circuitum cortis*. — Noter que le mot *curtis* a aussi d'autres significations ; il désigne quelquefois, ainsi que nous l'avons vu, le domaine entier. Il y avait aussi des *curtes serviles* (Codex Laureshamensis, n° 110).

[2] La forme classique était *chors* ou *chortis* ; Caton, *De re rustica*, 59 : *Cortem bene purgato*. — Cf. Varron, *De re rustica*, I, 13.

[3] *Formulæ Andegavenses*, 1 (c) : *Casa cum curte circumcincta*. — Capitulaire *De villis*, art. 41 : *Ut ædificia intra curtes nostras vel sepes in circuitu bene sint custodita*. — *Curticulam strenue clausam* (Breviarium à la suite du Polyptyque de Saint-Germain, édit. Guérard, p. 303). — *Curtem cum porta lapidea* (ibidem, p. 301). — *Curtem muro circumdatam cum porta ex lapide facta* (ibidem, p. 304). — *Curtem sepe munitam cum duabus portis ligneis* (ibidem, p. 303). — Neugart, n° 326 : *Curtem cum casa ceterisque ædificiis muro sepeque circumdatam*. N° 102 : *Casa cum curte clausa*.

[4] Loi des Bavarois, X, 3 : *Balnearium, pistoriam, coquinam*. — Loi des Alamans, LXXXI : *Si infra curtem incenderit scuriam aut graniam vel cellaria*. — Breviarium à la suite du Polyptyque d'Irminon, édit. Guérard, p. 301 : *Stabulum, coquinam, pistrinum, spicaria, scurias*. — Polyptyque de Saint-Remi, I, 1 : *Mansus dominicatus cum ædificiis, torculari, curte et scuriis et horto*. — Ibidem, VIII, 1 : *Cum cellario, laubia, horrea, coquina, stabula, torcular*.

[5] Capitulaire *De villis*, 43 : *Ad genitia nostra, opera ad tempus dare faciant, id est linum, lanam*, etc. — Breviarium, p. 298 : *Est ibi genicium ubi sunt feminæ 24 in quo reperimus sarciles 5 et camisiles 5*. — Loi des Alamans, LXXX : *Puella de gynecio*. — Grégoire de Tours, *Hist*.

une chapelle. Elle appartenait comme tout le reste au propriétaire, et était à l'usage de ses hommes. Un prêtre la desservait, choisi par le propriétaire avec l'aveu de l'évêque diocésain. Il était souvent un serf du même domaine, et le propriétaire l'avait affranchi pour en faire son prêtre. Il vivait à demeure dans le domaine, et il était de règle que le propriétaire lui concédât un ou deux manses[1]. Telle est l'origine d'un grand nombre de nos paroisses rurales.

Puis venait la terre domaniale. C'était en premier lieu un petit parc, *arboretum*, *viridarium*, *broilum*, et un jardin potager, *hortus*[2]. Plus loin, c'étaient des champs en labour, des prés, des vignes. Lorsque le *dominicum* était d'une grande étendue, on le partageait en plusieurs *culturæ*[3].

IX, 38 : *Quæ in gynæcio erant positæ*. — *Charta Eberhardi*, dans Pardessus, t. II, p. 357 : *In ginecio nostro*.

[1] Concile de Chalon, 642, c. 14 : *Oratoria per villas potentum*. — Concile d'Orléans, 541, c. 33 : *Si quis in agro suo postulat habere diœcesim, primum terras ei deputet sufficienter;* ibidem, 7 : *Ut domini prædiorum in oratoriis minime contra votum episcopi peregrinos clericos intromittant*. — Charte de 636, n° 276 : *Villam Nigromontem cum ecclesia..., villam Campaniacum cum ecclesia*. — *Diplomata*, n° 306 : *Ecclesiam et villam de Argenteria*. — Charte de 680, dans Pardessus, n° 393 : *Donamus... curtes nostras cum ecclesiis*. — Charte de 694, ibidem, n° 432 : *Dono mansum indominicatum et ipsam ecclesiam ad ipsum mansum pertinentem*. — Testament d'Abbon : *Ecclesiam proprietatis nostræ* (ibidem, II, p. 371). — *Polyptyque de Saint-Germain*, II, 1 ; III, 1 ; VI, 2 ; VII, 2, 83 ; VIII, 2 ; IX, 4 et 5 ; XIV, 2 ; XV, 2 ; XVI, 2, etc. — *Polyptyque de Saint-Remi*, XIII, 57 et 59, etc. — Neugart, n° 306 : Wolfart fait don d'une église ; n° 112 : *Peratoltus et conjux mea Gersinda tradimus ecclesiam nostram*.

[2] *Polyptyque de Saint-Maur*, 9, à la suite du *Polyptyque de Saint-Germain*, édit. Guérard, p. 284 : *Mansum indominicatum cum viridario*. — *Polyptyque de Saint-Remi*, III, 1 : *Mansus dominicatus cum horto et viridario*. — Ibidem, X, 5 ; XIV, 2 ; XVII, 1. — *Polyptyque de Saint-Germain*, XXII, 1 : *Broilum muro petrino circumcinctum*. — Sur ce qu'on appelait *hortus*, voyez un long passage dans les *Statuta abbatiæ Corbeiensis* à la suite du *Polyptyque de Saint-Germain*, édit. Guérard, p. 314–316.

[3] *Polyptyque de Saint-Germain*, III, 1 : *Habet ibi* (il y a) *culturas* 8

Presque toujours le domaine comprenait une forêt ou un bois, *silva*. Le polyptyque de Saint-Germain, qui décrit des domaines qui avaient été constitués à une époque ancienne et qui avaient appartenu à des particuliers avant d'appartenir à l'abbaye, donne lieu à cette remarque que la forêt faisait toujours partie du dominicum[1]. Loin qu'elle fût, comme on l'a soutenu, la propriété commune des paysans, elle était toujours dans la partie réservée du propriétaire. Il était d'ailleurs ordinaire, nous l'avons vu, que le propriétaire y concédât des droits d'usage à ses colons et à ses serfs. Mais c'était lui qui déterminait dans quelle partie de sa forêt ils couperaient du bois ou enverraient leurs porcs, et quelle partie il voulait s'en réserver pour ses besoins personnels ou pour ses chasses.

S'il se trouvait un cours d'eau dans le domaine, on y établissait un moulin. Nos chartes ne nous montrent jamais un moulin qui appartienne aux paysans[2]. Le moulin appartient toujours au propriétaire[3]. Il fait partie du dominicum[4]. Les paysans y font moudre leur

quæ habent bunuaria 65. — V, 1 : *Habet ibi culturas 4 quæ habent bunuaria* 257. — VI, 1, etc.

[1] *Polyptyque de Saint-Germain*, II, 1 ; III, 1 ; IV, 1 ; V, 1 ; VI, 1 ; VII, 3, etc. — Il en est de même dans le *Polyptyque de Saint-Remi*, I, 1 ; III, 1 ; XII, 1 ; XV, 1 ; aucune *silva* n'est mentionnée en dehors du *dominicum*. — De même encore dans le registre de Prum, nᵒˢ 33, 34, 35, 45, 46, 58, 61, 63, 64, 66, etc.

[2] Nous disons les « chartes », mais il est fort admissible qu'il y ait eu des moulins en dehors des domaines, par exemple dans des bourgs, moulins qui en ce cas appartenaient à de simples hommes libres (*Lex Salica*, XXII ; *Lex Langobardorum*, Rotharis, 149, 150 ; *Lex Alamannorum*, 83).

[3] *Codex Wissemburgensis*, 2 : Liutfrid fait donation d'une terre avec 13 esclaves et *cum mulino suo*. — Beyer, *Urkundenbuch*, nᵒ 6 ; Adalgysile parle de ses quatre moulins, *molendinos meos quatuor*. L'expression *cum farinariis* ou *cum molendinis* se rencontre dans une foule de chartes parmi les éléments d'un domaine (voyez Marculfe, II, 4).

[4] *Polyptyque de Saint-Germain*, II, 1 ; III, 1 ; VI, 1 ; VIII, 1 ; IX, 158 ; XIII, 1 ; XV, 1 ; XVI, 1, etc. — *Polyptyque de Saint-Remi*, VI, 1 ; XIX, 1.

grain moyennant une rétribution. Tantôt le propriétaire exploite lui-même son moulin en y plaçant un de ses serfs, tantôt il l'afferme à un homme qui lui en paye un cens déterminé [1].

Autour et comme au-dessous de la terre domaniale était la terre en tenure, distribuée en manses de serfs et en manses de colons ou d'affranchis. C'était la terre dépendante à l'égard de la terre du maître. On disait dans la langue du temps qu'elle regardait vers celle-ci, *ad eam aspicit*, qu'elle lui appartenait, *ad eam pertinet* [2], et ces expressions étaient justes, puisque le propriétaire de l'une était aussi bien propriétaire de l'autre.

Chaque manse était cultivé par le travail individuel du tenancier; la terre domaniale l'était par le travail collectif des mêmes tenanciers. De cette façon, le tenancier payait son fermage, pour la plus grande partie, en travail manuel. Le propriétaire recevait peu d'argent, mais il était sûr que la terre qu'il se réservait serait toujours cultivée. Tel était l'arrangement qui peu à peu,

---

[1] Ainsi, dans le *Polyptyque de Saint-Germain*, un colon tient un moulin et en paye au propriétaire 16 muids de vin (VII, 57); autres exemples : XIII, 107; XV, 1 ; ailleurs, trois moulins payent un cens de 300 mesures de mouture (XXI, 1). Les 22 moulins du grand domaine de Villemeux rendent au propriétaire 1500 boisseaux de farine et 16 *solidi* (IX, 2). — Un moulin d'un domaine de Saint-Remi paye 37 sous de cens (*Polyptyque de Saint-Remi*, XIII, 1).

[2] *Villam Vernicellæ,... cum coloniis ad se pertinentibus* (Pardessus, n° 500). — *Villam Avesam cum... quantumcunque in eo loco aspicere videtur* (ibidem.) — *Et quidquid ad ipsam villam respicit* (ibidem, n° 162). — *Villa Merido cum omnibus quæ ibi adspiciunt* (ibidem, n° 437). — *Villam Solemium cum omnes res quæ ibi aspiciunt* (ibidem, n° 466). — *Villam Clippiacum... et quidquid ad ipsam villam aspicere vel pertinere videtur* (ibidem, n° 563). — Il est clair que dans ces exemples, qui constituent une vieille formule, *villa* est pris dans son sens ancien de maison du maître. — *Mansum unum (dominicum) cui aspiciunt quatuor mansi serviles* (Rozière, n° 200).

depuis le temps de l'empire romain jusqu'à l'époque carolingienne, s'était établi dans les habitudes.

Les hommes étaient inséparables de la terre. Le propriétaire pouvait renoncer à son domaine, le donner, le vendre, l'échanger; le tenancier, serf ou colon, ne pouvait pas renoncer à sa tenure, ni le propriétaire la lui enlever. Si le domaine était vendu, le tenancier était vendu avec lui : par quoi il faut entendre qu'il conservait sa tenure sous le nouveau propriétaire et aux mêmes conditions. Ce serf ou ce colon était littéralement l'homme du domaine, et comme le domaine était souvent appelé *potestas*, c'est-à-dire propriété, on en vint à appeler ce colon ou ce serf *homo potestatis*; l'expression a duré sous la forme de « homme de pôté » pendant tout le moyen âge. Il ne semble pas que les tenanciers eussent l'habitude de vivre épars, chacun sur un manse. Ils se rapprochaient plutôt les uns des autres pour former un *vicus*, c'est-à-dire un village. Ce village s'établissait ordinairement à peu de distance de la maison du maître et un peu au-dessous d'elle.

Les revenus que le propriétaire tirait de son domaine se composaient de trois parties : 1° les fruits, *fructus*, c'est-à-dire les produits du *dominicum*; 2° le *tributum* ou le *redditus*, c'est-à-dire la redevance en argent ou en grains que chaque tenure lui livrait[1]; 3° ce qu'un texte

---

[1] Grégoire de Tours, *Hist.*, VI, 45 : *De domibus mihi concessis, tam de fructibus quam de tributis plurima reparavi.* — Idem, *De glor. martyr.*, 103 : *Reditus mei tam de tributis quam de fructibus.* — *Testamentum Bertramni*, I, p. 200 : *De villis quidquid in tributum annis singulis poterit obvenire, medietas pauperibus erogetur.* — Ibidem, p. 206 : *De tributo villarum.* — Grégoire, *Hist.*, X, 19 : *Quæ de tributis aut reliqua ratione ecclesiæ inventa sunt.* — *Diplomata*, n° 355 : *Tributum curtis.* — *Vita Eligii*, I, 17 : *Terræ redditus copiosos.* — Marculfe, II, 36 : *Reditus terræ.* — *Diplomata*, n° 349 : *Quod redditus terræ partibus ipsius basilicæ reddere contemnerent.* — Cf. Neugart, n° 250 : *Duorum servorum tributa.*

appelle *suffragium*, ce que plusieurs autres désignent par l'expression vague *reliqua beneficia*[1] ; c'étaient des revenus accessoires et variables; aussi ne sont-ils pas inscrits dans nos polyptyques ; apparemment, nous devons y comprendre les amendes pour délits, peut-être le droit de mariage, surtout le meilleur meuble dans la succession d'un serf, et le retour de tout son pécule et de sa terre s'il ne laissait pas d'héritiers légitimes[2].

Tel était le domaine rural avec ses vieilles limites persistantes[3] et son unité ineffaçable, malgré les partages de succession qui y plaçaient quelquefois plusieurs propriétaires. Ce domaine formait à lui seul une société complète, un petit nombre qui se suffisait à lui-même. Il contenait ordinairement tous les genres de culture nécessaires à la vie : champs de céréales, prairies, vignes, linière, houblonnière, bois de haute et basse futaie. On y faisait la mouture ; on y faisait le vin, la bière, le linge et les vêtements. On y exécutait tous les travaux de charronnage et de menuiserie. Le tenancier bâtissait et réparait lui-même sa maison avec le bois du domaine; il réparait même la maison du maître. Visiblement, ce paysan allait quelquefois à la ville voisine pour vendre

---

[1] *Testamentum Bertramni*, I, p. 200 : *De villis quidquid aut in tributum aut in suffragium annis singulis potuit obvenire.* — Bertramn me paraît désigner les mêmes profits accessoires et éventuels par les mots: *Reliquis conditionibus quod de prædictis agris speratur.* — *Diplomata*, n° 117 : *Cum reliquis beneficiis.* — Ibidem, n°° 269, 284, 312, 386, 410 : *Cum reliquis quibuscunque beneficiis.* — Ibidem, n° 563 : *Cum beneficiis vel opportunitatibus eorum.*

[2] Cette clause du retour du pécule ou de l'éventualité de la succession est exprimée dans beaucoup de chartes par les mots *cum peculio* ou *peculiare ipsorum*.

[3] *Termini, decusæ* (*Diplomata*, n° 263). — *Cum termino, cum terminis* (*Diplomata*, n°° 268, 300, 413, etc.) — *Inter lapides, metas et fossas* (ibidem, n° 409). — *Per terminos ac loca a nobis designata* (ibidem, n°° 393, 409).

son blé ou ses volailles ; mais il prenait peu à la ville. Le domaine vivait entièrement de sa vie propre.

A ce domaine, souvent très étendu, et toujours composé d'éléments fort complexes, il fallait une petite administration. Il était rare que le propriétaire pût l'administrer lui-même. Ce propriétaire était ou un évêque, ou un abbé, ou un riche laïque, et ne pouvait s'occuper des mille détails d'une culture. Les anciens Romains avaient eu le *villicus*, chef des esclaves et intendant, qui leur commandait au nom du maître ; ce *villicus* se retrouve, sous ce même nom et avec les mêmes attributions, jusqu'au dixième siècle[1]. Les Romains avaient aussi sur les grands domaines un *actor* ou *agens*, véritable administrateur et chef du personnel ; nous retrouvons aussi ce nom et cet emploi au moyen âge[2]. La Loi des Burgundes prononce que, si un esclave est accusé par un étranger, cet étranger doit s'adresser à son maître ou à l'*actor* qui régit le domaine[3]. Ces *actores* ou *agentes* sont signalés dans un grand nombre de formules[4]. Grégoire de Tours raconte cette histoire significative : La fille de Bérétrude possédait une villa, dont un certain Waddo voulait s'emparer. Il envoie d'abord un message à l'*agens* lui prescrivant de tout préparer pour le recevoir, comme si la villa était à lui. Mais l'*agens* rassemble les hommes du domaine et dit : Tant que je serai en vie, Waddo n'entrera pas dans la maison de

---

[1] Le *villicus* est mentionné dans la description de la villa de Stain (à la suite du *Polyptyque d'Irminon*, éd. Guérard, p. 341), et dans un autre document (*ibidem*, p. 334). — Cf. *Diplomata*, n° 324.

[2] Un document du règne de Charlemagne signale un *actor curtis*, et un autre un *actor villarum* (*ibidem*, p. 343 et 325).

[3] *Lex Burgundionum*, XVII, 5. Cf. XXXIX, 3. — *Lex romana Burgundionum*, V et VI : *Actor qui possessioni præest*.

[4] *Formulæ Andegavenses*, 24. — Marculfe, I, 5 ; II, 5 ; II, 39. — *Bituricenses*, 2 ; etc.

mon maître. Il se place à la porte et livre un combat à l'envahisseur ; il est tué, mais ses serviteurs le vengent en tuant à son tour Waddo. Voilà comment les serfs défendaient au besoin le bien du maître[1].

Avec le temps, les termes de *villicus* et d'*actor* deviennent moins fréquents. Ils sont remplacés par celui de *major*[2], qui a persisté pendant tout le moyen âge et qui est devenu notre mot *maire*. Faisons d'ailleurs attention qu'il ne s'agit pas ici d'un maire de village, mais d'un maire de domaine. Il est toujours choisi par le propriétaire. Rarement il est un homme libre, presque toujours il est un colon, quelquefois un serf; c'est-à-dire qu'il ressemble, pour la condition sociale et pour la dépendance, à la majorité des hommes du domaine[3]. C'est l'ancien principe romain. Si le domaine est très étendu, il a sous ses ordres des *decani*; c'est peut-être le reste de l'antique distribution des esclaves ruraux en *decuriæ*. Charlemagne ne voulait pas que les maires de ses domaines fussent pris parmi les hommes les plus riches de la villa ; il voulait pour cet office des hommes de condition moyenne[4]. Au-dessus de plusieurs do-

---

[1] Grégoire de Tours, *Hist.*, IX, 35.

[2] On a souvent répété que les mots *major* et *majorissa* se trouvaient dans la Loi salique ; mais il faut observer qu'on ne les lit que dans le texte de Hérold et qu'ils ne sont dans aucun des 66 manuscrits existants. — Le mot *major*, qui n'était pas tout à fait inconnu en ce sens dans la société romaine (Saint Jérôme, *epist.*, 2) et qui se retrouve dans la *Regula magistri*, c. II, devient surtout fréquent au temps de Charlemagne. Capitulaire *De villis*, c. 10, 26, 60 ; *Polyptyque de Saint-Germain*, II, 2 ; IV, 56 ; VIII, 23, etc. ; *Polyptyque de Saint-Remi*, I, 15 ; VI, 50 ; IX, 19, etc. ; *Capitularia*, V, 107, 174.

[3] Sur les terres de Saint-Germain le *major* est plus souvent un colon qu'un serf, parce que sur chaque domaine les colons sont plus nombreux que les serfs. Ex. : *Walafredus, colonus et major* (II, 2 ; IX, 8 ; IX, 271 ; XIII, 31 ; XVII, 5 ; XIX, 3 ; XXI, 5 ; XXIV, 2). Pourtant on en trouve un qui est serf.

[4] Capitulaire *De villis*, art. 60: *Nequaquam de potentioribus hominibus majores fiant, sed de mediocribus.*

maines et de plusieurs maires, le roi, les évêques ou les riches laïques plaçaient un agent qualifié du titre élevé de *judex*.

Tous ces hommes, qui étaient dans la dépendance la plus étroite à l'égard du propriétaire, étaient chargés de la gestion du domaine et à ce titre commandaient à tous les serfs et tenanciers. Leur première obligation était de recueillir les redevances en argent ou en nature ; ils gardaient celles-ci pour la table du maître ou, s'il y en avait trop, les vendaient[1]. Leur seconde obligation, et celle-ci quotidienne, était de diriger la culture du dominicum. Ils veillaient aux labours, aux semailles, à la fenaison, à la moisson, à la coupe des arbres. C'était donc eux qui prescrivaient à chaque tenancier ses jours de corvée et la nature de son travail[2]. Les tenanciers voyaient rarement le maître, mais tous les jours son représentant. Nous nous tromperions visiblement si nous pensions que les serfs et colons fussent indociles vis-à-vis de ce maire qui était au fond leur égal. Les esclaves élevés à quelque commandement sont d'ordinaire plus sévères et plus méticuleux que leurs maîtres. Quelques faits donnent à penser qu'ils avaient un intérêt dans leur gestion, et gardaient pour eux tant pour cent sur les produits du domaine[3].

---

[1] *Charta Annemundi, Diplomata*, n° 324, Pardessus, II, p. 102 : *Villicos disposuimus qui fideliter census et tributa quærerent ac fideliter redderent.* — Sur cela, il faut lire le capitulaire *De villis*, en songeant que les *villæ* royales n'étaient pas organisées autrement que celles des évêques et des particuliers, ainsi que nous l'avons établi plus haut. — Cf. Loi des Alamans, XXIII, et Loi des Bavarois, I, 14.

[2] Capitulaire *De villis*, art. 5 : *Seminare aut arare, messes colligere, fenum secare, vindemiare... prævideat ac instituere faciat quomodo factum sit.* Voyez les art. 23, 24, 34, 37, 39, 62, 70.

[3] Voyez Guérard, *Prolégomènes*, p. 434.

Pour cette population qui comprenait souvent plusieurs centaines d'âmes, quelquefois un millier et davantage, il fallait une sorte de gouvernement. Or les autorités publiques n'avaient dans le domaine aucun représentant. La seule autorité possible était celle du propriétaire. Cette autorité n'a jamais été instituée par une loi ; elle s'est établie par la nature des choses. Elle résultait surtout de la condition sociale des hommes qui habitaient le domaine. Ils étaient ou esclaves ou affranchis ou colons. Les esclaves avaient été de tout temps les sujets du maître, qui était pour eux ce que l'autorité publique était pour les hommes libres. Les lois impériales et les conciles avaient interdit que le droit de justice allât jusqu'à la peine de mort ; mais cette prescription même n'était pas toujours exécutée[1]. En tout cas le maître punissait les fautes de l'esclave avec un pouvoir absolu et sans appel. L'affranchi était à peu près dans la même situation que l'esclave, car il n'était vraiment libre que vis-à-vis des autres hommes ; vis-à-vis de son maître il restait un sujet, surtout quand il continuait à demeurer sur sa terre. Il est vrai que pour des pénalités injustes l'affranchi avait le droit de s'adresser à la justice publique ; mais en pratique cela lui était fort malaisé, et il risquait de perdre beaucoup en mécontentant son maître. Quant aux colons, ils étaient en droit des hommes libres ; en fait nous voyons que dès l'empire romain le propriétaire exerçait sur eux un droit de justice et de coercition. Les colons qui ont rédigé l'inscription du *saltus Burunitanus* nous disent que plusieurs d'entre eux, qui sont hommes libres « et même citoyens romains », ont été enchaînés

---

[1] Ainsi nous voyons dans Grégoire de Tours, *Hist.*, VII, 47, qu'un esclave est mis à mort par les amis de son maître qu'il avait voulu tuer.

et battus de verges pour une faute que le maître leur imputait[1]. Une loi du Code Théodosien prononce que le maître peut mettre aux fers son colon, dès qu'il le soupçonne de vouloir quitter le domaine[2]. Une autre loi du Code Justinien marque bien que le colon qui s'était enfui était ramené sur le domaine et que c'était là, c'est-à-dire par son maître, qu'il était enchaîné et puni[3]. Une loi de 412 prononce que le même crime qui en la personne des hommes libres est puni par l'autorité publique, est puni par le maître lui-même s'il s'agit d'esclaves ou de colons[4]. Il était donc dans les habitudes romaines que le propriétaire exerçât le droit de punir sur les trois catégories d'hommes qui habitaient sa terre. Rien ne permet de supposer que ce droit ait été diminué dans les siècles suivants.

Les législations écrites par les Germains ne disent pas que le propriétaire eût une juridiction. Elles ne s'occupent jamais, sauf deux exceptions que nous avons expliquées, de l'intérieur du domaine. Mais c'est ce silence même qui est significatif. Elles punissent l'homme libre qui a frappé ou dépouillé l'esclave ou l'affranchi d'un autre; elles ne disent rien de celui qui

---

[1] *Corpus inscriptionum latinarum*, t. VIII, n° 10570 : *Alios nostrum adprehendi et vexari, alios vinciri, nonnullos cives etiam romanos virgis et fustibus effligi jussit.*

[2] Code Théodosien, V, 9, 1 : *Colonos qui fugam meditantur, in servilem conditionem ferro ligari conveniet, ut officia quæ liberis congruunt, merito servilis condemnationis compellantur implere.*

[3] Code Justinien, XI, 53, 1 : *Si abscesserint, revocati vinculis pænisque subdantur.* Il ressort de là que ce n'est pas l'autorité publique qui punit le colon coupable; mais en revanche elle punit l'autre propriétaire qui l'a reçu sur sa terre.

[4] Code Théodosien, XVI, 5, 52 : *Servos dominorum admonitio, colonos verberum crebrior ictus a prava religione revocabit, ni malunt ipsi (domini) ad prædicta dispendia retineri.* Le crime visé ici est l'hérésie.

a frappé ou dépouillé son esclave ou son affranchi[1]. Elles ne parlent pas des délits ou des crimes commis dans l'intérieur d'un domaine et entre gens du même maître. Elles punissent l'esclave qui a tué un autre esclave, si cet esclave appartenait à un autre maître que le meurtrier[2]. Elles punissent le rapt d'une affranchie par un affranchi, si cette affranchie appartenait à un autre maître[3]. Si les lois ne connaissent pas les délits et crimes commis dans l'intérieur du domaine, c'est qu'ils sont soumis à une juridiction privée.

Si un serf a commis un délit hors du domaine, c'est l'autorité publique qui le jugera. Encore n'est-ce pas elle qui le saisit et l'arrête. L'autorité publique ne connaît que le maître; elle somme ce maître de lui amener son esclave[4]. D'autres fois, la victime du délit somme le maître de punir lui-même son esclave, et si le maître s'y refuse, c'est lui qui est passible de la composition due pour le délit[5]. La responsabilité du maître est partout mentionnée : il est puni pour son esclave s'il ne le punit[6]. L'amende que la loi inflige pour un crime commis par l'esclave, n'est pas prononcée contre l'esclave, mais contre son maître[7]. De pareilles règles supposent

---

[1] *Lex Burgundionum*, V, 2 et 3 : *Qui libertum alienum percusserit.... Qui servum alienum percusserit.* — *Lex Salica*, XXXV, 2 et 4 : *Si quis servum alienum exspoliaverit.... Si quis litum alienum exspoliaverit.*

[2] C'est ce qui résulte de cet article de la Loi salique, XXXV, 1 : *Si servus servum occiderit, homicidam illum domini inter se dividant.* Il y a donc ici deux maîtres.

[3] *Addit. ad Legem Salicam*, Behrend, p. 112, art. 14 : *Si quis libertus libertam alienam rapuerit.*

[4] *Lex Salica*, XL, 10. — *Lex Ripuaria*, XXX, 2. — *Pactus pro tenore pacis*, 5 et 12, Borétius, p. 5-6.

[5] *Lex Salica*, XL, 6-9.

[6] *Lex Burgundionum*, II, 5 ; IV, 4 ; XXI, 2. — *Lex Salica*, XII, 2 ; XL, 2. — *Lex Ripuaria*, XXII, XXVIII, XXIX.

[7] *Lex Ripuaria*, XXVIII, XXIX : *Si servus servum interfecerit, domi-*

nécessairement que le maître a un droit de juridiction et de correction sur les hommes de sa terre. Grégoire de Tours rapporte qu'Arédius, voulant se livrer entièrement aux pratiques religieuses et craignant d'en être distrait par la gestion de sa grande fortune foncière, pria sa mère de se charger de l'administration de ses propriétés et du soin de juger les serviteurs[1].

Nous savons avec certitude que les affranchis d'une église de génération en génération n'avaient pas d'autre juridiction que celle de cette église et ne pouvaient s'adresser à aucun autre tribunal. La loi reconnaît cette règle[2]. Mais elle implique assez naturellement que cette règle devait être générale et était appliquée aussi à ces serfs que le propriétaire avait affranchis pour en faire ses tenanciers. Une bulle de Grégoire Ier de 593, dont l'authenticité il est vrai est contestée, pose ce principe que tout homme qui habite sur la terre d'un autre, « qu'il soit serf ou libre », est soumis au *dominium* du maître de la terre[3]. Il faut songer à la haute idée que les Romains s'étaient toujours faite de la propriété. Il faut songer aussi que les Francs et les autres Germains en avaient une idée aussi haute. Pour eux l'homme sans

---

nus ejus 36 solidos culpabilis judicetur.... Si servus furtum fecerit, dominus ejus 36 solidos culpabilis judicetur. — XXX, 1 : *Dominus de furto servi culpabilis judicetur.*

[1] Grégoire de Tours, *Hist.*, X, 29 : *Deprecatus matrem ut omnis cura domus, id est sive correctio familiæ sive exercitio agrorum, ad eam aspiceret.*

[2] *Lex Ripuaria* (codices B), LVIII, 1 : *Tabularius et procreatio ejus tabularii persistant... et non aliubi quam ad ecclesiam ubi relaxati sunt mallum teneant.* Nous avons expliqué dans le volume précédent le sens de ces deux derniers mots. Cf. Concile de Paris, c. 5 ; *Edictum Chlotarii*, art. 7.

[3] *Diplomata*, n° 201, 1, p. 165 : Le pape écrit que tous les hommes qui sont manants sur des terres qu'on vient de donner à Saint-Médard, *sive servus, sive liber*, seront affranchis de toute autre autorité et n'obéiront qu'à l'église de Saint-Médard.

terre, fût-il de condition libre, devait ou être traité en vagabond[1], ou demander une tenure à un propriétaire et se faire son sujet. Ainsi le colon et même l'hôte étaient subordonnés légalement au maître de la terre où ils étaient domiciliés. L'homme qui était « manant » sur la terre d'un autre homme dépendait forcément de cet homme. Cette règle, qui sera en vigueur dans tout le moyen âge, s'aperçoit déjà au sixième siècle.

L'autorité publique contestait-elle cette juridiction domaniale? On peut penser que les comtes mérovingiens, dont les bénéfices judiciaires formaient le plus clair du traitement, durent être tentés d'intervenir dans les domaines pour y juger les procès ou les délits. Il y avait d'ailleurs bien des cas douteux qui donnaient lieu à contestation. Il paraît vraisemblable que les comtes ou leurs agents franchirent souvent les limites d'un domaine « pour y juger les procès, recevoir les amendes, saisir les coupables ou prendre caution ». Les propriétaires adressèrent leurs réclamations à l'autorité royale, et l'autorité royale donna tort à ses fonctionnaires.

Sur ce point, elle ne procéda pas par un acte général, mais par une innombrable série d'actes individuels, que la langue du temps appela *immunités*[2]. Dès le milieu du septième siècle ces actes étaient assez nombreux pour qu'il en eût été fait des formules officielles, que l'on trouve dans le recueil des *formulæ regales* de Marculfe. L'une d'elles est conçue ainsi : « Nous ordonnons que un tel, homme illustre, possède en pleine

---

[1] *Edictum Chilperici*, art. 10, Borétius, p. 10.
[2] Nous avons présenté une étude plus complète des immunités mérovingiennes dans la *Revue historique*, 1885. Nous n'en parlerons ici qu'à un point de vue plus restreint.

propriété la villa portant tel nom, en toute immunité, sans qu'aucun fonctionnaire royal puisse y pénétrer pour y prélever des amendes judiciaires pour quelque cause que ce soit[1]. » Cette formule et une autre semblable concernent des propriétaires laïques. Une autre, plus explicite encore, est faite pour les propriétaires ecclésiastiques; le roi s'adresse à ses comtes et leur dit : « Nous décidons que ni vous ni vos subordonnés vous n'entrerez en aucun temps dans les *villæ* appartenant à tel évêque, soit pour y juger des procès, soit pour y saisir des cautions, que vous n'exercerez aucun droit sur aucun des hommes esclaves ou libres qui habitent dans les limites de ces domaines, et que toutes les amendes judiciaires y seront perçues par les agents de cette église[2]. »

Les lettres royales de cette nature ont été innombrables. Celles que les églises ont conservées et qui nous sont parvenues, s'élèvent à un chiffre relativement élevé. Elles se ressemblent toutes, complètement pour le fond, presque complètement pour la forme. La lettre était remise par le roi aux mains du propriétaire, mais elle était adressée aux comtes et fonctionnaires royaux. Si

---

[1] Marculfe, I, 14 : *Ut villam illam antedictus vir ille (inluster vir) in integra emunitate absque ullius introitu judicum de quaslibet causas freta exigendum, perpetualiter habeat jure hereditario.* — Nous avons expliqué dans le volume précédent que *judex* se dit de tout fonctionnaire administratif, et particulièrement du comte. — Cf. une formule analogue, *ibidem*, I, 17.

[2] Marculfe, I, 5 : *Statuentes ut neque juniores vestri nec nulla publica judiciaria potestas quoque tempore in villas ubicunque in regno nostro ipsius ecclesiæ ad audiendas altercationes ingredi, aut freta de quaslibet causas exigere, vel fidejussores tollere præsumatis; quidquid exinde aut de ingenuis aut de servientibus qui sunt infra agros vel fines seu super terras prædictæ ecclesiæ commanentes fiscus de freta poiuerat sperare, ... in luminaribus ipsius ecclesiæ per manus agentium eorum proficiat in perpetuum.*

le comte ou son agent se présentait pour juger dans le domaine, le propriétaire lui mettait la lettre sous les yeux, et le comte y lisait ceci : « Nous décidons que ni vous ni vos agents vous n'entrerez jamais sur les terres de cet évêque, de cet abbé (ou de ce laïque) pour juger les procès ni pour percevoir les amendes[1], ni pour saisir ou arrêter les hommes soit libres, soit serfs[2]. » La série de ces lettres royales se continue sous les Mérovingiens, sous les Carolingiens et même au delà.

Ces concessions d'immunité ne sont pas l'origine de la justice domaniale; elles en sont seulement la consécration. Un point contestable avait été de savoir si le propriétaire exerçait sa juridiction sur d'autres que ses serfs et ses affranchis, c'est-à-dire sur les colons et hommes nés libres, sur ses hôtes, sur tous ceux qui venaient habiter son domaine. Cette question fut décidée par l'immunité qui interdisait au juge d'État d'exercer aucun acte de coercition ou de justice sur les hommes, « libres ou serfs, habitant le domaine ». Dès lors, les procès qui surgissaient entre ces hommes, les délits ou crimes qu'ils commettaient entre eux, ne purent plus être jugés que par le propriétaire.

L'édit de 614 de Clotaire II prononce que, « si des hommes appartenant à une église ou à un propriétaire sont accusés de crime, l'agent de l'église ou du propriétaire sera requis par les fonctionnaires royaux de les

---

[1] Archives nationales, K. 3, n° 10 ; Tardif, *Cartons des rois*, n° 57 : *Decernimus ut neque vos neque juniores seu successores vestri, nec nullus quislibet ex judiciaria potestate accinctus, in curtes vel villas ipsius monasterii, ad causas audiendum vel freda exigendum..., ingressum nec introitum habere præsumat.*

[2] Archives nationales, Tardif, n° 41 : *Nec homines tam ingenuos quam servientes distringendum.*

livrer au tribunal, hors du domaine, et y sera même contraint par la force, à moins que son agent n'ait déjà jugé, puni, et amendé le crime »[1]. Cet article, dont le texte est malheureusement incomplet, peut être interprété de deux façons. Ou bien il s'agit d'un crime commis sur une personne étrangère au domaine, et il est naturel qu'en ce cas la justice publique exerce son action ; ou bien il s'agit d'un crime commis sur une personne du même domaine, et alors l'autorité publique se réserve le droit de contrôler la juridiction domaniale ; elle s'assure que le crime a été puni, et s'il ne l'a pas été, elle évoque l'affaire.

La juridiction du propriétaire sur tous ses hommes n'est pas pour lui seulement un droit, elle est un devoir. Un capitulaire dit que c'est à chacun à contenir ses inférieurs dans le devoir[2] ; un autre, que chacun doit s'appliquer à bien *gouverner* les hommes qui dépendent de lui[3]. Un autre prononce que le maître qui laisse son serf ou son affranchi commettre le crime d'inceste, est passible d'une forte amende[4]. Un autre encore enjoint au maître de tenir ses serfs dans le devoir, et, s'il ne le fait pas, le punit lui-même[5].

---

[1] *Edictum Chlotarii*, a. 614, art. 15, d'après Borétius, p. 22 : *Si homines ecclesiarum aut potentum de causis criminalibus fuerint accusati, agentes eorum ab agentibus publicis requisiti si ipsos in audientia... foris domus ipsorum præsentare noluerint, et distringantur.... Si tamen ab ipsis agentibus antea non fuerit emendatum....*

[2] Capitulaire de 810, art. 17, Borétius, p. 153, Baluze, p. 474 : *De vulgari populo ut unusquisque suos juniores distringat.* Le législateur ajoute que les hommes s'accoutumeront ainsi à mieux obéir à l'empereur, *ut melius obediant et consentiant præceptis imperialibus.*

[3] Capitulaire de 813, art. 11, Borétius, p. 174, Baluze, p. 503 : *Ut unusquisque... ad se pertinentes gubernare studeat.*

[4] *Capitulare Pippini*, a. 754, art. 1, Borétius, p. 31 : *Si servus aut libertus est, vapuletur..., et si dominus permiserit eum amplius in tale scelus cadere, 60 solidos domino regi componat.*

[5] Capitulaire de 821, art. 7, Borétius, p. 301.

On voit par là que le propriétaire devient, dans les limites de son domaine, une sorte de chef d'État. Ses hommes l'appellent *dominus*, terme qui signifie à la fois propriétaire et maître. Ils l'appellent aussi *senior*, terme un peu vague de la langue mérovingienne qui désignait la supériorité et l'autorité. Les documents nous le montrent appliqué aux propriétaires de grands domaines, même quand ils sont de simples particuliers ou des ecclésiastiques[1]. Le maître de la terre était en même temps un seigneur d'hommes. Le séniorat n'est pas une institution créée par la force. Il y a eu plus tard un séniorat militaire et féodal; il y a eu d'abord un séniorat de propriétaires.

Les domaines du septième siècle contenaient-ils un *ergastulum*, comme les anciennes villæ romaines? Cela n'est pas dans les chartes. Mais il y a une grande vraisemblance à penser que les chambres de détention n'avaient pas disparu. Nous les retrouvons au huitième et au neuvième siècle sous un autre nom. On avait appelé autrefois *cippus* le morceau de bois où l'on enfermait les pieds des prisonniers; au septième siècle on appela du même nom la chambre, ordinairement souterraine, où

---

[1] Dans une formule d'Anjou, un particulier qui se présente comme un riche propriétaire est qualifié *senior*: Andeg., 32: *Relationem antescripti senioris præsentabat*. — Dans un acte d'affranchissement, nous lisons: *Peculiare suum absque ullius senioris retractatione habeat concessum* (Laudunenses, 14, Rozière, p. 104). — Dans le *Polyptyque de Saint-Maur*, n° 10, on voit que les tenanciers d'un domaine sont tenus à porter une charretée de foin *in granicam senioris*, dans la grange du propriétaire (Polyptyque d'Irm., édit. Guérard, p. 285 *in fine*). — Charlemagne, pris pour juge entre les tenanciers d'un domaine et les propriétaires, appelle ceux-ci *seniores*: *Neque a senioribus amplius eis requiratur* (Capitularia, V, 303; Baluze, I, 886). — Le registre de Prum contient cette règle: *Si quis* (un tenancier) *obierit, optimum quod habuerit seniori datur, reliqua vero cum licentia senioris disponit in suos* (Reg. de Prum, n° 55, dans Beyer, p. 176).

ils étaient enfermés[1]. C'était la prison de ce petit État.

Mais il n'était guère possible que le droit de justice fût exercé par le propriétaire en personne. Souvent il ne résidait pas sur le domaine. Il avait des devoirs comme membre de l'État franc; il devait, à titre d'homme libre et de propriétaire, le service militaire à toute réquisition; il pouvait être appelé par le roi pour tout autre service, ou bien encore il siégeait à côté du comte parmi les rachimbourgs du canton. Quelquefois ce propriétaire était un évêque ou l'abbé d'un grand monastère, et il avait d'autres occupations que celle de juger les querelles des paysans. Enfin on remarque dans les chartes qu'il était fréquent qu'un même homme possédât plusieurs domaines; on en voit qui en ont jusqu'à trente, et cela seul les empêchait visiblement de résider à demeure sur aucun d'eux. C'était le propriétaire qui était armé du droit de justice, mais il était inévitable qu'il déléguât son droit.

Or, pour juger ces hommes, nous ne voyons jamais que le propriétaire introduisît sur le domaine un étranger, un homme libre comme lui-même. C'est un de ses serviteurs, un de « ses hommes » qui le remplace. Son maire ou son *judex*, en même temps qu'il dirige les travaux et perçoit les redevances, est aussi le juge du domaine. L'est-il complètement et sans appel? On ne saurait l'affirmer. Certains délits, tels que la négligence dans le travail ou le retard dans les payements, sont certainement punis par lui. Les querelles et les procès entre serfs ou colons vont nécessairement devant lui. Les documents du treizième siècle nous montreront une organisation de cours colongères; mais

---

[1] Voyez sur ce point B. Guérard, *Prolégomènes au Polyptyque d'Irminon*, p. 616.

il n'y en a pas trace au huitième. C'est au représentant du maître qu'il faut s'adresser pour obtenir justice, quitte à en appeler au maître lui-même lorsqu'il séjourne sur sa terre. Au criminel, on peut douter que cet agent eût un droit de vie et de mort; mais on sait que la peine de mort était ordinairement remplacée par l'amende, par la prison, ou encore, s'il s'agissait de serfs, par les coups. Pour tout cela l'agent du propriétaire suffisait. L'édit de 614 parle de criminels que la justice publique devra saisir, à moins que l'*agens* n'ait déjà puni la faute[1]. Les *judices villarum* de Charlemagne ont pleine justice sur tous les hommes, serfs ou libres, qui habitent ses *villæ*[2]. Il a un droit de police; il veille « à ce qu'aucun des hommes ne devienne voleur ou malfaiteur »[3]. Il doit tenir fréquemment son tribunal, faire justice, et donner ses soins à ce que la *familia* vive honnêtement[4]. Il juge les crimes, le vol, l'homicide, l'incendie, et perçoit l'amende ou *fredum* qui en est due au roi[5]. Un peu plus tard, Louis le Pieux rappelle à ses *actores* qu'ils doivent punir les homicides et tous délits commis par les hommes de leurs domaines[6].

---

[1] *Edictum Chlotarii*, art. 15, édit. Borétius, p. 22 : *Si ab ipsis agentibus antea non fuerit emendatum.*

[2] Capitulaire *De villis*, c. 52 : *Volumus ut de fiscalibus vel servis nostris, sive de ingenuis qui per fiscos aut villas nostras commanent, diversis hominibus plenam et integram, qualem habuerint, reddere faciant justitiam.*

[3] Ibidem, c. 53 : *Ut unusquisque judex prævideat qualiter homines nostri de eorum ministerio latrones vel malefici nullo modo esse possint.*

[4] Ibidem, c. 56 : *Ut unusquisque judex in eorum ministerio frequentius audientias teneat et justitiam faciat et prævideat qualiter recte familiæ nostræ vivant.*

[5] Ibidem, c. 4 : *Si familia nostra partibus nostris aliquam fecerit fraudem de latrocinio aut alio neglecto, illud in caput componat; de reliquo vero pro lege recipiat disciplinam vapulando, nisi tantum pro homicidio et incendio unde freda exire potest....*

[6] Capitulaire de Worms, 2ᵉ partie, art. 9, dans Walter, II, 383: *De*

On peut juger de la puissance de ces petits fonctionnaires par l'abus qu'ils en faisaient souvent. L'édit de 614 veut que « les juges des évêques ou des propriétaires ne soient pas étrangers au pays », et il ajoute que « ces agents ne doivent ni dépouiller ni humilier personne »[1]. Charlemagne leur défend d'employer les hommes du domaine à leur service particulier, d'exiger d'eux des corvées ou des coupes de bois en dehors de la règle; il leur défend aussi de recevoir d'eux des présents[2]. De telles dispositions laissent voir à quels abus ces agents pouvaient se livrer quand le propriétaire n'y veillait pas, et combien les tenanciers étaient faibles devant eux. Charlemagne prit des mesures pour que ses serfs pussent toujours lui adresser leurs réclamations[3].

La justice domaniale, qu'on appellera bientôt justice seigneuriale, est encore un peu vague et indécise au huitième siècle. Avec le temps, elle se précisera et prendra des règles fixes. Nous avons seulement constaté ses origines; elles sont dans la nature du droit de propriété et dans l'organisme constitutionnel du domaine; elles n'ont rien encore de féodal.

---

homicidiis vel aliis injustitiis quæ a fiscalinis nostris fiunt, nos actoribus nostris præcipimus ne ultra impune fiant ita ut, ubicunque facta fuerint, solvere cum disciplina præcipiamus.

[1] *Edictum Chlotarii*, 19, Boretius, p. 23 : *Episcopi vel potentes qui in alias possident regiones, judices vel missos discursores de alias provincias non instituant, nisi de loco, qui justitiam percipiant et aliis reddant.*
— 20 : *Agentes episcoporum aut potentum nullius res collecto solatio nec auferant nec cujuscunque contemplum per se facere non præsumant.*

[2] Capitulaire *De villis*, 3 : *Ut non præsumant judices familiam in eorum servitium ponere, non corvadas, non materia cedere sibi cogant, neque ulla dona ab ipsis accipiant.*

[3] Ibidem, art. 57 : *Si aliquis ex servis nostris super magistrum suum nobis de causa nostra aliquid vellet dicere, vias ei ad nos veniendi non contradicat. Et si judex cognoverit quod juniores illius adversus eum ad palatium proclamando venire velint, tunc ipse judex contra eos rationes deducendi ad palatium venire faciat.*

CONCLUSION

Nous avons observé la nature et l'organisme du domaine rural depuis le quatrième siècle jusqu'au neuvième. La première chose qui nous a frappé dans cette étude, c'est la continuité des faits et des usages. Tel le domaine était au quatrième siècle, tel il est encore au neuvième. Il a la même étendue, les mêmes limites. Il porte souvent le même nom, qui est celui que lui a donné un ancien propriétaire romain. Il est divisé en deux parts, de la même façon qu'autrefois. Un homme en est propriétaire en vertu d'un droit de propriété qui n'a pas varié. Les hommes qui le cultivent sont encore, ou des esclaves, ou des affranchis, ou des colons. La substitution de la tenure servile à l'ancienne servitude s'est continuée pendant ces cinq siècles; l'affranchissement n'a pas changé de nature; le colonat est resté immuable.

Dans cette étude, qui portait sur une si longue période, nous n'avons pu saisir un seul moment où il se soit fait un changement dans la nature du domaine rural. Les invasions germaniques n'y ont apporté aucune modification. Les documents ne montrent aucune différence essentielle entre les domaines du nord de la

Gaule ou de la région Rhénane et ceux de la Gaule centrale.

Une seconde remarque est que l'autorité publique n'a jamais été pour rien dans cette organisation. Ce ne sont pas les rois mérovingiens qui ont créé l'alleu ni constitué la villa. Ce domaine datait de plus loin. Il s'était formé de lui-même. Il a subsisté par sa force propre. La société rurale a vécu et s'est conservée d'instinct. Il n'y a pas le moindre indice que ce système rural ait été attaqué ni contesté.

Une troisième remarque est que, dans tout ce que nous avons vu, il n'y a rien de féodal. C'est que la propriété foncière, le grand domaine, la seigneurie du propriétaire n'appartiennent pas à la féodalité. L'esclavage, le servage, la tenure servile, la tenure colonaire, les redevances seigneuriales, les services et les corvées n'ont rien de commun avec la féodalité et lui sont antérieurs. Tout cela subsistera au milieu de la féodalité, mais rien de cela n'est de l'essence de la féodalité.

Nous n'avons pas encore dit un mot du bénéfice. Ce sera l'objet d'un prochain volume. Qu'il nous suffise de dire ici que les bénéfices ne sont pas une catégorie de terres. Les érudits qui se figurent le sol de la Gaule divisé en alleux et en bénéfices sont ceux qui font l'histoire avec leur imagination. Les documents ne mentionnent jamais de terres bénéficiales ni de terres réservées viagèrement aux guerriers. Ils ne nous montrent jamais, durant l'époque mérovingienne, ni terres militaires, ni caste militaire. Il n'y avait pas d'autres terres que celles que nous avons décrites. Toute terre était alleu, c'est-à-dire propriété de quelqu'un. Si l'on excepte les villes et quelques bourgs, on peut dire que les domaines ou *villæ* couvraient le sol tout entier. Le *beneficium*, dont nous parlerons plus tard, n'a jamais été une terre; il a été une opération qui se faisait sur la terre. Or cette opération a pu se faire peu à peu sur tous les domaines que nous venons de décrire, sans en changer d'ailleurs la nature et sans en modifier aucunement l'organisme intime.

Ce régime domanial durera pendant tout le moyen âge et, en se modifiant, plus loin encore. La féodalité, qui ne l'a pas créé, n'a pas non plus songé à le détruire; elle s'est simplement élevée par-dessus. L'alleu, la propriété, le grand domaine avec ses terres et ses personnes, forment les fondations cachées et solides sur lesquelles se dressera l'édifice féodal.

TABLE DES MATIÈRES

Chapitre I. La villa gallo-romaine. 1
    1° Le droit de propriété dans la société romaine. . 1
    2° Le domaine rural. 15
    3° Le domaine rural en Gaule. 31
    4° De la culture du domaine chez les Romains . 42
    5° La tenure servile 50
    6° La tenure d'affranchi. 58
    7° Les tenures des fermiers. 61
    8° Les tenures des colons. 68
    9° De la division du domaine en deux parts ; la part du maître et les tenures 80
    10° Le village et le château. 88

— II. Le droit de propriété après les invasions. 97
    1° Le droit de propriété d'après les lois. . . . 98
    2° Le droit de propriété foncière d'après les chartes. 113
    3° De la propriété des forêts, cours d'eau, moulins. 124

— III. Le droit mérovingien en ce qui concerne la terre . . 130
— IV. Ce que c'était que l'alleu 149
— V. Est-il vrai que les Francs aient pratiqué la communauté de village ? 171
— VI. Le sol était-il distribué en villages ou en domaines ? 198
— VII. Nature du domaine rural 220
    1° Le nom de la villa 220
    2° La permanence du domaine 227
    3° Villæ indivises. 232

— VIII. Quelques modifications du domaine rural. 238
    1° Les villæ partagées ; la *portio*. 238
    2° Les petites propriétés 253
    3° De ce qu'on appelait *finis* ou *marca* 262

Chapitre	IX. Les hommes du domaine; les esclaves	273
	1° Les sources de l'esclavage	273
	2° Condition légale et condition réelle des esclaves	290
—	X. Les affranchis	303
	1° Causes diverses de l'affranchissement	303
	2° De l'affranchissement devant le roi	306
	3° De l'affranchissement dans une église	312
	4° Affranchissement par testament et par lettre	315
	5° Que les affranchis n'étaient pas distingués entre eux d'après la race	318
—	XI. De la condition des affranchis	322
	1° De l'infériorité permanente des affranchis	322
	2° Du patronage des affranchis	324
	3° L'exception du *denarialis* et du *civis romanus*	328
	4° Des obligations des affranchis	334
	5° Que la condition d'affranchi était héréditaire	339
	6° Des lites	342
	7° De ceux qu'on appelait *ecclesiastici*	344
	8° De ceux qu'on appelait *homines regii*	350
	Conclusion	354
—	XII. Les colons	355
—	XIII. Division du domaine en deux parts. Le « dominicum ». Les manses	360
—	XIV. Les tenures serviles; le servage de la glèbe	374
—	XV. Tenures d'affranchis	392
—	XVI. Tenures de colons	403
—	XVII. Les communaux de village	421
—	XVIII. Le gouvernement intérieur de la villa	458
Conclusion		462

COULOMMIERS
Imprimerie Paul BRODARD.

www.ingramcontent.com/pod-product-compliance
Lightning Source LLC
Chambersburg PA
CBHW072107220426
43664CB00013B/2030